© 2022 **Tiago Bittencourt, Milton Filho, Allan Correia** e **Lucas Gramacho**
Direção editorial: **Bruno Thys** e **Luiz André Alzer**
Capa, projeto gráfico e diagramação: **Bruno Drummond | Bloco Narrativo**
Revisão: **Raquel Souza**

Dados Internacionais de Catalogação na Publicação (CIP)
(eDOC BRASIL, Belo Horizonte/MG)

M533   Memórias do Esporte Clube Vitória: a história rubro-negra contada por seus personagens / Tiago Bittencourt... [et al.]. – Rio de Janeiro, RJ: Máquina de Livros, 2022.
320 p. : foto. color. ; 16 x 23 cm

Inclui bibliografia
ISBN 978-65-00-43979-3

1. Esporte Clube Vitória – História. 2. Futebol – História – Bahia. I. Bittencourt, Tiago. II. Milton Filho. III. Correia, Allan. IV. Gramacho, Lucas.

CDD 796.334098142

Elaborado por Maurício Amormino Júnior – CRB6/2422

Grafia atualizada segundo o Acordo Ortográfica da Língua Portuguesa de 1990, em vigor no Brasil desde 2009

1ª edição, 2022

Todos os direitos reservados à **Editora Máquina de Livros LTDA**
Rua Francisco Serrador 90 / 902, Centro, Rio de Janeiro/RJ – CEP 20031-060
www.maquinadelivros.com.br
contato@maquinadelivros.com.br

Nenhuma parte dessa obra pode ser reproduzida, em qualquer meio físico ou eletrônico, sem a autorização da editora.

Tiago Bittencourt
Milton Filho
Allan Correia
Lucas Gramacho

MEMÓRIAS DO ESPORTE CLUBE VITÓRIA

A história rubro-negra contada por seus personagens

Ao meu pai, Aldo, que me apresentou esse amor chamado Esporte Clube Vitória. À minha mulher, Graziela, que não me largou quando eu ia dormir às 4h da manhã durante um ano e parei a nossa vida para me dedicar ao livro. Aos amigos Jajai e Angelo Ricardo, que infelizmente nos deixaram e estariam vibrando neste momento. Aos amigos rubro-negros que fiz no caminho, em especial os do Barradão On Line, do Vitória Churras, do Vitória Candango e do Vitória Sem Fronteiras. A todos que carregam o Vitória no coração.
Tiago Bittencourt

À minha família pelo apoio durante a feição deste livro. Ao meu padrinho Carlos Tobio, pelas idas ao Barradão. Ao pessoal do Arena Rubro-Negra, pelo espaço para a coluna Memórias do Leão. Aos amigos Diogo Lima e Marcello Góis, por fazerem existir o nosso podcast sobre fatos históricos do clube. E aos companheiros da Brigada Marighella, que lutam incansavelmente por um Vitória e um futebol mais justos.
Milton Filho

Ao meu padrinho José Lázaro (in memoriam) por ter me ensinado a amar este clube centenário. Muito obrigado a meu pai, Salvador, a meu irmão Ygor, e a minha mãe Mara, que apesar de ser Bahia, torceu muito por este livro. Aos meus amigos do VVSC, que viveram comigo aventuras incríveis como o Barradão em Chamas e o Nordestino de Coração Torce Pro Time da Sua Região. Esse livro é dedicado também a minha esposa, Jormarliana, ao nosso leãozinho Luiz Felipe, e a nossa filha, Vitória.
Allan Correia

Ao meu pai, José Roberto, que me apresentou a paixão pelo Vitória. À minha mãe, Jane, aos meus irmãos, Felipe e Mateus, ao meu avô Agenor (in memoriam), que fez história no atletismo do clube, e a toda minha família. Aos amigos Aline Copque, Claudionor Neto, Jorge Silva, João Paulo, Marlon Passos, Pedro Aquino, Ramon Santos, Rebeca Aquino, Rafael Quadrado e Vitor Cabo. Aos seguidores da página Baú do Leão.
Lucas Gramacho

ÍNDICE

8- PREFÁCIO

10- APRESENTAÇÃO

13- **GEORGE VALENTE**

20- **DAVID LUIZ**

27- **EDILSON CARDOSO**

32- **REGINALDO**

38- **PAULO LEANDRO**

43- **ANDRÉ CATIMBA**

51- **ROSICLEIDE**

58- **PAULO CATHARINO GORDILHO**

64- **LUE BARRADAS**

67- **JOCA GÓES**

76- **WAGNER MOURA**

83- **MATTOS**

87- **PICHETTI**

91- **ALEXI PORTELA JÚNIOR**

104- **BIGU**

112- **ALBINO CASTRO FILHO**

120- **FRANCIEL CRUZ**

123- **SENA**

130- **TATAU**

137- **RODRIGO**

145- ÁLBUM DO VITÓRIA

161- **JOSÉ ROCHA**

165- PETKOVIC

176- ISAURA MARIA

183- HUGO

191- FERNANDO BAÍA

198- ARTURZINHO

210- PAULINHO BOCA DE CANTOR

214- GELSON FOGAZZI

221- LUCIANO SANTOS

225- NETO BAIANO

235- JOEL MEU SANTO

240- BEBETO

248- LARISSA DANTAS

251- IVAN SMARCEVSCKI

255- RAMON MENEZES

263- PAULO CARNEIRO

285- LÁZARO RAMOS

287- RUBENS BEIRAMAR

294- RENATO LAVIGNE

304- TUCA

312- FONTES

313- AGRADECIMENTOS

PREFÁCIO

Não é apenas uma leitura emocionante alimentada pelo belíssimo conteúdo. Trata-se, sobretudo, de uma imersão surpreendente e reveladora. Como se fosse uma "caixinha mágica" de respostas que induzem a um melhor entendimento da paixão que, no meu caso, desde a adolescência se instalou em meu coração e, certamente, em todos os corações rubro-negros. Esta obra escrita a quatro mãos, tão bem narrada, se impõe como indispensável, não apenas pela capacidade dos autores, mas também pelo necessário estudo das raízes, vocação e glórias do clube que amamos incondicionalmente.

O brilhante trabalho de Tiago Bittencourt, Milton Filho, Allan Correia e Lucas Gramacho nos presenteia com informações de grande relevância, bastidores desconhecidos por muitos da imensa torcida do Leão. E como não há grandes histórias sem grandes personagens, "Memórias do Esporte Clube Vitória" traz uma sequência impressionante de excelentes depoimentos.

Bem conduzidas, as 40 entrevistas/artigos realizadas ao longo de 11 anos não só dão a dimensão do tamanho e importância do nosso Vitória no cenário nacional, como revelam ainda o DNA de sentimentos verdadeiramente eternizados. Não há jogador formado na Toca que não preserve dentro de si o respeito, a admiração, a gratidão.

Descobrir e revelar talentos sempre foi uma das nossas vocações, talvez a mais reconhecida de todas. E quantos craques oriundos das divisões de base saíram de lá para brilhar intensamente no mundo do futebol? Bebeto, David Luiz, Rodrigo, Hulk, Dida, Vampeta, Gabriel Paulista, só pra citar algumas das estrelas que construíram no Vitória suas identidades profissionais com grande destaque. Outros inesquecíveis também têm lugar reservado no coração da torcida: André Catimba, Sena, Arturzinho, Petkovic, Ramon Menezes, Bigu, os saudosos Mário Sérgio e Arthur Maia, e tantos outros que, se relacionados, dariam mais um livro.

Associe-se a essa galeria que muito nos orgulha nomes que se fizeram respeitar pela dedicação, serviços prestados e amor ao Leão. Impossível não se divertir e não se emocionar com as histórias de Rosicleide, com o grito de guerra da TUI puxado por Rubens Beiramar, com a paixão declarada do nosso astro do cinema Wagner Moura. Da minha área, muitos são os profissionais que também merecem aplausos, não apenas como referências na área esportiva, mas ainda pelos deliciosos depoimentos: Paulo Leandro, mestre generoso, por quem tenho grande admiração, Renato Lavigne, comunicador exemplar de quem também sou fã.

"Memórias do Esporte Clube Vitória" traz também depoimentos importantes de gestores do clube. Os queridos leitores certamente irão aplaudir os que honraram o nosso nome e a nossa história. E irão lamentar por aqueles, que embora tenham tentado, não foram felizes em suas administrações. Costumo falar de brincadeira para meus amigos que a democracia, infelizmente, até o fim da temporada 2020 não nos proporcionou alegria dentro de campo. Faz parte, precisamos entender. Não tenho dúvida de que é uma questão de tempo. Não há caminho melhor a seguir sem a participação e decisão democrática da torcida, do povo que faz do Vitória um clube vibrante e apaixonante.

Escrevo este texto em fevereiro de 2021, em momento de isolamento. Sou mais um dos muitos milhões de infectados pelo vírus que impôs nova ordem ao mundo, que trouxe alertas e que obriga a humanidade a rever conceitos e atitudes. Às famílias que convivem agora com a ausência de parentes e amigos, minha solidariedade. E um forte abraço rubro-negro.

Zé Raimundo Oliveira é jornalista

APRESENTAÇÃO

Doze anos depois, a palavra é... UFA! Essa é a expressão ao concluirmos um projeto menos cartesiano do que deveria, movidos pela paixão e pela vontade de preservar o que a vida escreveu. A ideia adormeceu, acordou, foi sendo amadurecida, desenvolvida aos poucos e absorveu cada fase vivida pelo clube. A história, com momentos bons e ruins, não pode ser apagada.

Neste tempo, muito aconteceu nas nossas vidas, no mundo e no Vitória, o que dá no mesmo. Vibramos na final da Copa do Brasil e choramos três rebaixamentos. Comemoramos o título da Copa do Nordeste e quatro títulos baianos, mas ficamos incrédulos com a perda do estadual para o Bahia de Feira. Exaltamos a base: ganhamos a Copa do Brasil sub-15, sub-17 e sub-20. Vimos os surgimentos e as despedidas de Gabriel Paulista, José Welison, David, Lucas Ribeiro, Arthur Maia. Sobre o último, lamentamos a sua morte, como as de Mário Sérgio, Caio Júnior e outros profissionais na queda do avião da Chapecoense. Nos alegramos com o inédito título baiano de futebol feminino e o da Libertadores, de futebol de areia. Torcemos como no futebol, mas era basquete, e fomos ao terceiro lugar no NBB. Conquistamos o direito de votar para presidente. Sofremos com gestões desastrosas.

O Vitória vai muito além do que os anos que dedicamos a resgatar sua história. São mais de 120 anos no imaginário popular e na cultura baiana. É também muito maior do que as decepções que tivemos com ele. Rubens Beiramar, ex-puxador da torcida Os Imbatíveis, bem diz que o Vitória é "resistência". O Vitória não é apenas um time de futebol: é um clube. E na Bahia, o Vitória é O Clube.

A busca pela memória foi fator crucial durante toda a produção do livro. A sensação de ouvir um mundo invisível aos nossos olhos é única. Mostrar narrativas é humanizar a história, por isso prestigiamos o jeito de falar, pensar, agir e amar o Vitória. Um multiculturalismo que desaguou fortemente sobre o Rubro-Negro e influenciou as mais variadas gerações da nossa torcida.

Como não se atentar aos detalhes da sociedade baiana e da família Valente trazidos por George Valente, bisneto de um dos fundadores do clube?

Como não se espantar com os casos da folclórica Rosicleide, que vão de fuga de hospital até ir a jogo no dia do enterro da própria mãe?

Como não se orgulhar de jogadores consagrados como David Luiz, Petkovic e Bebeto?

Como não ansiar pelos depoimentos de dirigentes como Joca Góes, José Rocha, Alexi Portela e Paulo Carneiro sobre o Vitória por dentro?

Como não se emocionar com o massagista Tuca, cego desde garoto e com uma alegria de quem vê a vida diferente da maioria de nós?

Aqui estão relatos de 40 pessoas que pararam em alguns momentos das suas vidas pelo Vitória. O nosso orgulho está no atleta revelado, no choro não contido do cronista e na lembrança inesquecível do torcedor. O valor da história é incalculável.

Petkovic perguntou na sua entrevista: "Isso aqui é para livro? O que eu vou dizer não pode sair em nenhum outro lugar". Sim, Pet, é para este livro, que agora chega às mãos de milhares de pessoas para guardarem para sempre os depoimentos de quem fez o Vitória acontecer.

Cada jogador, técnico, dirigente, jornalista, funcionário, torcedor e agora você, leitor, é parte desta "biografia". Pelos campos do Brasil e pelas páginas deste livro, vista-se com a alma rubro-negra para compreender o que é ser UM NOME NA HISTÓRIA.

Tiago Bittencourt
Milton Filho
Allan Correia
Lucas Gramacho

Abril de 2022

GEORGE VALENTE
(IN MEMORIAM)

George Valente Vassilatos nasceu nos Estados Unidos em 01/07/1966. Bisneto de Artêmio Valente, um dos fundadores do Vitória. Ator conhecido na cena teatral baiana, atuou em diversas peças, a destacar "Os Cafajestes". Faleceu em 01/05/2020.

Artigo escrito em março de 2017.

Artêmio Devoto Valente: um valente devoto do esporte e da paixão

Estamos na Cidade de São Salvador da Bahia, nas décadas finais do século XIX. A capital baiana vivia a sua própria "Belle Époque", com uma sociedade razoavelmente equilibrada, bairros arborizados e uma charmosa simbiose entre suas belezas naturais e as construções e iniciativas comerciais influenciadas pelo requintado "sotaque" europeu. Em plena era Vitoriana, com Portugal sob o domínio da Inglaterra, muitos ingleses viviam na cidade, deixando nela alguns marcos de sua estadia por aqui. Os mais nobres e bem-sucedidos deles escolheram uma região extremamente aprazível da cidade para se instalar. Assim, reza a lenda, em homenagem à sua Rainha, batizaram a antiga estrada que ligava a Cidade Alta à orla marítima como "Corredor da Victoria". Naquele local recentemente arborizado, com calçamento em pedras portuguesas, passagem dos modernos bondes, se destacavam os palacetes e sobradões com forte influência e características europeias. Em suas vizinhanças, a sede do British Club, no Campo Grande, e o Cemitério dos Ingleses, na Ladeira da Barra, de certa forma delimitavam as fronteiras daquele pequeno "território" britânico em Salvador.

Embora sua permanência não tenha sido muito estendida por aqui, os ingleses deixaram também algumas outras influências na região, que viriam a marcar profundamente a história da capital baiana. Uma delas, por exemplo, diz respeito a um dos precursores da medicina experimental no Brasil, no âmbito das moléstias tropicais, Dr. John Ligertwood Paterson (1820-1882), nascido em Aberdeen, Escócia.

O médico britânico notabilizou-se em Salvador no combate à febre amarela e à cólera-morbo, principalmente pelo seu elevado desprendimento em atender aos mais carentes. Paterson também foi um dos fundadores da notável Escola Tropicalista da Bahia, junto com Otto Wucherer (1820-1873) e José Francisco da Silva Lima (1826-1910). Outra, já no âmbito dos esportes, diz respeito à introdução da prática do cricket, um desporto cuja origem remonta ao sul da Inglaterra, inspirado num rudimentar jogo medieval chamado *stoolball*. Com o tempo e com a sua adoção pela nobreza inglesa, o cricket tornou-se um dos esportes mais admirados, considerado inspirador do beisebol norte-americano. Naquela época alguns jogos podiam durar até dez dias, bastante disputados e empolgantes.

Assim era o sítio da Victoria naquela época: um ambiente refinado, bucólico, acolhedor, familiar, mas repleto das novidades e modismos vindos do exterior. Ali viviam também algumas das mais tradicionais famílias de bem-sucedidos comerciantes e profissionais liberais da nossa capital. Uma dessas famílias era a do português Arthêmio de Castro Valente, comerciante importador e exportador, com representações dos artigos de maior luxo e necessidades da época. Todos de origem europeia, principalmente alemã, inglesa, francesa e portuguesa. Exemplo: as bobinas do papel-jornal usado pelos principais periódicos da cidade; maquinários de grande porte para suprir as demandas da ainda embrionária indústria local; e finíssimos objetos de decoração, cristais e porcelanas personalizadas sob encomenda, utilizados para sofisticar ainda mais os já abastados acervos das mansões endinheiradas da sociedade de então. Arthêmio de Castro Valente era casado com Júlia Amália Devoto, filha de um dos empreendedores mais queridos e reconhecidos da cidade no início do século XIX, o italiano Lorenzo Lazzaro Devoto. Além de ser o precursor da comercialização de sorvete na cidade (o *gellato* italiano), Lorenzo foi fundador do Palacete Devoto (espécie de confeitaria no estilo da Colombo do Rio de Janeiro), frequentado pela sociedade baiana e, tendo entre seus fregueses de honra, o então Imperador do Brasil, D. Pedro II, e sua família. Arthêmio e Júlia tiveram sete filhos: Adolpho, Alice, Adélia, Aphonso, Adelaide, além de Arthur e Artêmio Devoto Valente, estes dois últimos muito próximos em idade. Arthur nasceu em 1877 e Artêmio, em 1879.

Neste ambiente, cujo exemplo e formação possuíam a mais nobre influência europeia misturada à herança genética de empreendedorismo, garra e força de trabalho, cresceram os dois irmãos, desde cedo incentivados pelo pai a se envolverem nos negócios da família. Por características próprias, Artêmio era um desportista nato: participava de campeonatos de remo, nado e equitação. Assim, foi muito fácil acontecer o encantamento do jovem Artêmio com o jogo de cricket. Não se cansava, junto com seu irmão Arthur e outros camaradas e vizinhos, de assistir às extensas partidas disputadas pelos ingleses, nas quais muitas vezes se dispunham como espécies de gandulas, pelo simples prazer de ter contato com o material esportivo, cuja exclusividade pertencia aos ingleses.

Ainda muito jovem, logo que completou idade para assumir algumas atribuições de seu pai na empresa da família, Artêmio passou a executá-las com afinco, determinação e muita responsabilidade. As necessárias e desgastantes viagens à Europa, por exemplo, passaram a ser função sua. E ali Artêmio descobriu um novo mundo, repleto de modernidades, referências e aventuras. Em suas viagens, sempre cumpridor de seu dever, passou a conhecer e admirar ainda mais alguns elementos da cultura europeia.

Chamava-lhe a atenção a disciplina, a elegância e o fino trato entre as pessoas. Muito do que via e conhecia lhe parecia familiar devido à sua própria educação e formação, apenas apurando o que já lhe era natural.

Da mesma forma, na seara dos esportes, os uniformes, as regras, a conduta imparcial, o *fair play* o cativavam cada vez mais. Em seus retornos ao Brasil, nos poucos momentos de lazer que ainda tinha, o cricket era a sua grande paixão. Aos poucos, ele, o irmão e alguns amigos do bairro, a exemplo dos irmãos Koch, vizinhos de porta, passaram a substituir os ingleses quando um deles estava incapacitado, por algum motivo, daquela prática esportiva. Quando isso acontecia, não raramente seus desempenhos eram melhores que os dos titulares. Mas o estilo reservado e normalmente fechado dos ingleses impedia-os de se sentirem, verdadeiramente, "parte do time".

Uma ideia começou a despertar na mente do jovem Artêmio, que a esta altura já era considerado por aquele grupo de vizinhos baianos, amantes do cricket, como grande motivador e líder. Por que não criarem, eles mesmos, o primeiro time de cricket brasileiro e competir com os ingleses de igual para igual? A ideia tomou corpo e a cada viagem Artêmio fazia questão de trazer um novo motivo, uma nova informação, para que ela ganhasse asas, inclusive os primeiros conjuntos de material esportivo. O apoio da família, neste momento, foi fundamental. Os Devoto Valente assumiram o patrocínio inicial daquele grupo, oferecendo não só a própria casa, do lado do mar, no Corredor da Victoria (atual Edifício Casablanca, vizinho do Edifício Koch), onde os jovens se reuniam para tratar das providências necessárias, como também de todo o suporte para que as coisas acontecessem da melhor maneira possível e o sonho, finalmente, se realizasse!

Assim, em 13 de maio de 1899, na casa dos Devoto Valente, nascia o primeiro clube social nacional fundado apenas por brasileiros, o Club de Cricket Victoria, nome sugerido por Artêmio e escolhido para homenagear os 19 associados integrantes da iniciativa, que moravam no bairro da Victoria e adjacências. A grafia, em inglês, tinha o único objetivo de rivalizar com o time de cricket dos ingleses. Coisa dos inglesismos e francesismos da época. Naquela data, Artêmio Devoto Valente foi aclamado por unanimidade o primeiro presidente e fundador, cargo do qual declinou 18 dias depois e transmitiu ao amigo Fernando Koch, em virtude de suas frequentes viagens ao exterior. Artêmio passou a ser, então, tesoureiro e conselheiro do clube. A primeira ação do Club de Cricket Victoria foi comunicar aos ingleses da sua fundação, notícia recebida com simpatia e entusiasmo pelos futuros rivais. Naqueles primeiros anos, alguns dos fundadores do Victoria acumulavam funções, já que eram jogadores do time, mas também precisavam exercer as obrigações burocráticas da agremiação.

Por volta de 1900, Artêmio conheceu, na casa de alguns familiares neste mesmo Corredor da Victoria, a alemã Anna Charlotte Luise Nolting, que veio da Europa para ser preceptora de seus primos e com quem se casou em 1901, tendo com ela uma vida muito longeva e feliz. Um pouco mais velha que ele, nascida em 1874, mas dona de uma beleza incomum, Anna era uma mulher de princípios rígidos e bastante preparada para educar e ensinar diversas línguas e matérias para as crianças da casa.

Neste ponto, cabe uma ressalva: a casa onde Anna trabalhava, a atual Mansão Cunha Guedes, na época pertencente à família Gama, era conhecida por ostentar dois leões tocheiros em *fer forgé* nas escadarias da entrada principal. Este fato, creio, resultou, com o passar dos anos, numa pequena confusão histórica: algumas pessoas achavam que o Club Victoria teria sido fundado ali e, por isso, adotara o leão como mascote, o que é uma inverdade. Uma outra lenda defende que a alcunha "Leões da Barra" se deve ao fato de que os sócios, frequentadores da primeira sede do clube (uma espécie de garagem em frente à praia do Porto da Barra e que servia de academia para seus atletas se prepararem), por serem bem-apessoados, atléticos e oriundos de famílias tradicionais, reinavam como referências de "bons partidos" para as garotas de família da época. Com muito orgulho cultivaram este título através dos anos, incorporando posteriormente o leão como mascote do time. Alguns feitos de seus atletas teriam contribuído para solidificar a referência de "Leões da Barra". No primeiro ano de prática do remo, o Victoria, que dispunha dos barcos Tupy e Tabajara, conseguiu um feito inesquecível. Seus remadores saíram do Porto da Barra e foram até o Porto dos Tainheiros, em Itapagipe. O fato, que teve grande repercussão na época, fortaleceu o apelido mais tarde adotado também pelos próprios torcedores rubro-negros.

Em 1902, o Club de Cricket Victoria, após incorporar a prática de esportes como futebol, atletismo e natação, passou a se chamar Sport Club Victoria até receber, em 1946, o nome pelo qual é chamado até os nossos dias: Esporte Clube Vitória.

Nos anos seguintes à fundação do clube e ao seu casamento, Artêmio e Anna formaram uma bela família, fixando residência na Barra, à Rua Barão de Sergy, onde em 1902 nasceu a sua filha primogênita, minha avó materna Regina Valente, que anos depois viria a se casar com seu primo carnal, Gilberto Valente, filho de Adolpho Devoto Valente, irmão mais velho de Arthur e Artêmio. Em 1903, nasceu a segunda filha, Hilda Valente e, em 1905, Wanda Valente Santos que, além de caçula, se tornaria a maior herdeira da paixão de Artêmio pelo Vitória. Marçal, único filho homem do casal, nascido entre Hilda e Wanda, lamentavelmente faleceu muito pequeno, vítima de um surto de gripe espanhola que assolou o Brasil no início do século XX.

Artêmio continuou sendo esportista, sempre atlético, apaixonado praticante do remo e do cricket. Em 1905, numa disputa acirrada deste jogo, o Sport Club Victoria sofreu um grande abalo. Numa discussão entre Artêmio e Carlos Costa Pinto, houve uma cisão que originou o desligamento dos Costa Pinto e de outros do Victoria e a consequente fundação do clube e time chamado São Salvador, que não sobreviveu até os nossos dias.

Neste período, Artêmio continuou a fazer prosperar a empresa de importação e exportação do pai, garantindo uma situação abastada a toda família. Isto até 1914, quando teve início a Primeira Guerra Mundial e a Alemanha entrou em confronto com grande parte do mundo. Os negócios de importação e exportação, extremamente dependentes da Alemanha e de países vizinhos, sofreram grande prejuízo, deixando a família em situação financeira delicada. Artêmio passou a exercer, por isso, a corretagem de imóveis, muito em função do grande conhecimento que tinha com as pessoas da região.

Nos anos seguintes, à medida que o futebol ganhava mais e mais importância no Vitória e o cricket e o remo perdiam prestígio, Artêmio foi assumindo, cada vez mais, o papel de torcedor apaixonado em lugar de atleta do clube. Como torcedor, esta paixão se refletia no ritual de colocar a bandeira do Vitória na janela de sua casa toda vez que o clube entrava em campo. Este hábito foi seguido por sua filha Wanda até o fim de sua longa vida (falecida aos 90 anos), sempre orgulhosa por ter sido seu pai o fundador e primeiro presidente do Esporte Clube Vitória.

Artêmio Devoto Valente morreu em 1945, ainda casado com sua amada Anna e sempre apaixonado pelo esporte, em especial, por seu clube de coração.

Como bisneto mais próximo, na linhagem direta de Artêmio Devoto Valente, eu, George Valente Vassilatos, herdei dele e de minha amada tia Wanda, as comendas, retratos, memorabílias e relatos. Assim, involuntariamente, tive a honra de tornar-me herdeiro, responsável e guardião da bela história da fundação deste tradicional clube do esporte nacional. Logo eu, nascido nos Estados Unidos, filho de um grego e de uma baiana, chegando à Bahia aos 9 anos de idade, mais americano do que brasileiro, sem nenhuma referência ou conhecimento sobre futebol, que poderia ter me identificado com as cores do seu grande rival (as mesmas do meu país de nascimento), se não fosse a minha tia-avó Wanda e sua incrível paixão e entusiasmo, quase beirando o fanatismo. Não me restou outra saída a não ser absorver, por esta herança genética consanguínea, o sentimento de encantamento e respeito pelo Vitória. Em 1999, no Centenário do clube, tive a honra e o prazer de receber a comenda comemorativa, representando meu bisavô e todos os Valente. Com o passar dos anos, me sinto ligado cada vez mais a este amado rubro-negro, grande Leão da Barra.

Como herdeiro do fundador e primeiro presidente do Esporte Clube Vitória, gostaria de prestar-lhe duas pequenas homenagens ao terminar este breve artigo: primeiramente queria sugerir a reparação de um erro histórico em relação ao nome da avenida que dá acesso ao nosso estádio, o Barradão. Esta avenida, que pretendia homenagear o fundador e primeiro presidente do Vitória leva, hoje, o nome de seu pai, Arthêmio de Castro Valente, na verdade, o meu trisavô, não o nome do próprio: Artêmio Devoto Valente. Penso ser esta uma grande oportunidade para corrigirmos este lapso na história. Finalmente, entre tantas histórias e lendas, gostaria de partilhar a minha própria licença poética quanto ao mascote e apelido de "Leão da Barra". Ao pesquisar sobre nossas origens, descobri numa sala muito especial do Castelo de Cintra, onde estão expostos os brasões das mais tradicionais e importantes famílias portuguesas, o da Família Valente. Neste brasão constam dois leões rompantes, com detalhes em vermelho, transpassados por faixas de ouro e prontos para se defender ou atacar, com toda valentia, liderança e força que é inerente à sua natureza.

Diante deste fato e testemunho, fica claro para mim que o Esporte Clube Vitória não poderia ter tido outro idealizador, fundador e primeiro presidente que não fosse Artêmio Devoto Valente. Me perdoem as outras versões, mas o verdadeiro, primeiro e mais fervoroso Leão da Barra foi este meu querido ancestral, guerreiro na vida, líder e realizador, Valente Devoto de uma paixão, da família, da amizade, da elegância, da persistência, da fidelidade e do esporte! Um nome na história que me faz cantar, depois de mais de um século, cheio de orgulho e amor:

Eu sou Leão da Barra, tradição
Eu sou vermelho e preto
Eu sou paixão
(...)
Eu sou um nome na História
Eu sou Vitória com emoção
Eu sou um grito de glória
Eu sou Vitória de coração.

DAVID LUIZ

David Luiz Moreira Marinho nasceu em Diadema (SP) em 22/04/1987. Chegou ao Vitória aos 14 anos e se destacou em 2006, ano em que o time jogou a Série C. Fez 45 jogos e dois gols pelo clube. Saiu do Vitória para a Europa e foi convocado pela Seleção Brasileira para a Copa do Mundo de 2014.

Entrevista realizada em abril de 2020.

Como iniciou sua história no Vitória?
Sem dúvida nenhuma, foi um dos lugares mais especiais que passei na vida, por conta de inúmeras decisões que tive que tomar ainda muito cedo. Uma delas foi deixar São Paulo e ir em busca de um sonho incerto na Bahia. Deixei meus pais. Tive que deixar a escola. E eu sou filho de dois professores, sempre estudei bastante, sempre fui disciplinado nessa questão, mas era um sonho de menino. Eu jogava no São Paulo. De repente um amigo meu, que vive até hoje comigo, o Gustavo, foi fazer teste no Vitória. Lá ele conheceu o Tiú, baiano, olheiro durante muitos anos. Ele arrumou um teste para mim e eu fui. Quando cheguei lá, só tinha teste de *(nascidos em)* 84/85 e eu era de 87. Falaram: "Bota ele aí no meio e vamos ver se é bom". O pessoal gostou, mas "tinha que ver". O Gustavo acabou indo embora. Eu naquela batalha e o Tiú brigando com o clube pra me dar mais tempo. Queriam me levar pra Catuense, estava o Chiquinho de Assis lá, e eu não quis ir. Foram cerca de três a quatro meses, nunca tendo a resposta necessária se eu ficaria ou não. Depois de um tempo, pude ser efetivado no clube, na categoria 87, mas nunca como uma prioridade. Eu jogava no meio-campo. Nunca como um potencial para ver se me tornava jogador do Vitória profissional. Foi muito na raça, por conta do Tiú brigar bastante e por mim, de ter essa persistência e continuar aceitando treinar. Quando eu estava no juvenil, Serginho era um treinador que não gostava muito do meu futebol e eu treinava sempre separado. Mesmo quando não era chamado para o coletivo, eu fazia minha parte no

treino individual. Dessa forma fui aprendendo a verdadeira dificuldade do futebol, porque são as decisões tomadas por ti que vão fazer a diferença na tua vida. Quando comecei a trabalhar bastante, as coisas foram melhorando. E depois de alguns anos quem veio para o Vitória foi o Chiquinho de Assis e ele falou: "Quero que você treine de zagueiro". Eu era do juvenil com o João Paulo e fui para um torneio em Santiago *(no Chile)*. Estava no banco do time, atuava no meio-campo ainda, jogavam no 3-4-3 e no 3-5-2. Nossos melhores jogadores atuavam na lateral, João Paulo não quis mudar. O primeiro jogo a gente perdeu e dois zagueiros saíram machucados, só tinha um no banco. Daí cheguei no João Paulo e falei: "Deixa que eu jogo de zagueiro". No outro dia ele me botou de zagueiro, na posição que eu só voltei a jogar no Chelsea em 2018. Daí fui um dos maiores zagueiros do campeonato. A gente chegou às semifinais, perdeu pro Inter do Luiz Adriano. Acabei me destacando. Quando voltei, Chiquinho falou: "Te falei, você tem que treinar de zagueiro". Depois fomos pra Philips Cup e eu já de zagueiro, como capitão. A gente foi campeão lá.

Quem eram os jogadores desse time?
Eu, Anderson Martins, Wallace, Marcelo Moreno, Uelliton, Neto Coruja, Leumir, Vitor, goleiro. Um time do caramba! Os 86 tinham mais prioridade na base, que eram Advaldo, Hulk. Um timaço. E acabou sendo a categoria 87 que teve muitos jogadores que se tornaram profissionais. Devido também aos momentos difíceis que o Vitória passou, à queda da primeira pra segunda divisão e da segunda para a terceira, teve que investir na base, dar oportunidade para nós, muito por conta da parte econômica. Isso foi bom porque tivemos a oportunidade de desempenhar nosso trabalho. No Vitória aprendi muita coisa, cresci muito, passei a fase da puberdade, de menino para homem, muito cedo. As dificuldades eram enormes, mas o amor pelo Vitória sempre foi muito sincero. Eu senti saudade da minha casa sim, mas estava sempre bem resolvido. No Vitória sempre tive muita alegria, determinação, decisões e escolhas difíceis, mas com o objetivo de me tornar profissional, que consegui com Arturzinho, que me deu a oportunidade logo depois.

Como foi a ajuda que sua mãe te deu na ida a Salvador para o teste no Vitória?
Ela pagou minha viagem, dividiu em 30 vezes. Fui de avião sozinho e, quando cheguei, tinha um motorista do clube me esperando. No outro dia acordei, fui fazer o primeiro teste. Quando voltei, já não tinha mais minhas roupinhas, tinha deixado tudo lá ao deus-dará, os moleques já tinham passado a mão *(risos)*. Coisa

que acontece nas concentrações. Marinheiro de primeira viagem, inocente, levaram tudo. Aí que fui ligar para minha mãe, já era de tarde.
– Ô, moleque, você é doido? Viaja de avião, chega e não fala nada.
– Ah, tá tranquilo, cheguei aqui, já não tenho mais minhas roupas, perdi meus calções, mas tá tudo bem.
– Tá maluco??
Muitas das vezes eu sofria, mas nunca passei para os meus pais. No começo, devido à queda da primeira pra segunda e da segunda pra terceira, as condições não eram as melhores, os meninos também não tinham a melhor educação social. Nem vaso sanitário havia, a gente tinha que fazer no buraco no chão. Não tinha luz, você tomava banho, pisava no... Essas coisas que acontecem num lugar onde há muito adolescente. Esses momentos todos de dificuldade nunca passei para os meus pais, porque sabia que eles me protegiam de muita coisa também. Uma vez por semana conseguia um cartão telefônico pra falar com eles.

Quais títulos você ganhou na base?
O título que marcou foi da Philips Cup. Vencemos o Arsenal por 3x0 e a final contra o PSV, 2x0. Foi o mais especial para nós, uma viagem surreal, todo mundo se preparou, estava ansioso. O hotel era cinco estrelas. Lembro de a gente brincar: "Pô, eu fui na minha banheira". Aquela coisa que a gente nunca tinha tido antes. Sair nas ruas para comer e você estar vivendo um outro mundo. Lembro até hoje da final. O Alex, zagueiro que jogou no Santos e comigo no Chelsea, e o goleiro Gomes. Tinha Robert, atacante brasileiro que também jogava no PSV. Era como uma inspiração, um exemplo. Sem dúvida nenhuma, foi o título que mais me marcou na base do Vitória. Ainda mais por ter sido capitão. Foi a primeira vez que eu falei inglês. Preparei a frase antes de pegar o troféu *(risos)*. Peguei o troféu e *"I'm very happy. Thank you very much"* ("Estou muito feliz. Muito obrigado."). Falei desse jeito e me piquei. Um título guardado no meu coração.

Quem eram suas referências nos profissionais do Vitória?
Lembro de descer e ver o Cleber Santana arrancando para lá e para cá. Eu o admirava. Tenho muitas lembranças do Leandro Domingues e de como era engraçado e empolgante ver a torcida gritando por Gilmar quando o jogo não estava bem. A torcida começava "Gilmar! Gilmar!". Gilmar começava a aquecer daquele jeito rapidinho, entrava e botava fogo na partida. Tenho lembrança também do Alex Alves, Edilson, Vampeta... Lembro do Marcelo Heleno. Era demais ver o Marcelo jogando.

Algum desses jogadores te apoiava?
Assim que a gente começa a transição, todos começam a dar apoio. Lembro que o Vampeta era um cara muito aberto, e ele já era ídolo mundial, chegou no Vitória em fim de carreira. Amaral subia e ficava com a gente na base contando história e dando moral para a galera. Lembro do Alex Alves querer me bater no treino, porque eu e o Anderson Martins estávamos chegando nele quando jogou o júnior contra o profissional *(risos)*. Lembro do meu time da terceira divisão, muitos que vieram do Ipitanga: Bida, Garrinchinha, Índio. Na primeira vez que os vi jogando, eles estavam no Ipitanga e eu ainda não jogava no profissional. Timaço que o Ipitanga montou nessa temporada no Baiano. Depois eu estava com eles no profissional, com o Alessandro Azevedo, que jogava muito no meio. Um dos melhores meias que vi jogar no Vitória.

Você estava no Barradão quando o Vitória caiu para a Série C?
Estava. Era tristeza por nunca ter vivido aquilo, de ver os profissionais tristes, a torcida triste, revoltada. Ter sensação de medo por conta de os torcedores tentarem invadir e atacar até a nossa base. Eu era muito novo, não tinha essa noção de tudo que envolve. Era sensação de impotência. Depois passou a tempestade e veio a bonança, quando entendemos que "somos nós que vamos reerguer o clube". E foi o que aconteceu.

Arturzinho foi quem te deu a primeira oportunidade no time de cima...
Rei Artur. O Arturzinho sempre foi muito decidido e sincero. "Vai jogar! Você é bom. Sem medo!". Ele sempre falava assim, tenho contato com ele até hoje. Isso me passava muita confiança. Ele era muito engraçado do jeito dele. Lembro dele brigando no treino com o zagueiro Cláudio Luiz, dois metros de altura. Olhando pra cima. Artur sempre foi assim. Ele me falou: "Se treinar bem, daqui a duas semanas vai jogar". Ter um treinador corajoso assim ajuda muito, faz a diferença. Por conta de ter sido um grande jogador, ele sabe como as coisas funcionam.

Lembra do primeiro gol que fez como profissional?
Foi contra o Fluminense de Feira.[1] Lembro até hoje. As primeiras vezes que joguei no Barradão, os moleques da base, meus amigos, estavam lá. Ficavam mandando dar chapéu, fazer uma graça. Era muito moleque ainda. E no primeiro

---

1 07/05/2006 - Baiano: Vitória 5x2 Fluminense (BA). Gols: Fábio, Índio, Alessandro Azevedo, Mendes e David Luiz.

gol que eu fiz, fiquei dançando igual a um colibri, que era brincadeira nossa, dos moleques da base.

Você já tinha proximidade com Hulk?
Sempre tive proximidade com o Hulk. Quando cheguei, o Hulk jogava de lateral-esquerdo. Ele subia no pé de manga que tinha na base e balançava para eu pegar as mangas para a gente comer. Quando ele olhava lá de cima, eu já estava comendo e ele ficava doido *(risos)*. O Hulk é uma grande pessoa. A gente teve oportunidade de se reencontrar, de ser campeão com a nossa seleção.

Quais as principais dificuldades naquela Série C de 2006?
A Série C é um campeonato que, principalmente quando chega no octogonal *(final)*, os times fazem o possível e o impossível para subir. Eles tentam investir de todas as formas, é aquele último suspiro: todo jogo, uma final. Jogar fora de casa era muito difícil, contra todos os times. E a gente não tinha começado tão bem. Acho que era mais controlar a ansiedade, porque começamos o octogonal muito mal, com a responsabilidade de "é o Vitória, temos que subir". Esquecemos de jogar futebol e de assumir mais o papel de "somos o Vitória, somos um clube com maior grandeza, mas temos que fazer isso dentro de campo". E foi o que conseguimos fazer no final. O jogo da subida, contra o Ferroviário (CE), ganhamos de 4x0. Eu fui com a bola até o fundo no último minuto, por conta dos moleques da base, pra fazer graça *(risos)*. Tomei uma dura de todo mundo. Esse jogo foi para tirar o peso, uma realização muito grande. Acho que até por conta disso a gente não conseguiu ser campeão. Como foi difícil para nós o começo do octogonal, viemos com uma pressão grande e cansamos. Logo depois desse jogo foi quando a gente relaxou, "pode acontecer o que acontecer, a gente está na segunda divisão".

Teve partidas difíceis, como contra a Tuna Luso às dez da manhã...
O Apodi deu três piques, caiu no chão desmaiado *(risos)*. Cinquenta graus!

Depois de vencer o BaVi em Feira, teve um jogo difícil contra o Grêmio Barueri lá.
Foi no Parque Antártica. Minha família foi ver, eles são de Diadema (SP). A minha mãe quase apanhou da torcida. A gente fez o gol, minha mãe comemorou, estava do lado da torcida do Barueri, o pessoal partiu pra cima dela, fechou o tempo. Aí ela foi pro lado da torcida do Vitória. Jogo dificílimo, a gente ganhou de 1x0. O Barueri era um timaço, tinha um investimento grande nesse ano e subiu.

Como o 6x0 que o Vitória levou do Criciúma impediu a sua ida para a Europa?
O Anderlecht já tinha entrado em contato com todo mundo, comigo, com meu empresário. Eu estava vendido. Viajou presidente, vice-presidente, treinador, tinham umas seis pessoas do Anderlecht para ver esse jogo. Foram de carro, carro quebrou, dia feio, chuvoso, tudo deu errado. Mal começou o jogo, já estava 3x0 para os caras, Leandro Domingues foi expulso e até o goleiro deles fez gol de falta. Acabou o jogo, os caras desistiram da contratação. A gente voltou para Salvador, Mauro Fernandes reuniu todo mundo no meio de campo e falou para mim: "Tá vendo, David? Por conta da sua atitude e da atitude de vocês, você perdeu a oportunidade de encher esse estádio aqui de dólares. O trem só passa uma vez. Eu falo para vocês, tem sempre alguém olhando vocês. Estava vendido pro Anderlecht, agora vai ter que ficar aqui com a gente". Botou o terror em todo mundo. Minha cabeça estava a mil. Da alegria de ter subido, já estava "perdi, já era...". Mas Deus estava preparando algo muito maior, porque ter ido para o Benfica foi uma das melhores coisas que me aconteceram na carreira.

Como era sua relação com o experiente zagueiro Sandro?
Sandro é um exemplo de pessoa, de jogador, de líder. Eu era muito esquentado quando pequeno, muito mais emoção do que razão, hoje sou o contrário. Uma vez no treino, Sandrão reclamando comigo, eu quieto. Só guardando pra mim. Chegava nos jogos, eu ia marcar individual, corria o jogo todo. Acabava o jogo, "Sandro melhor em campo". Pensava: "Puta merda". Chegava fim do mês, Sandrão com 50 mil no bolso, eu ganhando "mil conto". Ficava aquela frustração. Aí um dia eu mandei o Sandro tomar naquele lugar. Ele não falou nada. Me pegou depois do treino, pensei que ia me xingar: "Ô, garoto, um dia você vai compreender os momentos da vida". Começou a me dar uma aula. "Você vai ganhar 20 vezes mais do que eu. Hoje falam que eu sou o melhor em campo por conta do meu nome". Ele começou a me ensinar tudo, de uma forma tão pura, tão humilde, que me fez enxergar tanta coisa, me ajudou demais naquele ano e por muitas coisas que eu guardei na minha vida. Sandro foi um cara essencial, um verdadeiro capitão.

Quem mais era liderança neste grupo?
Os mais experientes, né? O Emerson, que era uma liderança inteligente, fenomenal. O Preto, por tudo que ganhou no futebol. Tinha o Mendes, do jeitão dele engraçado, mas ajudava bastante. Eu tinha uma ligação muito forte com Apodi, de amizade, de ser garoto jogando no meio desse pessoal todo. O Apodi é muito

doido. Pensava que era bonito, passava aqueles cremes no cabelo, ficava o dia todo ouvindo o forrozinho dele, falando com as meninas no MSN *(programa de comunicação instantânea pela internet)*. O Apodi era muito engraçado, sempre foi muito puro, espontâneo, e eu me matava de rir.

Depois que foi jogar na Europa, você visitou o Vitória e fez uma doação.
Na primeira vez que voltei, João Paulo não era mais treinador, era diretor das categorias de base. Perguntei o que o pessoal precisava, doei uns 12 DVDs, algumas coisas pro clube. Se ele precisasse de alguma coisa mais e me falasse, eu estaria sempre disposto a melhorar o cantinho dos meninos.

O que mantém o seu elo com o Vitória depois de tantos anos?
Tenho inúmeras memórias guardadas no meu coração, na minha cabeça. Tudo o que vivi no Vitória foi real, uma parte da minha vida não tão fácil, mas ao mesmo tempo foi tão prazerosa e feliz. Tive oportunidade de fazer grandes amizades, que mantenho até hoje. Foi um momento de transição na minha vida, da puberdade, de virar homem, de tomar decisões. Foi o Vitória que me deu essas oportunidades. Tenho essas expressões dos baianos que nunca esqueço, um povo muito engraçado. "Aí, mô véio, não brinque não, aqui é Vitória, viu!". "Bater o baba!". Sempre gostei. Durante seis, sete anos, joguei na Seleção Brasileira e só tinha 15 dias de férias por ano. Eu ia ver meus pais, não tinha tempo de ir pra Bahia. Você tem que renunciar a muitas coisas. Mas, sem dúvida nenhuma, vou voltar à Bahia inúmeras vezes quando minha vida acalmar e puder desfrutar mais. Quero visitar o Barradão novamente, ver os novos talentos, as novas dificuldades, os novos desafios e fazer parte de uma maneira diferente.

O que o Vitória representa na sua vida?
Representa as minhas raízes, um clube de paixão, de amor, de sinceridade e de alegria. Sempre foi de uma recíproca muito verdadeira a relação com a torcida. Lembro de vibrar com eles, de chorar com eles, dentro e fora do campo. O clube passa isso, de paixão. Quem vai ao Barradão sente isso. Não é aquela torcida clichê. Hoje é dia de jogo? Vamos lá então para viver isso. O Vitória representa isso para mim: é vida, uma coisa real. Muito obrigado por tudo.

EDILSON CARDOSO

Edilson de Araújo Cardoso Mello nasceu em Salvador em 10/06/1925. É um dos mais antigos torcedores do Vitória, clube pelo qual estreou sua torcida em um 6x3 sobre o Bahia em 1935. Foi remador do Leão na década de 1940.

Entrevista realizada em outubro de 2019 e complementada em setembro de 2020.

Por que o senhor torce pelo Vitória?
De morada, eu sou de São Félix, terra de meu pai. O futebol eu conheço desde os 7 anos. Torcia para o Flamengo de São Félix, que deu bons jogadores ao futebol da Bahia. Depois comecei a torcer pra times do Rio e de São Paulo. Era Corinthians em São Paulo por causa de Servílio, que foi do Floresta de São Félix. Hoje não torço mais pra filho da puta nenhum! Um dia, meu pai disse que eu ia estudar em Salvador, ia fazer admissão. Ele veio comigo pra escolher um colégio pra eu ficar interno. Estava na casa de um tio meu, morava em Nazaré, que era Ypiranga, o time da coqueluche na época. Aí meu tio disse: "Domingo vai ter o jogo Bahia x Vitória". Eu ouvia falar, inclusive lia nos jornais, mas não acompanhava. Acompanhava pelo rádio só o Rio de Janeiro. Eu só conhecia Leônidas. E aqui na Bahia, Popó.[1] Meu tio perguntou: "Qual seu time, Edilson?". A gente no interior não chamava "Salvador", chamava "Bahia". Dizia: "Eu vou pra Bahia". "Aqui na Bahia, não tenho time. O que vencer, eu vou torcer."

Qual foi o resultado?
6x3.[2]

---

[1] Apolinário Santana, o Popó, foi o primeiro ídolo do futebol baiano. Teve destaque no Ypiranga e atuou em dois jogos pelo Vitória.
[2] 21/04/1935 - Baiano: Vitória 6x3 Bahia. Gols: Mozart (2), Gazinho (2), Baianinho e Novinha.

Quais foram as primeiras impressões?
Eu ainda não tinha visto Bahia, Vitória e time nenhum jogar. Tinha assistido antes, em 1934, porque naquela época havia o Campeonato Brasileiro de Seleções.[3] Primeiro título fora de Rio e São Paulo que vi foi a Bahia em 34. Lá em São Félix, Cachoeira, todo mundo gostava de futebol, alugaram uma lancha pra trazer o pessoal pra assistir à final dos baianos com os paulistas. Quando fui ver o Vitória em 1935 a primeira vez, já tinha ido ao Estádio Arthur Moraes.[4] O Vitória não tinha torcida, eram abnegados, o pessoal mais grã-fino. O Vitória era de remo! Aliás, nem de remo era *(na fundação)*... Como é mesmo o jogo inglês?

Críquete...
É, acho que é um nome desses. Aí formou um time de futebol. Disputou basquete, voleibol, sempre tudo. Eu fui remador do Vitória. Eu tenho uma dor do Vitória, sabe qual é? Quando eu jogava bola bonitinho, meus colegas foram chamados e o Vitória nunca me chamou. Eu jogava de centromédio, *center-half*. Hoje não sei que porra de posição é. O Ypiranga me chamou, Galícia me chamou. Quando fiz 18 anos, fui pro Exército, pra ir pra guerra, pra Itália, fui convocado em 1943. Aí um soldado virou pro sargento, que era diretor do amador do Bahia, e disse "Sargento Chagas, 66 – era o meu número no Exército – joga uma bola grande!". Ele me chamou para o Bahia, mas inventei: "Meu pai não quer que eu jogue bola".

Já existia a rivalidade entre os dois clubes?
Ninguém dava bola para o Vitória. Rivalidade naquela época era Ypiranga, Botafogo e Galícia. O Bahia veio depois. O Vitória só foi bem quando chegou Quarentinha, em 53, pra mim o melhor jogador que o Vitória teve. Aí o Vitória virou Vitória!

Em 1953, existia uma música da torcida: "Você marca Quarentinha, mas não marca Juvenal. Você marca Juvenal, mas não marca Quarentinha". Lembra?
Lembro. E ainda dizia assim: "Um atira e o outro mata". Não teve Pelé e Coutinho,

---

3 Campeonato de seleções estaduais disputado regularmente de 1922 a 1962 e mais uma edição em 1987.

4 O Estádio Arthur Moraes, ou Campo da Graça, ficava na Avenida Euclydes da Cunha, entre as ruas Catharina Paraguassú e Humberto de Campos. Arthur Moraes foi zagueiro do Vitória e era dirigente esportivo quando construiu o principal palco do futebol baiano de 1920 até surgir a Fonte Nova em 1951.

a tabelinha? Antes deles, foi Quarentinha e Juvenal. Juvenal era de São Félix. Joguei bola com ele na rua e no campo do Ipiranguinha. O apelido era Jegue Alemão. Era forte como o diabo. Juvenal se firmou no Flamengo de São Félix e depois no Vitória. Meu amigo. Quarentinha virou ídolo pela inteligência e gols. Era canhoto. Ele fez um gol aqui, no jogo Seleção Bahiana x Botafogo (RJ). O técnico do Botafogo era Gentil Cardoso e o da Bahia, o filho dele. Quarentinha bateu da entrada da área, gol da ladeira da Fonte Nova. Deu um pontapé, rapaz, a bola bateu na trave, quando voltou, Juvenal emendou outro pontapé, quase que mata o goleiro *(risos)*. Os dois eram uma coisa espetacular. Gentil Cardoso ficou entusiasmado e levou Quarentinha para o Botafogo. Foi o melhor jogador que vi no Vitória. Agora, a maior vitória do Vitória foi 9x1 no Galícia em 43, 42...[5]

O senhor estava lá? É verdade que Manoel Barradas prometeu bicho para Siri?
Estava! Siri fez sete gols. O presidente era meu grande amigo Manoel Barradas.[6] Prometeu bicho por gol! Esse dia foi espetacular, dei risada como a porra. Foi no Campo da Graça. Eu estava na arquibancada, bem atrás do cronometrista. Siri começou a fazer gol, ele aí ficou gritando: "Para, Siri!". O pessoal gozando ele *(risos)*.

Como conheceu Manoel Barradas?
Do Vitória. Ele era dirigente e dono do Cine Glória, que não existe mais, era no prédio do jornal "A Tarde".[7] Barradas era gente boa. Metido a conhecer futebol, mas não conhecia porra nenhuma *(risos)*. Anos depois, em 68, 69, ele era só torcedor, mas não perdia um treino.

Conheceu outros dirigentes?
Pirinho e Benedito Dourado Luz[8] eram meus conterrâneos. Benedito foi meu amigo, vizinho nosso. Me chamaram pra ser conselheiro do Vitória, mas eu nunca quis. Negócio obrigatório de ir lá, eu não. Eu gosto de coisa espontânea.

---

5 A partida foi pelo Campeonato Baiano de 1943, mas aconteceu em 02/04/1944. Os gols foram de Siri (7), Coló e Ruy Carneiro. No entanto, a maior vitória do Vitória foi 11x0 no Botafogo (BA) em 1934.
6 Manoel Barradas fazia parte da diretoria do Vitória, mas assumiu a presidência de fato em 1947.
7 Defronte à Praça Castro Alves, a antiga sede do jornal "A Tarde" foi restaurada e virou hotel em 2018.
8 Benedito Dourado da Luz nasceu em 05/07/1925, 25 dias depois do sr. Edilson. Faleceu em 28/04/2019.

Pirinho[9] não era Vitória de origem?
Nem ele, nem Benedito Luz. Eram Ypiranga. Como eu, eram do interior.

Quando o senhor foi remador do Vitória?
Em 49. Foram só dois anos. O Vitória levou dez anos ganhando. Remar é bom, rapaz. É uma esculhambação retada. Na concentração, então, porra... Só levava a sério perto da regata. Os veteranos pegavam os calouros, derrubavam, faziam miséria com a gente. O diretor era seu Menezes, que tomava conta do Vitória. Mário Brito dominava o remo, era o técnico, tinha prestígio forte lá.

Quais torcidas e torcedores símbolos mais antigos do Vitória o senhor conheceu?
Antigamente, no Campo da Graça, não havia torcida organizada. Tinha torcedores livres. Na Graça e na Fonte Nova velha, torcedores de Vitória e Bahia andavam juntos para o estádio. Era até exemplo para o Brasil. Quem inventou torcida uniformizada foi o Flamengo. A Charanga Rubro-Negra, de Jayme de Carvalho. No Campo da Graça, a torcida do Vitória ficava no lado A e a do Bahia no lado B. Eu conheci o Barão de Mococoff, ele trabalhou na Justiça. E eu conversava muito com Natal Silvani no bonde quando ia para o Rio Vermelho. Ele morava em Amaralina.[10]

De 1935 para cá, qual o melhor time do Vitória que viu jogar?
Nadinho, Valvir e Alírio; Purunga, Gago e Joel; Tombinho, Quarentinha, Juvenal, Alencar e Ciro. Não tem outro. De 53. Tinha Quarentinha, rapaz! Quarentinha era um fenômeno. Quem viu Quarentinha jogar não vai se esquecer nunca.

Como eram as campanhas para ajudar a pagar jogadores?
Naquele tempo, torcedores do Vitória davam o bicho. Você escolhia o jogador que você ia ajudar. Meu jogador era Juvenal.

A partir de 1935, o Vitória só foi ganhar o Baiano em 1953. Por que se manteve firme?

---

9 Raimundo Rocha Pires, o Pirinho, foi presidente do Vitória de 1970 e 1973 e de 1979 e 1980. Faleceu em 12/01/1991.

10 Osvaldo Hugo Sacramento, o Barão de Mococoff, integrava a Batucada e era conhecido nos jogos no Campo da Graça pelo vibrante grito "Vitóóóóóóóóóóória". Natal Silvani o sucedeu como líder da torcida.

Porque eu disse que ia torcer e sou um cara conservador. Quando eu gosto daquele negócio, gosto mesmo. E gostei do Vitória, compreendeu? Fui remar no Vitória anos depois. O ambiente também era bom, fiz grandes amizades. Tenho até um retrato eu, Haroldo Ramos da Silva e dois primos dele, Antônio Rui e Dilson, os quatro que remamos no Vitória.

O senhor tem títulos de sócio do Vitória?
Sou sócio proprietário. O principal é o remido. Tenho a cadeira cativa, direito a entrar de graça no Barradão. Mas todo jogo do Vitória eu compro a entrada.

Por que compra?
Pra ajudar o Vitória.

Como viu o crescimento do clube nos anos 1990?
Foi com Paulo Carneiro. Teve grandes virtudes, mas também fez bobagens. Eu me dei muito com o pai dele, português. Veio jogar no Vitória, foi ponta-direita. Só tinha chute e físico forte retado. Era gente boa. Depois virou juiz de futebol, diretor do Vitória.

Sempre acompanhou o Vitória?
Eu não perdia treino, quanto mais ir pra estádio. Eu nunca deixei o Vitória não, rapaz. Acompanhava mesmo.

Era de discutir, brigar?
Discutir! Dei uma dura há pouco tempo num torcedor do Bahia. Eu e minha mulher fomos almoçar num restaurante e tinha um senhor com a camisa do Bahia. Eu fui chegando, com um boné do Vitória. Ele foi me dizendo: "Não gostei desse boné". Eu, delicadamente, disse: "Venha tirar!". Minha mulher até hoje se reta comigo.

REGINALDO

Reginaldo Ferreira Rocha nasceu em Salvador em 17/01/1943. Jogou no Vitória de 1960 a 1965 e retornou em 1967 e 1968. Foi um dos principais nomes do bicampeonato baiano de 1964 e 1965.

Entrevista realizada em junho de 2020.

Como foi seu início no futebol?
Eu comecei na década de 60. Saí do futebol de praia. Naquela época era normal os grandes jogadores saírem dos campeonatos suburbanos, como Periperi, Plataforma, e das praias, como saímos eu, Romenil, Teixeira, Roberto Rebouças. Aprendi a jogar futebol em uma comunidade onde depois jogaram grandes nomes, como Orlando Maia, que foi da Seleção Bahiana, Bel, do Leônico, e muitos que passaram pelo Botafogo (RJ). Todos saíram da Praia da Preguiça, na Avenida Contorno.

O Vitória fazia peneiras?
Naquela época, o Vitória tinha juvenil, não-amador, aspirante e profissional. Não-amador era o pessoal na faixa dos 16, 17 anos. Um ou dois jogadores iam fazer teste no Vitória, mas não tinha peneira como hoje, que vão 200 jogadores fazer teste. Me convidaram pra treinar, aspirante contra o profissional. Ainda não tinha assinado com o clube. A defesa era Wilson Góes, Valvir, Medrado, Roberto Rebouças de quarto-zagueiro e que depois jogou de ponta-esquerda também, e Boquinha. O meio de campo era Pinguela e Otoney Veloso. O ataque era Enaldo, Carlinhos Gonçalves, Mattos e Salvador de ponta-esquerda. Roberto jogava muito, mas também batia muito. Medrado era um beque seguro, bom por cima. Valvir, beque titular por uns dez anos. Ser titular do Vitória por dez anos não é mole, não. E Boquinha também. Treinei como ponta-de-lança, hoje meia direita. É tanta complicação na escalação, o futebol está todo modificado... Hoje se joga com quatro no meio de campo. E aí estourei no treino, fiz dois gols e fui logo contratado. Fazer

dois gols naquela defesa do Vitória era difícil. Nesse dia, só eu fui selecionado. Na época, o Vitória estava com viagem marcada pra Europa. Ficamos disputando o Campeonato Baiano. Era Juventude Transviada x Bossa Nova, que era o Vitória, e eu fui logo titular com Valdir "Pelé", que depois foi para o Fluminense e logo em seguida pra Portugal. Tinha Batatais, Buziguin, Alberone, era um timaço. Quando a delegação voltou da Europa, comecei logo a treinar no time principal. Chegou Ricardo Magalhães, um grande treinador, e eu fui incluído nesse time. Tenho aqui uma fotografia com Joel Martins[1], campeão do mundo com o Brasil em 58. Era o titular. Entrou Garrincha, Pelé e Vavá no lugar de Dida, Joel e Mazzola. E eu sempre fui titular no Vitória. Um grande privilégio. Era sinal que eu jogava muito, né?

O que eram o Juventude Transviada e o Bossa Nova?
Tinha a Juventude Transviada, as coisas modernas daquela década, o modo de viver, de se vestir. O Bahia era a Juventude Transviada, aí botaram logo o nome do time do Vitória de Bossa Nova. Naquele tempo, ninguém andava armado, mas tinha aquele negócio das brigas de um bairro contra o outro, essa parte aí da juventude transviada. E o Bossa Nova é aquele negócio das músicas. Isso foi em 1960. Eu ainda estava servindo ao Exército. Vim de uma família de militares. Fui campeão do quartel general em jogo disputado na Fonte Nova, eu, Valdir "Pelé" e alguns colegas que não foram profissionais. Já jogava no Vitória, mas tinha o meu compromisso com o Exército. Nos dias de jogos, eu pedia licença para disputar esse campeonato. Em 64, eu estava treinando no Campo da Graça quando houve a revolução.

Quais suas características como jogador?
Eu tive um grande treinador, Ricardo Magalhães. Ele era preparador físico, entendia tudo. Uma vez, o Vitória contratou dois jogadores que vieram do Rio e eram do Guarany (BA): Kléber Carioca, grande jogador, e Vaílton, um ponta-esquerda. Eu já tinha saído da ponta-direita para dar lugar a Joel Martins. Tive que ir pra esquerda. Ricardo Magalhães armou o time pra ser campeão e pôs esse Vaílton na ponta-esquerda. Vaílton jogou o primeiro jogo e eu fiquei na reserva, na regra 3 naquele tempo.[2] A partida foi contra um time pequeno e o Vitória empatou, 1x1. O ataque era Joel Martins, Artur Lima, Didico, Kléber Carioca e Vaílton. Na preleção

---

1 Atuou no Vitória em 1963 e 1964. Foi o primeiro campeão do mundo a jogar no futebol baiano.
2 Reginaldo se refere à regra sobre substituição de jogadores.

do treino seguinte, Ricardo Magalhães disse pra Vaílton na frente do plantel todo: "Reginaldo vai jogar no meu time, porque ele dribla bem, vai pro fundo, joga de cabeça em pé e bota a bola onde quer". Vaílton ficou de cara feia, discutindo. Respondi o que você me perguntou: eu tinha bom preparo físico.

O Vitória dispunha de algum patrimônio. Os jogadores utilizavam a sede social?
Tinha a sede de praia e a sede social no edifício Themis. Eu frequentava tanto a sede social como a sede de praia. Tinha piscina e os jogadores podiam ir, tinham direito. Na sede de praia tinha não só carnaval, como matinê dançante. Os jogadores que gostavam iam. Eu gostava, mas não ia direto porque, como atleta do clube, precisava manter a forma física. Não tinha vício de beber, tomava só um copinho de cerveja. Nunca bebi bebida quente.

O que aconteceu na final do Campeonato Baiano de 1962?
Em 62, perdemos o campeonato para o Bahia. O juiz foi Armando Marques. Roubou contra a gente *(risos)*. Teve uma bola que foi falta e ele não marcou. Medrado foi pra cabecear e Mário meteu o pé no rosto dele. Aí Hamilton, centroavante do Bahia, pegou a bola e chutou de fora da área. A bola entrou na gaveta. A turma toda parou pensando que ele tinha marcado falta. Ele mandou levar o lance.

Você quase saiu do Vitória em 1963. O que aconteceu?
Tivemos um ano ruim e em 63 fui fazer teste no Fluminense (RJ). Estava pra ser contratado, mas meu passe era preso ao Vitória. Deixei o Vitória com um turno ganho. Quando voltei no segundo turno, o Vitória estava em 7º lugar. Ney Ferreira telefonava, mandava telegrama, falava pra eu vir embora, que eu não ia ser vendido para o Fluminense. Aí tive que voltar pra disputar o campeonato de 64. O Vitória estava precisando de mim, voltei e dei o campeonato ao Vitória. E logo em seguida fomos bicampeões.

Por que você ficou de fora do último jogo da final do Baiano de 1964?
Era melhor de três, joguei duas partidas. Ganhamos o Bahia na primeira por 2x1, gol meu e de Didico, o Diabo Loiro. A segunda partida, nós perdemos de 2x1. O primeiro gol foi de Didico, com poucos segundos de jogo. Depois o Bahia virou. No primeiro jogo, eu tive uma distensão na virilha e Edmundo teve uma contusão no joelho. Nós fazíamos tratamento no COT, com o Dr. Moisés Wolfovitch. Na hora de ir pro campo, na Fonte Nova, Edmundo passou no teste e eu não passei.

Edmundo jogou, mas eu não joguei. Aí nesse jogo, o treinador, seu Palmeira, José Mariano Palmeira, ficou com a cara feia. Eu disse: "Não vou aguentar jogar". Ele pensou na certa que estava com medo do jogo, mas eu não tinha condições de jogar. Chamei o presidente Ney Ferreira, chamei Fontoura. Fontoura e Nelinho sempre estavam à frente dos jogadores. O capitão variava, mas normalmente era Nelinho, quarto-zagueiro, ou Agnelo Correia dos Santos. Eu disse "a situação é essa e não dá pra eu jogar, eu não vou prejudicar vocês". Naquele tempo não tinha regra 3, não podia ser substituído. Aí eu disse: "Bota Itamar pra jogar no meu lugar". Itamar tinha 17 anos, novinho, em plena forma. Itamar jogou. O Bahia começou dando 1x0, Itamar empatou e depois botou 2x1. E o Vitória foi campeão. Esse jogo tem uma história muito interessante. Disseram que o juiz já vinha do Rio de Janeiro comprado. Aí botaram dois seguranças na porta do apartamento do juiz. O juiz não podia sair pra nada. Eu não presenciei, mas foi o boato que correu perante a todos que eram do Vitória.

No bicampeonato de 64 e 65, houve um boicote da imprensa por causa da briga entre o presidente Ney Ferreira e o jornalista Cléo Meireles. Como isso afetou o clube?[3]
Levaram um tempão sem falar no Vitória, quase um ano. Com os jogadores, a imprensa sempre teve um bom relacionamento. Tinha um bocado de radialistas da minha época que eram legais: José Ataíde, França Teixeira, Genésio Ramos, do jornal "A Tarde", Fernando José, Martinho Lélis, Nilton Nogueira, aquele Souza Duran, Gerson Macedo... Nisso aí os jogadores não se envolveram, não. Foi problema pessoal. Eu me dava bem com Cléo Meireles. Não sei para qual time ele torcia. Ney Ferreira parece que era consultor jurídico da Caixa Econômica, era capitão da polícia e também presidente do Vitória.

Como foi sua participação na primeira Taça Brasil que o Vitória disputou, em 1965?
Na Taça Brasil, do Norte[4], eu joguei a primeira partida da final. No intervalo, fui substituído, mas estava bem no jogo. Perdemos de 2x0. O Náutico tinha um

---

3 Ney Ferreira fora acusado de mandar agredir Cléo Meireles após denúncia de uma suposta escalação irregular de um jogador do Vitória no Baiano de 1964. Em sua autobiografia, Ney Ferreira negou ter sido o mandante da agressão e falou em perseguição de Cléo Meireles por negar a ele exclusividade na publicação de notícia sobre venda de títulos patrimoniais.
4 Na Taça Brasil de 1965, o Vitória participou do zonal Norte.

timaço. Aí viemos jogar a final em Salvador. Tinham dois aviões que vinham e seu Palmeira mandou eu voltar no outro avião, não no mesmo dos jogadores que participaram do jogo. Aí me aborreci com ele e tivemos uma discussão. Estava chovendo muito, eu não fui pro treino, mas logo em seguida fui na sede do edifício Themis e dei uma satisfação a ele. No dia do jogo do Náutico, ele me barrou. O Vitória perdeu para o Náutico.

Roberto Rebouças te deu o apelido de Boogie Oogie.[5] Como era a relação com ele?
Esse negócio do apelido era verdade mesmo. Roberto era meu amigo. Ele tinha muita técnica, mas batia demais. Joguei com Roberto e joguei contra Roberto. Ele nunca me deu um pontapé. Agora tinha uma coisa: eu não pegava a bola pra jogar pelo lado dele e pegar do outro, o chamado drible da vaca. Não jogava a bola por debaixo das pernas dele. Eu driblava muito. Várias vezes tive vontade de fazer, mas eu não fazia isso com ele. Sabe por quê? Porque ele não me dava um pontapé. Ele jogava duro. Teve um BaVi que Tinho dividiu uma bola com ele perto do pau de escanteio, e quebrou até a perna de Roberto. Depois do jogo, fiquei sentido, fui lá, conversei com ele.

Você ganhou dinheiro no futebol?
O dinheiro daquela época eu gastei. A gente não tinha uma orientação. E também não foi lá esse dinheiro todo. Eu fiz um contrato bom quando fui para o São Bento (SP), levado pelo empresário Emilson Gomes. Treinei 30 minutos. O presidente Alfredo Metidieri, que foi presidente da Federação Paulista de Futebol, dono de fazenda, dono de tecidos em São Paulo, me deu 800 mil cruzeiros de luvas e 200 mil cruzeiros mensais. Era um dinheirão. Eu ganhava no Vitória o maior salário, 250 mil cruzeiros, mas no São Bento era três ou quatro vezes mais. Quando voltei e assinei com o Vitória, o Vitória me deu 1 milhão de cruzeiros novos. Dava pra ter comprado duas ou três casas boas.

Você já torcia para o Vitória antes de chegar ao clube?
Dos meus irmãos mais velhos, um torcia para o Galícia e dois para o Ypiranga, que também era um time de massa naquele tempo na Bahia. Eu tinha uma simpatia pelo Bahia, por incrível que pareça. Mas depois que fui jogar no Vitória...

---

5 Boogie Oogie é um estilo de blues, em destaque no Brasil na década de 1960.

Eu joguei muito tempo no Vitória, derramei muito suor pelo clube, fui campeão, joguei várias vezes contra o Bahia. Agora, não tenho aquele negócio de andar esculhambando o rival, nada disso. Eu estive pra ir para o Bahia ainda novo. Eu estava brigado com o Vitória, negócio de contrato. Cheguei lá pra treinar em cima da defesa que foi campeã brasileira, com Nadinho, Beto, Henricão, Vicente Arenari, Florisvaldo. Eu fiz dois gols e o presidente disse: "Contrata logo o homem". Mas acontece que Ney Ferreira não deixou. Hoje em dia eu sou Vitória. E o meu segundo time é o Ypiranga, por questão de família. No fim da carreira joguei umas duas partidas pelo Ypiranga, joguei também pelo Botafogo (BA), mas naquela época eram times bons. Eu joguei na época em que a Bahia tinha futebol.

PAULO LEANDRO

Paulo Roberto Leandro nasceu em Salvador em 12/02/1964. Jornalista, passou pelo "Jornal da Bahia", "Bahia Hoje", "Tribuna da Bahia", "Correio*" e "A Tarde". Foi um dos responsáveis pela criação da revista oficial "Vitória!". Escreveu o livro "Negô! Baêa! – A invenção da torcida baiana", lançado em 2015.

Artigo escrito em outubro de 2020.

VITÓRIA NA VIDA

Quando os 19 rapazes do Corredor da Vitória reuniram-se para fundar um clube, no histórico 13 de maio de 1899, não sabiam que estavam mudando para melhor a vida de gerações e gerações de baianos que viriam depois deles. Sim, porque o Vitória não só alterou a face de Salvador, contribuindo com seu quinhão esportivo para bafejar a capital com o hálito da civilização. O Vitória também vem influenciando positivamente a vida de cada rubro-negro que se apaixona por suas cores.

Sou Vitória desde 17 de dezembro de 1972, graças a uma feliz ideia de meu pai, Pedro, a quem devo a educação rubro-negra. Naquela tarde-noite, toda a família "Leãodro" foi à Fonte Nova e ainda lembro o momento da invasão de campo pela torcida para comemorar o título, abraçando os heróis, na tomada simbólica do poder.

Passei minha infância acompanhando o Vitória pelas mãos de meu pai, que levava, todo jogo, um bandeirão escrito "Te amo", onde anotava o placar das partidas. Perdemos todos os títulos até 1980. Já adolescente, pude ver o time ser campeão, ao vencer o Galícia na final, e festejei abraçado a tia Nazaré, que tentara sem sucesso tornar-me um tricolor. Esta mesma camisa de 1980 vestiu meu filho Hugo, veste meu filho Vítor e vestirá meu filho Guilherme, pois é a melhor herança que posso deixar à prole rubro-negra. Novo período de jejum e lá estava eu, agora adulto, comemorando 1985, uma noite feliz, voltando de buzu com a namorada, depois da vitória sobre a Catuense.

Formado em jornalismo, comecei cobrindo times do interior, por telefone, para o "Correio da Bahia". Escrevia também reportagens especiais e às vezes a pauta era tricolor. Já na "Tribuna", sob comando de Roque Mendes, em tabelinha com Washington de Souza Filho, minha pauta ficou mais diversificada e pude ganhar três prêmios de jornalismo, nenhum com tema rubro-negro. Já dava para cobrir jogos com mais frequência e contar histórias, como a da legião gaúcha que chegou ao Vitória, sob comando de Eduardo Moraes em 1988. Perdemos de 3x0 para o Bahia na final e, no dia seguinte, eu e a repórter fotográfica Margarida Neide estávamos no sítio do conselheiro Paulo Rosa para cobrir a festa do nosso querido coirmão.

Já no "Jornal da Bahia", como editor, em 1989, comemorei um título de jornalismo com o Vitória: Prêmio da Associação Bahiana de Imprensa (ABI) para o nosso repórter Dilton Cardoso, que escreveu o perfil do massagista Tuca, em reportagem que tive a satisfação de mandar emoldurar para pendurar na parede da minha sala: "O amor (rubro-negro) é cego". Também é desta fase do "Jornal da Bahia" a cobertura do título estadual de 1989, com textos especiais de Arthur Carmel, rubro-negro hereditário e herdeiro de campeões do remo, e João Paulo Costa, um bom amigo e profissional tricolor, além do palmeirense Dilton. Dôri Machado, no tempo em que era raríssimo uma mulher escrever futebol, deu boas contribuições cobrando soluções para o problema do lixão nas proximidades do Barradão.

Acompanhar o cotidiano do Vitória e de outros clubes continuou na minha pauta de vida. Na Agência Estado, sucursal do jornal "O Estado de S. Paulo", em Salvador, meu chefe Carlos Navarro Filho (Vitória!) me pautava para acompanhar os dois clubes. Eu enviava a apresentação e a cobertura dos jogos de Vitória e Bahia para 300 jornais clientes da Agência Estado em todo o país. Não esqueço o dia em que chegou pelo fax um comunicado escrito pelo então presidente Paulo Carneiro e enviado pelo assessor Edson Almeida. No dia anterior, o Vitória havia sido rebaixado para a segunda divisão, perdendo em casa para o Fluminense do Rio, em 1991. Paulo prometia reerguer o Vitória.

Do jornal "Bahia Hoje", guardo boas recordações, como uma goleada de 4x0, que inspirou a manchete "Leão devora Baêa", com uma bela foto bem aberta do ponta Pichetti. Mas também ficou a lembrança de Raudinei na decisão de 1994. Por conta do prazo de fechamento apertado e equipe pequenina, comecei a editar o caderno antes mesmo de os repórteres Flávio Novaes e Alan Rodrigues voltarem da Fonte Nova. Quando ouvi o locutor Marco Aurélio se esgoelando, na voz que vinha do rádio colocado dentro da estante, percebi que teria de desmanchar tudo e fazer de novo – e rapidinho –, pois o Vitória perdera o título.

Neste jornal, percebi que o exercício da profissão de jornalista era mais perigoso do que pensava, pois os cartolas passaram a se incomodar com o fato de darmos voz a todos os segmentos, incluindo jogadores em fase de renovação de contrato e seus procuradores. Afastado do "Bahia Hoje", depois de uma greve de quase dois meses, abriguei-me na assessoria de imprensa da Federação Bahiana de Futebol, gestão do grande tricolor Virgílio Elísio da Costa Neto. E de lá, contemplando a vista da Baía de Todos os Santos, em um local de baianíssima beleza, distribuí textos que diziam de todos os clubes. Não vou negar que caprichei no release da conquista do título de 1995, o primeiro da Era Barradão. Paulão Carneiro havia cumprido sua promessa de subir o Vitória e, mais, começava a operar o milagre da multiplicação de nossos antes escassos títulos. Até a chegada do messias grandão, o Vitória era um time bem pobrinho em taças, pois mesmo o Ypiranga, já decadente, tinha mais coisa boa pra lembrar.

Neste tempo, também fazia a coordenação de informações e eventos da Secretaria Municipal do Meio Ambiente, gestão do rubro-negro Juca Ferreira. "Paulo, passe para todas as escolas e clubes de Salvador esta proposta pra gente plantar pau-brasil pela cidade". Como todo brasileiro sabe, esta árvore-símbolo do Brasil está em extinção. Não tinha e-mail ainda, era tudo por fax, dava um trabalhão passar pra todo mundo! Mas o chefe mandou, fazer o quê? Para minha maior alegria – e surpresa, não vou mentir –, qual foi a primeira mensagem que chegou de volta pelo mesmo fax? Walter Seijo, do Vitória. A solenidade de plantio do pau-brasil aconteceu no dia 7 de setembro de 1995, antes de Vitória 2x0 Grêmio, sob os acordes do hino nacional, com hasteamento de bandeira e tudo. As duas mudas deram belíssimas árvores adultas num Barradão frondoso em títulos.

O Vitória voltava, assim, a sua primeira proposta, que era a de tornar-se um clube dos brasileiros para jogar cricket, esporte que os vizinhos da colônia inglesa permitiam apenas entre eles, nos *cantonments* (chácaras). Esta semente de ser um clube da cidade, um clube dos nativos, dos brasileiros, proclama no futebol a nossa independência simbólica, em 1899, rastro histórico que ainda hoje se nota, e cada vez mais forte, no grito coletivo de nossos torcedores, herdeiros da tradição cívica e desportiva, que vem desta raiz do Vitória. O "Ne-Gô", "Ne-Gô!"

ecoa do mais genuíno sentimento imorredouro do Dois de Julho: o Vitória é da Bahia mesmo, não há dúvida.

Em 1996, aceitei o convite para fazer a revista "Perfil", prêmio Aberje regional de comunicação corporativa, tipo um campeão do Nordeste. Era a revista do banco Excel Econômico, que surgira após o banco Econômico entrar em crise terminal. O banco de seu Ezequiel Nasser foi quem trouxe Bebeto, então tetracampeão mundial, pro Vitória ganhar uma projeção de alcance internacional. Aquele menino torcedor lá do início do texto, que virou jornalista, na idade adulta tornou-se o responsável pela pauta da revista do banco que patrocinava o Vitória-Excel. A aposta era exatamente trazer para as edições toda a vibração que meu lado torcedor cultivava desde os 8 anos de idade naquele Vitória 3x1 Bahia, campeão do Sesquicentenário da Independência em 1972, com o trio Osni, André e Mário Sérgio.

No Excel Econômico, enquanto esperava uma das reuniões com meu chefe Sérgio Toniello, Paulo Carneiro me ofereceu a edição da revista do Vitória. Fundamos a revista eu, Humberto Sampaio, que era o assessor do clube, e Humberto Monteiro, parceirão, todos os três rubro-negros. Vejam que boa vibração: a gente editava a revista "Vitória!" numa rua chamada Arthêmio Valente, então residência de Humberto Monteiro, em Brotas. Imagina a felicidade de ser o primeiro jornalista a entrevistar Petkovic, logo na chegada do sérvio a Salvador! Teve até sessão de foto produzida no Barradão com a profissional Débora Paes clicando Pet na estreia.

Já na "Gazeta Mercantil", entre 1998 e 2001, tinha muita pauta do Vitória porque a gestão de Paulo Carneiro era bem agitada na parte de negócios. Aí, com a bênção de meu chefe Pedro Formigli, tricolorzaço e pessoa muito querida, criei uma página de futebol e *business*, que toquei com outro grande tricolor, de quem só quero guardar as boas lembranças, meu amigo de várias empreitadas, Flávio Novaes. O suplemento "A Tarde Esporte Clube", entre 2003 e 2007, noticiou quedas, acessos e o primeiro título na era pós-PC, já com a dupla Alexi-Jorginho.

Em 2002, além de jornalista, tornei-me professor universitário para lecionar disciplinas dos cursos de jornalismo. Foi neste período que comecei minhas já concluídas pesquisas de mestrado e doutorado, tendo o futebol baiano como um dos principais objetos. Nesta experiência acadêmica densa, percebi no Vitória uma boa chance de mostrar como é positivo o desporto. A oportunidade de transmissão de bons valores entre as pessoas, rubro-negras ou não, vem desde as primeiras décadas do clube, quando o Vitória era conhecido por "campeão da técnica e da disciplina".

Os títulos de campeão que passamos a conquistar, o estádio próprio, a elevação da autoestima da comunidade rubro-negra, tudo isso é diamante, mas o maior tesouro rubro-negro vem da origem de inventor do desporto, o decano, o pai, detentor do primeiro gene: dele derivam todos os clubes seus filhotes, ainda que alguns degenerem. O Vitória educador, o Vitória cívico, o Vitória dos baianos, que construiu nossa identidade coletiva no desporto, o Vitória campeão da nossa Bahia: amado por seus vitoriosos adeptos e invejado pelos que, sem curtir o Vitória, apenas passam pela vida.

ANDRÉ CATIMBA
(IN MEMORIAM)

Carlos André Avelino de Lima nasceu em Salvador em 30/10/1946. Um dos grandes ídolos do Vitória, o ex-atacante atuou em 191 jogos pelo clube, marcou 90 gols de 1971 a 1975, e foi campeão baiano em 1972. Formou o histórico trio ofensivo com Osni e Mário Sérgio. Foi técnico do Leão em 1989 e 1990, tendo feito parte da campanha do bicampeonato baiano e do Torneio da Morte do Campeonato Brasileiro de 1989. Faleceu em 28/07/2021.

Entrevista realizada em maio de 2018 e complementada em julho de 2020.

Você já tinha uma relação com o Vitória antes de ser jogador?
Eu morava na Rua Caetano Moura, na Federação, e a gente jogava futebol na Travessa Sobradinho ou no campo da Faculdade de Arquitetura. Minha mãe me batia porque eu jogava bola. Na época, quem jogava futebol era "capitão de areia" e moleque. Foi quando o diretor do Ypiranga foi lá, pra eu ganhar um salário e pagar meu colégio. A família do meu pai era toda ypiranguense. Eu comecei no Ypiranga. Quando fui para o Vitória, todo mundo virou rubro-negro.

Como chegou ao Vitória?
Na época, eu jogava no Galícia, foi Benedito Luz quem me contratou. Meu compadre, meu amigo, padrinho de minha filha. Ele é quem vinha conversar comigo. Fiz um contrato em 1971. No início, ele pagava meu salário, eu recebia através da mão dele. Ele é quem mandava eu ir lá pegar meu bicho. Eu não reclamava de nada, porque meu salário sempre era correto.

O Vitória vivia do apoio de abnegados.
Vivia de conselheiros. Não dependia de renda, de vender jogadores, nada.

Dependia deles pra dar continuidade. Eles sempre fizeram isso e o clube está até hoje aí. O Vitória não tinha sede, tinha aquela sede de praia na Amaralina, que era um clube. Através de Benedito e companhia limitada adquiriram essa concentração que hoje é a Toca do Leão.

Como eram as condições de trabalho?
A gente tinha uma assistência de diretoria muito boa, assistência médica boa. Um trabalho de campo muito bom. Campo pra gente jogar tinha que ser Peripiri, Vila Militar ou o Sesc, quando liberavam. Apesar de não ter um campo próprio, a gente treinava com muita alegria no asfalto. A gente começou em Amaralina. Saía até Itapuã e voltava, era normal isso. Quero ver o jogador hoje treinar no asfalto como a gente fazia antigamente, na areia fofa. E a gente dentro de campo corria. Mudou pra pior o futebol no Brasil, a nível técnico e a nível físico. Naquela época era uma bola pesadona danada quando chovia. O campo da Fonte Nova, quando chovia, era lama pura. Você atolava.

Tinha alguma preparação especial para os BaVis?
Não, tinha o trabalho normal na semana. Não se poupava jogador. Você vai poupar jogador pra quê? Se o jogador vive ali dentro. A gente viajava de ônibus pra Ilhéus, pra Itabuna, pra Conquista. Jogava num domingo e voltava pra jogar na terça ou na quarta, de ônibus. Não tinha nutricionista, a gente comia aquele feijão de dona Tidinha, que sempre fortaleceu a gente. Feijão, arroz, macarrão, bife, salada. Obrigação era se alimentar bem pra estar forte no jogo. Hoje tem nutricionista fazendo a comida, não pode comer isso, não pode comer aquilo.

Como era a relação de dona Tidinha com os atletas?
Rapaz, dona Tidinha tem história, viu? "Corre, dona Tidinha, pega o bife na cozinha" *(risos)*. Dona Tidinha era uma senhora muito legal. Nossa proteção era ela. Se sacrificava muito na cozinha pra fazer o almoço da gente, o café, a janta. Era muito dedicada, muito querida e guerreira. A gente sempre a parabenizou, ela é uma pessoa que faz falta até hoje. Era muito sorridente. Agora, na hora de dar esporro, ela dava o esporro certo. Ela era uma pessoa que a gente brincava muito em relação a Carcaça, a Gaguinho e a outros funcionários do clube também. Quando estava sem fazer nada, a gente botava ela na roda pra bater papo e era uma conversa muito bonita.

Ela pegava mais no pé de quem?
De Mário Sérgio, porque ele tinha umas histórias diferentes, em cima da mangueira. Essa é uma história muito retada. Ele subia na mangueira, quando ela olhava, estava lá Mário Sérgio no "cinco contra um". "Mário Sérgio, desce daí!" *(risos)*. Ela sempre se preocupava muito. Era amor de mãe. Procurava corrigir a gente nos erros.

Como era o ambiente do grupo?
Sempre houve respeito, era um grupo muito fechado, na concentração e dentro de campo. Não tinha discórdia de A, de B, de C. A única preocupação ali era não poder fingir que estava doente e não ir treinar, porque se você perdesse essa posição não entrava mais. Nós tínhamos um líder muito bom também, o Fernando Silva. Era um time muito esforçado, muito forte. Merecia estar lá em cima, na cabeça. Você vê que até hoje se fala de Osni, André e Mário Sérgio, um ataque que sempre deu resultado.

Ainda se falava de amor à camisa naquela época.
Se falava, mas você é um profissional. Não está ali pra passear, está pra jogar futebol, mostrar o que sabe fazer dentro de campo. Isso de um querer aparecer mais do que o outro não existia no nosso grupo. Era um por todos e todos por um.

Como foi a história da briga que o governador Antônio Carlos Magalhães apartou?
Foi em 73, com Osni dando um drible de joelho em cima de Romero. Roberto Rebouças puxou o cabelo dele e aí o pau quebrou. ACM foi quem amenizou a situação, porque era Vitória doente. Ele chamou os policiais, determinou e a briga foi apartada.

Como era a relação entre os atletas depois do jogo?
Era um negócio dentro de campo. O cara mais chato desse grupo todo aí era Roberto Rebouças, gente boa e tudo, mas quando ele tomava a vodca ou o uísque dele, principalmente na Barra, era difícil enfrentar Roberto. Naquela época, os jogadores brigavam dentro de campo e a torcida ainda batia palma.

Como se formou o trio Osni, André e Mário Sérgio?
Eu fui titular do Vitória em 71. No fim de 71, Jair Rosa Pinto veio e trouxe o grupo

dele. Trouxe Mário Sérgio, Osni, esse pessoal. Ele me botou no banco, escalou Osni de centroavante. Aí Benedito Luz disse: "Osni não é centroavante, centroavante aqui é André". O único baiano que jogava no time era eu. Passei a jogar e mostrei a ele que eu era centroavante, que não era pra me tirar do jogo. Continuei no clube como titular. É como José Ataíde dizia, "BaVi sem André não é BaVi". Eu sempre fazia gol. Meu negócio, no campo ou na mão, era eu mesmo, André Catimba *(risos)*. Não era "André Catimba", era "André Porradeiro". Tive um amigo de infância, Ivo Rangel, que me levou pra Mestre Bimba pra aprender capoeira, pra Mestre Caribé de karatê. Uma vez, num BaVi de 74[1], o treinador me botou no banco. O Bahia dando 1x0. Faltavam 15 minutos pra terminar o jogo, ele me botou. Empatamos e aos 47 minutos virei o jogo. Aí o Bahia deu uma saída, a gente roubou a bola e deu pra Procópio, zagueiro. Ele foi atrasar pra Joel Mendes, Joel fora do gol, fez o gol contra. O jogo terminou empatado e perdemos a condição de disputar o título.

Dizem que, se macumba ganhasse jogo, Campeonato Baiano terminaria empatado. E quase você fica de fora do jogo do título de 1972 por causa disso.
A gente sempre estava em Cachoeira com Pai Babosa. Uma fila de 16 jogadores, eu era o último. Ia passando o galo. Quando chegou em mim, o galo morreu. "O homem não pode jogar porque tá carregado". Aí Benedito Luz: "Não, senhor, ele vai jogar. Tem que estar carregado pra fazer gol, não carregado pra não jogar". Com cinco minutos, fui lá e fiz o primeiro gol. Tomei pênalti e ganhamos o jogo por 3x1.[2]

O pai de santo quase tira o título.
Quase! *(risos)* Tinha aquela oferenda, aquela confiança, mas eu nunca desrespeitei, procurei me afastar, ficar olhando. Alguns jogadores não gostavam, porque tinha que tomar um banho. Até tomavam, mas faziam aquela cara feia. A gente vinha, brincava e batia nas costas: "Não, rapaz, negócio aqui é sério, negócio é pra ganhar". Dentro daquele critério do ambiente, tínhamos que aceitar.

Como foi a convocação para a Seleção jogando pelo Vitória?
Foi na despedida de Garrincha, em 1973, no Maracanã. Fui eu e Mário Sérgio. A

---

1 20/10/1974 - Baiano: Vitória 2x2 Bahia. Gols: Osni e André Catimba.
2 17/12/1972 - Baiano: Vitória 3x1 Bahia. Gols: André Catimba e Osni (2).

gente tinha feito um jogo em Manaus[3] e de Manaus fomos para a Seleção no Rio. Com Pelé, Garrincha, Rivellino, aqueles campeões em 1970. Eu já estava com 27 anos. Pelé foi quem veio bater papo comigo: "Você era pra estar jogando no Santos". Eu soube que ele era amigo de Aguinaldo.[4] Ele até me falou que Aguinaldo foi *sparring* de Éder Jofre. Bati um papo com ele lá na concentração e ficamos amigos.

Em 1974, o Vitória fez grande campanha no Campeonato Brasileiro. Um 0x0 com o Vasco tirou a vaga no quadrangular final.[5] E teve um lance polêmico...
O pênalti não marcado pelo árbitro Agomar Martins. Favoreceu a quem? A diretoria do Vitória não soube agir. Estava armado para o Vasco ser campeão. Tanto que deu a marmelada no Maracanã, a final Vasco x Cruzeiro. O Vitória foi eliminado porque ia tirar o Vasco.[6]

Com o grande time que tinha, o que faltou para ganhar o Baiano de 74?
Não é o Baiano de 74, são os Baianos. Nessa época teve um bocado de vagabundo. Vou chamar de vagabundo, porque não foi profissional de bola. A gente perdeu títulos por causa disso. Jogador que vendia o título. Joguei cinco anos no Vitória, ganhei um título e perdi quatro. Como? Tínhamos um time muito melhor.

Como foi sua saída do Vitória?
Isso aí foi em 76. Meu contrato tinha terminado, Benedito Luz tinha viajado ao exterior e disse: "Renovo seu contrato quando voltar". Aí um diretor disse: "Ou você assina agora ou vai embora". "Tudo bem, não vou assinar". Esperei Benedito chegar, treinava separado. Mário Silva me chamou. "Benedito já chegou e quer conversar com você no escritório dele". E nesse vai e vem, ele recebeu um telefonema e disse que já tinham negociado pra eu ir pro Guarani. Ele perguntou se eu queria ir. "Quero sim". Aí ele me liberou: "Vá em paz, vá com Deus". Eu fui trocado por Joãozinho, do Guarani, fui desrespeitado por um diretor. Não pelo clube, mas por um diretor. Não tinha aquela humildade, aquele respeito. Ele se mostrava muito duro e eu também era duro.

---

3 16/12/1973 - Série A: Rio Negro (AM) 0x1 Vitória. Gol: André Catimba.
4 Aguinaldo foi goleiro do Vitória de 1971 a 1974 e anteriormente defendeu o Santos de Pelé.
5 Se o Vitória vencesse o Vasco, os clubes empatariam em número de pontos e de vitórias. O próximo critério de desempate era a campanha na primeira fase, na qual o Vitória ficou em melhor posição.
6 18/07/1974 - Série A: Vitória 0x0 Vasco.

Depois você jogou no Argentino Juniors, ao lado de Maradona. Ele conhecia o Vitória?
Maradona jogou comigo! Foi sempre um cara legal, jogou muita bola e faz aniversário no mesmo dia que eu, 30/10 *(Nota dos editores: Maradona morreu em 25/11/2020, portanto após esta entrevista)*. Eu tinha um mapa dos clubes que joguei. Minha irmã pegou um caderno daqueles grandes e colava as fotos. Para onde ia, eu levava. Tinha reportagem do Vitória.

Como foi o retorno ao Vitória como técnico?
Na época, Valmir Louruz era o treinador e o presidente, o Paulo Carneiro. Não tinha um auxiliar, me indicaram e eu comecei a trabalhar com ele. Depois disso, tive que tirar o curso de treinador da Fifa, porque ele foi para o Kuwait e queria me levar pra lá. No início do ano, ele foi embora. A gente ganhou o primeiro turno do Baianão. Aí eles contrataram José Amaral, que não ganhou nada. O segundo turno, o Bahia ganhou. Me deram o time, eu ganhei o terceiro turno, o quarto turno e o campeonato. E o tal do Sinval Vieira foi pra rádio dizer que João Francisco foi o campeão baiano como treinador do Vitória em 89. No último jogo, o Vitória contratou João Francisco. Eu disse a ele: "Em 89, na decisão, quem fez a escalação dos concentrados fui eu, quem fez a preleção fui eu, quem escalou o time fui eu, quem fez a mudanças fui eu. Ele estava sentado no banco, mas quem estava mandando era eu!" *(bate no peito)* E quem tirou o Vitória da segunda divisão? Fui eu aqui o campeão do Torneio da Morte! Saí porque uma pessoa da imprensa levou um treinador pra Paulo Carneiro e Paulo Carneiro aceitou. E o time que eu larguei em 90 foi bicampeão. Eu sou bicampeão pelo Vitória!

Como foi essa história da pessoa da imprensa?
Não vou citar o nome. Eu tinha perdido um jogo pro Fluminense (BA). Quando chegou na terça-feira, na apresentação, ele me aparece lá com um treinador, Carlos Gainete. Chamou Paulo Carneiro e ele aceitou. Na mesma hora eu pedi pra ir embora. Aquilo foi uma falta de respeito. Qual era a obrigação dele? Vir conversar comigo primeiro. Mas não, ele aceitou a posição da imprensa e me desrespeitou como treinador do clube. São essas coisas que acontecem muito aqui na Bahia, essa falta de consideração, de respeito ao profissional, o da casa.

O que lembra daquele 3x0 no BaVi do Torneio da Morte de 1989?
Três gols de Hugo. Por sinal, eu dei uma escalação completamente diferente

daquele time que entrou em campo. E a imprensa retou comigo. Chamei Mário Silva e disse: "Bote esse time aí". Botei o pessoal que estava na lista do lado de fora pra aquecer e o resto ficou aquecendo no vestiário. Tanto é que a gente entrou no campo atrasado cinco minutos. No campo, quando o pessoal viu outro time, começou a chiar comigo *(risos)*. Foi pra provocar certas pessoas da imprensa e também desfazer do adversário. Algumas pessoas da imprensa não respeitavam a gente. Tinha que ser como eles queriam. Eu não aceitava. "Quem manda aqui sou eu, boto quem eu quero, não tenho obrigação nenhuma de dizer quem vai jogar. Seu trabalho é lá". Sempre era assim que eu respondia. Aí quando eles chegavam na resenha, começavam: "Ah, por que ao invés de botar 'João', botou 'José'? Que treinador é esse?".

Como era o trabalho de Paulo Carneiro, diretor de futebol, naquela época?
Nem entrava, quem mandava era eu. Nenhum deles. Quando queria reunir pra conversar sobre o time, era uma coisa. Agora pra conversar sobre a escalação, como o time ia jogar, quem determinava era eu. Eu nunca me esqueço quando ganhamos o Torneio da Morte. Empatamos em Recife com o Sport, 0x0. Teve um diretor que disse pra mim: "Não tô acreditando". Eu disse a ele: "Você não tá acreditando porque você não sabe o que é futebol, você tá aí como diretor não sei por quê". Certos diretores, como o pessoal da imprensa, diziam que eu não tinha condições de ser treinador. E eu dando resultado dentro de campo. Podia ser até campeão brasileiro em 90, mas eles me tiraram.

Como ficou seu vínculo com o clube depois da saída como técnico?
As pessoas que sempre me respeitaram lá, diretores e funcionários, continuaram sendo meus amigos. Como é o caso de Mário Silva, conheço Mário há quase 50 anos. Ele entrou no Vitória em 1969, se não me engano. Eu fui pro Vitória em 1971. Uma pessoa que conhece demais da profissão, muito trabalhadora, que sempre se dedicou ao Vitória. Vi Mário garoto dentro do Vitória, aprendeu tudo com Silvoney Salles. Era pra ter uma estátua de Mário Silva lá.

Quais os jogos da sua vida como jogador, como técnico e como torcedor do Vitória?
Como jogador, eu coloco o 3x1 contra o Bahia, em 1972. Foi uma decisão de campeonato e eu fiz o primeiro, um golaço do meio da rua. Tomei um pênalti, depois outro pênalti e ganhamos o título. E como treinador, em 1989, 3x0, três

gols de Hugo, no Bahia também.[7] E de lá pra cá, aquele 7 em cima do Bahia em 2013.[8]

Tudo em cima do Bahia?
Tudo em cima do Bahia. É como José Ataíde dizia, "BaVi sem André não é BaVi". Eu sou Vitória *(risos)*.

Qual foi seu gol mais bonito?
Um deles foi em 73, da confusão, 1x0 em cima do Bahia.[9] Mário Sérgio pegou a bola na intermediária nossa, foi subindo, entrou num zigue-zague pra lá e pra cá e de repente... Era combinado no olhar. Ele lançou a bola, eu dominei pelo lado esquerdo, cortei pra linha de fundo e bati sem ângulo. Entrou como um gol de escanteio. Foi um dos gols da minha vida.

---

7 03/12/1989 - Série A: Vitória 3x0 Bahia. Gols: Hugo (3)
8 12/05/2013 - Baiano: Vitória 7x3 Bahia. Gols: Gabriel Paulista, Dinei (4), Fabrício e Maxi Biancucchi
9 13/05/1973 - Baiano: Bahia 0x1 Vitória. Gol: André Catimba.

ROSICLEIDE

Rosicleide de Jesus Aquino nasceu em Salvador em 07/02/1958. Virou torcedora-símbolo do Vitória quando começou a frequentar partidas na década de 1990 com o rosto pintado de vermelho e preto e o seu inseparável leão.

Entrevista realizada em agosto de 2018.

Nascida em uma família tricolor, como você se descobriu rubro-negra?
Minha mãe era aquela torcedora fanática mesmo, de não aceitar um filho falar a palavra "Vitória". Ela dizia pra mim: "Você não vai usar essa roupa, porque é vermelha e preta". Então, quando saía com ela, eu escolhia peças íntimas vermelhas e pretas. Aí ela me levava pra Fonte Nova, eu dizia que não gostava de botar camisa, porque eu não podia contar pra ela que não gostaria de vestir aquela camisa *(do Bahia)*. Tudo começou nos BaVis em 72. Eu era muito nova. Ela dizia que eu tinha que torcer para o Bahia, mas eu respondia que só torcia para o Brasil. Meus irmãos e minhas irmãs eram todos tricolores. Me pegavam na pancada se eu não vibrasse com o gol. Quando começava o BaVi, eu dizia que ia ao banheiro, mas ia para a torcida do Vitória e via Pirinho com aquele lencinho. Aquilo me emocionava, eu ficava louca, e foi aí que tudo começou. Aí minha mãe: "Onde é que você estava até agora?". Eu sei que tive êxito naqueles jogos que participei escondida. Ainda me lembro de um jogo, eu subia no alambrado, os torcedores diziam: "Que mulher retada". Minha mãe perguntava depois:
– Você estava ali? Passou na televisão uma mulher parecida com você.
– Ah, minha mãe, a senhora acha que eu ia para lá?
Um dia eu tive que me declarar, não aguentei. Olha aqui a cicatriz *(aponta para o rosto)*.

Sua mãe te agrediu por você torcer para o Vitória?
Foi *(emocionada)*. Na cerca de arame farpado. Para eu não ir mais para os jogos. Ela falou com minha irmã: "Amarre ela aí na cadeira". Eu conto, ninguém acredita *(chorando)*. Eu fugi de casa, fui para casa de uma senhora. Ela gostava muito

de mim, eu fiz ela ser Vitória. Ela foi morar no subúrbio, eu pegava o trem e ia para a Fonte Nova. Aí eu dizia: "Com certeza a família deve estar lá". Minha mãe batia mesmo, com chicote, prato, vassoura, o que tivesse. Se eu desobedecesse, era só um olhar. Aí ela foi me buscar.

– Só volto se a senhora deixar eu torcer para o Vitória e vestir a camisa.
– Eu deixo.

Eu voltei. Aí ela me arranjou um marido, disse que ele não gostava de futebol. Estava tramado com ele. Caí no esparro. Eu tinha 17 anos.

Você era de discutir e brigar?
Eu brigava. Me embolava no chão com qualquer torcedor do Bahia que falasse mal do Vitória. Saía na mão. Faltava aula, porque eu esperava pra pegar a torcedora na esquina. Eu não era brincadeira, não tinha medo.

Como foi ser torcedora depois de casada?
Eu dava dinheiro a torcedores do Vitória pra entrar no estádio, porque eles não queriam torcer, tinham vergonha naquela época. Mas eu me ausentei por causa da família, dei um descanso. Meu marido disse que eu ia ter que concluir os estudos, eu falei que ia, mas estava no intuito de ir para os jogos. Eu pensava: "Ele vai descobrir, vai contar a minha mãe". Aí um negócio veio na minha cabeça: "Pinte o rosto, que você não vai ser reconhecida". Isso era 83, por aí. Eu comecei a pintar o rosto todo, botava um lenço. As pessoas se assustavam. "Tá louca". Não diziam que eu era de rua porque estava bem arrumada, estava no salto, toda pintada, com minha bolsa. Eu lancei aquela moda de mulher ir pro estádio elegante e não de qualquer jeito. Eu morava no Santo Antônio, encontrei Carlinhos da Fiel *(presidente da torcida Leões da Fiel)* na Baixa dos Sapateiros.

– Carlinhos, você mora por aqui?
– É. Estou olhando a torcida do Vitória, que coisa linda.
– É bonita mesmo. Você não quer formar uma torcida?

Meu marido não sabia de nada *(risos)*. Pensando que eu estava estudando, pensando que eu tivesse botado meus filhos em colégio particular, que eu não botei, botei em colégio público. E eu comprei as camisas. Meus filhos estudaram em colégio público para eu ter o dinheiro para as despesas do Vitória. Carlinhos também não tinha dinheiro. Carlinhos se fingia de cego. Ele estava me enganando e eu enganando meu marido. Aí Beto Silveira, que era diretor do Vitória na época, perguntou a Carlinhos:

– Quem é aquela mulher?
– Não posso dizer o nome, senão vai acabar minha torcida.
Eu andava com Carlinhos pra cima e pra baixo e meu marido perguntava.
– Onde você estava?
– Eu estava resolvendo problemas, estive no cartório, estava lotado...
Eu dizia que estava na aula à noite, mas era mentira, estava na Fonte Nova. E ninguém sabia quem eu era. Nisso, meu marido disse aos colegas de trabalho: "Rapaz, se eu soubesse quem é aquela mulher do Vitória, eu ia quebrar ela no pau. Que mulher piranha". Naquela época, você sabe como era. "Onde já se viu? Lugar de mulher é na cozinha. Minha mulher é direita, não gosta de futebol".

Começou o mistério sobre quem era aquela mulher.
Isso. Oswaldo Júnior *(radialista)* queria uma entrevista comigo. Eu disse: "Só vou pintada". Eu fui lá e ele disse: "Quero ver seu rosto, você vai ter que lavar isso aí". E os policiais falavam: "Por que ela não quer tirar a pintura?". Ninguém sabia que era por causa do meu marido. Depois, todo mundo ficou sabendo que Carlinhos não era cego, eu que falei. Ele usou aquilo pra arrecadar dinheiro. E eu, com pena dele, dava almoço. Ele fazia isso pra ajudar a formar a torcida, para ir aos conselheiros para se compadecer.

Nessa época, quem eram os torcedores-símbolos?
Tinha Carolina, chefe de torcida feminina, Vanguarda Rubro-Negra. Tinha Alvinho, Barão de Mococoff, Railton, que era da Raça. Não existiam muitas mulheres na torcida, elas só iam aos estádios com os esposos, os namorados. Quando eu cheguei no estádio, havia alguns torcedores, mas não tinha atração. Eu trouxe as mulheres, só botava mulher gata. Minhas filhas se encantavam, elas eram pequenas.

Como seu marido descobriu que aquela mulher do rosto pintado era você?
Quando meu marido estava de plantão, eu chamava todo mundo pra minha casa, para fazer as coisas, aquelas mamães-sacodes. Falaram comigo da TV Bahia e aí eu tirei a pintura pra todo mundo ver. Isso foi em 92. Os colegas todos dando risada. O corno é o último a saber *(risos)*. Aí meu marido: "Meu Deus, eu não acredito que é ela". A casa caiu, foi aquela confusão. Eu fui pra casa da minha mãe, depois voltei porque ele foi me buscar. Os jornalistas vinham aqui em casa nas festas que eu dava. Silvio Mendes, Silva Rocha, Jota Lacerda... Meu marido passava e nem olhava. Ele chegou um dia e disse: "Eu não aguento mais, isso vai

mudar porque meus colegas falaram que é muito desaforo uma mulher enganar o marido e agora encher a casa de torcedor". Falou que não queria ninguém mais na casa. Foi todo mundo saindo, eu fiquei triste, com pena daquelas pessoas. Por muito tempo a Leões da Fiel era aqui, a gente fazia tudo aqui. Ele dizia: "Isso aqui é a Toca do Leão?". Pirava.

Como foi a ida para a final do Brasileiro de 1993?
Eu fui a ACM, "Cabeça Branca", e pedi dez ônibus. Fiquei esperando, sozinha no sol quente, ele sair do Desenbanco *(Banco de Desenvolvimento do Estado da Bahia)*. Estirei uma bandeira enorme, mais de dez metros. Ele passou com a comitiva dele, mandou todo mundo sair e veio falar comigo: "Mas, Rosi, só dez ônibus? Pegou esse sol... Tô pensando que ia me pedir outra coisa". Até me emociono quando lembro de ACM. Ele ajudou muito o Vitória. ACM falou comigo: "Rosi, vou dizer aos seguranças que, se você não voltar, o negócio vai ferver". Muitos desistiram no caminho, porque a pressão da Mancha Verde foi demais, dizendo que iam explodir quando a gente chegasse lá. Quando cheguei lá, fui recebida a pedradas. Serginho *(Sérgio Pinheiro, jornalista da TV Bahia)* disse: "Rosi, eles estão cantando 'baianos imundos, sua mãe é empregada de Edmundo'". Aí mandei Serginho dizer: "Porcos imundos, quem tem Alex não precisa de Edmundo". Na época era Alex Alves que comandava e Edmundo era do Palmeiras. A polícia chegou pra mim: "Tire tudo se você quiser voltar viva". Mas na Mancha Verde tinha um diretor chamado Guilherme Aquino e eu sou Rosicleide Aquino. E esse Guilherme é de Ilhéus. Aí veio a multidão, a imprensa, polícia sem querer deixar ele passar. Eu estava no curral. Se o Vitória ganhasse aquele jogo, a gente não sairia vivo. Aí ele conseguiu falar comigo. "Não sei se você é minha parente, mas eu sinto que é e ninguém vai tocar em você aqui" Ele me deu uma camisa do Palmeiras que, por sinal, meu marido queimou também.

Como esse fervor pelo Vitória afetou sua saúde?
Nos anos 2000, 2001, eu já não estava bem. Aí um torcedor ali no Dois de Julho virou para mim e disse: "Rosi, você vai morrer e não vai ver o Vitória ser campeão brasileiro". Naquele tempo eu era ousada, não sabia em quem confiar. Vi que era um homem que estava do outro lado, retornei e fui falar com ele. Já me senti mal. Aí eu andando para casa, em Nazaré, falaram: "Rosi, você está branca, parecendo uma defunta". Fui pra um posto médico na Mouraria e tiraram minha pressão. Eu enfartei ali. Fui pro Sames *(Serviço de Assistência Médica de Salvador)* e quando

cheguei lá meu marido já estava com aquela cara... "Tudo por causa do Vitória, não é possível". Ele achava que eu ultrapassava os limites, mas na verdade ele me admirava *(risos)*. Minha filha foi me pegar no Sames, me levou para o hospital Aliança. Os médicos disseram: "Não pode ir mais para jogos". Ali foi Deus que me salvou. Eu não falava, não reconhecia ninguém, já estava morrendo. Foi ali que conheci Jesus e me converti. Aí dei uma acalmada. Nisso, ia ter um BaVi na Fonte Nova. Eu lá deitada, no quinto andar do hospital. A diretoria, os jogadores querendo me ver, mas a família dizendo que ninguém ia entrar, nem Paulo Carneiro. Eu falei para Carlinhos:

– Carlinhos, me faça um favor, pegue uns lençóis aí e traga que eu vou descer.
– Se você cair, a polícia vai me prender e a torcida do Vitória vai querer me esganar.

Quando eu falei que ia lhe pagar se me ajudasse, ele ficou doido.

– Você fica me segurando e eu vou descendo, porque eu quero ir para esse jogo.
– Meu Deus, você está parecendo uma defunta, como é que você vai para esse jogo?
– Você não vai fazer isso, né? Tá bom, vá embora então.

Minha família foi almoçar, eu fui com roupão e entrei no elevador de serviço, dentro do contêiner com tudo sujo. Todo mundo pensando que eu estava no banheiro, porque fechei a porta e abri a torneira. Fui para casa. Quando cheguei, me olhei no espelho: "Será que sou eu mesma?". Comecei a pintar o rosto. Não pintei todo, porque fiquei com medo de dar alguma coisa. Quando estava saindo, encontrei Mesquita, do "Correio da Bahia".

– Rosi, pelo amor de Deus, o que aconteceu? Você não estava internada?
– Pelo amor de Deus, não diga para ninguém!

Quando cheguei na Fonte Nova, recebi logo um copo de cerveja na cara *(risos)*. O cara me viu de lá de cima e jogou. "Nem assim eu vou desistir". Entrei no estádio e fiquei me segurando, porque eu estava tonta, as pernas tremendo, com medo, fraqueza. Ninguém imaginava que era eu, porque estava tão esquisita, a aparência horrível. O Vitória venceu por 1x0. Quando terminou o jogo, a torcida do Bahia pirada, eu fui saindo no meio da multidão para ninguém me ver. Aí veio Serginho Pinheiro:

– Rosicleide, você aqui? Peraí que vou fazer uma reportagem com você.
– Pode não, pelo amor de Deus, que eu tenho que voltar para o hospital!
– Você estava internada? Meu Deus, como sua mão está gelada!
– É, Serginho, tenho que voltar.
– Deixa eu gravar.

– Grave, mas não mostre amanhã para não saberem que eu estive aqui.

Desceu as lágrimas em Serginho, ele me abraçou, disse que tudo bem. Eu retornei pro Aliança, os médicos fizeram os procedimentos e eu disse: "Vou falar a verdade, eu saí daqui e fui ver o jogo". Aí os médicos: "Tem que deixar ela amarrada" *(risos)*.

O que você pensou quando o médico disse "você não pode mais ir para jogo"?
Eu morri ali. Eu ia pro Barradão escondida, pra ninguém saber. Meus amigos ficaram com raiva de mim quando viram eu me sacrificando pelo Vitória, dando a minha vida ali. Não me arrependo. Hoje faria a mesma coisa. O médico chamou meu genro: "Ela tem algum problema? Porque isso não é normal, não". Eu já fugi várias vezes do hospital. Eu com agulha enfiada no braço e indo pra Feira de Santana...

Como foi a situação em que você foi encurralada em Feira de Santana?
Eu levava um carneiro empalhado. Quando levantava o carneiro, o Vitória ganhava. Quando baixava, o Vitória perdia ou empatava. Eles diziam que eu era macumbeira, ficavam enfurecidos. Minha fama era essa. Nesse dia, o Vitória tinha vencido o Fluminense (BA). Aí eles armaram para me pegar. "Não tem saída, eu estou cercada". Fizeram uma roda. Só estava o ônibus do Vitória e a delegação toda lá dentro. Aí eu pedi para abrirem rápido e entrei. Começaram a balançar o ônibus para me tirar de dentro. Uma mulher do marketing do Vitória que estava lá disse: "Ela tem que descer, vai morrer todo mundo por causa dela". Allan Dellon levantou e falou: "Não, de forma nenhuma". Se me pegassem ali, não ia sobrar nada. Deus sempre me dando livramentos. Se fosse outra pessoa, não iria mais para jogos, pelo que eu passei ali. Saímos com a polícia na frente, foi um sufoco. Hoje, para eu ir ver jogo em Feira de Santana, não posso pintar o rosto porque sou muito visada.

Como é a história do presidiário que queria te encontrar?
Tinha um presidiário que era meu fã. Ele disse que ia fugir pra assistir a um jogo comigo. Um dia eu estava na Fonte Nova e olha o homem lá. "Meu sonho, eu consegui!". Uma coisa triste, que me deixou comovida, foi que a polícia foi lá buscar o rapaz. Ele conseguiu realizar o sonho dele, chorou, me abraçou, eu o abracei e ele foi levado.

E o táxi que você pegou de Recife a Campina Grande?
Foi na Série C. O Vitória ia jogar em Campina Grande (PB) com o Treze, aí fui

para o aeroporto, mas não tinha aviação.[1] O pessoal do aeroporto disse que só tinha avião até Recife. Peguei o avião para Recife, peguei um táxi para a rodoviária e comprei a passagem. Ia sair dali a pouco, fui tomar um banho correndo na rodoviária. Quando retornei, o ônibus saiu sem mim. Eu fiquei muito triste, abalada, porque tinha feito tudo aquilo pra nada. Comecei a chorar, andava para lá e para cá com a bagagem na mão, sofrendo, porque o jogo do Vitória seria em poucas horas. Aí fui falar com um taxista:
– Preciso pegar um táxi pra Campina Grande.
– A senhora está com algum problema? É caso de vida ou morte?
– É, caso de vida ou morte *(risos)*.
A corrida custou R$ 400, que naquela época era dinheiro. Quando cheguei lá, ninguém acreditou. Os torcedores do Treze já sabiam da minha fama, me deram logo uma pedrada. Me abaixei e a pedra foi no rapaz que estava atrás. Ele foi parar no hospital em estado grave. Era para eu ir embora, né? Mas fiquei para assistir e o Vitória deu 4x2.[2]

É verdade que você foi ao um jogo do Vitória no dia do enterro da sua mãe?
Ela faleceu num dia, enterrou no outro e eu fui para o jogo. O pessoal dizia: "A mãe dela não morreu" *(risos)*. Foi em um BaVi, jogo no Barradão. Ela faleceu em 91. Eu fui porque, ela como torcedora do Bahia, se eu tivesse morrido, ela também iria. Então ela entendeu, porque a minha paixão era isso. E também serviu para esquecer a dor.

Esse amor que você tem pelo Vitória é comparável a quê?
Hoje eu coloco Deus em primeiro lugar. Sem Deus, eu não chegaria onde estou. Pelo que já passei na vida pelo Vitória, acho que muitos já teriam desistido. Dos sufocos, das pressões que sofri e venho sofrendo. Até hoje minha família não aceita. Das coisas que eu fiz, de nada me arrependo. Para mim é orgulho ver as meninas hoje. Elas gostam de ver o que fiz e o que faço, mesmo com problema, com dificuldade. Disseram que eu sou cardiopata e não posso estar nos estádios. Mas posso sim, tudo posso naquele que me fortalece. Eu acredito que se eu não morri é porque ainda vou ver o Vitória levantar a taça. Eu acredito muito nisso.

---

1 Rosicleide se refere à crise no setor aéreo brasileiro deflagrada em setembro de 2006.
2 15/11/2006 - Série C: Treze 2x4 Vitória: Gols: Leandro Domingues (3) e Marcelo Moreno.

PAULO CATHARINO GORDILHO

Paulo Catharino Gordilho nasceu em Salvador no dia 05/02/1957. É filho de Luiz Martins Catharino Gordilho, que dirigiu o Vitória em 1953. Foi diretor nas gestões de Rui Rosal, de José Rocha e de Ademar Lemos Júnior. É pai de Paulo Catharino Gordilho Filho, ex-presidente do Conselho Deliberativo. Data de 1907 o primeiro integrante da sua família a presidir o clube.

Entrevista realizada em fevereiro de 2018 e complementada em outubro de 2020.

Como sua família se aproximou do Vitória?
Nós temos duas famílias tradicionais no Vitória, a Martins Catharino e a Gordilho. Na parte Martins Catharino, nós temos Alberto Moraes Martins Catharino e Carlos Martins Catharino, que foram dos primeiros presidentes do Vitória, são irmãos de minha avó e tios de meu pai.[1] E também tem a parte Gordilho, de tio Agenor Gordilho, que era muito próximo a meu pai. Apesar da família Gordilho ser muito grande e ele ser nosso parente de segundo, terceiro grau, meu pai e ele tinham uma amizade forte, como pai e filho. Meu pai também teve, acredito, a influência dele por essa paixão toda pelo Vitória. Meu pai teve oito filhos. Somos quatro homens e quatro mulheres, tem uma que não é Vitória e minha mãe, mas todo mundo era Vitória na nossa família. Tem o mais velho, Luiz Martins Catharino Gordilho Filho, que já teve várias passagens pelo Vitória, tem Eduardo Catharino Gordilho, que chegou a ser vice-presidente na época do presidente Paulo Magalhães, Jorge Catharino Gordilho, conselheiro do clube por muitos anos e que participava de algumas ações do Vitória, e eu que, além de torcedor, já fui diretor em várias gestões. Quando meu pai foi presidente do Vitória, eu não era nem nascido, foi em 1953 – eu nasci em 1957.

---

[1] Alberto Moraes Martins Catharino foi presidente em 1907 e 1908 e 1921 e 1922. Carlos Martins Catharino ocupou o cargo em 1925 e 1926.

Como foi a gestão do seu pai, Luiz Martins Catharino Gordilho, em 1953 e 1954?
Meu pai foi o primeiro presidente campeão profissional de futebol pelo Vitória. Ele formou um grande time. Trouxe um treinador bastante reconhecido, Carlos Volante. Ele modificou muito o futebol a partir do primeiro título profissional. Foi campeão em 1955 e em 1957, com participação dele também. Foi criado naquela época o triunvirato, com Alfredo Miguel e Jorge Corrêa Ribeiro. Antigamente era amador, ninguém recebia dinheiro. Na época dele, todos passaram a receber pelo menos ajuda de custo. Cansei de ver grandes jogadores vindo aqui no escritório conversar com ele. Todos o adoravam e ele ajudava todo mundo. Ele sabia como tratar, como animar os jogadores. Teve uma final Vitória x Bahia em que ele mandou fazer uma montagem de um time vestido de baiana com o rosto dos jogadores do Vitória e disse que foi Osório Villas-Boas que publicou. "Olha o que estão falando de vocês. Vocês são isso mesmo?".

Como foi a contratação de Quarentinha?
Uma pessoa disse a meu pai que tinha um craque no Pará. Aí meu pai mandou um olheiro, que trouxe boas informações, e o contratou. Naquela época, o aeroporto não tinha a estrutura de hoje. A gente ia receber pessoas na porta do avião. Meu pai tomou até um susto quando viu, porque ele não tinha dente, era muito franzino. Meu pai abraçou a causa e fez uma reestruturação total no físico e no mental de Quarentinha, dando a ele dignidade. Daqui ele começou a ganhar nome, foi para o Botafogo e voou pra seleção. Quarentinha foi um exemplo de profissional.

Até quando seu pai se dedicou ao Vitória?
Toda a vida. Começou a deixar por causa da idade, já não tinha o mesmo pique para participar ativamente. Era muito respeitado pela mídia. Na época era França Teixeira, Álvaro Martins, Ivan Pedro. Muitos ligavam pra meu pai dar entrevista, pra animar o jogo. Teve uma brincadeira entre ele e Osório que França Teixeira fez, apostando quem ia ganhar. Encheu a Fonte Nova. Ele era muito participativo. Nos deixou aos 85 anos e só com 82, já doente, deixou de participar do Vitória. Mas ele sabia que estávamos juntos ao Vitória. A empresa que eu e meu irmão dirigimos também faz parte dessa história. Walter Seijo, que era diretor de patrimônio do clube, esteve na empresa e meu pai assinou a escritura de propriedade fazendo a doação da sede náutica, na Ribeira, em frente ao clube dos saveiros.[2]

---

[2] Na Rua Porto dos Tainheiros, 14, Ribeira, próximo ao Saveiro Clube da Bahia.

O que sabe sobre a acusação de o presidente Ney Ferreira ter mandado agredir o jornalista Cléo Meireles em 1964?
Cléo Meireles não era fácil, não. Ney Ferreira não gostava dele. Mas uma coisa é certa, Ney Ferreira não era homem de mandar, ele mesmo fazia. Eu lembro que uma vez invadiu a sede do Vitória em Amaralina com metralhadora pra pegar Paulo Carneiro e aquela turma. Ele, Eduardo Moraes... Graças a Deus, acabou dentro de uma normalidade, na medida do possível. As ofensas morais foram retiradas. O respeito se reestabeleceu. Naquele momento, o Vitória estava muito tumultuado.

Como você iniciou o trabalho junto à diretoria do clube?
Iniciei minha vida de gestões quase com 20 anos de idade, como diretor de futebol, quando o presidente era Rui Ribeiro Rosal. Levei pouco tempo, porque futebol não é fácil. Realmente é apaixonante, mas é muita pressão. Consegui ficar algum tempo com Rui Rosal, um presidente com coração maravilhoso, pessoa que entende muito de futebol. Depois tive a felicidade de ser diretor administrativo de José Rocha, junto com Nilton Sampaio, e lançamos várias promoções para a construção do Barradão, a torcida correspondeu muito. Criamos cadeiras cativas, doações, livros de ouro... Aí foram feitas as primeiras etapas do estádio do Vitória. Também fui diretor de Ademar Lemos Júnior, de marketing. Contratamos um profissional pra desenhar a base do Vitória, que é uma das coisas mais importantes do clube. Contratamos José Augusto Cerqueira para visitar na época as duas melhores gestões de futebol de base, o São Paulo e o Flamengo. E ele implantou muita coisa boa na base do Vitória. Essas foram as minhas participações mais efetivas na administração do clube. Na época de meu pai, tinha o Conselho Superior, que era ele, Alexi Portela, Manoel Tanajura, Jaime Fernandes, Alfredo Miguel, Jorge Corrêa Ribeiro. Eram abnegados que ajudavam muito o Vitória. Eu ficava à disposição em reuniões, indo buscar jogadores para contratar, como Joel Zanata, Altivo. Meu pai sempre ia às concentrações em véspera de jogo, e eu o acompanhava. Campeão de terra e mar, sempre foi vitorioso no Vitória. Tem um nome grande até hoje, graças a Deus. Tanto é que o Paulo Catharino Gordilho Filho, meu filho, foi o primeiro presidente do Conselho Deliberativo do Vitória eleito pela torcida.

Você participou do projeto da Via Expressa, que liga a Avenida Paralela ao Barradão?
Participei diretamente da viabilização da Via Expressa. Alexi Portela era presidente e me chamou para ajudar a buscar a Via Expressa, que não estava andando. Chamei

o Milton Villas-Bôas, que tinha sido presidente da Conder, é rubro-negro e é hoje diretor de patrimônio do Vitória *(em 2018)*. Chamamos o Sérgio Luiz, diretor da Conder, que graças a Deus é Vitória e tirou da gaveta um projeto parado, porque tinha que fazer um projeto maior, de R$ 400 mil, mas o Vitória não tinha esse dinheiro. Levamos esse projeto para Paulo Bastos, de uma empresa de arquitetura ligada a estradas, e ele conversou com Luiz Fernando Pessoa, um dos donos da construtora Sertenge. Ele disse: "Pode deixar que eu viabilizo". E viabilizou. Esse projeto nasceu na época de Fábio Mota, que era da Prefeitura e conseguiu através do Ministério do Turismo uma verba de R$ 20 milhões. Estava vencendo já a primeira parcela. Se a gente não fizesse esse movimento naquele momento, perderia essa primeira parcela. Aí levantamos o projeto na Conder e foi aprovado. Chegou em um certo momento e tomei um susto, porque a Conder duplicou a Via Expressa. Em vez de uma pista indo e uma voltando, fez duas indo e duas voltando. Sairia de uma verba de R$ 20 milhões para R$ 40 milhões! Aí botei a mão na cabeça, liguei para Alexi e Falcão e disse: "Com que dinheiro vão fazer isso?". Na época tinha também, apesar de ser Bahia, o secretário da Sedur, Cícero Monteiro, que nos deu apoio. Hoje, a Via Expressa está aí, não vou dizer graças a mim, mas a uma equipe que teve Fábio Mota, que conseguiu a verba para iniciar o processo, Alexi e Falcão, gestores do Vitória que me convidaram para formar uma equipe para tirar da gaveta o projeto. Tivemos o apoio do senador Otto Alencar e de José Rocha para que junto ao governador Jacques Wagner e à equipe do Governo viabilizássemos essa Via Expressa muito importante para aumentar o público no estádio, um dos gargalos do Vitória. Chegar ao Barradão é complicado e agora vai facilitar. Então eu espero que a gente aumente o público para crescer um pouco mais a arrecadação.[3]

Como sua família ajudou o Vitória através do banco Econômico?
A família tinha participação acionária no Econômico. Tio Betinho era Alberto Moraes Martins Catharino Filho e tio Zezé era José Martins Catharino.[4] Tio Betinho foi vice-presidente, e tio Zezé, diretor jurídico. Eu trabalhava no banco. O Vitória sempre teve apoio financeiro, tinha empréstimos. Na família Econômico, como Dr. Ângelo Sá, todo mundo era Vitória. Agenor *(Gordilho Neto)* teve a ideia e o Vitória começou a ser patrocinado pelo Econômico em troca do débito que

---

3 Órgãos citados: Companhia de Desenvolvimento Urbano do Estado da Bahia (Conder) e Secretaria de Desenvolvimento Urbano do Estado da Bahia (Sedur).
4 Betinho e Zezé Catharino jogaram pelo Vitória nas décadas de 1930 e 1940.

havia lá. Antes disso, quando José Rocha assumiu, havia um débito enorme com o banco. Meu pai, Manoel Tanajura e Alexi Portela eram avalistas. Tinha uns dez avalistas. Então José Rocha foi lá, com meu pai, Manoel e Alexi, com a orientação de tio Betinho e Dr. Ângelo, e fizeram um acordo muito bom, que reduziu bastante o débito. Estavam construindo o Estádio Manoel Barradas e nós trocamos por placas de publicidade.

Como foi ter seu filho, Paulo Catharino Gordilho Filho, eleito presidente do Conselho Deliberativo do Vitória em 2016?
Foi muita emoção para mim, porque foi um processo que tinha como objetivo a reforma do estatuto. A gente precisava de uma mudança e ele defendia isso. Estava tendo muitas reuniões no sindicato dos bancários, com Augusto Vasconcelos e os grupos de torcedores jovens. E Agenor Gordilho Neto, primo meu, queria que ele fosse para as reuniões, como acabou indo. De uma hora pra outra, ele me fez uma ligação:
– Meu pai, eles querem que eu seja candidato a presidente do Conselho.
– Mas, rapaz, você vai entrar? Vai ser através de voto, de disputa, de disse-me-disse.
O grupo desses jovens tinha boa estrutura, queria um Vitória transparente, uma coisa nova. Como ele também é novo... Estava na hora de mudar. Agenor me convenceu de que esse grupo era bom, gente séria e que ele estaria bem entregue. Meu pai nunca me proibiu de ser alguma coisa no Vitória. Eu disse também: "Se ele é Vitória, não vou impedir que tenha essa vontade". Aí partiu pra eleição e saiu vitorioso. Naquele momento da vitória dele, fiquei muito orgulhoso, porque me lembrou muito meu pai. Era importante para o Vitória a mudança do estatuto, que ninguém queria mexer. A meta dele era fazer em 90 dias, como fez.[5] Hoje, o presidente do Vitória é eleito pela torcida, não precisa ser chapa fechada de presidente do clube com presidente do Conselho. Outra vitória é que o Conselho Deliberativo é proporcional *(aos votos recebidos por cada chapa)*.

Agenor Gordilho Neto assumiu a presidência no meio de 2017. Como foi o trabalho para manter o time na Série A?
Foi um trabalho muito forte, emotivo e nervoso. Agenor assumiu com muita dedicação. Ele *(o filho)*, Agenor e José Luiz Sobreira pegaram o Vitória na unha mesmo,

---

[5] A Assembleia Geral Extraordinária que homologou a reforma do estatuto foi realizada em 02/04/2017.

com muita oposição interna, muita fofoca. Deram tranquilidade ao clube. Teve a felicidade de contratar Vagner Mancini, que fez um trabalho sério e dedicado. Tivemos a ajuda também de Zé Rocha, fantástico sempre, e tivemos apoio de Albérico Mascarenhas. Fizemos um grupo de uns oito que seguraram na unha, junto com Victor Chang, um jovem muito inteligente, com Filipe Garrido, que controlava a parte toda de jogos, e com Mário Silva, que não precisamos nem falar, foi criado lá dentro. É um rubro-negro maior que tem, querido por todos, sabe quem é quem. Ele ajudou bastante nessa manutenção do Vitória na Série A. E não foi só isso. O Vitória foi campeão baiano de remo, de basquete, de futebol sub-20, sub-17, sub-13. Ganhou tudo! Ficar na Série A não é um campeonato, mas naquele momento, para nós, era.

O que representa o Vitória para sua família e a sua família para o Vitória?
É uma emoção grande ver os jogos. O Vitória representa um momento grande de lazer, de construção, de uma coisa que você gosta. E a eleição de Paulo Catharino Gordilho Filho, resgatou o nome da família. A imprensa falou muito de meu pai. Muita juventude que não sabia nem quem ele era passou a saber.

LUÍ BARRADAS

Luís Alberto Barradas Carneiro nasceu em Salvador em 28/12/1963. É neto de Manoel Barradas, presidente do Vitória de 1947 a 1949 e que dá nome ao estádio rubro-negro.

Artigo escrito em dezembro de 2016.

MANOEL BARRADAS, DO REMO AO BARRADÃO

Grande parte da história de meu avô, Manoel Henrique da Silva Barradas, se confunde com a do Vitória.

Nascido em Portugal e também registrado no Rio de Janeiro, chegou ao Brasil com os pais e na juventude foi atleta de polo aquático e de remo no Clube de Regatas Flamengo. Quando se mudou pra Bahia, morou em Ilhéus, onde trabalhou na empresa de exportação de cacau Hugo Kaufmann e, como amante da prática esportiva, implantou o remo e realizou algumas competições naquela cidade.

Mudou-se para Salvador, onde conheceu sua esposa, Eloyna Barradas, com quem teve quatro filhas. Em Salvador implantou o Cine Aliança e depois o Cine Glória, mas não abandonou suas duas grandes paixões, o remo e o futebol.

Pelos amigos e pelas cores rubro-negras, iguais às do Flamengo, se aproximou do Vitória. Foi remador, disputando diversas regatas com a camiseta vermelha e preta. Passou a acompanhar também os jogos de futebol, fazendo no clube grandes amizades, como vários de seus conselheiros e atletas.

Na década de 1940, junto com o conselheiro Lev Smarcevscki, acalentou o sonho de construir o estádio do Vitória. Um dos locais pretendidos era onde se localizava o Jóquei Clube, hoje a região do Salvador Shopping. Ainda nesta década, foi presidente do Vitória. Ele contava inúmeras histórias de disputadíssimas regatas e clássicos do futebol. Destacou vários supercraques, entre os quais Juvenal, Quarentinha, Bengalinha e Siri.

Sobre Siri, contava uma história hilária, quando prometeu pagar uma quantia de dinheiro a ele por cada gol que marcasse numa partida que o Vitória precisava vencer. Siri começou a marcar um gol atrás do outro e meu avô, do lado de fora do campo, pedia pra ele parar, pra não aumentar o valor que teria que pagar.

Minha mãe me contou que, ainda jovem, desistiu de ir ao estádio com ele, porque ninguém podia falar mal do Vitória que ele se irritava e queria tirar satisfações com a pessoa. Nesse momento ela tinha que contê-lo e acalmá-lo.

Ouvir as histórias contadas com orgulho e emoção por ele, que as tinha vivenciado, como se o acontecido tivesse sido naquele mesmo dia, era como ouvir histórias de heróis, cujos personagens eram ele, seus companheiros remadores e os jogadores, que tratavam a bola com toques clássicos e refinados.

Muitas foram as vezes que meu avô pegou a mim e a meus irmãos para irmos à Ribeira assistir às disputas de remo. A balaustrada da praia ficava cheia de torcedores do Vitória, do Itapagipe e do São Salvador. Torcíamos e vibrávamos muito com as vitórias do nosso clube.

Também íamos com regularidade assistir aos treinos e jogos do Vitória no Campo da Graça e na Fonte Nova. Nossas idas ao estádio em dias de jogos eram sempre marcadas pelos comentários coerentes sobre os jogadores e a parte tática. Meu avô entendia muito de futebol. Juntos, assistimos inúmeros clássicos com jogadores de alto nível, como Andrada, Fischer, Osni, André, Mário Sérgio, Zé Eduardo, Zé Preta, Dendê e Sena.

A década de 70, podemos dizer, foi uma década de ouro para o futebol da Bahia, pela quantidade de craques que vestiram o manto rubro-negro, apesar de a quantidade de títulos não ter sido tão expressiva. Foi a década em que meu avô esteve mais presente conosco, seus netos, nos treinos e nos estádios da Graça e da Fonte Nova.

Na década de 80, ele já com a idade avançada, eu é que passei a levá-lo aos treinos e aos jogos. Era comum passarmos na casa do seu grande amigo Jorge Corrêa Ribeiro, também conselheiro, para irmos aos treinos.

Foi nessa época que, após grandes esforços dos conselheiros mais atuantes que investiram no sonho do centro de treinamento, como Alexi Portela, Ademar Lemos, Manoel Tanajura, Luiz Catharino Gordilho, entre tantos outros abnegados, foi retomada a ideia da construção do próprio estádio. Seduzido mais uma vez pela ideia de ver um Vitória grande e com seu próprio estádio, meu avô se dedicou ao assunto e conseguiu decisivo apoio do Governo do Estado, na gestão do então governador João Durval, para revitalizar uma área degradada, viabilizando a construção do tão sonhado santuário rubro-negro.

Todos os conselheiros foram, então, convocados a colaborar de forma mais efetiva. Para ajudar, ele comprou 12 cadeiras cativas, para ele próprio, as quatro filhas e os sete netos.

Enfim, aquele sonho dos anos 40, acalentado por ele e pelo seu amigo e conselheiro Lev Smarcevscki, finalmente se tornou realidade, com o projeto sendo desenvolvido pelo filho desse seu amigo, o arquiteto Ivan Smarcevscki. Com certeza, uma das maiores emoções da vida de meu avô foi quando ele deu o pontapé inicial na inauguração do estádio, que leva o seu nome. O seu clube do coração, para ele, se tornou um gigante.

De fato, a história do Vitória pode ser contada em duas fases, antes e depois da construção do Estádio Manoel Barradas, o Barradão. A partir de então, o Vitória tem anotado na sua história um número expressivo de conquistas e grandes participações nas diversas competições de futebol.

Meu avô seguiu o seu caminho natural, eu perdi a companhia de um grande amigo, mas ele deixou a sua paixão pelo Vitória como legado para toda a família Barradas. O Vitória fez parte da sua história e bateu forte no seu coração.

Mesmo sendo meu pai nascido em Feira de Santana, tendo sido presidente do Fluminense de Feira e nos levado inúmeras vezes para assistir a jogos do Flu de Feira, eu e meus seis irmãos somos torcedores do Vitória. Eu e meus filhos acompanhamos tudo que envolve o Vitória e, frequentemente, vamos ao estádio. Essa história continua e vai ser passada para as gerações futuras da nossa família. Certamente, vou levar meus netinhos para o estádio, vestidos de vermelho e preto.

Que assim seja!

VI-TÓ-RIAAAAA!!!

JOCA GÓES

Carlos Tertuliano de Góes nasceu em Salvador em 08/11/1944. Foi vice-presidente do Vitória na gestão de Alexi Portela, em 1975 e 1976. Divide sua paixão com o Flamengo, do qual também foi diretor. Recebeu a Comenda Artêmio Valente em 2019.

Entrevista realizada em março de 2020.

Como surgiu sua paixão pelo Vitória?
Meu avô é Agenor Gordilho[1], que é avô também de Agenor Gordilho Neto, que foi presidente em 2017 em substituição ao Ivã de Almeida. Com 11 anos eu fui levado por meus tios, especialmente Luiz Catharino Gordilho e Jorge Corrêa Ribeiro, para ver os jogos do Vitória. Luiz Catharino era o presidente em 1953. Esse foi o segundo estágio do Vitória. O primeiro estágio foi o amadorismo, até 53. Passaram vários presidentes que rejeitaram o profissionalismo. Renato Guimarães, Manoel Pontes Tanajura... Luiz resolveu aderir. Era muito ousado, impetuoso. Formou um time de muita qualidade e fomos campeões em 53. Em 57 voltamos a ser campeões com Luiz. Era ele, Jorge Corrêa Ribeiro, Alfredo Miguel. Aí encerrou-se uma fase em que o Vitória superou todos os outros adversários e conseguiu acompanhar o Bahia. O Ypiranga foi entrando em decadência, assim o Botafogo e o Galícia, e o Vitória se destacou e aglutinou uma torcida importante. Em 59, os movimentos de bastidores do Bahia, com a Federação, tiraram do Vitória um campeonato ganho. Vitória tinha vencido dois turnos, ia ganhar o terceiro e na última partida com o Bahia teve um gol anulado. O time tinha uma frente com Rui Tanus, Fialho, Mattos, Zeti, Cadilac. Então, o Vitória rompeu com a Federação e desgarrou-se dela. Em 1959, houve um estágio quase de congelamento do

---

1 Agenor de Campos Gordilho jogou no time campeão baiano em 1908 e foi presidente do clube em 1916.

crescimento do Vitória. Me mudei para o Rio em 72. Aí veio o segundo grande estágio, que foi a revitalização através de Alexi Portela, Benedito Luz, de novo Luiz Catharino, Alfredo Miguel, dirigentes que eram amadores, mas pessoas vitoriosas e que queriam bem ao clube. O Vitória formou um time imbatível em 72 graças a eles. Osni, André, Mário Sérgio, Juarez, Gibira, a zaga tinha França e Dutra. Fomos campeões em 72. Uma linha de frente das melhores do futebol brasileiro. O Mário Sérgio era um jogador admirável e uma pessoa também admirável. Um ano antes de morrer, eu o encontrei no Rio, numa solenidade no Flamengo. Ele disse: "Joca, joguei no Grêmio, no Internacional, no Botafogo, no Fluminense, no Flamengo, mas eu sou é Vitória". A homenagem que fizeram a ele na avenida do Barradão é absolutamente justa, porque ele tinha incorporado o Vitória, tinha amor pelo clube e passava isso pra torcida em campo.

Você se tornou também torcedor do Flamengo. Como consegue amar dois clubes?
Como eu ia muito ao Rio, meu pai era sócio do Flamengo e me tornei torcedor do time também. Isso acabou virando uma obrigação, dizer "tenho dois times, não tenho preferência por nenhum deles". Outro dia um repórter me perguntou no Rio:
– Afinal de contas, você é Vitória ou Flamengo?
– Quantos filhos você tem?
– Tá respondida a pergunta.
Francisco Horta, que foi presidente do Fluminense, meu amigo, dizia: "No coração, o amor pelo futebol é um espaço aberto". Aí perguntam: "Quando jogam Flamengo e Vitória, você torce pra quem?". Pra quem estiver pior. O último jogo do Campeonato Brasileiro de 2017[2] foi muito difícil pra mim porque ou o Vitória ia pra segunda divisão ou o Flamengo não entrava na Libertadores. Entreguei ao Senhor do Bonfim e ele fez o trabalho certinho.

Como você se tornou vice-presidente do Vitória?
Quando voltei do Rio em 74, 75, eu era amigo de Alexi, pai de Alexi Júnior, e ele foi eleito presidente do Vitória. Um belo dia, ele me liga:
– Você é meu vice-presidente.
– Vice-presidente de quê? Alexi, eu não tenho tempo.
– Mas vai ter.

---

2 03/12/2017 - Série A: Vitória 1x2 Flamengo. Gol: Carlos Eduardo. Com os outros resultados da rodada, o Vitória permaneceu na Série A e o Flamengo se classificou para a Libertadores.

Ali começou uma terceira grande revolução no Vitória. Veio na cabeça dele: "A torcida do Vitória é enorme, precisamos futucá-la". O primeiro ano de gestão foi pra arrumar a casa. Aí contratamos o Tim, graças a boa relação que Alexi tinha com o Fluminense, com Horta, com Vilella. Aprendi muito com o Tim, que foi o meu grande mestre. Primeira vez que eu vi o Tim, em 76, ele olhou pra mim e disse: "Tenho aqui um time que eu vou tapear vocês, ele vai conseguir incomodar o Bahia, mas não vai ganhar. Eu preciso de um ou dois craques, o resto eu faço". Como eu lia muito, ouvia muito rádio, vi que o Fischer estava em litígio com o Botafogo e o Andrada, com o Vasco. Falei com Tim:

– Você trabalhou com um no San Lorenzo e o outro no Vasco. O que você acha?
– Vocês não são malucos de trazer. Não vão querer vir, nem vocês vão poder pagar.
– Aí a responsabilidade passou para mim.
– Pode trazer. E se der, traz Joãozinho, que foi meu atleta também.

Pegamos o avião para o Rio. Alexi ligou para o presidente do Vasco e perguntou se ele vendia Andrada. Vendia por 200 mil cruzeiros. Fechado. Aí marcou um almoço com ele. No fim da tarde fomos ao Botafogo falar com o Charles Borer, presidente.

– Se Fischer quiser ir, é de vocês. Custa 600 mil cruzeiros.
– Tá fechado.
– Como vocês vão pagar?
– Em 30 dias nós pagamos 50% e em 60 dias nós pagamos o resto. Primeira semana de março, pós-carnaval. Botafogo não tem onde jogar. Vão jogar Vitória e Botafogo, Fischer vai estrear e eu boto 35 a 40 mil pessoas no estádio.
– Você consegue isso?
– Claro. A torcida do Vitória precisa de ídolo. Ela tá sedenta depois de Osni, Mário Sérgio, Mattos, Quarentinha... Quando nós dissermos que o Fischer, do Botafogo, da Seleção argentina, foi contratado vai ser uma loucura.

Fomos procurar o Fischer, ele disse "está fechado, eu vou jogar com Dom Elba". Ele gostava muito de Tim. Aí as rádios todas vieram entrevistar Alexi e a mim. Fischer foi pra Bahia no outro dia no mesmo voo que nós. Foi uma loucura. A Federação abriu mão da taxa, a Prefeitura abriu mão da taxa, pusemos 36 mil pessoas na Fonte Nova. Dobramos o que era cobrado no ingresso. Aquilo levantou a autoestima da torcida. Andrada estreou com 40 graus de febre. Disse: "Eu vou jogar, não adianta", e fechou o gol.[3]

---

3 07/03/1976 - Amistoso: Vitória 0x1 Botafogo.

Como essas contratações refletiram na torcida naquele ano?
Em 1976, teve oito BaVis, que deram em média 60 mil pessoas na Fonte Nova. Paulo Maracajá era diretor do Bahia. O Bahia tinha uma rádio, com França Teixeira, muito agressiva, provocativa, e a nossa rádio era de Wilson Menezes, a Rádio Excelsior. Nossa turma, dentro do padrão de comportamento do Vitória, não entrava em provocação, porque sairia do campo, onde a gente era melhor. Esses BaVis foram fantásticos. O Bahia teve o melhor time de todos os tempos: Joel Mendes, Perivaldo, Sapatão, Zé Augusto, Romero, Baiaco, Fito e Douglas, Jorge Campos, Beijoca e Jésum. Jogadores de primeira qualidade. E como é que Maracajá ia pagar aqueles jogadores se não tivesse aqueles BaVis todos? Ele dizia: "Você tá me ajudando a pagar meu time e meu time é bom".

Como foi a sua briga com Paulo Maracajá?
Na véspera de um jogo do segundo turno, nesse programa de França Teixeira, o Bahia entrou em uma provocação muito grande, dos jogadores do Bahia inclusive sendo manietados por isso. Resultado: o Vitória ganhou esse jogo.[4] Faltando dez minutos, um gol espírita. Houve um cruzamento pra grande área, Sapatão fez a barreira, a bola triscou no bico da chuteira do jogador do Vitória, Sapatão caiu por cima de Joel Mendes, foi um frango horroroso. O jogador do Vitória estava no chão. Os jogadores do Bahia estavam tensos e ficaram mais tensos ainda, houve uma briga generalizada. O juiz era muito fraco. Na torcida, eu nunca tinha visto uma briga entre Bahia e Vitória. Sentava no meio da torcida do Bahia, era dividida. Naquele dia, eu tive receio, porque vi a torcida do Bahia balançar o alambrado e a torcida do Vitória também. Aí eu fui pra uma rádio, disse "calma, não há necessidade, é um jogo que não tá valendo nada" e desci pro vestiário. A polícia já tinha separado os jogadores. Pra chegar ao vestiário do Vitória, passava pelo do Bahia. Tinha uma aglomeração, fui passando e alguém me xingou. Já estava contaminado, me virei soltando a bolacha e só sei que minha mão pegou em alguém. Naquele momento, pensei: "Eu estou na porta do vestiário do Bahia brigando com todo mundo". Eu vi uma avalanche cair por cima de mim, mas eu tinha 32 anos, magrinho, me agilizei, saí e vi que alguém de farda que estava ali me ajudou, conteve o revide. O murro que eu dei pegou em Paulo Maracajá e ele ficou sentido com toda razão, ele estava lá fazendo o atrito dele e não pôde revidar. Foi pra rádio e desferiu uma série de ofensas. Eu não respondi nenhuma. Aí Luiz Catharino me disse assim: "Ou você

---

4 25/07/1976 - Baiano: Vitória 1x0 Bahia. Gol: Ferretti.

sai no estádio nos braços da torcida, que tá querendo carregar você porque deu um soco num dirigente odiado por eles, ou vai pra casa de Alexi comemorar a vitória". Fomos pra casa de Alexi, comemoramos. Eu dei uma entrevista dizendo: "Eu não sou dirigente pra ser carregado pela minha torcida porque entrei no campo do pugilismo ou da ofensa física, eu sou dirigente pra fazer o Vitória feliz, campeão, ganhador". Dois meses depois, encontrei Maracajá e nos abraçamos.

Como vocês contrataram Tim?
A gente estava preocupado que o time era muito fraco pra jogar o campeonato. Aí Vilella disse: "Vamos tentar o Tim". José Carlos Vilella era vice-presidente jurídico do Fluminense e nosso advogado nos tribunais no Rio de Janeiro. Aí fomos eu, Alexi e Vilella a Saquarema (RJ), onde Tim morava. Ele disse: "Eu vou, quero morar na Bahia". Alexi, que era muito inteligente, fez uma dissertação a ele sobre o que a gente precisava. O Vitória precisava, na minha visão e na de Alexi, sair do estágio de clube médio pra clube nacional, de peso mesmo, ganhador e influente. Pra isso precisávamos de um treinador que dissesse pra gente como a gente devia trabalhar. Ele comprou a paixão na hora. E era um top de linha. Um treinador hoje ganha R$ 600 mil, naquela época ele veio pro Vitória por *(equivalente a)* R$ 30 mil, R$ 40 mil, que já era uma coisa assim fora de série. E nunca se queixou de nada! Ele tinha simpatia total da imprensa, um respeito impressionante. Foi um craque, jogou na Seleção Brasileira de 38 e era um "fraseologista" de primeira. Era meio boêmio, mas uma inteligência incrível, uma educação fora de série, uma personalidade, e os jogadores o adoravam. Uma vez, numa preleção com um calor enorme, o gramado duro, aquele capim seco. Não tinha aquecimento propriamente dito. O preparador físico do Vitória se chamava Melquisedeque dos Santos. Acabou de fazer a apresentação, ele chegou e falou: "Melqui, deixa o pessoal suar no campo". Aí depois: "Já suou bastante. Senta todo mundo. Respira! Viu como é bom ter ar? Quando vocês entrarem lá não vai ter ar nenhum. Guardem esse ar com vocês no pulmão e vão pra lá correndo". O pessoal deu risada e ganhamos o jogo. Era um psicólogo também. O Bahia tinha o treinador Orlando Fantoni, um trator alemão. Com aquele timaço do Bahia, o Fantoni jogava em cima dele e Tim dizia: "Hoje eu vou morder o calcanhar do alemão". Teve uma jogada que ele fez o seguinte. "Eu vou jogar com o Bahia, eu tô sem meio de campo. O Bahia tem um meio de campo monstruoso. O Andrada sai no chute longo muito bem. Eu tenho esse Geraldão, que é um garoto alto e forte. Eu vou fazer dois treinamentos, vou fazer 30 bolas lançadas pelo Andrada na cabeça do Geraldão. Ele vai cabecear pro lado,

o Fischer vai entrar por trás do zagueiro e numa dessas vai sair o gol". Chegou o dia do jogo, o Bahia dominou. O Bahia atacando, Andrada fechando o gol, Valença fazendo uma partida extraordinária. Aí o Valdo vinha para o meio de campo, o Osni rodava, nunca ficava na ponta-direita. Eles faziam deslocamento horizontal, que é uma jogada mortal. Aos 30 minutos do segundo tempo, Andrada jogou, caiu na cabeça de Geraldão, que tocou no pé de Fischer e Fischer fez o gol. Ganhamos o jogo. Foi o primeiro BaVi desses todos de 1976.[5] No vestiário, Tim disse pra mim e pra Alexi: "Mordi o calcanhar do alemão".

Como foi organizado o jogo contra um combinado estrangeiro em 1976?[6]

Horta ligou pra Alexi pai e disse: "Quero botar os meninos pra jogar". E Alexi disse: "Venha pra cá, vamos fazer um jogo do combinado Fluminense e Vitória contra jogadores estrangeiros". A imprensa começou a divulgar. Combinamos com o Horta pra ele dizer que o Rivellino não podia jogar de camisa vermelha e preta, que o contrato dele não permitia. Alexi dizia que ia falar com o Rivellino. Paulo Cézar Caju tinha dado entrevista dizendo que não tinha problema nenhum, que ele ia jogar. O time tinha Dirceuzinho, Osni, Rivellino, Paulo Cézar Caju, Joãozinho, Fischer, Andrada... Com camisa do Vitória. Tim era o treinador. Rivellino não queria sair: "Eu vou jogar até o fim". Ganhamos de 3x1, com 35 mil pessoas na Fonte Nova. Deu pra pagar salário do outro mês adiantado. Pra pagar os salários, era receita de bilheteria. Se não tivesse um time bom e uma torcida motivada, não tinha como pagar. No fim do ano, fizemos todo o telhado da Toca do Leão, ampliamos a área de juniores e a cozinha. Quando o Alexi entregou o Vitória em janeiro de 77, a Toca do Leão era duas vezes melhor do que quando a recebeu. Esse jogo foi depois comentado pelo jornal "Marca", de Madri, e pelo "L'Équipe", da França.

Como era a relação do Vitória com a imprensa?

O Vitória nunca contou com a imprensa. Até a década de 90, tínhamos uma dificuldade enorme. Até porque na década de 60 houve um atrito muito grande entre Ney Ferreira, presidente do Vitória, que era genro do ex-governador Antônio Balbino, com o jornalista Cléo Meireles. Ney Ferreira era ousado e por vezes até violento. Houve o rompimento, a imprensa não falava do Vitória. Só um jornal, chamado

---

5 21/03/1976 - Baiano: Vitória 1x0 Bahia. Gol: Fischer.
6 10/06/1976 - Amistoso: Vitória/Fluminense (RJ) 3x1 Combinado Estrangeiro. Gols: Osni (2) e Rivellino.

"Esporte Jornal", de Eugênio Tarquínio, que achava um absurdo aquele rompimento e cobria. Pra você ver a dimensão da torcida do Vitória, não tinha papel no "Esporte Jornal" pra vender no outro dia que o Vitória foi campeão ganhando do Bahia de 2x1 em 1964.[7] Foi campeão em 64 e 65. Depois Ney se afastou, mas aquilo criou um problema.

Qual seu jogo do Vitória inesquecível?
Vitória 4x0 Bahia[8]. O campeonato era de 1957, mas foi decidido em março de 1958. Nós ganhamos o campeonato ali. Eu tinha 12 anos. O Bahia tinha vencido por 1x0. Se o Vitória vencesse aquele jogo, ganhava o terceiro turno, ia ficar com dois turnos e o Bahia com um. Bastava ganhar uma partida. O Vitória era Albertino, Zeca e Colário, Pinguela, Nelinho e Boquinha, Enaldo, Teotônio, Mattos, Lia e Salvador. Demos um show de bola. Enaldo e Teotônio fizeram dois gols no primeiro tempo e outros dois gols no segundo. Pedrinho Rodrigues, o treinador, me disse: "Vou desmontar a defesa do Bahia, vou botar Enaldo de ponta-direita, puxar Teotônio pro meio e o Mattos de centroavante". Mattos não queria jogar de centroavante. Havia 41 mil pessoas na Fonte Nova, que não tinha ainda dois andares. Lotada! No segundo tempo, Mattos pegou a bola no meio de campo, foi correndo. Aí Boquinha gritou: "Mattos, Henricão vai te matar!". Henricão, o zagueiro, tinha dois metros de altura. Henricão saiu em direção a Mattos. Mattos foi por cima de Henricão e caiu. "Morreu Mattos". Mattos se defendeu de um jeito que não morreu *(risos)*, mas Henricão ia partir ele no meio.

Você manteve ligação com o Vitória quando voltou ao Rio de Janeiro?
Fui para o Rio em 82 e me afastei da Bahia, fiquei até 2015, mas nunca perdi o contato com o Vitória. O Vitória sempre me procurava, José Rocha me procurava. Quando Márcio Braga ganhou a eleição *(para presidente do Flamengo, na década de 1980)*, eu fui vice-presidente de futebol. Um belo dia, me apareceu Paulo Carneiro e eu não o conhecia. Eu fiquei impressionando com Paulo Carneiro. Ele era ousado, inteligente, conhecia o futebol. E eu dizia: "Paulo Carneiro é o Maracajá de vermelho e preto, tem as qualidades de Maracajá e não tem as dificuldades que o Maracajá tem". Nós emprestamos muitos jogadores ao Vitória, tanto na época de Zé Rocha como na época dele. Ele estava muito bem cercado. Quem estava com ele

---

7 30/05/1965 - Baiano: Vitória 2x1 Bahia. Gols: Itamar (2).
8 09/03/19578 - Baiano: Vitória 4x0 Bahia. Gols: Enaldo (2) e Teotônio (2)

era Maneca Tanajura, Agenor Gordilho. Paulo ficou muito individualista. Depois dele ter contratado Petkovic e Bebeto para o Vitória, recolocou de novo o Vitória num outro patamar, num trabalho que teve todo mérito, mas que ele não soube completar. Ele perdeu a chance de ter se tornado o maior dirigente de futebol do Vitória. Não foi. Não soube completar o trabalho que iniciou muito bem, quando o Vitória conquistou bons títulos, quando abriu o Barradão. Aliás, o Barradão tem origem nesse 1976 de Alexi. Quando começamos a ganhar dinheiro com os BaVis, Alexi pegou o dinheiro, aumentou e melhorou a Toca do Leão. Botou instalações para os juniores. Promoveu os juniores, como aconselhava o Tim.

Como foi a realização do Nordestão em 1976?
A CBF, de sacanagem, até hoje não reconheceu. Na final, ganhamos do América (RN) de 3x0 em Natal.[9] Zé Júlio fez dois gols. Fischer jogou duas partidas, estava machucado e aí entrou Zé Júlio de centroavante no lugar dele. Nós aproveitamos mais dois juniores e colocamos no time. A ideia da competição foi do almirante Heleno Nunes.[10] Quando chegou em agosto, eu e Alexi telefonamos e ele nos recebeu. Dissemos: "Vamos ficar parados setembro, outubro, novembro e dezembro". Não tinha férias naquela época. Chegava dezembro, o jogador jogava até dia 27. Ele disse: "vou promover o torneio que vai levar um mês, mais ou menos". Ele foi sempre muito correto com o Vitória.

Você teve influência na ida de Bebeto do Vitória para o Flamengo?
Eu ouvia falar que Bebeto era um menino que era o novo Zico. Peguei um avião, tinha outras coisas pra fazer e fui ver um treino do Vitória. A camisa dele ia até o joelho. Mas o que ele fazia... Estava chovendo, uma lama. Ele driblava a lama, driblava os jogadores. Eu disse: "Esse cara é um fenômeno". Aí liguei para o presidente do Vitória, Márcio Mont'Alegre, e ele disse o seguinte:
– Recebi do Vasco um cheque de X, Bebeto vai amanhã pro Rio.
– Devolva esse cheque pro Vasco e eu vou mandar uma promissória do Flamengo.
– Eu vou trocar um cheque do Vasco por uma promissória?
– Uma promissória do dobro do valor pra pagar em 30 dias.
Entreguei a promissória a Márcio, ele devolveu o cheque do Vasco e Bebeto foi treinar no Flamengo. Passou uns dez dias, o presidente do Flamengo ligou pra mim:

---

9 18/12/1976 - Nordeste: América (RN) 0x3 Vitória. Gols: Zé Júlio (2) e Geraldão.
10 Presidente da Confederação Brasileira de Desportos, entidade anterior à CBF.

– Você mandou um tuberculoso? A balança nem se mexeu quando ele subiu.
– Você já viu ele treinar?
– Vou ver hoje. Pelo andar da carruagem, vou devolver. Pegue a promissória de volta.
Fui ao Flamengo dois dias depois. "Rapaz, o menino passou a bola por baixo das pernas de fulano, deu drible em Mozart, que caiu no chão". Bebeto ficou meu amigo. Ele me chama de "tio Joca". Na estreia ele fez um gol de calcanhar. Fui no vestiário.
– O que tá lhe faltando?
– Tá faltando o Vitória.
E ele tinha camisa do Vitória pra final da Copa do Mundo da França, ele me contou na véspera do jogo que ia botar pra comemorar se ganhasse. Na Copa do Mundo de 98, ele quis voltar porque brigou com Dunga e eu não deixei. Depois do jogo com o Marrocos, o Dunga deu um murro nele por causa de um lance. Ele então disse que ia voltar para o Brasil. Aí Zico, que era o supervisor, me ligou, eu fui no hotel e falei com ele.
– Quando ele estiver desprevenido, dê um nele por trás. Ele vai ficar com medo de você.
– Me leve ali na Varig que eu vou voltar.
Chegou lá, ele disse: "Vamos entrar junto". E eu respondi: "Não, você vai sozinho, porque amanhã os jornais vão dizer 'Bebeto chorão volta da Copa do Mundo' e se eu estiver junto de você minha fotografia vai aparecer e eu não sou de correr". Aí fomos pra varanda de um restaurante na maior avenida de Paris, a Champs-Élysées, pra ele se acalmar. Botei ele ali de propósito. Aí o povo: "Bebeto! Bebeto!".
– Quantos jogadores de futebol pagariam pra ter esse conceito que você tem?
– Você tem razão.

Como eram os encontros com o Vitória quando você estava no Flamengo?
A minha estreia como vice-presidente do Flamengo foi Vitória x Flamengo no Maracanã, pelo Campeonato Brasileiro de 86, que terminou em 87.[11] Antes do jogo, eu passei mais tempo no vestiário do Vitória do que no do Flamengo *(risos)*. Dando força. E Lazaroni: "Vai lá ajudar, tem problema não".

Qual a sensação quando você acompanhava os jogos do Vitória?
Saudade!

---

11 25/01/1987 - Série A: Flamengo 2x0 Vitória.

WAGNER MOURA

Wagner Maniçoba de Moura nasceu em Salvador em 27/06/1976. Um dos maiores atores da sua geração, fez diversos personagens e obras marcantes, com destaque para o Capitão Nascimento do filme "Tropa de Elite" e Boca de "Ó paí, ó". Neste último, proferiu uma frase que o torcedor baiano não esquece: "Você é Bahia... OU VOCÊ É VITÓRIA, AFRO?".

Entrevista realizada em julho de 2020.

Você consegue acompanhar o Vitória?
Todos os dias. Eu não sou um cara que entra muito na internet. Não tenho rede social. O que eu procuro saber na internet é do Vitória. Quando eu morava no Rio, eu via os jogos pelo Premiere. E fora, quando comecei a viajar, eu passei a ouvir os jogos do Vitória pelo rádio, que é um negócio extraordinário. Eu ligo na Itapoan FM e fico ouvindo os Galáticos, descobri uma sensação diferente, que é ouvir. Imagino como as pessoas escutavam futebol nos anos 40. Eu já fui muito pro estádio com rádio, pra ficar ouvindo a narração enquanto via o jogo.

Quando criança, você já era torcedor do Vitória?
Repare, eu nasci em Salvador em 1976 e em 1982 fui morar no Rio de Janeiro, pequeno. E você sabe que no interior da Bahia torcem pro Flamengo, pro Palmeiras, ninguém torce pra Vitória e Bahia. Quando eu morei no Rio, peguei a época daquele Flamengo matador dos anos 80. Aí quando saí do Rio e fui morar em Rodelas (BA), eu torcia pro Flamengo, por causa de Zico. Voltei pra Salvador em 1989. Eu comecei a torcer pelo Vitória porque quando cheguei em Salvador todo mundo torcia pro Bahia. O Bahia tinha sido campeão. E eu sou de esquerda desde pequeno, né? *(risos)* Eu gosto de torcer pelos outros. Aí comecei a me interessar pelo Vitória. Era rubro-negro. Na minha cabeça meio infantil tinha uma coisa ainda com o Flamengo. Eu não conhecia até então a história do Vitória. Eu não sabia quem

era André Catimba. Eu procurei saber quem era Romenil. Essa gente que jogou no Vitória, que fez sucesso antes dos anos 90, eu não tinha nem idade pra conhecer, mas fui procurar saber. Eu não tinha um avô pra dizer: "Porra, Romenil era um zagueiro retado". Torcer pro Vitória foi uma decisão que eu tomei. E isso é uma coisa muito importante na vida de uma pessoa. Quando você escolhe o time que você torce, define um pouco quem você quer ser na vida. Eu gostei de ter escolhido o Vitória e acho que ser torcedor do Vitória me define também de alguma maneira.

Quando começou a ir aos jogos?
Em 93, eu comecei a ir pro estádio, sozinho, pra ver os jogos desse time que eu queria torcer. E aí foi uma sorte da porra, porque peguei aquele Vitória que é o melhor Vitória que eu vi jogar. Aquele Vitória de Paulo Isidoro, Alex Alves, Claudinho, Cavalo, Pichetti. Aquele Vitória do Brinquedo Assassino era foda! Eu ia muito pra Fonte Nova, pro Barradão também, mas vi muito jogo do Vitória na Fonte Nova. Então comecei a torcer pelo Vitória por um posicionamento meio doido da minha cabeça de criança, de querer torcer pelo que não estava na moda na época. Eu adoraria ter visto Mário Sérgio jogar no Vitória, André Catimba, esses jogadores assim. Ricky, esse nigeriano que jogou no Vitória nos anos 80 e todo mundo fala: "Pô, você tinha que ver Ricky jogando". Mas, pra mim, o Vitória que me fez falar "caralho, vou torcer pra esse time" foi o de 93.

Qual seu jogo inesquecível?
Os jogos inesquecíveis que vi do Vitória foram esses de 93 e também os que vi pela TV. Eu vi aqueles dois sapecas, 5x1 na inauguração da Fonte Nova e o 7x3, que vi pela TV, eu não estava em Salvador na época. Eu saí de vez de Salvador em 2000. Então, minha vivência de estádio, Fonte Nova e Barradão, aconteceu muito em 93, 94, 95, e quando eu voltava pra Bahia de férias. Eu não tenho essa vivência diária de torcedor. Eu vi muito jogo no Maracanã. Mas o 7x3 e o 5x1 foram jogos inesquecíveis. Aquele foi o último time foda do Vitória, chegou em quinto no Brasileirão. Foi o último time do Vitória que vi jogando bem, que dava gosto de ver. Tinha Escudero, Maxi Biancucchi, Dinei esculhambando, fazendo uma ruma de gol, Gabriel Paulista, Cáceres – aquele paraguaio –, Marquinhos, Vander, Renato Cajá, que fazia muito gol de falta.

Como era a reação de torcedor assistindo aos jogos pela TV?
Ah, rei, era massa. Às vezes, Lázaro *(Ramos)* ia lá pra casa, no Rio de Janeiro,

então eu tentava juntar uma galera que era Vitória, como Érico Brás, ator, e Sergio Machado, diretor de cinema. Ah, eu vi outros dois jogos inesquecíveis do Vitória recentemente. Foi quando o Vitória estava brigando pra não cair, com Mancini. Eu estava lá e o Vitória ganhou. Foi no estádio Luso-Brasileiro, na Ilha do Governador. Encontrei a delegação do Vitória no hotel e fui para o estádio com eles. O Vitória ia jogar com o Flamengo embalado e ganhou.[1] Tivemos que fazer aquela comemoração sem poder festejar muito no meio da torcida do Flamengo. Foram jogos inesquecíveis por conta da arrancada que manteve a gente na Série A, em 2017. Duas semanas depois, eu estava em São Paulo e o Vitória ia pegar o Corinthians no Itaquerão. Aí fui com a minha camisa do Vitória. Os caras do Itaquerão me levaram pra conhecer o estádio, entrei no gramado e as câmeras filmaram, jogaram no telão. E o estádio lotado com a torcida do Corinthians. Falei "eta porra". Mas os caras não me vaiaram, não. Nesse jogo, o Vitória tirou a invencibilidade do Corinthians.[2] Aí a torcida me xingou de tudo quanto é nome.

Neste jogo, o técnico Vagner Mancini reclamou do bairrismo da imprensa.
Foi sensacional essa entrevista de Mancini! Os jornalistas diziam: "O Vitória jogou por uma bola". Mancini se retou e disse: "Vem um time do Nordeste aqui, ganha do time de vocês e vocês dizem que veio jogar por uma bola. Vocês têm que ter respeito". Ele botou pra foder, achei ótimo. Eu estava na sala de imprensa, fiquei lá curiando. Então, em estádio, jogo inesquecível que eu vi não foi jogo com o Vitória lascando, mas foram jogos como esse que o Vitória derrubou. Lembro que em 93 falavam que toda a folha salarial do Vitória não pagava o salário de Edmundo. Isso, pra mim, era um negócio que me dava mais vontade de torcer para o clube. Essas vitórias em cima do Flamengo, do Corinthians, esse negócio de Davi contra Golias tem sempre um peso especial.

No jogo contra o Flamengo, você estava com Lázaro Ramos e Flávio Tanajura.
Eu conheço Flávio. Sou amigo de Lucas, irmão mais novo de Flávio. É um cara que conheci na época de escola. E Flávio é um cara dedicado ao Vitória. É um desses raros. Era um bom jogador. Não sei qual a posição política de vocês, mas eu acho o fim da picada Paulo Carneiro ser presidente do Vitória. Embora eu fale

---

1 06/08/2017 - Série A: Flamengo 0x2 Vitória. Gols: Yago e Neílton.
2 19/08/2017 - Série A: Corinthians 0x1 Vitória. Gol: Tréllez.

bem do Vitória de 93, quando o clube estava na administração dele e reconheço isso, falo por várias razões: a maneira truculenta com que ele lida. Um cartola antigo. Elitista. Eu não vejo Flávio Tanajura indo por nenhum dinheiro do mundo trabalhar no Bahia. É bonito quando você pensa num funcionário que tem identificação com o clube como Flávio Tanajura.

Em quais outras oportunidades você encontrou o elenco rubro-negro?
Numa passagem anterior de Mancini pelo Vitória eu fui ao Barradão. Foi um Vitória x América (MG)[3], o Vitória empatou esse jogo, numa situação de briga pra subir, e falaram: "Mancini quer que você vá na preleção". Fiquei até nervoso, porque era um ambiente que eu nunca tinha visto, os caras rezando, todo mundo abraçado ao redor. Os caras com a cara séria. Aí Mancini disse: "Agora Wagner quer falar umas palavras pra vocês" *(risos)*. Sei lá que porra falei, "porra, vamo ganhar, aqui é Vitória nessa porra".

Dos anos 1990, quais as maiores lembranças?
Lembro de Pet, que foi uma contratação extraordinária. Ninguém entendeu como o Vitória contratou Pet, aquele sérvio que jogava no Real Madrid. E lembro de Bebeto. Ele chegou a jogar com Pet, não jogou?

Jogou a última partida do Brasileiro de 1997. Bebeto, Petkovic e Túlio.
E tinha Túlio! É mesmo. Anos 90, a lembrança é essa. E 93, que foi o auge nosso. Nos anos 2000, a gente mandou no futebol baiano. Teve vários bons times do Vitória. Me lembro de Apodi, de Leandro Domingues jogando bonito. E me lembro da gente ganhando um título baiano atrás do outro. Mas não lembro de um time que eu dissesse que era matador. O Vitória de 2010 era um time interessante, que chegou na final da Copa do Brasil contra o Santos. Eu também vi na televisão. Mas aquele de 2010 eu não achava um Vitória foda. Tanto é que a gente caiu nesse ano. O ataque tinha Schwenck, tinha aquele Júnior. E tinha Ramon, que é ídolo nosso, tem identificação com o clube, jogava pra caralho. A gente chegou ali ganhando de quem?

Corinthians (AL), Náutico, Goiás, Vasco e Atlético (GO).
O Vasco é freguês nosso. O Vasco não se cria com o Vitória. Lembro de um 5x0

---

3 01/08/2015 - Série B: Vitória 1x1 América Mineiro. Gol: Rogério.

que o Vitória meteu no Vasco [4], que vi pela televisão. A lembrança boa de 2010 é que o Vitória deu testa ao Santos. Perdeu de 2x0 na Vila Belmiro, mas naquele jogo no Barradão jogou bola. É a aquela coisa, toda vez que chega numa final importante pega um time forte... Pegamos o Palmeiras de Edmundo e o Santos de Robinho, Neymar e Ganso. Era sacanagem aquele time. Foi 2x1. O segundo foi gol de Júnior. O primeiro foi de quem?

Wallace.
Wallace! É um zagueiro que gosto muito. É um cara inteligente, diferenciado desses boleiros. E ele fez um golaço. Foi meio que um voleio, ele matou no peito e bateu. Edu Dracena abriu, Wallace empatou e Júnior fez o segundo. E o Vitória foi pra cima. Aquele foi um dia de dar orgulho de você torcer pro Vitória.

No filme "Ó paí ó", a frase do seu personagem (Boca) para o de Lázaro Ramos (Roque) estava prevista no roteiro?
Tem a história de um amigo meu que foi assaltado. O cara estava na agência bancária à noite, o ladrão botou o revólver nele e falou assim: "Venha cá, véi, você é Bahia ou você é Vitória?" *(risos)*. Aí o cara foi tão esperto na hora e disse: "Não, velho, eu sou Ypiranga". Cara esperto da porra, né? Quando eu falei isso pra Lázaro, foi totalmente improviso. Eu queria falar alguma coisa que perturbasse ele na cena. Se você reparar bem a cena, ele está com muita vontade de rir nessa hora, porque foi totalmente inesperado que eu perguntasse aquilo. Aí ele fala "oxe, oxe, oxe, você é maluco, véi?".

Boca e Roque são Bahia ou Vitória, afro?
São Vitória. Todos os dois. Todos os personagens que eu fizer vão torcer pelo Vitória.

Você dirigiu um filme sobre Carlos Marighella. A biografia "Marighella - O guerrilheiro que incendiou o mundo" revela que ele era torcedor do Vitória.
Eu coloco isso na abertura do filme. O filme abre falando "Marighella, neto de escravos sudaneses, escritor, poeta, deputado, torcedor do Vitória...". Não tem registro de Marighella no estádio. Os relatos de Marighella ser torcedor do Vitória

---

4 10/08/2008 - Série A: Vitória 5x0 Vasco da Gama. Gols: Dinei, Ramon Menezes, Leandro Domingues, Jackson e Adriano.

vem da irmã mais velha dele e de Clara Charf *(viúva de Marighella)*. Marighella gostava muito de jogar futebol. Quando foi preso, ficou muitos anos na Ilha Grande, e uma das coisas que os prisioneiros políticos faziam era jogar futebol. E a Brigada Marighella hoje em dia é uma das razões que me dão vontade de torcer pelo Vitória e me animam a ir ao Barradão torcer. E o fato de existir uma torcida antifascista com o nome de Marighella. Aí decidi que meu lugar no Barradão agora é com a Brigada Marighella. É entre Os Imbatíveis e a grade, na curva. Descobri recentemente que foi encontrada uma foto de um time do Vitória nos anos 20 com pretos. Tinha jogadores negros no Vitória. A gente sempre teve que escutar que o Vitória era um time elitista. O Vitória é um clube ainda muito controlado pelos mesmos segmentos, as mesmas elites. Eu queria ver um avanço mais popular nas tomadas de decisão do Vitória.

Essa foto dos jogadores negros é de 1921.
Então, se é de 1921, é de antes do Vasco ter jogador preto. É uma descoberta extraordinária, que de alguma forma muda a percepção sobre o Vitória.

Você apresentou o Vitória aos atores estrangeiros com quem trabalhou?
Clemens Schick, um ator alemão, levei ao Maracanã pra assistir um Fluminense x Vitória que o Vitória ganhou por 3x2. Ele adorou. Ele se sentiu assim: "O Vitória ganhou porque eu estava lá". Eu estava com uma camisa bonita do Vitória, vintage, dei a camisa pra ele. Ele foi para Salvador comigo, foi à loja do Vitória e comprou um monte de camisa pra levar pros sobrinhos e pra família dele em Berlim. O outro cara é um ator irlandês chamado Brían F. O'Byrne, que fez "Sergio" comigo, vivia o personagem Gil Loescher. Ele é torcedor do Celtic, time escocês. Teve um dia que o Vitória ganhou e eu estava muito feliz, estava com minha camisa do Vitória. A gente estava num deserto na Jordânia. Eu tirei a camisa e dei a ele. Por acaso, ele tinha uma camisa do time dele na mochila e me deu também. E nessa onda vou disseminando o Vitória pelo mundo.

Em 2012, para a MTV, você fez questão de dizer que não confundissem que você é torcedor do Vitória. Como foi esta situação?
Eu estava gravando um negócio com a Legião Urbana, aí o cara perguntou: "Esse aí é o Flamengo?". Acho que foi parecido com aquilo que Mancini falou. É uma posição política de nordestino. Flamengo é o caralho! O nosso time se chama Vitória. As cores são as mesmas, mas o time é outro.

Como foi a participação na campanha do Vitória pela doação de sangue em 2012?

Acho uma bobagem isso de ter que separar o futebol da política, digo a política de uma forma mais ampla. Uma campanha, por exemplo, de doação de sangue é um ato político. Você dizer às pessoas: "É importante que você doe sangue, que você exercite a empatia, que você exercite a tolerância dentro do estádio, que todos sejam bem-vindos". Essa campanha foi muito bonita. Conforme as doações iam aumentando, ia devolvendo o vermelho pra camisa. Teve aquela que era ligada ao coração: tirava o escudo e passava para outro jogador. Eu quero ver mais o departamento de marketing do Vitória empenhado nesse tipo de campanha, porque o futebol não pode ser esse reduto machista, agressivo, militarizado, de guerra, de briga de torcida.

Como você descreve a alma do Vitória?

Sempre que eu penso no Vitória, penso em um clube jovem e que revela jogadores, com uma divisão de base forte e um time veloz. E o Barradão! Eu sempre vi o Barradão como um lugar onde o Vitória é soberano. A galera tinha muito medo de jogar no Barradão. Hoje em dia essa mística do Barradão está meio esculhambada. Esse time de 1993 é o definidor do que eu queria ver jogar sempre. Um time jovem. Quem era o jogador mais velho daquele time? Cavalo? Pichetti, quantos anos tinha? Eu lembro de Alex Alves menino, Paulo Isidoro... Aquele lateral Rodrigo! Esse lateral era muito foda. E atrás tinha um zagueiro chamado China, tinha Dida no gol. Tinha outro zagueiro que jogou no Bahia antes, João Marcelo. E era um time veloz, jovem, guerreiro pra caralho.

O fato de você e Lázaro Ramos serem Vitória fortalece o vínculo de vocês?

O pai de Lázaro, seu Ivan, é um torcedor retado do Vitória. Seu Ivan é um torcedor do Vitória mais assíduo do que Lázaro. Lázaro é torcedor, ama o Vitória, mas é um cara que não está ligado. Primeiro, ele é um péssimo jogador de futebol. Não é aquele cara que entende de futebol. A paixão de Lázaro pelo Vitória é uma coisa da família dele, do pai dele. A relação dele com o Vitória passa por outro lugar, mais afetivo. Quando o Vitória ganhou do Fluminense, ele estava comigo. Quando o Vitória ganhou do Flamengo no estádio da Portuguesa (RJ), ele estava comigo. E Lázaro é meu irmão, né? Então é bom que a gente torça pelo mesmo time.

MATTOS

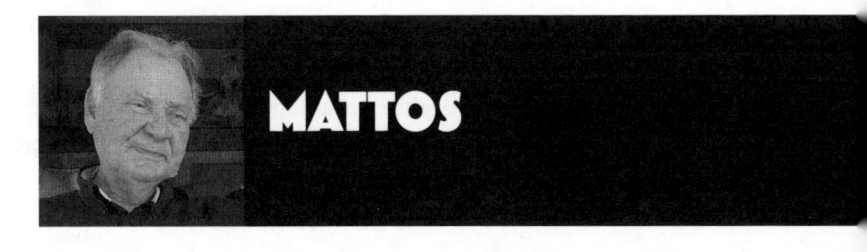

Samuel Pereira de Mattos nasceu no Rio de Janeiro (RJ) em 15/05/1933. Chegou ao Vitória em 1957 e foi campeão baiano no mesmo ano. Vestiu a camisa rubro-negra até 1961. É o nono maior artilheiro da história do Leão da Barra com 77 gols em 145 jogos.

Entrevista realizada em outubro de 2018, com a colaboração do jornalista Antônio Matos.

Na década de 1950, o que se ouvia do Vitória no Sudeste?
No meu tempo como jogador juvenil não se falava no futebol do Nordeste. Eu fui conhecer o Vitória em 1957, quando vim pra cá por intermédio de Paulo Dantas. Ele foi ao Rio de Janeiro, porque eu estava treinando no Fluminense. Eu no Palmeiras fui bicampeão juvenil, fui da Seleção Paulista de juvenis e saiu uma manchete na "Gazeta Esportiva": "Surge um astro no Parque Antártica". Eu gostaria muito de conhecer a Bahia, aceitei o convite e vim. Eu tinha 23 anos. Vim pra cá sem saber de nada. Eu, sinceramente, nunca me interessei por valores. Pra te dizer a verdade, eu não sei até hoje quanto eu ganhava no Vitória *(risos)*.

O Vitória tinha recém saído do amadorismo em 1953, mas ainda sentia os efeitos.
Você sentia uma diferença entre amadorismo e profissionalismo. Times de São Paulo e Rio de Janeiro eram profissionais, o Vitória já não era tanto.

Antônio Matos – O Vitória era o time da elite da Bahia. Por exemplo, eu entrevistei Nadinho, que jogou no Vitória antes de ir pro Bahia. Nadinho veio de Alagoinhas. Queria jogar no Vitória pra que um dirigente arranjasse um emprego pra ele. Ele não queria ganhar um tostão no Vitória. Aí botava pra trabalhar no banco Corrêa Ribeiro, que era do dirigente do Vitória, Jorge Corrêa Ribeiro. O cara ia ser bancário e jogar no Vitória. Ia trabalhar numa farmácia e jogar no Vitória.

Em 1957, a Seleção Bahiana representou o Brasil na Taça Bernardo O'Higgins, no Chile.[1] Como reagiu à convocação?
Eu me tornei logo titular do Vitória, fui logo campeão baiano, continuei muito bem. Pra mim foi até uma surpresa estar entre os titulares dessa seleção, porque eu era mais de preparar, de assistência.

Você fez o único gol do Brasil, no segundo jogo. E entrou na lista de cotados para a Copa do Mundo de 1958.
Era uma pré-seleção. Eu não acreditava na possibilidade de a gente ser mantido na relação, porque eles ignoram muito o futebol do Norte-Nordeste e olham o futebol do Sul com lente de aumento.

Como foi a comemoração do título baiano de 1957?
Foi grande pra caramba. A torcida invadiu o campo. O Vitória ganhava poucos títulos. Osório Villas-Boas ganhava jogo fora *(risos)*. Quando terminava meu contrato, ele fazia tudo pra eu ir pro Bahia. Só que eu não ia por causa da amizade que eu tinha com a família de Luiz Catharino. Eu me sentia muito bem no clube, não ligava muito pra dinheiro.

Em 1960, o Vitória fez uma excursão à Europa. Foram 26 jogos. Como foi seu desempenho?
Eu fiz mais da metade dos gols do Vitória. Teve uma semana que nós ganhamos de 3x2 e eu fiz os três. Depois vencemos por 2x1 o Fenerbahçe e eu fiz os dois. Acho que teve uma partida que não joguei porque estava muito gripado. Foram quatro meses. Era jogo e hotel. Jogo, viagem, jogo, viagem. Praticamente não parava pra nada. Nós ficamos baseados em Basel, na Suíça. Na Polônia, a gente foi naquele campo de Auschwitz, aquela miséria que foi feita. Foi todo mundo, a delegação toda. Uma coisa muito triste. Não é bom nem lembrar.

Era comum fazer essas excursões longas?
Fomos pelo Bretagne e voltamos pelo Provence *(navios)*. Eram 15 dias pra ir e 15 pra voltar, foi um mês de viagem. O navio era bem grande, tinha espaço para treinar.

---

1 Do Vitória, também foram Albertino, Boquinha, Nelinho, Pinguela, Ceninho, Lia e Teotônio, além do técnico Pedrinho Rodrigues.

Era desgastante?
Se é... Ainda mais onde estávamos, no porão. "Não pode sair, não". Disseram que era turismo. Não era turismo nada *(risos)*. Era mais barato.

Antônio Matos – Boquinha era um jogador que era gozador danado. Ele chegou pra Ney Ferreira:
– Dr. Ney, o senhor não disse que era de primeira?
– De primeira de baixo pra cima. (risos)

Por que você deixou o Vitória e foi para o Bahia em 1961?
Senti que estava no momento de sair. Tive um certo constrangimento com o Vitória. A gente achava que tinha ganhado o campeonato e, no entanto, tivemos a decepção de um acordo para o Bahia ser campeão. Houve uma forma de prejudicar o Vitória com o título de 1959. Nós ganhamos o primeiro turno. O segundo ganhamos também, mas houve uma impugnação de um jogo, entre Bahia e Galícia, que o Galícia ganhou e em razão disso nós seríamos campeões. Só que houve uma reclamação na Justiça Desportiva na Bahia, porque disseram que Eliezer *(do Galícia)* estava irregular. O Tribunal de Justiça Desportiva na Bahia considerou que ele estava regular e manteve o resultado. Mas Osório recorreu pro Rio de Janeiro e o Superior Tribunal de Justiça Desportiva anulou a partida. E não houve disputa nenhuma. Consideraram suspenso esse segundo turno. No terceiro turno nós fizemos o gol, o juiz marcou o gol. O bandeirinha devia estar... Não tenho prova, mas depois que a bola foi para o centro do gramado o bandeirinha levantou a bandeira, o juiz foi consultar e anulou o gol. O Bahia jogava pelo empate e foi campeão. Cada um ficou com um turno. Ficamos nesse prejuízo, porque o gol foi anulado de uma forma absurda. Mas valeu o resultado. Aí resolveram fazer o acordo da melhor de três pra encher os cofres. O Bahia foi campeão, eles ganharam a primeira partida, nós ganhamos a segunda. Eu me considerei campeão porque, no meu entendimento, o Vitória jogava por dois empates ou uma vitória. Nós ganhamos uma partida, resolvia. Aí pronto, me zanguei e resolvi ir para o Bahia. As arbitragens tinham tendência de ajudar mais o Bahia. Talvez tivesse mais força, mais influência.

De quem você tem mais lembranças no Vitória?
A minha relação de amizade era com Pinguela. Eu morava na casa da esposa de Pinguela. Era jogador do Vitória. Eu morava com eles. Uma casa de família naquela

rua onde tem o hotel São Bento. Ela era a dona. E com quem eu andava muito era Ceninho, um cara esclarecido também, tinha curso científico, me parece. Trabalhava na Caixa Econômica quando veio pra cá. Até chamavam a gente de "a dupla Café com Leite". E também quem eu me dava, mais ou menos, era Eloy. Eu era muito ligado à família de Luiz Catharino. Frequentava o Clube Bahiano de Tênis mesmo sem ser sócio. Ele era meu amigo, me dava entrada livre.[2] E tinha Nelinho, um dos maiores jogadores do Brasil. Era jogador pra Seleção Brasileira. Eu não conheci nenhum centromédio no Brasil melhor do que ele.

Como você avalia os quatro anos que passou no Vitória?
Com sucesso. Fui feliz. Quatro anos de boas lembranças. Gostava muito e continuo gostando do Vitória até hoje. Foi quem me trouxe pra Bahia. Tive a sorte de vir pra cá. Hoje em dia me considero baiano. Foi muito gratificante.

---

2 Além do Vitória, Luiz Martins Catharino Gordilho também dirigiu o Clube Bahiano de Tênis.

PICHETTI

Jaci Luís Pichetti nasceu em Anchieta (SC) em 27/08/1968. Atacante do time do Vitória no vice-campeonato brasileiro de 1993, permaneceu no clube até 1995, ano em que conquistou o Campeonato Baiano. Marcou 26 gols em 107 jogos.

Artigo escrito em outubro de 2016.

VITÓRIA, PARTE DA MINHA HISTÓRIA

É com grande satisfação que recebo o convite para passar aos ilustres torcedores do Esporte Clube Vitória comentários a respeito da minha passagem por esse maravilhoso clube que, pra mim, é muito mais que um clube, é uma paixão, um amor incondicional.

No ano de 1993, o ex-presidente do Botafogo e dono do meu passe, sr. Emil Pinheiro, chamou-me para uma reunião e disse que, após ter feito excelentes campeonatos pelo Botafogo, havia a intenção por parte do Vitória na minha contratação.

Fiquei receoso em trocar o futebol do Sudeste, clube que disputava a primeira divisão, para ir para um clube que, para mim, ainda era desconhecido, de pouca expressão até então e no Nordeste do país. Na verdade, o clube iria disputar um campeonato onde haveria um grupo intermediário, uma espécie de grupo B, em que apenas os dois melhores colocados seguiriam para a disputa da fase final do Brasileirão, enfrentando assim os "grandes clubes". Depois de muita conversa com meu empresário e com minha esposa, decidi encarar o desafio.

O treinador na época, Fito Neves, teve muita influência na minha decisão, pois já tínhamos trabalhado juntos no Juventude. Ao chegar no clube, o que eu vi foi um presidente, Paulo Carneiro, cheio de vontade de apresentar o Vitória ao Brasil inteiro, de fazer do Vitória um time de expressão e que passasse a fazer parte dos grandes times do Brasil. E isso de fato aconteceu.

Montou-se um time mesclando jogadores experientes e com um histórico no cenário nacional, como Gil Sergipano, João Marcelo, Roberto Cavalo e Renato Martins, com a juventude de Dida, Alex Alves, Rodrigo, Vampeta e Paulo Isidoro, entre outros.

A aposta que para muitos gerava desconfiança deu mais do que certo. O resultado: SUCESSO. Lá estávamos nós entre os oito melhores clubes. Formamos um quadrangular com Flamengo, Corinthians e Santos. Surpreendendo até mesmo os mais otimistas, chegamos à grande final do Campeonato Brasileiro de 1993, quando perdemos para o poderoso Palmeiras, que, com um grande patrocinador, detinha os principais jogadores que faziam a base da Seleção Brasileira. Esse resultado até hoje está entalado na minha garganta e também da torcida do Leão.

O primeiro jogo da final, na Fonte Nova, após eu ser derrubado na área, o árbitro Renato Marsiglia achou que eu estava cavando o pênalti e me advertiu com cartão amarelo, o que somado aos outros dois me deixou fora da grande final no Parque Antártica. A revolta se dá pela certeza de que, primeiro, houve sim a penalidade. Até hoje em roda de futebol, com amigos que na época jogavam pelo Palmeiras e com o próprio treinador palmeirense, a resenha volta sobre ser ou não pênalti e a conclusão é unânime quanto à marcação. E segundo, porque tinha convicção de que se eu estivesse na partida final o resultado poderia ter sido diferente e o título seria do Vitória.

A profecia de Paulo Carneiro se concretizou. A partir daquele ano, o Vitória passou a ser conhecido no Brasil e no mundo. Jogadores que eram promessas viraram realidade.

Vivi momentos muito felizes e outros nem tanto no Vitória. Sofri com a perda do Campeonato Baiano de 1994, quando tomamos o gol nos últimos minutos de jogo. Sofri com uma lesão no joelho que me deixou afastado por um bom período. Mas me alegrei muito mais com títulos conquistados, com torneios disputados no Brasil e também no exterior e por ter feito parte da família Vitória que formamos no período que passei nesse adorado clube.

Lembro que, após o vice-campeonato brasileiro, o Vitória tinha a preferência de compra do meu passe. Em 1994 passei a pertencer ao clube. Teria a oportunidade de conhecer o carnaval baiano e estava bastante motivado. Recebi vários convites para participar junto ao trio elétrico e estava combinado que sairia no famoso Chiclete com Banana. Pois ficou só no combinado mesmo. Na semana que antecedia a grande festa, o presidente Paulo Carneiro veio com a notícia de que iríamos participar de um torneio no Equador e mais alguns jogos amistosos no Peru durante esse período. Lá se foi meu primeiro carnaval em Salvador. Em 1995, nessa mesma época, perdi meu pai e tive que ir para o Sul. Saí de Salvador sem ter participado de nenhum carnaval.

Fiquei no Vitória até 1995, quando me sagrei campeão baiano e logo após o presidente achou por bem me vender para o Paraná Clube, em uma negociação que envolveu os meias Adoilson e Ney Santos, que estavam no Vitória por empréstimo.

Quando recebi a ligação do presidente Paulo Carneiro, eu estava de férias com minha família. A notícia foi um choque, pois não estava esperando! Na hora fiquei sem ação, mas sabia que tinha que fazer alguma coisa para que a negociação não desse certo, então pedi um tempo para retornar a ligação. Após trocar umas ideias com minha esposa, vimos uma possibilidade: cobrar os 15% do qual tínhamos direito em caso de negociação. Então liguei de volta e quis saber qual era o valor que estava envolvendo a negociação, pois em cima do valor eu queria o meu percentual de direito. Pra quê? O homem ficou uma fera. Falou que eu não tinha direito e se quisesse que eu fosse cobrar do Paraná Clube. Não tive dúvidas em rebater: "Então eu não vou pra clube nenhum, nem que eu fique largado aí no Vitória". E desliguei o telefone na cara dele. Pensei comigo: "Acho que deu certo, vamos continuar em Salvador". Foi ilusão minha. Depois de uma hora, o presidente retornou a ligação, todo mansinho, dizendo que tinha acertado com a diretoria do Paraná Clube e eu receberia meu percentual!

Confesso que fui para a capital paranaense muito contrariado, não era o meu desejo, achava que ainda poderia colaborar com o clube. Senti muita falta do grupo, da diretoria e principalmente da torcida e dos amigos que conquistei em Salvador. Mas a vida de boleiro era assim mesmo, a gente sabia que uma hora estaria aqui e outra hora estaria em outro clube.

Eu sei que faço parte de uma das maiores conquistas do clube, que foi chegar a uma final de Campeonato Brasileiro. Conquista que nos dias de hoje nos credenciaria a uma vaga na tão cobiçada Libertadores da América, que na época era privilégio apenas do campeão.

Saí de cabeça erguida e ciente de que cumpri o dever com muito louvor. A cada jogo em que defendia esse manto que é a camisa do Vitória, eu me dedicava e me aplicava com muito afinco, como se estivesse defendendo algo que fosse meu, porque era assim que eu sentia.

Fico muito feliz quando vejo o Vitória revelando jogadores para o cenário nacional e torço do fundo do meu coração para que faça parte da elite do futebol brasileiro, pois o Vitória é grande e é digno de Série A.

Hoje dedico minha vida à carreira de técnico de futebol e sonho, pois sonhar faz parte da vida, um dia trabalhar e defender novamente este clube. Então fica aqui meu "até breve".

A todos os torcedores rubro-negros, deixo o meu carinho e gratidão por todas as vezes em que fui ovacionado por vocês. Sou um eterno torcedor rubro-negro e vocês sempre farão parte da minha história.

ALEXI PORTELA JÚNIOR

Alexi Pelágio Gonçalves Portela Júnior nasceu em Salvador em 30/06/1958. Foi presidente do Vitória de 2006 a 2013 e presidente do Conselho Fiscal do clube de 2014 a 2016. Na sua gestão, pegou o time na Série C e subiu para a Série A em dois anos. É filho de Alexi Portela, presidente do Vitória em 1975 e 1976.

Entrevista realizada em março de 2018.

Em que momento seu pai entrou para a diretoria do Vitória?
Meu pai sempre foi muito fanático pelo clube. Apesar de pernambucano, veio muito jovem pra cá. Em 1970, ele tinha viajado ao exterior pra comprar umas máquinas pra empresa de pré-moldados. Aqui em Salvador, Pirinho tinha assumido a presidência e lançou o nome dele pra vice de futebol, sem falar com ele. Quando ele desembarcou no aeroporto, a imprensa estava lá:
– O senhor é novo vice-presidente do Vitória.
– Eu? Tá maluco! Não existe isso.
– O deputado Raimundo Rocha Pires disse que você é o vice-presidente de futebol.
– Pirinho tá maluco.
Pirinho era amigo de meu pai. Ele foi conversar.
– Pirinho, que conversa é essa?
– Não, é que eu quero que você me ajude...
No início, ele relutou. Acabou aceitando.

Como ele chegou à presidência em 1975?
O Vitória sempre teve problema de nomes pra assumir a presidência. Ninguém queria. Tinham muitos abnegados, muitas pessoas de bem, mas não queriam assumir o futebol. Falavam que o futebol era de pessoas que não prestavam. Meu pai ficou até 1972 como vice-presidente, quando o Vitória ganhou o título

baiano. Em 1973, ele saiu. Ninguém queria assumir. Aí ele resolveu tomar em 1975 a missão de assumir o clube.

Você acompanhava os jogos do Vitória quando garoto?
Acompanhava meu pai em todos os jogos, nas viagens que ele fazia com o time. Tinha jogo em Conquista, em Itabuna, em Jequié, e a gente sempre viajava de carro. As reuniões de diretoria eram todas as segundas-feiras na casa de meu pai. E eu participava, ficava "piruando". Eu tinha 15 anos.

Quais eram as dificuldades naquela época?
Sempre foi o recurso pra manter o clube, mas tinha aqueles bingos que faziam, então havia outras receitas. O Vitória fazia um bingo com carros. Dava uma receita boa. Era um pessoal que fazia pro Grêmio e pro Internacional, aí o Vitória fez e o Bahia também. Era pela Loteria Federal. Você comprava as cartelas, mas tinha um ponto e o do Vitória era no Largo Dois de Julho, numa loja de carros lá.

Como foi a compra do terreno da Toca do Leão em 1972?
Foi na gestão de Pirinho. Meu pai, Benedito Luz, Wilson Menezes e Joca Góes viabilizaram a compra. Tinha uma casa no terreno, meu pai era dono de uma construtora na época e transformou a casa na concentração do Vitória. Com recursos próprios. Isso lá onde tem ainda hoje a concentração dos meninos da base. Naquela época, era só pra profissionais, o Vitória antigamente concentrava em hotéis. Se você for hoje lá, no Perônio, tem alguns postes do alambrado com o nome A Portela, que era a empresa de meu pai. Todas as obras feitas no Vitória quem bancava era meu pai. O Vitória não tinha local nem pra treinar nem pra concentrar. Ali começou o marco da mudança do Esporte Clube Vitória.

Como foi a montagem do grande do time do Vitória em 1976?
Na época, existia uma hegemonia grande do Bahia. Meu pai montou um time com Andrada, Fischer, Uchôa, Léo Oliveira, Léo Salles. Eu sei uma história interessante de Fischer. Quando acabava o treino, os jogadores iam embora. Fischer sempre foi muito profissional. Ele ficava chutando a gol, mas não tinha ninguém pra ficar no gol. Mas tinha um menino que pegava bola. Ele se chamava Pavão e depois se transformou em goleiro do Vitória. Era gandula, se tornou goleiro graças a Fischer, que botou ele pra defender as bolas que chutava depois do treino, até escurecer.

Qual foi seu jogo inesquecível enquanto seu pai estava no Vitória?
Foi o título em 1972. Tinham invadido o campo antes de acabar o jogo, que foi suspenso. O Vitória entrou com liminar pra ter outro jogo. Precisava ganhar as duas partidas do Bahia, nós ganhamos as duas e fomos campeões. Esses dois jogos foram muito emocionantes.[1] Foram todos os jogadores comemorar na casa de meu pai no Matatu.

Como você encontrou o Vitória em 2006, quando assumiu a presidência?
Nunca imaginei ser presidente do Vitória. Primeiro, pela minha atividade. Eu tenho uma empresa, viajo muito. Ficava pouco tempo em Salvador. Não adianta assumir só pra dizer que é presidente, tem que fazer acontecer. Eu não fui para o último jogo de 2005. Estava voltando pra casa, quando parei o carro na garagem e o Vitória estava empatando, não tinha caído. Quando subi, liguei o rádio, o Vitória estava na terceira divisão. "Vou ajudar meu clube a mudar. Não aceito o Vitória na terceira divisão em hipótese alguma". Liguei pra Ademar no outro dia e disse: "Eu quero ser presidente". Foi feita uma reunião no gabinete do secretário da fazenda na época, Albérico Mascarenhas. Eu não o conhecia. E foram algumas pessoas, Ademar, eu, Jorge Sande e outras que não me recordo. Quando acabou a reunião, Albérico me chamou e disse: "Pelo seu posicionamento, você tem condições de assumir o clube". E foi graças a Albérico que eu assumi o Vitória. Ademar era o presidente, eu entrei como vice-presidente. Ademar se afastou e eu assumi interinamente em 2006 e 2007. Devia salário de cinco meses, não tinha vale-transporte, os campos todos estavam sem manutenção... Aí uma pessoa me ajudou muito em todos os setores: Ricardo Nery. Não é alguém que gosta de aparecer. Me ajudou no marketing, na base, em tudo. Era meu coringa dentro do clube, sem remuneração. A gente queria voltar a implementar o Sou Mais Vitória, que tinha só 10 ou 15 pessoas pagando na época em que assumi. Quem cuidava era uma empresa do Rio de Janeiro e o Vitória devia a eles. Não iam dar base de dados nenhuma, tinha que começar do zero. Perguntaram: "E o orçamento, computador, máquina pra tirar retrato dos sócios?". Eu disse: "Pegue a sua de casa e bote lá.". O Sou Mais Vitória retornou assim.

Como você montou o elenco que tirou o clube da Série C em 2006?
Colocamos os meninos porque não tínhamos dinheiro pra contratar e nossos

---

1 10/12/1972 - Baiano: Vitória 2x1 Bahia. Gols: Mário Sérgio (2).
17/12/1972 - Baiano: Vitória 3x1 Bahia. Gols: André Catimba e Osni (2).

jogadores estavam contundidos. Foi aí que veio David Luiz, veio Anderson Martins, e foi o sucesso que foi. Apodi era jogador do Real Salvador e eles estavam pedindo R$ 150 mil pelo passe dele. O pessoal do Real Salvador chegou lá: "O Bahia ficou de pagar e não pagou. Se o Vitória pagar, eu tiro ele hoje à noite da concentração do Bahia e trago". O Vitória não tinha dinheiro, mas eu paguei os R$ 150 mil. Eu banquei o clube por praticamente um ano, porque o Vitória não tinha dinheiro pra nada e a despesa era grande. No meu primeiro dia no Vitória, tinha uma conversa se Índio ia para o Bahia ou Vitória. Índio era do Ipitanga junto com uns empresários alemães. Era R$ 100 mil. Alguns conselheiros falaram: "Você compra e fica com os direitos econômicos". E eu: "Negativo, eu vou emprestar o dinheiro ao Vitória. No dia que puder, me devolve. O jogador é do Vitória. Eu não entrei aqui pra fazer negócio. Eu entrei pra melhorar meu clube". Então a gente trouxe Índio, Bida e Garrinchinha do Ipitanga naquele ano. Teve Vanderson, que disputava a Série A pelo Juventude. Eu fui ver e a gente trouxe. Um grande caráter, uma pessoa que ajudou muito na subida do Vitória.

Como reagiu à perda do título baiano de 2006 para o Colo-Colo?

Uma decepção. Eu não era do futebol. Tinha um diretor de futebol, Sinval Vieira. A gente tinha emprestado o lateral Alex para o Colo-Colo, com o Vitória pagando o salário e deixando jogar contra o Vitória. Exatamente ele fez gol de falta contra o Vitória. Aquilo decidiu? Não, mas ele fez gol. Então eu acho que aquilo foi falta de profissionalismo. Mas, quando eu cheguei, Arturzinho já tinha sido contratado, Sinval já estava no clube, foi Ademar que colocou. Eu não teria feito isso. Quando perdemos o campeonato para o Colo-Colo, eu entrei no vestiário e David Luiz estava sentado no banco chorando. Sentei do lado dele: "Menino, a vida é isso aí. Vamos pra frente. Você tem capacidade". Aquele atacante do Colo-Colo, Ednei, fez o pivô em cima dele e fez o gol. "A gente tá começando agora, paciência".

Qual o sentimento ao garantir a subida para a Série B?

Claro que comemorei a saída da Série C, mas eu achava muito vergonhoso comemorar uma saída da Série C para o Vitória. O tamanho que o Vitória tem, participar de uma Série C é uma vergonha. Eu tinha que botar o Vitória na Série A.

Como foi a venda do David Luiz após a Série C?

O Bertolucci, que é o empresário, veio ver dois ou três jogos dele e achou que o menino tinha condição de ir. A gente vendeu 50% e ficou com 50%. E botou ele no Benfica. Aí depois ele disparou. Um menino de ouro. Inclusive, uma vez, num jogo do Brasil na França, eu estava lá e ele me presenteou com a camisa do time em que jogava, o Paris Saint-Germain. Uma pessoa por quem tenho um carinho especial. Aliás, por todos eles que subiram. Com os meninos da base, eu sempre tive um cuidado grande.

Em 2007, o Vitória subiu, mas você e Sinval Vieira romperam. O que aconteceu?
Se eu não tivesse assumido, o Vitória não tinha subido. Sinval mostrou aí em 2017 a total incompetência pela qual o clube passou. Acho que o grande culpado foi ele. E isso eu não deixei ele fazer em 2006. Eu conheci Sinval em 2006. Para não ficar feio, Jorginho Sampaio falou comigo: "Ele arranjou com Bobô e vai pra Sudesb". Eu falei: "Tudo bem, pode arranjar o cabide de emprego aí, mas no Vitória não vai ficar". Eu acho que ele não conhece de futebol como dizem que conhece.

O que representou para você o título baiano de 2007, o primeiro como presidente, com Ivete Sangalo comemorando no Barradão?
Muito importante, com um jogo emocionante, que parecia ser tranquilo e no final foi um sufoco. Índio fez quatro gols.[2] Foi um marco pelas dificuldades que passamos no início da Série C, sem recursos, sem campo pra treinar. E Ivete é uma pessoa carismática, que só faz engrandecer o clube. Ela gostava de assistir às partidas. Muita gente querendo tirar foto e ela falava: "Quero ficar num lugar pra poder assistir ao jogo". Ela ficava realmente ligada. Foi uma felicidade muito grande. Ela esteve presente tanto na subida quanto no título.

Ivete voltou na subida para a primeira divisão, em 2007, junto com Daniela Mercury.[3]
Aí sim eu comemorei. O Vitória subindo pra Série A. Essa é a comemoração que acho que devia estar fazendo, não subindo da C pra B. Era um sonho meu colocar o Vitória de novo na Série A. Acho que o grupo como um todo foi muito importante. Vadão também foi uma peça muito importante, um treinador que, junto com Gersinho, conseguiu montar uma equipe que deu liga. Daniela e Ivete foram

---

2 22/04/2007 - Baiano: Bahia 5x6 Vitória. Gols: Jackson, Índio (4) e Apodi. Primeiro jogo da fase final.

3 O jogo que garantiu a subida para a Série A foi Vitória 4x1 CRB (36ª rodada). Ivete Sangalo e Daniela Mercury fizeram a festa no Barradão no jogo seguinte, Vitória 1x1 Remo, na penúltima rodada.

ao Barradão. Ivete foi no vestiário falar com os jogadores. Ela estava vibrando. O jogador perdia a bola, ela xingava. Daniela ficou mais tempo que Ivete, também preocupada com o jogo.

Como foi o processo de recompra das ações do Vitória S/A?
Na primeira reunião que eu fiz na Argentina, em 2006, o Vitória estava devendo e eles sobrando o dinheiro. O Vitória devia, pelo empréstimo, US$ 4 milhões, na época. "Enquanto o Vitória não voltar pra A, não tenho um centavo. Você não é esse homem todo? Vá sentar na cadeira de presidente do Vitória". O argentino não gostou muito do meu posicionamento, porque ele achava que a gente devia vender vários jogadores pra pagar juros. "Não vou vender a base pra pagar você de jeito nenhum. Quando o Vitória estiver na Série A, a gente volta a conversar". E aí quando chegou na Série A em 2008, ele veio a Salvador: "Pronto, agora o Vitória tá na Série A". E eu: "Pois é, agora eu preciso de dinheiro pra manter o Vitória na Série A". O cara não gostou *(risos)*. "Ah, eu vou acionar...". "Pode acionar tudo, faça o que quiser". Aí comecei a reverter, tirar os ativos do Vitória S/A pra botar no Esporte Clube Vitória, exatamente pra esvaziar um pouco essa pressão dos argentinos. Eu disse: "Tenho uma proposta pra lhe fazer, eu lhe pago US$ 200 mil". "Você é maluco, me deve US$ 4 milhões e vai pagar US$ 200 mil?". Eu sei que, no fim da história, fechamos em US$ 500 mil. Só ali economizei US$ 3,5 milhões. "Outra coisa, quero dois anos pra pagar". Acabamos fechando em um ano. Foi um excelente negócio para o Vitória.

Como foi para você encerrar 2008 classificado para a Copa Sul-americana?
Muito feliz. O clube arrumado. A gente tinha algumas reuniões na Globo, o diretor era Marcelo Campos Pinto: "Alexi, só você e mais dois clubes não pedem adiantamento". E eu: "O Vitória tem que viver com o que tem no ano, eu não posso tomar a receita de outros anos". Eu pensei no clube, não pensei no meu mandato. Eu sempre pensei no Vitória como um todo. Se o Vitória tinha uma receita de X, tinha que gastar só aquele X.

O Vitória quase perdeu Ramon Menezes para o Santa Cruz em 2009. Como foi isso?
Em 2009, Carlos Falcão estava em Recife com o presidente do Santa Cruz. E ele perguntou a Falcão: "O que você acha de Ramon? A gente tá trazendo ele". E Falcão: "É um bom jogador, acho que vai lhe ajudar muito". Aí dali a pouco o

Vitória anuncia Ramon *(risos)*.⁴ Eu não tinha falado pra ninguém, nem Falcão sabia. Eu falei: "Diga a ele que fica pra próxima". Já tinham anunciado, ia ter uma festa no Arruda antes do jogo pra receber Ramon. Ramon tinha uma ligação muito grande com o Vitória e, quando telefonei, ele não pensou duas vezes. Nos oito anos em que estive no Vitória, não houve um jogador igual a Ramon, de arrumar o time. Pra mim, era um jogador diferenciado. A juventude dos meninos, de Marquinhos, de Willians Santana, junto com um jogador experiente fez a diferença.

Em 2009, ganhamos mais um Baiano, comandado por Paulo César Carpegiani.
Ele lançando Victor Ramos. Ninguém acreditava no menino. Eu disse: "Eu acredito no menino e ele vai jogar". Pra mim, tecnicamente, um dos melhores treinadores do Brasil chama-se Paulo César Carpegiani. É uma pessoa que dentro de campo não tem igual, pela maneira como trata taticamente os times. Ele conhece a fundo o futebol.

Dizia-se, na época, que o volante Uelliton queria derrubá-lo.
Na realidade, Uelliton não foi pra lugar nenhum. Jogador problemático, criava problema dentro do grupo. Carpegiani gostava das coisas muito corretas, é pessoa muito íntegra e séria. Às vezes alguns jogadores não gostam dessa maneira de tratar. O que eu soube por algumas pessoas que prefiro não citar – por isso que a gente o tirou – foi que ele tinha perdido o grupo. Não sei se é verdade e não quis arriscar.

Como foi a chegada em 2010 do atacante Júnior, que depois virou "Diabo Loiro"?
Eu trouxe um lateral-direito do Botafogo, que era de um empresário do Ceará. Aí ele: "Tem um jogador que eu tô trazendo da Suécia, nem o Ceará nem o Fortaleza aceitaram que ele treinasse. Deixa ele treinar aí pra você ver". Ele começou a treinar bem, fazer gol, e o treinador Ricardo Silva falou: "Pode contratar que ele vai ajudar a gente". Não custou nada pro Vitória, um jogador muito barato, e foi o que deu. Ídolo do clube, uma aposta que deu certo.

Você esperava chegarmos ao tetracampeonato baiano em 2010?
Nós nos preparamos pra isso. Tinha um problema sério de causas trabalhistas. Na primeira reunião que fui no Clube dos 13, o pessoal do Sport e do Goiás disse:

---

4 Ramon Menezes sairia do Vitória no fim de 2008, mas acertou continuar para 2009.

"Faça um acordo na segunda instância, que um percentual da receita do clube vai criando um bolsão na Justiça e vai quitando os processos". Eu fui conversar com desembargadores e aí que conseguiu aliviar. Tinha bloqueio, penhora de renda. Da nossa receita, 15% ia pra Justiça do Trabalho. Com isso, conseguimos equacionar.

Como aconteceu o retorno da Copa Nordeste em 2010?

Eu não acreditava, pela briga com a CBF, por toda a confusão que havia. A gente não tinha nem data nem atrativo para uma competição daquela. Foi feito um acordo, que teria em 2010, 2011 e 2012. Quando acabou a competição, liguei pra Eduardo Rocha, o presidente da Liga na época: "Se a competição for dessa maneira, os times jogarem com os reservas e for jogar em qualquer data, o Vitória tá fora". Aí o pessoal do Esporte Interativo me procurou e a gente fez uma reunião em Recife. Fui conversar com outras pessoas, com Kléber Leite, da Klefer. "Kléber, você tem acesso à CBF pra gente conversar, pra ver se bota no calendário". Ele foi falar com o presidente Ricardo Teixeira que, pela confiança na gente, nos apoiou a voltar à competição e botar no calendário. Assinamos um documento que seriam dez anos de competição. Foi aí que começamos a arrumar a Copa do Nordeste. Eu conversei com as federações e os presidentes foram muito receptivos. A gente não queria acabar com os estaduais. Como eu tinha capitaneado isso, Eduardo disse que eu deveria assumir a Liga. E aí assumi em 2013.

Qual era a expectativa quando o Vitória foi à final da Copa do Brasil de 2010?

Sinceramente, eu achei que seríamos campeões. Os jogadores estavam muito confiantes, achavam que tinham capacidade. Acho que se a gente não tivesse perdido Viáfara no primeiro jogo, o Vitória não perdia a Copa do Brasil. Ele fez falta. A gente teve que colocar Lee, um menino novo, que o grupo não tinha muita confiança. Tomamos 2x0 em Santos e ganhamos de 2x1 no Barradão, perdemos no saldo de gol. Eu acho que o cartão amarelo que o árbitro deu a Viáfara na semifinal, quando ele foi bater o pênalti, prejudicou muito o Vitória. Ainda podia a paradinha e ele deu amarelo.

A perda da Copa do Brasil influenciou o rebaixamento para a Série B?

Sem dúvida. Aquilo abateu muito o grupo. Também demorou um pouco para o time voltar, porque parou a competição para a Copa do Mundo e a final foi depois. Aquilo criou dois problemas. Foi quando estava com a janela de transferências aberta e não podia trazer ninguém pra reforçar o time, porque eu ia disputar uma final de Copa do Brasil. Imagine se eu trago jogadores pra certas posições que vão chegar na final e não vão jogar? Não iam se esforçar muito, isso é do ser humano. Não pude reforçar porque os jogadores que iam ser reservas iam ficar chateados e o baque também de perder o título.

Dizia-se que Viáfara fazia as refeições separado dos outros jogadores.
Eu soube isso aí no final, ele não tinha muita ligação com o grupo. Comia no quarto. Pra mim, é um cara sério, mas acho que ele tomou alguns gols na Série A de 2010, quando a gente foi rebaixado, que não é pra goleiro tomar. O gol olímpico contra o Guarani, por exemplo. Acho que ele também foi responsável pelo Vitória não ganhar o título baiano de 2011, de perdermos pro Bahia de Feira. Acho que ele falhou no jogo, tanto em Feira[5], que não saiu na bola de Diones, quanto no Barradão.[6] Eu trouxe Viáfara como contrapeso. Petraglia, presidente do Atlético Paranaense, me ligou, eu queria outro jogador e ele disse: "Tem um goleiro aqui que a torcida vai me matar se eu o deixar aqui. Eu pago o salário todo, só quero que tire ele daqui". O Vitória não gastou um centavo com ele no primeiro ano. E se tornou ídolo do clube. No Atlético Paranaense, a torcida queria ver o diabo, mas não queria ver Viáfara. E eu chamei Antônio Lopes na minha sala *(em 2011)*:
– Eu acho que Viáfara tá falhando. Eu colocaria outro goleiro na final.
– Pô, presidente, é ídolo, capitão. Como é que eu vou tirar ele?
– Acho que você tem que assumir as coisas na vida, Lopes. Se você não quer assumir, eu assumo. Você vai dizer para a imprensa que o presidente afastou o goleiro. Deixe o mundo cair em cima de mim, não tô preocupado.
Aí no outro dia:
– Presidente, eu pensei e vou deixá-lo no gol.
– Você é o treinador. Não tem problema nenhum, vamos pro jogo.
No jogo lá do Bahia de Feira, um lance bobo na área, ele não sai, Diones vem e faz o gol. Na reapresentação, quando acabou o treino, chamei Lopes:
– Acho que ele saiu mal e falhou no gol. Você quer tirar ele da final? Eu o tiro. Se o Vitória perder o título, quem perdeu foi o presidente, que tirou o goleiro. Não tô preocupado, eu tô fazendo o que acho que tenho que fazer.
– Não, presidente, eu quero manter.
Aí perdemos pro Bahia de Feira em casa. Na segunda-feira, eu chamei Lopes:

---

[5] 08/05/2011 - Baiano: Bahia de Feira 2x2 Vitória. Gols: Elkeson e Reniê.
[6] 15/05/2011 - Baiano: Vitória 1x2 Bahia de Feira. Gol: Geovanni.

– Presidente, vamos fazer o planejamento da Série B.
– Planejamento? Sua carta de demissão tá pronta. Eu lhe dei toda oportunidade do mundo. Você teve a chance de mudar e não mudou. Agora quem vai mudar sou eu.

Em 2011, não subimos para a Série A. Perdemos para o São Caetano, com falha de Zé Luís.[7] Circulou a informação de que ele estava vendido. Você acredita nisso?
Não acredito de jeito nenhum. Não estava vendido, mas em final de carreira mesmo. Ele tinha falhado num jogo em que perdeu a bola e tomamos um gol no fim. Chamei Vagner Benazzi, o treinador, e disse: "Não quero mais esse jogador em campo". Ele afastou e começamos a ganhar os jogos. Na semana da partida com o São Caetano, eu viajei a trabalho pensando: "Faltam dois jogos, a gente vai subir". Quando voltei, peguei a relação na véspera do jogo e vi Zé Luís na lista.
– Benazzi, o que eu lhe disse? Não quero esse jogador no time. Enquanto eu for presidente, ele não joga mais.
– Eu botei porque ele é bom de grupo, mas não se preocupe, que ele não vai jogar.
Por azar, Neto Coruja se contunde, tem que botar o jogador e ele falha. E aí é futebol. Impressionante. Ganhamos o jogo do ASA, mas o Sport ganhou do Vila Nova e aí nós não subimos. É o que Evaristo dizia: "Você não pode ter camisa velha no armário, que um dia você vai usar". É igual a jogador.

Fale sobre a passagem de Neto Baiano, que virou o maior goleador do Barradão.
Um menino de ouro. Antes de vendê-lo para o Japão em 2012, ele disse: "Eu preciso sair, que eu vou ganhar dinheiro". E eu disse: "Neto, você não vai sair agora, não". Aí no final realmente tive que fazer um acerto. Depois ele voltou ao Vitória. Pense num jogador que é Vitória. Tem jogadores que são Vitória! Victor Ramos, Neto Baiano, Ramon... Encontrei com Neto, já fora do Vitória, no dia de um jogo, e ele disse: "Não é possível, a gente não pode perder o jogo hoje".

O ano de 2013 foi marcante. Na inauguração da Arena Fonte Nova, 5x1 no Bahia.[8]
Muito. Eu não esperava, acho que nenhum rubro-negro esperava aquilo. Graças

---

7 19/11/2011 - Série B: Vitória 1x2 São Caetano. Gol: Jean.
8 07/04/2013 - Baiano: Bahia 1x5 Vitória. Gols: Renato Cajá, Maxi Biancucchi, Michel, Vander e Escudero.

a Deus, tive poucos jogadores que foram moleques. Você tem que escolher os jogadores. Claro que uns eu não traria mais de jeito nenhum, mas outros como Renato Cajá, Michel, Vander... Outro jogador também que tenho um carinho especial é o zagueiro Gabriel Paulista. Eu vendi os 70% que eram do Vitória por R$ 10 milhões líquidos. Chamei ele na minha sala faltando dois ou três jogos para acabar o Campeonato Brasileiro e disse : "Gabriel, você já está vendido, mas eu preciso de você". E ele disse: "Presidente, fique tranquilo que eu vou jogar". Mostrou caráter e profissionalismo. O time deu liga. Tanto é que a gente ganhou e depois fomos muito bem no Brasileiro. O time estava arrumado. Uma pena a gente não ter ido pra Libertadores, com Caio Júnior, que foi o treinador. Um gentleman, um ser humano diferenciado, que infelizmente foi vítima daquela tragédia.[9]

Como era a sua montagem de elenco?
Quando eu trouxe Chumbinho *(Newton Drummond)*, que tinha sido campeão do mundo pelo Inter, não passou um mês aqui, não montou o time. Dei três semanas a Chumbinho pra montar o time e não trouxe ninguém. "Ah, o mercado tá difícil". "Chumbinho, quer que eu lhe ajude?". Em uma semana montei o time. "Ah, tem que profissionalizar...". Profissionalizar é você estar no dia-a-dia. Eu assistia aos jogos das séries A, B, C e D, acompanhava treino, tudo. Futebol, você tem que ter *feeling*. Eu falei com Falcão na época que se eu continuasse presidente do Vitória teria mandado 80% do time embora. "Você terminou em quinto lugar no Brasileiro *(em 2013)*, mandaria o time embora?". Mandaria, porque alguns jogadores chegaram na curva máxima. Dali pra frente, eles iam cair. Não tinha dúvida disso. Mas isso você tem que estar acompanhando. Quando Maxi foi pro Bahia, com salário astronômico, Falcão até me ligou. Eu disse: "Deixe ir pro Bahia, graças a Deus". Ele ganhava um terço do que foi ganhar no Bahia. "Não dê mais um centavo do que ele ganha hoje. Ele não vai render nunca mais o que rendeu no Vitória esse ano. O único que você tem que manter é Escudero".

Na sua gestão, o que você destaca fora do campo?
Os campos que estão lá hoje, o novo acesso, tudo isso foi na nossa gestão. Como consegui aqueles campos? Na época, o governador Jaques Wagner tinha

---

9 Caio Júnior era técnico da Chapecoense e foi um dos mortos na queda do avião da delegação catarinense em 2016. Faleceram também outros profissionais que passaram pelo Vitória: o ex-jogador Mário Sérgio, o auxiliar Duca, o analista de desempenho Pipe Grohs e os jogadores Dener, Gil, Cléber Santana e Arthur Maia.

reconstruído o estádio de Pituaçu pro Bahia e a torcida do Vitória ficou chateada. Por que fazer um estádio, já que iam fazer a Fonte Nova? Pra se tornar um elefante branco? A torcida começou a xingar o governador no estádio. Ele me chamou e disse: "O que eu posso fazer?". Aí eu bolei um convênio, faríamos três campos, quadra, tinha também um ginásio de esportes no Perônio. O Vitória daria toda a parte de treinador, mãe social, psicólogo, pra inclusão social naquela área, que é muito pobre, com 250 garotos por ano. O Governo entraria com a estrutura. Só que demorou dois anos. Eu tive que pedir pra imprensa bater no governador, falei que não estava saindo porque tinha um secretário que era Bahia e sentou em cima. Quando a gente conseguiu resolver, o dinheiro não dava mais pra fazer o ginásio. Aí ficou fora, foram feitos o gramado, o estacionamento e as quadras. E também quando foi definido que o Vitória seria uma das sedes pra treinamento da Copa, eu disse: "Temos que ter um acesso melhor". Então fomos na Conder, junto com o deputado Zé Rocha, Paulo Catharino Gordilho e conseguimos viabilizar um novo acesso. Fábio Mota também ajudou muito. Graças a Deus, agora saiu.[10]

Como avalia o trabalho de Carlos Falcão, que o sucedeu com seu apoio?
Sem Falcão, eu não teria arrumado a parte administrativa e financeira, que deleguei a ele e sabia de sua competência. Sabia que ele tinha condição de tocar o clube como tocou. Eu ficava na parte do futebol. Não conhecia Falcão antes de entrar no clube, mas tomei informações de que poderia ajudar muito. Acho que sem Falcão eu não faria o que fiz no Vitória. Você não pode ter uma bagunça, porque não sabe se amanhã vai chegar um bloqueio de conta e ficar sem pagar os jogadores. Então, a gente tinha isso muito arrumado. Em 2006 e 2007 não, eu toquei junto com Ricardo Nery. Mas a partir de 2008, quando teve a eleição, ele foi meu vice e importantíssimo pra essa mudança no clube.

Por que ele não deu certo como presidente?
Acho que faltou fazer o que eu fiz, de ir pra dentro do vestiário. Cada um tem seu estilo. Eu sou mais de fazer. Às vezes, as pessoas falam: "Você é muito centralizador". Eu sou. Apesar de ter um desgaste maior, é a maneira que eu sou. Já Falcão, acho que delegou muito às outras pessoas, por isso não deu certo.

---

10 A Avenida Mário Sérgio Pontes Paiva, que liga a Avenida Paralela aos bairros Canabrava, Trobogy, Nova Brasília, Pau da Lima e ao Barradão, foi inaugurada em 17/02/2018.

Em 2016, Ivã de Almeida foi eleito presidente com a bandeira da eleição direta. Por que você foi contra isso?
Repare que a eleição de Ivã foi um fiasco. Primeiro, acabou o dinheiro do clube. Acho que o Vitória não estava preparado ainda para eleição direta. Acho que precisava de algumas amarras para ser conselheiro, para ser presidente. Não totalmente aberto, porque pode ter aventureiros como Ivã.[11]

Como foi a reaproximação com Paulo Carneiro em 2017, após renúncia de Ivã?
Conversei com Ademar e ele chamou Paulo. Eu não seria presidente, mas o Vitória está numa situação difícil até hoje. "Você foi contra Ricardo David?". Não, acho Ricardo um cara sério, um cara correto, mas não tinha expertise pra ser presidente do Vitória, não estava preparado. Paulo é uma pessoa que pode ajudar muito, mas não como presidente. Eu não o apoiaria pra presidente hoje, acho que para mudar o clube, precisa de pessoas novas, de outra mentalidade. O Vitória está voltando à década de 70, quando ninguém queria assumir o clube. Tem que formar novas lideranças. Quando Falcão assumiu, nunca liguei pra ele pra dizer "faça isso, faça aquilo". Eu não botei uma marionete lá. Acho que nenhum presidente aceita ser manipulado. Mas tem que reunir pessoas que conheçam, ter uma referência.

O que representa o Vitória para você?
Eu tenho uma fazenda e ela é toda pintada de vermelho e preto. Não é de hoje, desde a época de meu pai. Meu pai sempre pintou. Tanque de água, pintava de vermelho e preto. Tudo é vermelho e preto. O Vitória faz parte da minha vida.

---

11 A eleição em 2016 para presidente do Vitória foi indireta. Ivã de Almeida foi candidato único dentro da chapa eleita para o Conselho Deliberativo. Pelo estatuto vigente à época, o candidato a presidente deveria "ser Conselheiro e ter integrado o Conselho Deliberativo por pelo menos três anos".

BIGU

Ademir Chagas nasceu no Rio de Janeiro (RJ) em 17/11/1964. O volante chegou por empréstimo ao Vitória em 1985 e se firmou pelo futebol aguerrido. Fez 203 jogos e 18 gols com a camisa do Leão. Foi campeão baiano duas vezes. Deixou o clube em 1989.

Entrevista realizada em março de 2020.

O que você conhecia do Vitória quando recebeu a proposta de empréstimo?
Nada, porque a televisão não tinha alcance. Tinha ouvido sim, mas não sabia como era. Foi um choque pra mim. Eu nunca saí do Rio, meu sonho era continuar, me recuperar lá. Só quando cheguei eu tive noção. A torcida do Vitória era fanática e muito sofrida, cresceu muito. Mas antigamente só tinha Bahia, pouca torcida do Vitória, pelo menos os que frequentavam a Fonte Nova. Era uma torcida que vinha de muitas derrotas. Na época tinha menos títulos do que o Ypiranga. Eu estava noivo. Foi fogo, porque fui sozinho, né? Na verdade, fui com Hugo, goleiro. O Hugo foi emprestado comigo, só que o Hugo estava voltando de contusão. Nós moramos no Parque Júlio Cesar. Moramos sozinhos. Tudo pra mim foi a primeira vez. Mas eu ia tirando de letra. A diretoria era legal, tinha Beto Silveira, Nilton Sampaio, Zé Rocha. Pessoas do bem.

Qual foi sua impressão ao chegar ao Vitória?
Quando cheguei na Bahia, quase desisti. "Que lugar é esse?". Só tinha mosquito. O estádio estava em construção. O caminho era só barro. Aquela Canabrava também era "brabo". Agora ficou tudo lindo! Pra chegar ali tinha que passar no meio de favela, era bosta de cavalo, no meio do lixo, e o campo pra treinar era muito ruim. Às vezes, treinava naquele campo em cima, do Perônio. Não tinha comida. A pobre da dona Tidinha sofria. Pra comer tínhamos que correr pro quarto, pro mosquito não entrar. Era uma loucura. A última vez que o Vitória tinha sido campeão foi em 80 e eu cheguei em 85. Não havia nada. Foi o Zé Rocha que

começou a reestruturar. Mas deu um desespero. "Saí do Rio de Janeiro pra vir pra cá? Tá bom, vou aceitar o desafio". Aí foi chegando Heider, Jésum... Cinco anos sem ganhar um título. Naquele tempo o Campeonato Baiano também valia, né? E pro Vitória muito mais, porque o Bahia ganhava todo ano, com aquela estrutura toda. Não é que a gente chegou lá e ganhou aquele título? Foi um marco, um divisor de águas.

Financeiramente, foi boa a ida para o Vitória?
Teve um plano econômico em 86 que mudou a moeda.[1] Foi justamente quando comprei apartamento pra minha mãe no Rio, que temos até hoje. Mudou a moeda, parcelaram minhas luvas. Não foi bom pra mim financeiramente. E depois o Vitória passou muito tempo em situação não muito boa. Fiquei cinco anos, peguei todas as crises do Vitória. Todos esses anos de dedicação e nunca fui o maior salário do clube. Eu sempre tinha problemas, machuquei muito, quebrei a perna três vezes, fiquei um ano e meio sem jogar. Tive que ir pra fila do INPS.[2] Imagine um jogador hoje ir pra fila do INPS. Por exemplo, eu ganhava *(o equivalente a)* R$ 5 mil, me deixaram com R$ 300. Não completaram. Fiquei assim um ano, mais ou menos.

Qual foi o seu primeiro jogo?
Ganhamos de 4x0.[3] O time acertou com facilidade, encaixou rápido.

Quando você sentiu que a torcida o abraçou?
Nos primeiros jogos. Eu já disse a que vim no primeiro jogo. É que eu dava carrinho de lado, não dava carrinho de frente. Por exemplo, o cara ia pela ponta-esquerda ou pela ponta-direita, eu já dava carrinho de lado tipo alavanca, tomava a bola e ia. Era também muito ofensivo, não só marcador. Fazia gols de fora da área também. Pra época, eu era considerado um volante moderno, só que no Flamengo eu era tido como cabeça-de-bagre, porque jogava com Andrade, Adílio... Como é que ia ser considerado? No Flamengo, eu só marcava, só passava esporadicamente do meio-campo. Como é que você vai passar do Zico, do Leandro, do Júnior? Eu tinha mania de arrancar e às vezes deixava buraco. No Vitória tive essa liberdade.

---

1 O Plano Cruzado, lançado em 28/02/1986.
2 Instituto Nacional de Previdência Social.
3 14/08/1985 - Baiano: Vitória 4x0 Botafogo (BA). Gols: Ricky (2) e Ivan Formiga (2).

Eu fazia umas arrancadas legais, ia lá na frente, dava passe, voltava. Eu tinha boa condição física e técnica também. No Vitória, fui um jogador completo, tanto marcava quanto chegava na frente, dava assistência e fazia gols.

Como foi a trajetória até o título baiano de 1985?
Era muito difícil ganhar do Bahia. O fiel da balança foi a Catuense. O time da Catuense era tão bom quanto o do Bahia, mas tinha o negócio de camisa: era Bobô, Zanata, Maritaca *(Naldinho)*, Lameu, Guaraci. O presidente Antônio Pena tinha muito dinheiro, dono de empresa de ônibus. Tinha o Galícia. Na época os times estavam bons ainda. O Vitória cresceu durante o campeonato. Foi difícil. Tinha o time lá de Vitória da Conquista *(Serrano)*, também muito duro. A gente só não conseguia bater o Bahia.[4] Era impressionante. Dez bolas, eles faziam cinco. A gente pra fazer um gol tinha que chutar 30. A campanha foi boa, fomos campeões por antecipação. Tinha mais um jogo contra a Catuense e domingo contra o Bahia. Se a gente não ganhasse da Catuense, o título estaria ameaçado.[5] Foi um jogão. No primeiro tempo, Jésum caiu pela esquerda, cortou pro meio e chutou. A bola bateu no Zanata e sobrou. Ela subiu e eu peguei de primeira, no alto. A Catuense empatou e depois Ivan Formiga fez o segundo. Tudo no primeiro tempo. O segundo tempo foi aquela correria.

A torcida do Bahia assistiu ao nosso título.
Sim. Foi rodada dupla. Fonte Nova lotada. Metade Vitória, metade Bahia. O Bahia jogou primeiro por causa do número de pontos. O nosso era maior, jogamos o segundo já sabendo o resultado. Ninguém saiu. Até os jogadores deles tomaram banho e subiram. A torcida do Vitória chegou mais cedo, torcendo contra também. E aí foi aquela explosão, fomos campeões ali mesmo. O Bahia ganhou, mas precisava que a gente empatasse ou perdesse pra terem chance.

Como foi a comemoração da torcida?
Quando acabou o jogo... Você viu a invasão do campo? Era gente chorando... O torcedor do Vitória é muito mais fanático do que o do Bahia. Infinitamente mais fanático. Eu saí só de cueca, né? Um pegou minha chuteira, outro a meia...

---

4 Nos BAVIs do Baiano de 1985, foram três derrotas, dois empates e apenas uma vitória do Vitória.
5 O Vitória venceu a Catuense por 2x1 em 20/12/1985. Dois dias depois, já campeão, perdeu o BAVI por 2x1.

Eu pedi até a chuteira de volta, não me devolveram. A gente via que não era roubo, o cara queria uma lembrança. Aquilo me marcou, me deixou dúvidas: "No Flamengo não me valorizaram desse jeito". A gente entrava no vestiário, a imprensa invadia, quase não conseguia tomar banho. Aquele monte de fios. As coisas estão muito diferentes. Hoje em dia, não se consegue chegar no jogador. Um jogador médio, tem que chegar através de assessor para falar com ele. Não era assim, as coisas eram muito mais livres. A gente saía da Fonte Nova, pegava os carros lá fora, o torcedor ia atrás, conversando, brincando. Hoje não tem esse contato.

Terminou campeão, ídolo da torcida...
O Flamengo me prometeu que eu ia voltar e jogar. Teve uma reportagem do técnico Sebastião Lazaroni falando que eu era "o sucessor de Andrade". Eu estava muito bem no Vitória, todo mundo me queria, não só o Flamengo. Quando cheguei lá, não me consultaram se eu gostaria ou não de ser vendido. O George Helal, presidente do Flamengo, me vendeu. Depois que o Vitória me comprou, todo ano tinha time querendo o meu passe. Eu sempre me destacava. Na hora de sair, o Vitória não vendia. Renovava o contrato e aí comecei a brigar, porque era muito contestador. Com todo presidente eu brigava. Quando tinha uma chance de sair, eu queria sair, porque o Vitória não me valorizava. Nunca fui o maior salário, era sempre do meio pra baixo, não tinha luvas. Difícil ganhar dinheiro. E eu vivia machucado. Quando machucava, ficava sem contrato. A única coisa que eu não ganhei no Vitória foi dinheiro.

Você passou por situações difíceis no Vitória, como o surto de hepatite, a perna quebrada.
Eu fui o primeiro a pegar, a minha foi a mais grave.[6] Depois eu machuquei... Eu quebrei a perna três vezes seguidas. Na segunda vez, fui fazer um treino pra avaliar e me quebrei de vez. Eu estava vendido para o Santos, acho que foi 87, 88. Joguei com hepatite, joguei com perna quebrada. O departamento médico não era bom. Se você ficasse no departamento médico, não jogava. Às vezes o salário atrasava, tinha que jogar e ganhar pra poder receber. Então vou ficar no departamento

---

6 Segundo a revista "Placar" nº 828, Bigu foi o primeiro atleta do Vitória a pegar hepatite em 1986, mas já haviam contraído a doença o meia Lulinha (1977), o lateral-direito Valdo (1984) e o meia Edilson (1985).

médico fazendo o quê? Na época era o seu Manuel Grosso. Só havia parafina e balde[7], não tinha fisioterapia legal. E eu não aguentava ver os caras descerem pra jogar. Não admitia ficar de fora se fosse dorzinha, gripe.

Quando você jogou com a perna quebrada?
Foram dois ou três jogos. Eu estava com uma fissura e não sabia. Fiquei duas semanas tomando infiltração, treinava um pouquinho e jogava. Toda semana eu mostrava minha perna quebrada, com uma faixa, mas eu não sabia o que era. Tinha uma dorzinha. "Não quero ficar de fora". Chegava segunda-feira, começava tratamento, e seguia terça, quarta e quinta. Fazia infiltração e jogava. Aí na terceira semana teve um jogo com o Grêmio. Tomei uma bola do Valdo, dei um tapa pra cima, um drible no Baidek, o Baidek me deu uma porrada aqui *(aponta para a perna)*, bem em cima, cara! Aí o doutor falou: "Agora já era". Botei o gesso e fiquei três meses. Depois, voltei a treinar. A gente ia direto do departamento médico para o campo, não tinha negócio de treino gradativo. Em vez de dar uma corrida, fui brincar no rachão, fui dar um carrinho de brincadeira no Jésum, quebrei tíbia e perônio. Me deixou quase um ano parado. Foi aí que me botaram no INPS.

Quando você se tornou ídolo do Vitória?
Acho que no terceiro ou quarto jogo já me idolatravam, porque eu estava com muita vontade. Eu mirava a minha volta ao Flamengo. Então, todo jogo pra mim era meu passaporte pra voltar. Eu não tinha medo de machucar, de jogar. Eu jogava com gripe, na chuva, no sol. Departamento médico pra mim era um nojo. Teve jogador que eu cheguei a brigar: "Sai dessa porra, vamos pro campo, vamos jogar". Eu não gostava de ver ninguém... Já saí na porrada com jogador no vestiário.

Com quem foi?
Eu não queria citar, não.

E por que houve a briga?
Porque eu achava que ele não estava se empenhando, mas ninguém soube. Quase briguei com o técnico Carlos Gainete também. Xinguei ele, por me tirar de um jogo. Eu arrumava muita confusão, era muito contestador e às vezes, intempestivo.

---

7 Tratamento com parafina quente na pele até esfriar.

Como era o assédio do torcedor na rua?
Já estava acostumado no Flamengo, só que o assédio na Bahia era muito maior. Minha esposa fala até hoje: "Nunca vi um troço daquele". Minha filha nasceu e a torcida ficou gritando o nome da minha filha.

Quando sua filha nasceu?
Em 26/04/1988. Teve Vitória x Catuense no dia seguinte que ela nasceu.[8] Eu estava na concentração, fui ver o parto e voltei. Karina, o nome dela. A torcida gritou o nome dela. Lembro como se fosse hoje. Foi uma das maiores emoções da minha vida. Ela nasceu umas 20h, eu vi nascer, peguei no colo, já desci a rampa gritando.

BaVi era um jogo diferente para você?
No Vitória, não me interessava adversário. Foda-se o Bahia, foda-se a Catuense. Quando botava a camisa do Vitória, para mim era importante qualquer jogo.

Em 1988, a fase não era muito boa, alguns torcedores te vaiaram.
Sim, porque eu era polêmico, verdadeiro. Tomamos 6x1 do Goiás, cinco do Cruzeiro, sempre eu era o culpado. A gente vivia o amor e o ódio.

Naquele ano, em plena má fase, o Vitória venceu o Vasco, que vinha invicto. Gol seu.
Foi 1x0. O Vasco tinha um timaço, com Roberto Dinamite, Bismarck, e vinha de cinco vitórias *(em cinco jogos)*. Eu tinha perdido um pênalti no jogo anterior. Aí foi pênalti contra o Vasco, quando eu ia pegar a bola pra bater, a torcida começou a vaiar pra eu não bater. Aí Hugo bateu, perdeu e eu fiz o gol *(risos)*.

Te marcou mais o título de 1985 ou o de 1989?
O de 85. Muita gente começou a torcer pelo Vitória por causa daquele título. O Vitória não era um time acostumado a ganhar. Era sofrido. Então, o Bahia ganhava, "ah, é campeão". O Vitória não, era choro, era comoção.

Como era sua relação com Paulo Carneiro?
Ele chegou no fim desse processo. A relação sempre foi conflituosa, mas ele me ajudou e eu também ajudei. Quando ele chegou, ninguém o conhecia. Ele ajudou

---
8 27/04/1988 - Baiano: Vitória 2x1 Catuense. Gols: Bigu e Hélio.

muito o Vitória, grande dirigente, mas era arrogante e eu também não levava desaforo pra casa. Depois que saí do Vitória, pra tirar o fundo de garantia foi complicado. Até cheque sem fundo ele me deu.

O que definiu sua saída do Vitória em 1989 para O Elvas, de Portugal?
Eu era ídolo, mas não tinha vida de ídolo. A vida que eu levava, financeiramente, não correspondia ao que realmente eu era.

Como foi sua despedida do Vitória?
Tinha umas faixas na Fonte Nova, duas de um lado, duas do outro: "Obrigado, Bigu". Fizeram uma matéria no "Jornal da Bahia" que guardo até hoje: "Eterno enquanto durou". Ali, eu chorei. E eu estava pendurado com dois cartões amarelos, forcei o terceiro cartão por quê? O penúltimo jogo do Torneio da Morte, a gente ganhou do Guarani, praticamente garantimos a permanência na primeira divisão. Só que tinha um jogo em Recife. Se eu fosse jogar em Recife, teria que ir de lá direto pra Portugal, sem ver a família, sem passar no Rio, sem organizar minha vida. Antes de acabar o jogo, dei um tapa no juiz, ele me deu o terceiro amarelo. Acabou o jogo, peguei um avião e fui embora. Depois de ter garantido o Vitória na primeira divisão. Na rua, torcedor do Bahia me reverenciava, não era só o do Vitória! Você soube que eu fui aplaudido pela torcida do Bahia depois de um jogo? Foi um BaVi em que o pau quebrou. Eu querendo separar, comecei a chorar, aí a torcida do Bahia gritou meu nome.

Depois que você saiu do Vitória, acompanhava as notícias do clube?
Acompanhava. Tanto é que ia voltar para o Vitória em 93. Paulo Carneiro me barrou. Quando o Vitória foi jogar contra o Flamengo, eu fui ao Rio, encontrei com o pessoal. Todo mundo falava: "Você vai voltar". Eu estava bem na época. Deu no "Jornal Nacional" que eu poderia assinar com o Flamengo. Depois o Bahia teve interesse. O Paulo Maracajá entrou em contato, mas desistiu. O Vitória não apresentou proposta. Só comentou, mas Paulo Carneiro barrou, tenho certeza absoluta. Eu queria muito voltar. Tinha 29 anos, estava inteiro, sempre fui bem fisicamente.

Campeonato Brasileiro de 1988, Vitória x Flamengo no Maracanã. Você enfrentou o clube que o revelou defendendo o clube em que era ídolo. Como foi esse jogo?
Eu não estava dividido, não. Foi um jogo difícil, tomamos sufoco pra caramba. Eu já estava desencanado do Flamengo. Você é torcedor de coração, depois você

começa a experimentar outras situações. Hoje eu gosto muito do Vitória, só lamento não ter sido convidado para o Centenário, fiquei chateado mesmo. Não vou dizer que não sou flamenguista, mas estou bem dividido. Tanto acompanho o Flamengo quanto o Vitória. Não perco nenhum jogo. E gosto. A torcida do Vitória tem mais respeito e carinho por mim do que a torcida do Flamengo, porque fiz muito mais pelo Vitória do que pelo Flamengo. E o Vitória também fez muito mais por mim do que o Flamengo. O Flamengo me deu notoriedade, mas quem mais me dá moral, quem mais entra na minha rede social, quem mais me reconhece como ídolo é o Vitória. Disso, eu não tenho dúvida, nem comparação.

ALBINO CASTRO FILHO

Albino Castro Freaza Filho nasceu em Salvador em 10/05/1949. Jornalista, trabalhou no jornal "O Globo", "IstoÉ", TV Cultura, SBT e EBC. É filho de Albino Castro, que foi presidente do clube em 1969 e coautor do hino "Vitória, Vitória, mostra o teu valor...".

Entrevista realizada em abril de 2018 e complementada em setembro de 2020.

Como seu pai conheceu o Vitória?

Ele chegou no Brasil com 17 anos. Eu não sei o que aconteceu, porque eu não conheci nenhum *hispanohablante* que falava tão bem o idioma português como ele. Ele foi ser remador do Vitória e se apaixonou. Existiam quatro clubes de remo na Bahia na época, e eu acho que ainda hoje, que eram Vitória, Itapagipe, São Salvador e o Santa Cruz. Ele nasceu em 1926. Foi trazido pelo meu avô no meio da guerra.[1] O meu avô Ramiro Castro era um homem muito importante na Bahia naquela época, na comunidade espanhola: foi um dos fundadores do Galícia, do Sanatório Espanhol e era amigo do Jorge Amado. Eu estava uma vez na embaixada *(do Brasil)* em Roma para uma homenagem ao Jorge Amado, que tinha o hábito de conversar com as pessoas longamente. Aí o embaixador Mário Gibson Barbosa virou-se pra ele: "Olha, o Albino é baiano também".
– Como é o nome da sua família?
– O meu avô era Ramiro Castro.
– Ramiro Castro? Eu me escondi muitas vezes da polícia *(ele era do Partido Comunista)* na pastelaria do seu avô.

Como ele se tornou dirigente do Vitória?

O meu pai passou a ser dirigente de 1961 pra 62, quando o então presidente era

---
1 Segunda Guerra Mundial, que durou de 1939 a 1945.

o todo-poderoso Francisco Ney Ferreira... Ney foi um político importante na Bahia, deputado federal, genro do antigo governador Antônio Balbino, do PSD. Era mais jovem do que meu pai, devia ter 33 anos.[2] Ele foi passar um período sabático na Europa e estava à procura de alguém que pudesse ficar cuidando do futebol. O Vitória tinha duas sedes, uma no edifício Themis, de frente pra Praça da Sé, onde na época eram os principais terminais de ônibus de Salvador, e outra sede em Amaralina. O meu pai vinha se destacando muito, porque era padrinho de jogadores. Naquela época, o bicho era dado por grandes beneméritos, por conselheiros, por associados influentes, e meu pai era um desses associados influentes. Era proprietário de uma joalheria famosa em Salvador, Palácio das Joias, e dono de uma rede de lojas de sapatos chamada Senador Calçados. Era um homem bem de vida naquele momento. O clube vivia basicamente da renda dos jogos. Então, meu pai e tantos outros dirigentes, inclusive os Corrêa Ribeiro, os Catharino Gordilho, Alfredo Miguel, pessoas da alta sociedade baiana, eram responsáveis por cada um dos 11 jogadores. Meu pai era um padrinho que os jogadores adoravam, porque geralmente ele dava mais. Meu pai foi padrinho durante quase um campeonato inteiro do Eloi, zagueiro central, um capixaba, campeão em 57. Meu pai apadrinhou dois, três. Eu era menino e vivia enchendo o saco dele:
– Papai, papai, dá mais pra fulano, ele jogou muito.
– Mas como é que cê sabe que ele jogou?
– Eu tava ouvindo na rádio. O Souza Duran e o José Ataíde falaram muito bem dele.
Meu pai tinha já uma relação com o time de futebol muito grande. E aí ocorreu a Ney Ferreira que o meu pai poderia ficar uns seis meses tomando conta do Vitória. Com o apoio de José Amílcar, um grande jornalista que respeito e tenho um carinho muito grande, primeiro porque era torcedor do Vitória, naquela época uma raridade. A imprensa inteira era de torcedor do... *(Bahia)* Ainda hoje é assim, né? E o Zé Amílcar era muito próximo ao Ney Ferreira, gostava do meu pai desde o convívio social no clube e falou: "Tem que ser o Albino". E o meu pai então se tornou diretor de futebol do Vitória. Já no primeiro ano dele, o Vitória foi vice-campeão.

Em que ano?
Em 62. Nesse ano, o Bahia ganhou o pentacampeonato em cima do Vitória.[3] O Vitória era um time muito melhor e perdeu a final num jogo dramático. Teve

---

2 Ney Ferreira nasceu em 23/07/1929. Morreu em 22/12/2011.
3 O Campeonato Baiano de 1962 terminou em 31/03/1963.

um gol de um meia direita do Bahia chamado Hamilton, muito oportunista, mas que estaria impedido. Teve um quebra-quebra, o time ameaçou sair de campo, foi uma confusão. Um jogador do Vitória teria se vendido. Eu não vou citar o nome, até porque nunca houve prova, mas na época era o que se comentava. Um esplêndido jogador teve uma atuação apagada. O que não indica nada, o cara podia estar num dia indisposto. Ele atuava cobrindo a retaguarda, dava o primeiro combate, e fazia ligação do meio pro ataque. O futebol ainda era 4-2-4. Os dois no meio de campo não ficavam subindo e descendo. Pelé foi o primeiro que eu vi descer para buscar jogo. E esse jogador não fez absolutamente nada. Não é que ele ficou distante do jogo, é que pegava a bola, tocava, aí um estava marcado, ele passava. Era muito malandro, não foi uma coisa que todo mundo viu. Meu pai o botou pra fora do vestiário no fim do jogo. Ele ia levar uma surra do time, meu pai não deixou. Os jogadores do Vitória torciam pelo Vitória. Eu fico arrepiado. Choravam quando o Vitória perdia. Choravam de querer bater. Touro era Vitória! Ele queria descontar a raiva dele, porque estava sendo roubado, sacaneado. Era outra época e não era amador: profissionais, gente pobre, saída dos bairros mais humildes, com amor pelo Vitória, tanto no remo quanto no futebol.

Como seu pai atuava na gestão de Ney Ferreira?
O meu pai era um homem muito prestigiado, pelos jogadores, pela torcida e pela própria imprensa. Ele sempre atendeu a todos os jornalistas, mesmo os que criticavam o Vitória e eram torcedores do Bahia. Às vezes ele perdia uma hora argumentando com todo respeito. Ney Ferreira era o contrário, como se fosse um Eurico Miranda, do Vasco. Era um cara truculento e tratava os jornalistas meio na porrada. Inclusive por causa dele houve uma grande crise no futebol baiano em 1964, quando mandou dar uma surra num radialista chamado Cléo Meireles, locutor da rádio Sociedade da Bahia. Cléo Meireles torcia pelo Bahia, mas era – digamos assim – um dos mais isentos. Meu pai ficou muito indignado com aquilo. Quando o cara levou uma surra pública, que foi um escândalo, ele pediu demissão do Vitória. Meu pai era um republicano espanhol, hoje eu posso falar que era um homem de centro-esquerda, não um comunista. Ele não estava de acordo com o que acontecia no país e muito menos com a forma de agredir jornalistas. Ele saiu do Vitória e passou a ser o líder da grande oposição no clube. Nesse período, ele era amado e o Vitória andou muito mal. A torcida na época ocupava o lado esquerdo da tribuna de honra ou das cadeiras da Fonte Nova, que tinha só um andar. Era muito comum a torcida do Vitória estender faixas: "Albino

Castro presidente do Vitória". Foi uma campanha das torcidas. O Vitória tinha um chefe de torcida chamado Sérgio Pinho, que era ladrão. Não era assaltante, era um batedor de carteira, roubava carteira na Rua Chile, estranho porque o Vitória era um clube bastante arrumado. O Vitória era um clube...

Elitizado.
Elitizado. E a torcida era muito popular. O Sérgio Pinho era o chefe. E o Sérgio Pinho se bateu muito pela volta do meu pai. Eu falo dele com carinho, porque era personagem de uma Bahia que não existe mais. E o meu pai voltou carregado pelos braços do povo. Eu já morava em São Paulo, fui à Bahia na véspera da eleição porque queria acompanhar tudo. Meu pai desceu carregado pela torcida do primeiro andar do edifício Themis. Mas não era um grupinho pequeno, eram 500 pessoas, e eu colado com ele. Fomos até o Relógio de São Pedro, na Piedade. Foi uma noite gloriosa.

Depois que se tornou diretor de futebol, como seu pai montava os times?
Até 63, ele foi diretor. Ele contratava e ele pagava.

O futebol já era profissional.
O futebol era profissional, mas quase amador. Jogadores viviam com pouco dinheiro. O Bahia conseguia pagar mais. O Bahia tinha um negócio que dava muita grana e no Brasil não existia ainda: loteria esportiva. Tinha o "bolão tricolor", uma espécie de jogo. O Vitória não tinha isso. Meu pai foi o primeiro dirigente, talvez do Brasil, a sonhar o futebol profissionalizado. Então meu pai pregava umas coisas malucas pra época. Botava anúncio na camisa. Queriam matá-lo. Meu pai chegou a querer montar um supermercado para o Vitória gerir, porque ele era comerciante. Também não deixaram. Eu tenho a revista "Fatos e Fotos", importante, com uma reportagem com ele que dizia algo como "O futuro do futebol será assim". Supermercado, camisa com anúncio... Porque não havia de onde tirar dinheiro. O Vitória não conseguiu montar o "bolão rubro-negro", até porque não tinha muita torcida. Quando deu 1960, acho que 70% da torcida da Bahia era Bahia. O Vitória devia ter uns 15%, 20%, no máximo 25%. Era muito pouco. O Vitória, em compensação, tinha mais gente do que chamavam na época de abnegados. Esses abnegados colaboravam financeiramente. Só que quando o meu pai ficou sozinho em 70, aí já estava havendo a transição pro mundo moderno e nessa transição ele morreu sozinho na praia. Ele manteve o time do Vitória em

69, 70, pagou todas as folhas integralmente com o dinheiro dele. Era dramático e o Vitória não ganhava ainda por cima.

Ele não recuperou esse dinheiro?
Nunca. Tudo perdido. Não é como hoje, que o dirigente empresta. Ele dava. Não tinha esse conceito de emprestar. Meu pai quebrou duas vezes. A primeira vez depois que saiu do Vitória em 71. Se recuperou. E quebrou pela segunda vez com uma recessão que houve no Brasil. Ele morreu no dia 30/04/1979. Nos dois últimos anos de vida, deu de novo uma levantada. O enterro foi muito concorrido. Meu pai provavelmente ainda voltaria ao Vitória, então as torcidas estavam em peso. Havia muitos torcedores no cemitério Campo Santo, onde está enterrado. A gente quase não conseguia andar. Muita gente do Vitória. Muita imprensa, os jornais todos noticiaram. Ele morreu muito cedo. Era um homem extraordinário e um grande baiano. Meu pai era um espanhol da aldeia de Xunqueiras. Ele é Castro Freaza, nosso sobrenome Freaza também é espanhol.

Quando você começou a frequentar os jogos?
O meu pai não gostava de levar a gente quando criança, dizia que saía muita briga. Só começamos a ir com 8 anos. Ele, ao contrário de mim, jogava bem, foi um razoável ponta-esquerda no Galícia. O Galícia tinha um campo na Ladeira da Barra, onde hoje é uma série de prédios na Barra Avenida, descendo pro Porto da Barra. Ali havia um campo e eles jogavam pelada no domingo. Ele me levava, ainda quase que de colo, com a minha mãe. Ficava vendo ele jogar. Até que começamos a ir aos jogos do Vitória. Eu já era Vitória antes de ir à Fonte Nova. Teve uma época que eu, de tão fanático, tomava nota dos jogos que ia, do resultado, você acredita? Eu tomei nota até parte de 68, 69, em São Paulo já.

Como você acompanhava o clube na adolescência, no início dos anos 1960?
Eu entrevistava meu pai todas as noites. Fazia o dever de casa, ele olhava, aí falava de futebol a noite inteira se quisesse. Terminava o jantar tipo 20h30, ficava conversando com ele até 22h, que pra mim era uma eternidade.
– Papai, Mundinho vai ficar no Vitória?
– Não fala nem pros seus colegas, porque ninguém sabe. Já renovei o contrato dele.
– Mas estão dizendo que ele não vai renovar...
– Já renovei.
Aí ele me dizia as coisas e eu dando palpite:

– Papai, você tem que botar fulano...
– Mas você foi ao treino hoje?
O Vitória treinava no Campo da Graça, já todo em ruínas, depois recuperaram e venderam. O Campo da Graça era muito perto do Canela. Eu subia um ladeirão e chegava lá. Eu ia ver treino do Vitória escondido. Em geral, nem o meu pai ia, porque ele estava na loja, no negócio, era um homem extraordinário. Eu sinto muito orgulho de ser filho dele e de ter participado com ele dessa paixão que é o Vitória. Por causa dele e por estar metido tanto no futebol, gosto até hoje de futebol. Fiz várias reportagens especiais históricas da "Placar", mas sempre tive muito medo de entrar no mundo do futebol porque me trouxe decepção e tristeza. Sempre com o Vitória. Nós éramos muito roubados. Ou pelo menos eu tinha a sensação de que estávamos sendo roubados. Nós fazíamos tudo direito e, quando ia ver, tinha um jogador do Vitória vendido. Era terrível, terrível...

Qual foi o impacto da contratação de Joel Martins?
Joel era o reserva do Garrincha na Copa de 58. Ele começou jogando porque o Garrincha era considerado irresponsável. Depois foi pro Valencia, da Espanha. Joel se apegou muito à Espanha. E meu pai era espanhol. Meu pai o convenceu a jogar no Vitória. Ele foi campeão baiano em 64, foi ponta-direita no primeiro turno. O Vitória ganhou o primeiro turno e o Bahia, o segundo. Na torcida do Vitória, teve um impacto grande. Na verdade, muito maior do que a qualidade do futebol dele. Ele jogava, mas não tão bem mais. Jogava bem na direita e os caras metiam porrada nele. E sabiam que o Joel era medroso. Acho que por isso não deu muito certo na Espanha, lá também batiam muito. Dessa época, lembro bem do Didico. Ele veio do interior, jogou no Galícia, foi pro Bahia, entrava geralmente no segundo tempo e fazia gol no Vitória. Chamavam de Diabo Loiro. Quando meu pai entrou no Vitória, ele já estava. Como torcedor, meu pai não gostava muito dele, porque fazia gol no Vitória. E eu falava: "Papai, esse cara é bom, tem que ficar no time". Ele era altão, subia, cabeceava. Nessa época, jogavam Reginaldo, Artur Lima e Joel Martins. O técnico era Ricardo Magalhães.

Lembra do Vitória na Taça Brasil?
Disputou 65, 66 e foi eliminado nas duas oportunidades pelo Náutico. O time do Náutico era melhor. O Vitória era um time mais duro. Medrado e Roberto Rebouças já tinham saído. Tinha Ouri, Tinho, Romenil, o quarto-zagueiro era Nelinho ainda e o lateral-esquerdo era Touro ou Mundinho. Touro era um lateral

extraordinário, depois fez carreira também no Galícia. O Touro era "porradeiro". Meu pai ficava no banco de reservas. Quando o jogo estava apertando, sobretudo contra o Bahia, quando o jogo começava a ficar ruim para nós, ele virava para meu pai no banco e falava: "Seu Albino, posso ir?". Quando mandava ir... O time do Bahia ia lá pra trás *(risos)*. Naquela época não tinha cartão amarelo, não tinha cartão vermelho. O Touro arrepiava. O Bahia tinha um ponta-direita chamado Marito, um loirinho que começou no Ypiranga. Esse cara morria de medo do Touro. Touro era um negão forte, metia a porrada. Tinho também. Tinho era remador daqueles barcos grandes. O remador do *skiff* é magrinho como meu pai. O remador do oito com patrão é alto e forte. O Tinho era assim. Romenil era o xerife, batia pra caralho. A defesa do Vitória arrepiava. O único que jogava na bola mesmo era o Nelinho.

Como foi a criação do hino "Vitória, Vitória, mostra o teu valor..."?
Ele fez com um torcedor do Vitória, um compositor, chamavam de Panela. O meu pai era muito ligado ao Vitória, vivia muito na sede de Amaralina, levava músicos. Eu acho que nas rodas, eles tiveram a ideia de fazer esse hino. Panela era mais novo que meu pai, já deve ter morrido.[4] Ele *(o pai)* ia muito ao Vitória, ele não saiu brigado. A saída do meu pai foi negociada. Como ele precisava salvar os negócios, pediu primeiro uma licença e assumiu o clube Raimundo Viana. Viana conhece muita coisa do meu pai. Foi meu pai que trouxe Raimundo Viana pro Vitória. Ele era um advogado de 27 anos. Meu pai gostava muito dele, ativo e torcedor do Vitória. Ficava impressionado quando o cara era muito Vitória. Ele negociou com o Conselho Deliberativo, passou a presidência para o Raimundo Viana e saiu de licença. Depois, precisou ficar mais tempo fora e pediu demissão. Veio a eleição e ganhou Pirinho. Mas o hino não foi feito depois que ele foi presidente. O hino é de antes, de quando ele estava ainda afastado da direção, mas frequentava a sede.

Quando foi feito?
Tenho a impressão de que foi em 68. O Vitória tinha um hino com uma letra que era um pouco assim: "Oh querido Esporte Clube Vitória...". Tocava nas rádios, antes dos jogos nos anos 50. E o meu pai quis fazer um hino mais ligado à música

---

4 Sambista e coautor do hino "Vitória, Vitória, mostra o teu valor...", Vivaldo Jesuíno de Souza, o Panela, morreu de enfarte, aos 55 anos, em 20/05/1999.

popular baiana, que era o Panela, Riachão. Tinha mais uns quatro, cinco compositores muito próximos dele. Meu pai tinha um álibi sábado, que ele falava pra mamãe: "Eu vou no Vitória, tenho que resolver umas coisas". Ele ia tomar cerveja com os caras, dava um ar sempre de coisa importante, porque minha mãe reclamava, queria ir ao cinema *(risos)*. Só voltava depois das 19h e às vezes um pouco mamado. Esse pessoal ia tocar violão. E aí ele fez a letra.

Depois que você saiu de Salvador em 1967, como acompanhou o Vitória?
Naquela época era muito difícil. Eu acompanhava pelo telefone. Você pedia ligação e esperava uma, duas horas. Aí depois veio a ligação automática, em que você ligava e na hora atendia. Antes, se você queria falar por volta de umas 11h, precisava ligar umas 7h, 8h. "Eu queria uma chamada para a Bahia, 2990". Até hoje me recordo: 2990. Depois botaram um 4 na frente, ficou 42990, do escritório dele. Aí eu ligava:
– Oi, papai, tudo bem? Como está aí?
– Aqui não mudou nada. Campeonato tá parado, tá ruim. O Bahia com aquelas picaretagens, o Vitória não tá bem..."

Você assiste aos jogos hoje?
Muitos. Eu evito assistir jogo com o Bahia, porque sinto raiva. Eu fico ouvindo. Quando está ganhando, aí é que eu vou ver, porque eu gosto de gritar.

FRANCIEL CRUZ

Franciel Cruz nasceu em Irecê (BA) em 25/04/1970. Jornalista, ficou conhecido na torcida rubro-negra pelos textos ácidos e bem-humorados, bem ao estilo baiano. Escreveu o blog Victoria Quae Sera Tamen, foi coordenador do Movimento Somos Mais Vitória e eleito conselheiro do clube para 2019 a 2022. É autor do livro "Ingresia: chibanças e seiscentos demônhos", sobre baianidades.

Artigo escrito em setembro de 2020.

O IMPOSSÍVEL ERA SÓ UM DESAFIO

Os pensamentos imperfeitos e as vastas emoções já guiavam minha incurável paixão rubro-negra há séculos, porém, nas vésperas daquele Natal, o desmantelo adquiriu outras proporções. Apesar do fervor juvenil, eu não era mais nenhuma criança para acreditar em Papai Noel. E mesmo que meus exaustos e céticos 15 anos permitissem estas extravagâncias, tampouco adiantariam. Afinal, as coisas naquele 20 de dezembro de 1985, eis a data do milagre, não estavam relacionadas apenas a um presente. Era algo de outra ordem, diria sobrenatural, caso contasse com a autorização de meu ateísmo mágico.

Contudo, quando as coisas têm que acontecer elas ganham uma potência descomunal e não há ceticismo que resista. Foi assim que, aos nove minutos do primeiro tempo, testemunhei o assombro extraordinário. Tal e qual um relâmpago num trigo, Bigu deixou de ser um jogador magistral e se transformou numa força da natureza. Depois que a zaga da Catuca bloqueou a investida do nosso ataque, a bola rodopiou no ar e parecia impossível que alguém conseguisse domá-la. Talvez fosse mesmo. E quando algo é improvável, quase que inconcebível, não resta alternativa senão dobrar a aposta, trilhar o caminho mais ousado. Bigu, então, em um lance inconsequentemente primoroso, escanteou quaisquer dúvidas e/ou certezas cartesianas. Escanteou, vírgula, aproximou. Depois daquele golaço, nada mais seria como antes. Não para aquele invocado cabeludo que estava no fundo das traves que dão para a Ladeira da Fonte.

Ali, naquele instante, antes mesmo de consultar meus amigos, tomei a decisão de invadir o campo. Óbvio que minha turma, formada por pequenos arruaceiros do Tororó e adjacências, topou na hora. Mas ainda não era hora. Era necessária uma estratégia. Naquela época, um fosso separava a arquibancada do gramado. Enquanto debatíamos a melhor forma da invasão, o timaço da Catuense conseguiu o empate com um gol de Sandro de cabeça. Fiquei mais puto do que todos, pois, recém-chegado do Sertão, muitas pessoas me chamavam de Sandro. Mas isto é outra história que não vem ao caso agora.

A História que importa destacar é que estávamos diante de um impasse dos seiscentos demônhos. Não podíamos invadir o campo, pois o empate não nos servia. Porém, era fundamental que fizéssemos algo, pois o adversário era um absurdo de tinhoso. Antes que algum maledicente pense que tento colocar tintas grandiloquentemente melodramáticas, falarei um pouco sobre o rival daquela noite. Além do já citado Sandro, sarará que conspurcou nossa meta, o time de Catu, que jogava em Alagoinhas, tinha no elenco uma criatura do naipe de Roberto Nascimento, que foi trocado por um ônibus seminovo, e outros de menos valor, tipo Zanata e Bobô. Além disso, era treinado pelo campeão da Copa do Mundo de 1962, Aymoré Moreira.

Sentiram o drama? Pois é, nós também sentimos. E continuamos naquele terrível desassossego. Tínhamos que fazer algo, mas sabíamos que não era o momento. Só quem sabia e fez a hora foi Ivan, o terrível, que estufou as redes e decretou o imutável 2x1 no placar. Depois daquela bordoada, não existiam mais dúvidas nem impasses. Havia chegado a nossa vez. E fomos os primeiros a saltar o fosso.

"Esperaí, rapaz, calma, me puxe", gritava o menor da turma com medo de ficar pra sempre naquele buraco infernal. Uns puxavam os outros, alguns rasgavam roupa, outros rasgavam o couro do corpo, mas ninguém conseguiu mais rasgar a fantasia, a mágica era irredutível. Estávamos, pela primeira vez, ao lado de nosso clube. Nem mesmo os meganhas, com seus temíveis cassetetes, conseguiam nos amedrontar. Eles tinham a força bruta, mas não sabiam voar da arquibancada para o gramado. E já não éramos apenas e tão somente os arruaceiros do centro antigo. Aos poucos, juntaram-se senhores e senhoras da (mal) dita família baiana.

Ouvimos um apito e concretizamos a primeira invasão, mas o desgraçado do juiz tinha marcado apenas uma falta ou lateral, não me recordo agora e pouco importa. Completamente embriagados, não ligamos para as bordoadas dos milicos que nos expulsaram das quatro linhas. Tínhamos a convicção de que aquele espaço era nosso. Não arredamos o pé! Novo som de trombeta vindo dos céus, ok, ok, ok, foi só o apito final, e voltamos a invadir, desta vez definitivamente. E nunca mais deixamos de acreditar, pois compreendemos ali que o impossível era só um desafio.

SENA

Jorge Luís Sena nasceu em São João da Barra (RJ) em 25/04/1953. Chegou ao Vitória em 1977 e ficou até 1980, tornando-se ídolo da torcida rubro-negra. Marcou 86 gols em 192 jogos: é o oitavo maior artilheiro do Vitória.

Entrevista realizada em agosto de 2018 e complementada em setembro de 2020.

Como surgiu o interesse do Vitória no seu futebol?
Eu vim do Atlético de Madrid para o América (RJ), que tinha um propósito de ser campeão carioca, com grandes jogadores, e não atravessava uma fase boa. Por coincidência, surgiu uma oportunidade no Vitória. E o diretor de futebol, me parece que era o Lapa, fez uma proposta excelente. Me contratou juntamente com o Neco, ponta-direita do América. Eu optei pelo futebol baiano porque tinha certeza de que iria, automaticamente, recuperar o prestígio futebolístico no cenário brasileiro. E o Vitória abriu as portas pra mim. Passei três a quatro anos maravilhosos no Vitória. Aconteceram coisas boas e não muito boas. Por infelicidade, perdi um filho em 78, que se chamava Luciano. Mas, graças a Deus, tive toda a assistência, a torcida me deu um apoio maravilhoso e foi muito bom ter feito uma história no Vitória.

A perda do filho pesou na sua carreira?
O Vitória, naquela época, tinha problema de material. Então eu levava pra lavar em casa. Eu, Sivaldo, Gelson e Zé Preta sempre fazíamos um revezamento, porque o treinamento às vezes era em Simões Filho, em Alagoinhas, então pra facilitar a gente pegava o carro e ia embora. Eu já chegava pronto, não esperava o material do Vitória. Estava lá tranquilo pra treinar. Nesse dia senti uma dor de cabeça muito forte. Falei com o Aymoré Moreira: "Não tô me sentindo muito bem". Gaguinho, já falecido, me deu um analgésico pra

ver se eu continuava no coletivo, mas a dor de cabeça permanecia e aquilo estava insuportável. Peguei o carro e fui embora. Quando cheguei em casa, minha esposa já tinha feito a mamadeira do Luciano. Eu fui direto pro banho. Quando ela foi dar o mamar, a boca já estava "sarrada". Foi um susto muito grande, ela já chegou desesperada dizendo que o Luciano estava morto. Aí pra mim, aquilo desabou. Saí gritando socorro, tentei fazer a respiração boca a boca, mas infelizmente foi um aneurisma cerebral, ele sofria de asma, tinha problema alérgico a carpete. Infelizmente ele veio a falecer e eu passei 15 dias abalado. Quando voltei aos treinamentos e a jogar, teve um lance, não lembro contra qual time, um colega me cuspiu porque eu era a estrela do Vitória. Dei um soco nele e fui expulso. Depois a "junta", vendo toda aquela situação minha, me absolveu, não me culpando da agressão. Eu superei e fui duas vezes artilheiro do Campeonato Baiano.

Por que o Vitória treinava no interior?
O campo do Vitória era reduzido, não tinha espaço, eram dez contra dez. Quando colocavam 11 contra 11, ficava pequeno. Então naquela época a gente já fazia, forçado, o futebol reduzido, conforme estão fazendo hoje. Aquilo facilitou também o agrupamento da nossa equipe. Eu fui muito feliz no Vitória, não tenho do que falar. Mas, infelizmente, as condições naquela época não eram fáceis... Por exemplo, se a gente treinava na parte da manhã, tinha que colocar roupa pra lavar logo e às vezes não dava tempo pra secar. Às vezes nem lavava o material para treinarmos à tarde. Realmente a gente passou muitas dificuldades no Vitória. Às vezes era um pedacinho de bife pra cada um, não tinha aquela fartura. Dona Tidinha guardava um ou dois bifes pros mais chegados, aqueles caras que ela realmente achava que se desgastavam mais dentro das quatro linhas. Ela sempre tinha um "chamegozinho" com alguns jogadores.

Qual era sua relação com ela?
Era maravilhosa. Tidinha foi um baluarte. Cozinhava muito bem, não deixava faltar nada. Sempre dava um jeitinho pra sobrar alguma coisa pra aqueles que chegavam meio atrasados, pra quem ficava treinando mais um pouquinho, se aperfeiçoando mais. Era uma mãe pros jogadores, principalmente pra mim. Era muito querida por todos. "Ó, guardei um suquinho pra você", "ó, tem uma bananinha ali". Acho que era Sabino que fazia as compras. O que ele reclamava não era mole *(risos)*. "Pô, vocês estão comendo muito. O dinheiro que me deram

aqui não tá dando para as compras". Tudo contado. Um sacrifício muito grande. Às vezes não tinha água, era da bica. Pra você ter uma ideia, não havia nem a barreira, que hoje em dia tem à vontade. Pra treinar com barreira, eu idealizava ali, pegava uma estaca, colocava na base, depois colocava outra estaca pra representar o outro homem. Eu ficava treinando a barreira por intuição. Graças a Deus, aprendi a bater falta e consegui fazer muitos gols assim.

O que você conhecia do Vitória quando chegou em 1977?
Era a segunda maior força do futebol baiano. As outras eram o Jequié, o Vitória da Conquista e o Fluminense de Feira. Isso me entusiasmou a ir pra Salvador. Eu ouvia falar muito em Sapatão, Beijoca, Douglas, Fito, esse pessoal todo. E achava que poderia também ser ídolo no Vitória. Levar o nome do Vitória a muito longe. E a gente conseguiu fazer um bom trabalho.

O que achou da torcida rubro-negra ao chegar à Bahia?
Tinham poucos, não eram assim fanáticos como é agora. Estava crescendo a torcida. O Vitória começou a vencer e a torcida acompanhava. Se o Vitória tinha alguns resultados negativos, a torcida se afastava. O Vitória começou a fazer grandes investimentos. Quando eu cheguei, por exemplo, tinha Ferreti, um centroavante. Aí depois trouxeram Marciano, Galdino, ponta-esquerda que jogava no Vasco, Dendê... O Vitória se reforçou, encontrou as peças adequadas para formar um grande time. Inclusive, foi fazer um jogo comemorativo pelos 80 anos contra o Flamengo na Fonte Nova.[1] Os dois rubro-negros estavam invictos. O Flamengo tinha um timaço, com Zico. Foi quando o Vitória começou a crescer e a torcida, a prestigiar.

Era comum o torcedor encontrar e parar o jogador na rua?
Quando eu ia no *(shopping)* Iguatemi, todo mundo me parava, pedia autógrafo. Falavam assim: "Aquele dali é o Sena, fez dois gols ontem". Já existia esse afeto com os jogadores. Quando deixei o futebol baiano e fui para o Santa Cruz, a torcida se revoltou, pedindo até a saída do presidente, na época era Rui Rosal. E a torcida colocou ele pra fora, porque me vendeu numa hora que eu não deveria sair. Não sei por que ele não gostava de mim. Sempre o tratei maravilhosamente bem.

---

1 09/05/1979 - Amistoso: Vitória 1x1 Flamengo. Gol: Sivaldo.

Você fez muito estrago no Bahia?
Fiz, muitos gols. Teve um golaço na despedida do Roberto Rebouças. Vencemos de 1x0.[2] Eu driblei a defesa toda do Bahia. Mas que golaço! E em cima do Bahia também fiz um de falta em 79. Eu só treinava de um lado. Luís Antônio armou a barreira ao contrário. "Rapaz, esse cara me matou. Como é que vou meter essa bola? Vou meter lá no canto dele". A bola entrou no canto esquerdo, na forquilha. Ele quis me prejudicar e eu matei ele no lance.

Qual BaVi mais te marcou?
Todos os BaVis me marcaram, porque eu sempre me apresentei jogando muito contra o Bahia. Em quase todos fiz gols. Mas esse da falta foi com casa cheia, acho que tinha mais de cem mil pessoas na Fonte Nova. O Vitória jogava por dois empates. Infelizmente nós perdemos. Ganhamos esse jogo, mas perdemos o que mais precisava pra ser campeão em 79. Nós tínhamos um timaço: era Wilton, Geraldão, Sivaldo pela ponta-esquerda, Dendê, eu... Coisa do futebol. E esse BaVi que nós perdemos com gol de Fito. Quando vi a trajetória da bola, veio um pensamento: "Se Gelson espalmar essa bola, nós somos campeões, mas se ele for segurar nós vamos perder o título...".

Quando Gelson tomou o gol, como você reagiu?
Virei pra rapaziada: "Vambora que tem possibilidade da gente empatar!". Infelizmente deu tudo errado, o Bahia estava numa noite inspirada, conseguiu fazer uma boa apresentação e ganhou. Mas o Vitória jogou muito.

Após o jogo, qual era o clima no vestiário?
A torcida queria bater em Gelson, foi um Deus nos acuda. E eu pedindo pelo amor de Deus para que isso não acontecesse. A torcida ficou enfurecida porque há muito tempo não ganhava um título. Perdemos aquele, mas ganhamos em 80. E a vida continua.

Gelson ficou muito abalado com aquele gol?
Ficou. Eu nunca vi Gelson tão abalado. Muitos jogadores iriam ganhar carro. Naquela época era um Fiat 147. Wilton tinha um separado de presente, Gelson tinha outro. A premiação do título ia ser muito boa. Mas faz parte do futebol.

---

2 21/03/1978 - Torneio Triangular (amistoso): Vitória 1x0 Bahia. Gol: Joãozinho.

Em 1979, você estava inspirado, fez 38 gols pelo Vitória.
O que manda numa equipe de futebol é o conjunto. Aymoré Moreira dava muito coletivo e a gente fazia amistosos pra tentar acertar o time. Não havia egoísmo. Zé Júlio pegava a bola e, se eu estava com mais facilidade pra executar, tocava pra mim. O Pita também, um centroavante inteligente com quem joguei, facilitava. E eu, como tinha facilidade de vir de trás, encontrava os espaços abertos. Por isso tive muita felicidade no Vitória de marcar 38 gols. Quem me descobriu nessa posição de meia foi Denílson Custódio. O Vitória jogava tipo o Barcelona, sem centroavante fixo. Jogava com dois pontas, que eram Sivaldo e eu. Dois pontas velozes. Com dois atacantes, vinham eu e Dendê por fora. Até o cabeça-de-área, Joel Zanata, às vezes Edson Silva, aparecia para finalizar. Não tinha um centroavante fixo como o Bahia tinha Beijoca. A gente era mais de toque de bola, mais leve e apoiava os laterais. Então, eu encontrava essa facilidade. Eu marcava mais de 30 gols numa temporada. O que nós fazíamos pra conseguir tudo isso? Toda vez que terminava o jogo na Fonte Nova, com qualquer resultado, a gente se reunia na casa de Sivaldo. A sogra dele era Vitória doente. Após todos os jogos, ela fazia um tira-gosto. A gente ia tomar uma cerveja e se acertava ali. "Porra, Sivaldo, você podia ter tocado a bola pra mim e eu fazia o gol". "Porra, Gelson, você falhou naquele lance". Eram uns oito jogadores. Era uma família. Sivaldo é meu compadre, me deu o filho pra batizar. Teve uma época que era assim: "Olha só, o que der pra um vai dar pra todo mundo. Esse negócio de Beijoca ou Sapatão querer bater em um, bater em outro, amedrontar... Se eles procurarem confusão, vamos reagir!". O Vitória antigamente apanhava e ficava quieto. Nós peitamos. Teve uma vez que Beijoca correu atrás de Joca e entrou todo mundo.

Você era de briga?
Se tivesse uma oportunidade... *(risos)*

Era uma época em que o rival mandava nos bastidores.
Mandava. Estavam Osório, Maracajá...

O Bahia já deixava o trio elétrico preparado.
Já deixava preparado. Falaram que esse BaVi de 79 se perdeu em mesa de carteado. Mas como é que vai provar? O Vitória desse tempo jogava por música. A maioria que chegou no fim de 77 ficou em 78 e 79.

Em 1978, você fez dois gols contra o Corinthians lá. Foi o jogo mais marcante?
Pelo Vitória, tenho grandes jogos. Contra o Corinthians de Palhinha[3], o Vitória estava perdendo de 2x0, não tinha outra alternativa. Eu peguei a bola, parti pra cima, toquei pro Wilton, Wilton devolveu e eu sofri o pênalti. Bati. Jairo num canto e a bola no outro. E a outra bola foi na linha de fundo, estava 2x1, recebi, penetrei, toquei a bola, acho que novamente pra Wilton, ele devolveu, todo mundo esperando um cruzamento, e eu mandei de três dedos. Jairo saiu pra pegar aqui e a bola bateu lá no outro lado da trave e entrou. Foi uma grande partida que fiz contra o Corinthians. Teve um jogo contra o Cruzeiro na Fonte Nova.[4] Eu peguei a bola, chamei um pra receber. Fiquei parado. Um sol quente. Aí cortei pra dentro, driblei um, veio Marquinhos, cortei, veio Nelinho, cortei também, bati com a perna esquerda que não era meu forte e fiz um golaço. Eu fiz gols contra grandes times. Se for analisar, pra mim todos foram marcantes. Tive uma passagem muito boa e bonita no Vitória. Você ter saído de Brasília pra fazer uma entrevista comigo, pra um livro, pelos momentos que passei no Vitória, isso me enche de orgulho.

Como era sua relação com o técnico Aymoré Moreira?
Aymoré foi um dos melhores treinadores que tive. Ele não dificultava pro jogador. "Eu quero que minha defesa jogue assim, quero o meio-campo assim. Sena, você vai marcar aquele cabeça-de-área e na hora que tiver oportunidade vai pro ataque. Você está de centroavante, vai puxar um pouco pro lado esquerdo, pro meia-direita entrar". E assim era feito. A gente jogava praticamente num 4-3-3. Era Édson Silva, Dendê e eu pela meia-esquerda. Wilton, Geraldão e Sivaldo, e às vezes Galdino. Neco, Geraldão e Sivaldo. Quando queria outra coisa, ele me colocava de centroavante e botava mais um cabeça-de-área. Foi um excelente treinador. Tanto é que foi bicampeão mundial.

Aymoré chegou a te comparar com Palhinha, ídolo no Cruzeiro e no Corinthians.
A pessoa fica muito orgulhosa. Mas eu não procurava me empolgar muito, mas trabalhar a cada dia pra melhorar minha produção. Se precisava melhorar finalização com a esquerda, ia pra lá bater só com a perna esquerda. Quando precisava de mais arranque, mais força, eu pedia ao preparador físico pra me treinar. O Vitória deu sorte também na contratação de um preparador físico que sabia muito, o

---

3 20/07/1978 - Série A: Vitória 2x2 Corinthians. Gols: Sena (2).
4 14/10/1979 - Série A: Vitória 2x4 Cruzeiro. Gols: Sena e Pita.

Ivan Barata. Muito bom profissional. Quando ele chegou lá, disse: "Quero que o lateral dê 20 voltas no campo". "Pô, esse cara tá maluco". Mas ele fazia o trabalho dele com muita determinação. Sabia que, lá na frente, automaticamente, a gente ia render. A gente ia pra Cajazeiras, num clube, fazer todo esse tipo de trabalho.

O que lembra do 8x1 no América (RN) em 1980[5], maior goleada do Vitória no Brasileiro?
O Vitória jogava de forma moderna, com dois pontas ofensivos, Sivaldo e Wilton. Me parece que Tatá pela esquerda, quando não jogava Sivaldo. Nosso time estava certinho. Essa foi uma goleada histórica. Aproveitamos a fragilidade do adversário e começamos a fazer uma marcação em cima, não deixamos o América sair jogando. Eles se desesperaram.

Lembra do seu último gol pelo Vitória, em 1980?
Eu estava há 600 e tantos minutos sem fazer um gol. Esse jogo foi em Feira de Santana.[6] Sofri um pênalti, peguei a bola e disse: "Agora vou desencantar". Rapaz, fiquei com um "cagaço" de bater o pênalti. Bati e quase o goleiro pegou. Fiquei tremendo todinho. Ele foi no canto certo, mas a bola foi forte. A torcida não queria minha saída. Fizeram uma campanha, acho que pela Rádio Excelsior, e arrecadaram um dinheiro para renovar meu contrato. Inclusive, reduzi quase pela metade o que eu queria, porque eu gostava muito do Vitória. Fui trocado por Tadeu Macrini e uma volta de 5 milhões daquela época.

O que representou na sua carreira os quase quatro anos no Vitória?
O brilhantismo de eu me tornar um grande jogador do futebol brasileiro. No Vitória, eu cheguei pra ser titular, porque não tinha outro na posição. Eu soube aproveitar as oportunidades e apareceram os gols. Então, o Vitória se tornou pra mim uma grande paixão, por ter me dado oportunidade no cenário brasileiro. Todo domingo no "Fantástico", Léo Batista falava: "Sena, do Vitória!". Eu procurava me dedicar ao máximo pra ser querido e mostrar que realmente estava jogando por amor.

---

5 23/03/1980 - Série A: Vitória 8x1 América-RN. Gols: Sena (3), Pita (2), Tatá, Válder e Sivaldo.
6 08/06/1980 - Baiano: Fluminense (BA) 0x1 Vitória. Gol: Sena.

TATAU

Gilson Menezes Santos Dorea nasceu em Salvador em 22/01/1968. Se destacou como cantor do grupo Ara Ketu e gravou músicas de sucesso, como "Ara Ketu bom demais", "Pipoca" e "Fanfarra". Torcedor ferrenho, compôs e cantou a música "Vitória, minha história" no CD em homenagem ao Centenário do clube em 1999.

Entrevista realizada em janeiro de 2017 e complementada em novembro de 2020.

Como começou sua ligação com o Vitória?
Começou com meus pais, que eram torcedores e participantes ativos do Vitória. Eu ia muito à Fonte Nova com eles quando eu era menor. Quando cresci mais um pouco, ia na parte do xaréu, aqueles 15 minutos finais do jogo. Vi muitas partidas serem definidas ali. Eu morava com meu pai no Engenho Velho de Brotas. Nasci no Tororó, mas morava pertinho. Descia a Ladeira do Sapoti ou a Ladeira da União, ia andando pelo Dique. Ia com seis, sete amigos do bairro. Tudo na resenha, como se diz hoje. Naquela época, era algazarra. Eu gostava muito, sinto saudade, uma época boa. Essas coisas feitas assim com alma, com espírito, com leveza, de coração aberto. Essa paixão muito forte pelo Vitória é algo que cresceu bastante nos últimos anos. Eu me recordo bem que os primeiros anos foram sofridos. Amor pelo sofrimento, talvez. Mas todo o crescimento que o Vitória teve nas últimas duas décadas me deixa muito feliz, me transformou nesse torcedor participante, de estar até nas partidas de sub-20. Sempre acompanhei todos os esportes, mas a relação com o futebol é muito mais forte, lógico.

Dessa época do xaréu, qual foi o jogo inesquecível?
Um marcante para mim foi um BaVi em que o Vitória estava com menos dois,

Arturzinho fez o gol e a gente conseguiu ganhar.[1] Me marcou demais porque era um clássico extremamente difícil. O Vitória tinha Zé Roberto, Arturzinho, um time bacana. A gente jamais acreditava que aquilo poderia acontecer. Eu saí maravilhado com o que vi.

Você citou em uma entrevista um gol de Ricky que te marcou. Que gol foi esse?
Só de falar de Ricky eu me emociono, porque é um dos jogadores que deram muita alegria ao Vitória. Eu, quando tinha grana, pagava pra assistir ao jogo todo. Quando não tinha, pegava o xaréu, só pra ter o prazer de ver Ricky jogar. Ricky e o elenco do Vitória no geral, mas naquela fase Ricky estava diferenciado. O time não me vem à cabeça, mas lembro que ele estava caído, o goleiro ia sair no tiro de meta e praticamente jogou a bola em Ricky. Ele só fez colocar a cabeça, a bola bateu e entrou. O Vitória goleou. Esse pra mim foi diferente porque a gente pode contar de uma forma mais engraçada. Ricky era fenomenal. Bola cruzada na área era com ele. No escanteio, Ricky subia, eram três ou quatro para marcar o cara. Era fantástico. Uma história linda desse ídolo do Vitória, que a gente tanto amava. O Vitória teve grandes jogadores assim. Quando o elenco não era muito bom, tinha sempre uma figura de grande destaque. O time que Bigu jogou não tinha grandes jogadores, o time dependia muito dele. Bigu tinha raça, era guerreiro, jogava por cinco, seis. É uma força absurda, nossa referência na época. A gente teve vários ídolos, um dos grandes é Catimba.

Antes de ir ao estádio, como você acompanhava os jogos?
Radinho, como faço até hoje. Meu pai tem o rádio dele, eu tenho o meu. Tenho apego a algumas coisas antigas, acho bacana. Teve uma vez que quase perdi meu rádio nessa brincadeira. Fiquei muito chateado com aquele gol de Raudinei em 94[2], quase meto o rádio na parede.

Você acompanhou o Brasileiro de 1993 na arquibancada?
Acompanhei. Foi uma campanha incrível. A gente tinha uma divisão de base com jogadores maravilhosos, que se juntaram a alguns experientes. Gostava naquele time era da molecada que entrou com muita personalidade. E a gente via a cada

---

1 11/10/1992 - Baiano: Vitória 1x0 Bahia. Gol: Arturzinho.
2 07/08/1994 - Baiano: Vitória 1x1 Bahia. Gol: Dão. O Vitória vencia até os minutos finais e seria campeão, mas tomou o gol de Raudinei e perdeu o título.

partida todo mundo crescendo. Via Rodrigo crescendo, Dida crescendo, virando jogadores de Seleção Brasileira. Eu acho que a projeção do Vitória como clube revelador partiu dessa geração. Fomos muito longe com o material que tínhamos. A gente fala muito de título, mas o que aquela geração fez, o que jogou e aonde chegou eu considero como um grande título.

Já artista reconhecido, como foi o momento de se declarar torcedor?
Levo música da Bahia para vários pontos do país e o meu clube por onde vou. Sempre fiz questão de falar do meu amor pelo meu clube. Eu tenho essa relação com todos os presidentes que passaram pelo Vitória, sempre fui um cara de estar próximo, contribuindo da minha forma, com a minha presença, com qualquer outro projeto que venha a acontecer. Nunca me escondi como torcedor. Vou ao estádio, até chuva já peguei. Tem foto minha vendo sub-16 jogando, sub-20. Campeonato Baiano feminino, quantas vezes eu fui ao estádio? Fui numa partida entre Vitória e São Francisco e falei com as jogadoras. Tenho uma sobrinha aprovada no Vitória, Ninha, é zagueira. E aí fomos campeão baiano, primeira vez *(em 2016)*, quebrou a hegemonia do São Francisco do Conde. Só para mostrar que não é só o futebol masculino, eu estou presente nas coisas do clube.

Qual a sensação de ver uma sobrinha defendendo o Vitória?
É um sonho. Minha família toda é rubro-negra. Não tem como, está no sangue. Você fica maravilhado. E ela é pé-quente: primeiro ano dela e já foi campeã baiana.

O que achou do canto da torcida adaptado da música "Ara Ketu bom demais"?

"Não dá pra esconder o que eu sinto por você, Vitória
Não dá, não dá, não dá, não dá

Só sei que a TUI estremece
A bateria enlouquece
E pelo rubro-negro, a gente canta
As bandeiras então se balançam
É o Leão que vai jogar
Só sei que eu vim aqui pra te apoiar!

Êô, êô... Vitória, meu amor! Vitória, meu amor!"

Virou um hino, com todo respeito a todos que já fizeram música para o Vitória, mas essa é até hoje a mais cantada. Sendo muito sincero, quem primeiro trouxe essa música para o estádio foi a torcida do Bahia. Só que aí não me posicionei. Eu pensei: "Não pode ser". Aí comecei a me posicionar como autor da música, sendo torcedor do Vitória, e a torcida do Vitória entendeu essa minha teórica briga. Sendo muito franco, eu até agradeço ao outro lado por ter dado essa despertada. Depois que a torcida do Vitória começou a cantar, tomamos ela como "propriedade" nossa e aí virou essa grande onda. E vejo que funciona. Quando o time entra em campo, quando a gente faz um gol, quando o time está morto e a gente quer esquentar, puxa a música e parece que dá uma aquecida pesada na torcida. É um efeito de força, de transformação. Eu me sinto muito orgulhoso. Você, sendo o compositor, é diferente. Eu quero ter um contato mais próximo com a turma das torcidas organizadas do Vitória, a TUI, todas as outras torcidas, para que em um momento oportuno leve até umas ideias, cânticos que imagino que possam funcionar. E não pegar as músicas que já existem e fazer versão. Quero que no futuro eu possa fazer algo verdadeiramente para ser cantado no estádio.

Em 1999, você participou do CD comemorativo do Centenário do Vitória cantando "Vitória, minha história", de sua autoria. Como surgiu essa música?
Foi feita baseada na minha história de vida com o clube, desde a minha infância. Eu resolvi prestar a homenagem compondo uma canção que tivesse uma identificação direta com o torcedor. A letra fala do que eu visualizo no Vitória: "Vitória, um clube forte, competente. Um centenário, um passo à frente...". Foi uma experiência muito especial na minha vida. Primeiro, falar de uma instituição centenária. Segundo, foi um prazer enorme ter participado do CD, projeto muito bacana com um grupo de artistas que eu admiro no cenário baiano e também torcedores do nosso clube: Durval, Ivete, Daniela e tantos outros. Foi verdadeiramente, uma grande demonstração de carinho, de amor e de participação de todos nesse momento tão iluminado do Vitória, no seu Centenário.

Em 2009, você entrou em campo com Ivete Sangalo grávida na comemoração pelo tricampeonato baiano.[3] Como foi esse momento?
Ivete é uma amiga, independentemente de futebol. Se bem que Ivete só pega o filé, né? Eu vou o ano todo, pego chuva, pego sol, e ela aparece lá no final *(risos)*.

---

3 31/05/2009 - Série A: Vitória 1x0 Grêmio. Gol: Leandro Domingues.

Mas ela está certa, Ivetinha é o grande nome da nossa música, a vida é cheia de coisas pra dar conta. Ela é rubro-negra de coração, participante, está lá nas partidas finais. Já estive algumas vezes com Ivete no estádio, comemorando, e a sensação é espetacular.

Vocês assistiram a jogo juntos?
Seria quase impossível. Eu não gosto de cadeira, sou o tipo de torcedor que gosto do meu cantinho. Estaciono meu carro embaixo, subo e fico ali perto do campo. Os Imbatíveis ficam do lado esquerdo, eu fico do lado direito encostado no muro. Eu gosto dali, criei essa relação. É coisa da minha natureza mesmo. Ali, eu sou torcedor, não sou o Tatau artista. Eu sinto que tenho que incentivar, xingar, posso ficar puto, chateado.

Como é a relação com a torcida no Barradão?
É aquilo que falo, como eu sou um torcedor de arquibancada, muita gente já se acostumou com a minha presença. Quem é novato e chega pede para tirar foto, mas eu já sou figura de marca registrada, não tem essa coisa toda. E acho até que por ser esse tipo de torcedor simples, tranquilo, a torcida tem esse carinho por mim.

Em 2011, a data 13 de maio foi instituída como Dia do Vitória em Salvador.[4] O que lembra deste dia em que cantou o hino do clube na Câmara de Salvador?
Foi muito legal. Cantar o hino do Vitória na Câmara, com um monte de conselheiros, presidente, ex-presidentes e também torcedores, poxa, isso pra mim é algo que eu vou levar para o resto da vida. Foi a primeira vez que participei da data comemorativa de aniversário do Vitória, um dia de muita emoção, porque fui chamado em meio a tantos torcedores ilustres. É como se naquele dia eu estivesse representando todos os rubro-negros e artistas rubro-negros. Muita responsabilidade, mas acima de tudo, muito amor, muito carinho, muito tudo pro Vitória.

Você participou da campanha "Nordestino de coração torce pelo time da sua região". Como vê essa iniciativa?
Eu queria saber se o pessoal de lá torce pro time do Nordeste. Eu chego nos interiores e quando fala o nome do Flamengo é impressionante. A cidade não tem um time na região. Eu fico entristecido. Nada contra, se existe esse amor

---

4 Lei municipal n° 7958/2011, projeto de autoria do vereador Pedro Godinho.

enlouquecido pelo Flamengo é porque de alguma forma tiveram competência pra fazer isso. Eu falo no geral. Tem torcedor do Corinthians, do Flamengo, do Fluminense... Mas acho importante que a ordem seja outra. Pode até gostar do time de lá, mas que tenha primeiro seu time de coração do estado. Até que vire uma segunda opção para torcer. Essa coisa não ajuda o futebol local, o time local sem torcida. Essa campanha não era nem pra ter parado, precisa voltar. Se voltar, faço questão de usar quantas camisas fizerem. A gente precisa ter amor próprio, se amar. Não sabemos o quanto somos discriminados em vários pontos do país.

Você canta isso em "Protesto do Olodum": "Pro Nordeste, o país vira as costas..."
Não menti em nada. A gente tem que se amar e se respeitar. A gente trata todo mundo bem, todo mundo vem para cá, curte nossas praias, é muito bem recepcionado. E queremos ver isso também do outro lado. "Protesto do Olodum" alerta para muita coisa. O futebol é uma realidade, as pessoas viram as costas ainda. Quanto é que o Vitória recebe? Bote aí os times do Sul, a folha desses caras.

E a rivalidade futebolística entre a turma do axé music?
Perturbação total. O que mais me perturba é Ricardo Chaves, torcedor do Bahia chato. Doente chato! Jorge Zarath me perturba, Tuca me perturba...

Quando o Vitória deu 7 no Bahia você perturbou?
Nem atendem o telefone! "Tá bom, daqui a uma semana você me atende. É de sete em sete? Não tem problema, não" *(risos)*.

Você estava na Fonte Nova nesse 7x3 no Bahia em 2013?
Estava nas duas goleadas, na de 7 e na de 5. Você deixa os caras cabisbaixos por muito tempo. É o sonho da gente deixar a turma do lado de lá sem condições de falar nada *(risos)*. A Fonte Nova é rubro-negra, é do Vitória. Torcedor do Bahia é daquele tipo que toma pau, mas os caras são enjoados. Você vai falar do 7, ele vai falar um monte de bobagem a semana toda para não aceitar o 7. É que eu não bebo, mas minha vontade foi de tomar umas cachaças.

Você tem alguma superstição com o Vitória?
Nessa época do xaréu, eu tinha uma medalhinha. Levava essa medalha, que achei na rua, no Dique. Considerava como medalha da sorte. Sempre que eu entrava com ela, o Vitória fazia gol. Terminei perdendo essa medalha em um jogo. O

Vitória empatou. Na partida seguinte, voltei no xaréu sem a medalha e o Vitória tomou 3x1. Às vezes a gente se apega a uma coisa e pede como se aquilo fosse resolver: "Será que se eu tivesse com aquela medalha até hoje me acompanhando nos jogos...". Medalhazinha muito bacana, tinha Nossa Senhora nela.

Seus filhos são rubro-negros?
Todos. Tenho quatro filhos. Eles são loucos de não serem, né? *(risos)* Não tem negócio de história, já nasce rubro-negro. E não precisou nem esse negócio de botar camisa na maternidade. Não fiz nada disso, essas coisas que hoje muita gente faz. Nasceram rubro-negros, tatuados já. E vão para o estádio comigo, todos eles.

RODRIGO

Rodrigo José Queiroz das Chagas nasceu no Rio de Janeiro (RJ) em 19/03/1973. Lateral-direito, chegou ao Vitória, em 1992. Participou de campanhas históricas: a subida da Série B para a A em 1992, o vice-campeonato brasileiro em 1993 e o terceiro lugar no Brasileiro de 1999. Também foi campeão baiano em 1992 e 1995. A última passagem como jogador rubro-negro foi em 2002, somando mais de 200 jogos pelo clube. Retornou em 2007 como coordenador da base, depois técnico da base e do profissional. Entre 2020 e 2021, teve nova passagem como treinador dos profissionais do Vitória.

Entrevista realizada em janeiro de 2017.

Como foi sua ida para o Vitória?
Durante cinco anos joguei na base do Bahia. Newton Mota, quando foi pro Vitória, levou alguns jogadores e eu fui um desses. Fui pra Taça São Paulo com o Bahia. Quando voltei, Paulo Carneiro estava me aguardando na minha casa, em Camaçari, com os meus pais, com Newton Mota e com o advogado do clube. Mota já tinha levado a minha liberação pro Vitória. Ele me ofereceu algumas coisas, até porque eu vim de uma família humilde e precisava. Me ofereceu uma linha telefônica. Não tínhamos. Naquela época telefone era pra quem realmente tinha condições. Meu pai estava desempregado, ele ofereceu um emprego, além de que eu iria direto para o profissional, com possibilidade de jogar. Eu fui pro Vitória, o Bahia entrou na Justiça e ficamos seis meses sem poder jogar. Por isso não joguei a Série B *(de 1992)*. Entraram num acordo e os passes ficaram metade com o Vitória e metade com o Bahia. Eu, Giuliano, Bebeto Campos, Fábio Costa, Cristian, goleiro. Graças a Deus, eu tive uma estreia muito boa contra o Galícia.[1] Nunca antes vi meu nome ser falado nos gols do "Fantástico" e nesse dia eu vi.

---

1 02/08/1992 - Baiano: Vitória 2x2 Galícia. Gols: Gil Baiano e Arturzinho.

Eu sofri o pênalti e Arturzinho fez o gol. Na realidade, sempre fui rubro-negro. Eu era Flamengo quando criança e gostava muito do Vitória. Hoje sou, mais do que nunca, Vitória. Deixei até de torcer pelo Flamengo.

Como era o dia-a-dia do clube nesse início?
Nós tínhamos um presidente que se preocupava com a base. Conhecia os jogadores do mirim até o profissional, sabia os nomes. A gente sempre tinha as conversas no pé da orelha com Paulo Carneiro em relação ao trabalho. Fito Neves era bastante profissional, me ajudou muito, um treinador que dava liberdade, até certo ponto, aos atletas da base, mas sempre corrigindo o que estava errado. A nossa conversa era diária. Nós, atletas, vivíamos mais no Vitória do que em casa. Tinha um pé de mangueira na Toca, que muitas vezes a gente matava a fome, até sair o almoço. É um pé de mangueira histórico, que infelizmente foi cortado. A gente estava sempre junto, sabia um o defeito do outro, sabia do que o outro gostava e se respeitava.

Tinha jogador que gostava da noite de Salvador?
Nunca gostei de balada. Mas tem sempre um ou outro que gosta, é normal. Na época, Joel Zanata era o gerente de futebol, pegava bastante no pé de todos em relação a isso, ao cuidado, ao descanso, e Paulo Carneiro da mesma forma. Os solteiros concentravam na sexta-feira após o treino ou então às 22h. Tem uma história com dois jogadores – não vou falar os nomes – em um bar na orla, com música ao vivo. Um torcedor viu e ligou pra Joel, que foi lá. Quando os caras avistaram Joel, foram para baixo das mesas. Queriam pular o muro do bar, de quase dez metros de altura. Conseguiram sair agachados de mesa em mesa e Joel não pegou. A gente começou a se concentrar mais cedo por causa desses dois. Tomamos o castigo.

Qual foi a reação do elenco ao se classificar para a segunda fase do Brasileiro de 93?
A gente ia pegar Flamengo, Corinthians e Santos. Pra mim era suprassumo jogar contra o profissional deles. O Flamengo com Renato Gaúcho, Júnior Baiano, jogadores com representatividade na Seleção Brasileira. O Corinthians com Rivaldo, Leto, Ronaldo. O Santos com Axel, Sérgio Manoel, time muito bom. Eu via que naquele momento tinha que mostrar algo diferente. No Brasileiro, eu estava me destacando, disputando a Bola de Prata. Quando chegou nas finais, eu disse: "É agora". O Vitória trouxe Claudinho, até então desconhecido, mas que fazia gol

pra caramba, tinha uma proteção incrível. Trouxe Roberto Cavalo, Gil Sergipano, João Marcelo, Renato Martins. Lembro que ganhamos de 1x0 do Flamengo na Fonte Nova, gol de Roberto Cavalo. Fizemos uma partida impecável. Fonte Nova cheia. Naquele dia ali eu me vi como um atleta de futebol. Depois teve o Corinthians, com aquele gol antológico de Alex Alves, que pra mim foi um dos melhores jogadores que vi passar pelo Vitória. Tem que ter um busto cravado pra esse menino que fez o nome do Vitória se expandir, com aquele gol que deve ter passado pro mundo todo. Ganhamos do Corinthians, empatamos com o Santos aqui em 2x2, poderíamos ter vencido também. Bobeamos em alguns momentos, mas foi um grande jogo. Nos jogos de volta, empatamos com o Santos por 3x3. E lá contra o Corinthians, jogo incrível no Morumbi. Falta pro Vitória em dois lances, Roberto Cavalo bateu direto e o goleiro Ronaldo tocou na bola. Tomamos um sufoco incrível, mas jogamos com uma compactação, com um querer a mais que aquele elenco tinha. E no último jogo, fizemos 1x0, gol de Roberto Cavalo e o Flamengo empatou com gol de Renato Gaúcho, foi até em cima de mim. Renato subiu pra caramba e fez um golaço. Quando a gente retornou pro hotel, eu estava vendo a televisão passando o lance, Galvão Bueno narrando e passando o coração da torcida do Vitória batendo mais forte, indo pra final. E aí veio a final contra o Palmeiras. Foram dois jogos bons. Eu vejo que fomos prejudicados no jogo em casa. Jamais tiraria os méritos da equipe do Palmeiras, até porque tinha a base da Seleção Brasileira. Teve aquele lance em que Pichetti sofreu um pênalti, o juiz não deu e ainda amarelou Pichetti, que não foi para o jogo final. Tomamos 1x0, gol de Edílson. No segundo jogo, entramos no estádio, estava vazio, e de repente foi aquele mundaréu de gente. O Palmeiras tinha Roberto Carlos, Zinho, Mazinho, Evair, Edmundo, Edílson, Antônio Carlos... Time espetacular. Tomamos 2x0.

Como era a relação com a torcida?
Em 93, eu não tinha carro, ia de ônibus de Camaçari para a Avenida Paralela. Todo mundo já me conhecia. O motorista guardava minha bolsa na frente. Muitas das vezes, eu saltava pela frente, dividia o valor da passagem com o cobrador, só pagava a metade. E a torcida com muito respeito, paparicando, falava comigo: "Você joga muito", "tome cuidado, esse time que vem agora é bom", "esse jogador que você vai enfrentar aí é bom, não vamos dar mole". Sempre tratei todo mundo bem. Lembro de uma música que Chocolate da Bahia cantava: "A festa começa na ladeira. Aquele sobe e desce sem parar. A torcida rubro-negra está chegando. Vitória! Vitória! Faz essa galera se alegrar. Meu povo!". Pô, quando cantava essa

música, eu me arrepiava. Era muito gostoso saber que a gente estava levando alegria. Vivi o momento que o Vitória só tinha o Perônio. Treinávamos em Simões Filho e utilizávamos o Barradão para coletivo. Dois dos campos que ficavam atrás do Barradão foram construídos com a minha venda e a de Ramon Menezes. O que eu fiz pelo Vitória não foi em vão, foi engrandecimento.

Havia atraso de salário?
Em 93, atrasava, mas não tanto. O Vitória passou momentos piores, de atrasar até três meses na época de Paulo Carneiro. Os caras costumavam dizer: "Seu primeiro mês começa depois de três meses". A gente tinha reunião, Paulo Carneiro conversava com os jogadores experientes e líderes do grupo e determinava o dia que ia pagar ou com qual renda. Se trabalhava muito em cima de renda de jogo. A gente se acostumou com isso, mas é algo já abolido no Brasil. Hoje os atletas têm 30 dias de férias. Eu já cheguei a ter uma semana só. Não tinha tempo hábil pra poder se recuperar de lesões. Atualmente a atenção com o profissional é bem superior.

Como foi para você ganhar o título baiano de 1995?
Foi um ano maravilhoso. Eu tinha feito um ótimo Brasileiro em 94, fui convocado para a Seleção sub-20. Em 95, terminei sendo convocado para a Seleção Brasileira profissional. Comecei muito bem o Campeonato Baiano. A gente tinha um time bom, com Adoilson, Ney, Ramon, Wilson, Dedimar, Fabinho. Fomos campeões contra o Galícia e eu nem joguei a final, porque já tinha sido vendido para o Bayer. Mas joguei 70% do Campeonato Baiano.

Como foi chegar à Seleção sendo jogador do Vitória?
Atingir a Seleção Brasileira é o ápice para qualquer atleta. Eu me vi na Seleção com Taffarel, Ronaldo, Romário, Dunga, Cafu, Jorginho, caras que foram campeões do mundo em 94. "Tô aqui, eu tenho qualidade também". Posso dizer, até 2002, joguei com os melhores da geração 90. Foi um momento de puro êxtase, de estar lá cantando o hino nacional. Saí de Camaçari e estava representando o Brasil.

Como foi a negociação da sua ida para o Bayer Leverkusen?
O pessoal do Bayer veio me assistir no jogo contra o Atlético Mineiro e gostou. Eu tinha feito um senhor jogo contra o Atlético, pela Copa do Brasil. Paulo Carneiro já tinha me vendido pro Flamengo, só não havia me contado nada. O Vitória tinha me vendido por US$ 900 mil em três parcelas. Eu e Ramon fomos vendidos pro

Bayer por US$ 2,5 milhões e o Vitória recebeu o dinheiro à vista. E eu recebi os meus 15% à vista. O Flamengo queria que eu assinasse. Paulo Carneiro me chamou na sala e eu disse: "Me vendeu para os dois clubes?". Aí dei continuidade no Bayer. Eu perdi espaço na Seleção. Zé Maria foi pro Flamengo e Zagallo começou a convocar ele. Não tinha a globalização que tem hoje, de você ligar a TV e assistir a qualquer jogo no mundo.

Como surgiu a proposta para retornar ao Vitória em 99?
Eu tive uma passagem muito boa pelo Corinthians. Foram três anos e meio muito bons. Em 99 eu fui operado e o Vitória me fez uma proposta. Tinham três a quatro clubes interessados. Era o Vasco, o Sport e a Portuguesa, que estava muito bem na época. Eu optei pelo Vitória. Cheguei como um dos maiores salários do clube. Quando estreei em 92, eu tinha que observar os jogadores experientes. Em 99, cheguei na função de jogador experiente a ser observado pelos outros atletas. Estava com 26 anos e uma bagagem muito boa. Formamos um elenco com alguns atletas experientes como Otacílio, Artur, Tuta. O Roger, goleiro, veio também, mas terminou pegando o Fábio Costa, porque ele se machucou. Tinha jogadores jovens, como o próprio Fábio Costa, Claudinho, Fernando, Leandrinho, Paulo Rodrigues, Moisés, Elói e Baiano, que mesmo tendo passado pelo Santos ainda era verde.

Quando o time engrenou?
Depois da quinta rodada é que começamos a encaixar e os resultados começaram a vir. As outras equipes passaram a ter mais respeito pelo Vitória. Nos classificamos pra pegar o Vasco. Eram três jogos. O Vasco tinha feito melhor campanha, jogava duas em casa e uma fora. O primeiro jogo foi no Barradão, um dos melhores da minha vida, aquele 5x4 pro Vitória. A gente saiu tomando 2x0, viramos pra 3x2, o Vasco empatou, a gente fez 4x3, o Vasco empatou de novo e a gente fez 5x4. O Vasco ainda perdeu um pênalti no fim do jogo, Fábio Costa defendeu. O Vasco tinha um super time, com Edmundo, Donizete Pantera, Juninho, Pedrinho, Ramon Menezes, Felipe... Tinha sido campeão da Libertadores. Fomos jogar lá e empatamos a primeira por 2x2. E no último jogo, 1x1. O que Elói correu e marcou o Edmundo... Eu tirei uma bola em cima da linha. Aqueles jogos contra o Vasco foram extraordinários, foi absurda aquela classificação. Na semifinal, pegamos o Atlético Mineiro. Aí acho que algumas coisas foram erradas. Era pra termos voado do Rio direto pra Belo Horizonte. Jogamos no meio da semana, no dia seguinte treinamos no Botafogo e viajamos na sexta para Salvador. A gente tinha

que ficar lá na sexta, treinar no sábado e viajar pra Belo Horizonte. A gente voltou na sexta pra Salvador depois de meio-dia, fizemos o coletivo à tarde e viajamos no sábado à tarde para Belo Horizonte. De madrugada, a torcida descobriu o hotel em que estávamos, jogaram fogos de artifício até 3h, 4h. Tudo isso atrapalhou e nós perdemos o primeiro jogo de 3x0. Ganhamos o primeiro jogo de volta. E no último jogo, acho que teve falha geral no conjunto. Estava chovendo bastante. O Gallo fez um lançamento, Fábio Costa tentou sair na bola e o Marques fez o gol.

Como era o comando do técnico Toninho Cerezo?
Cerezo era um treinador gente boa demais, um cara que se sentia até mais jogador do que treinador, ainda tinha vícios de atleta. Terminava o jogo, ele ia fazer banheira com a gente, ia pra resenha. Ele entrava no coletivo e tinha uma facilidade muito grande de jogar, uma qualidade incrível. Como treinador, passava as informações do que queria e a gente cumpria. As coisas foram dando certo porque nós nos fechamos. Terminava o jogo e a gente ficava reunido. No dia seguinte do jogo, a gente chegava uma hora antes e ficava tocando pagode no vestiário, todo mundo junto. Fazíamos churrasco, ia todo mundo. Tinha aniversário lá em casa, ia todo mundo. Tínhamos um time coeso. Eu era líder, era eu quem cobrava de Paulo Carneiro os três meses de salários atrasados. Abri mão de salários meus pra ter como pagar a jogadores mais jovens, como Elói, Fernando. Eu tinha uma certa condição na época e os meninos não.

Como foi ser o capitão do time naquele momento?
A torcida me via como ícone, como um cara que encarnava a camisa do clube, e encarno até hoje. O Vitória é minha casa, é minha vida. Eu sabia da minha responsabilidade, nunca me eximi, mas sempre fui humilde e um cara de muita ética e respeito com todo mundo. Lembro que aconteceu uma situação no jogo contra o Corinthians, no Pacaembu. Cerezo confiava demais em mim, em Otacílio, em Tuta e em Artur. Falou comigo:
– Não sei se saio com Preto Casagrande ou com Allan Dellon.
– Professor, eu não vou poder te ajudar, senão eu seria incorreto com os meus companheiros. Quem o senhor colocar, pra mim tá beleza.

Como foi sua terceira passagem pelo Vitória, em 2002?
Foi diferente. O Rodrigo de 93 e de 99 não tinha lesões. Nesse período aí, já com 30 anos, eu comecei a me lesionar e isso atrapalhou um pouco a minha carreira.

Nós tínhamos um time muito bom. Joel Santana era o treinador. Sofri muitas lesões, mas mesmo assim fiz boas partidas. Não nos classificamos no Brasileiro por dois pontos. O Santos se classificou no nosso lugar e foi campeão.

Como era a relação com o lateral-esquerdo Paulo Rodrigues, que foi seu cunhado?
Em 99, ele conheceu minha irmã. Eu cheguei no vestiário e Fernando gritou: "Tem vagabundo aí namorando com a irmã do parceiro". Eu nem sabia. Graças a Deus, casou com minha irmã, tiveram um filho. Hoje já se separaram, mas não deixa de frequentar a minha casa, é um menino que eu gosto. Poderia ter tido sorte maior no futebol, mas teve a sua passagem no Vitória com respeito.

Como foi a volta para trabalhar com as categorias de base?
Em 2007, eu estava assumindo a equipe profissional do Ipitanga. Não deu certo e assumi a Catuense, também com condições precárias. Então recebi o convite de Ivã de Almeida, diretor da base, para ser coordenador da base do Vitória. Ivã já estava fazendo uma implantação muito boa, e foi quando Alexi Portela resolveu ter o controle da base e colocou João Paulo no meu lugar. João Paulo perguntou se eu tinha interesse em ser treinador. Eu disse: "Gosto até mais de ser treinador". Naquele ano, fomos campeões baianos juvenil. Alguns dos meus atletas eram Arthur Maia, Gustavo, Leonardo, Dankler. Fui bicampeão juvenil no ano seguinte. Em 2009, coloquei 13 atletas da base do Vitória para disputar uma competição na Alemanha e fui com um time para o Brasileiro totalmente desfalcado. A gente terminou saindo nas quartas de final. Por algum motivo me mandaram embora. A base não foi feita pra dar resultado em campo, foi feita pra revelar. Fiquei triste não com o Vitória, mas com as pessoas que estavam gerindo o clube no momento, que não me respeitaram.

Como recebeu a notícia da morte de Alex Alves?[2]
Alex era um grande irmão, um cara que eu admirava como profissional e como pessoa. Fiquei triste porque a forma como ele faleceu não condiz com tudo o que ele fez durante a carreira. Alex faleceu com quase nada do que ganhou

---

2 Cria da base do Vitória e destaque 1993, Alex Alves teve falência múltipla dos órgãos após transplante de medula óssea em 2012. Sofria de uma doença rara chamada hemoglobinúria paroxística noturna.

como profissional. Isso serve até de conselho para os jovens. Amanhã ou depois, o dinheiro para de entrar e você tem que ter uma qualidade de vida boa, não passar necessidade.

O que o Vitória significa para você?
Portas abertas para um futuro melhor. Penso em amanhã ou depois ser treinador do profissional. Se for pelo Vitória, melhor ainda. Aos poucos a gente vai conquistando o nosso espaço. O Vitória pra mim é felicidade, minha casa, onde me sinto à vontade. O Vitória encarnou no meu coração, como no da minha esposa e no dos meus filhos. A gente torce para o Vitória porque é a raiz e a raiz a gente não deixa nunca. Essa raiz foi solidificada e pra eu deixar de ser rubro-negro só depois da morte. Nem depois da morte! Mas não quero morrer agora, quero viver muito pra continuar torcendo pelo Vitória, gritando e vibrando junto com todos.

ÁLBUM DO VITÓRIA

A história rubro-negra
contada em imagens

Em 1966, a torcida rubro-negra fez campanha pela permanência de Albino Castro à frente do futebol do clube. *Crédito: Acervo Albino Castro Filho*

Bigu e companheiros se preparam para jogo decisivo contra o Bangu na Copa União, em 1987. *Crédito: Jornal "A Tarde"/Acervo Angelo Alves*

Diretor de futebol do Vitória, Albino Castro (segundo da esquerda para direita) é entrevistado na TV Itapoan em 1962, no programa comandado por Carlos Lima. *Crédito: Acervo Albino Castro Filho*

Na Espanha, acompanhado da esposa Denise, Bebeto assina contrato para retornar ao Vitória em 1997. *Crédito: Acervo Walter Seijo*

A massa rubro-negra compareceu em peso à sede do clube em Amaralina na chegada de Bebeto ao Vitória. *Crédito: Acervo Walter Seijo*

Arturzinho teve que comprar terno às pressas para recepcionar Bebeto no Vitória. *Crédito: Acervo Vitória*

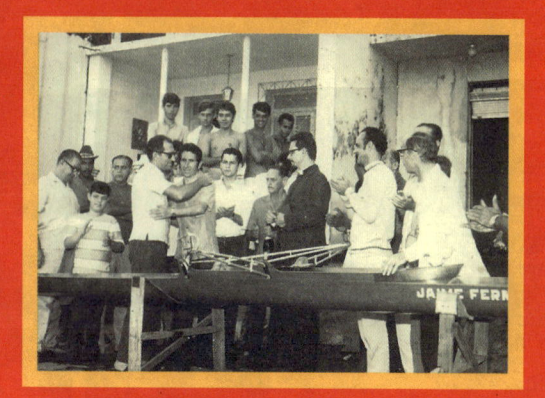

Em 1964, Albino Castro "batiza" barco na sede de remo do Vitória, na Ribeira, junto com Jorge Radel, presidente da Federação dos Clubes de Regatas da Bahia.
Crédito: Acervo Albino Castro Filho

Torcedor recebe carro sorteado no carnê Super Vitória 76, em loja na Rua Areal de Baixo, Largo Dois de Julho.
Crédito: Acervo Vitória

Na inauguração da Arena Fonte Nova, em 2013, o Vitória atropela o Bahia: 5x1; Renato Cajá abre o placar de pênalti. *Crédito: Felipe Oliveira/ Acervo Vitória*

Pôster do Vitória campeão baiano de 1972; André Catimba é o terceiro agachado. *Crédito: Revista "O Cruzeiro"*

Atacante Quarentinha entre o presidente Luiz Martins Catharino Gordilho e o dirigente Jorge Corrêa Ribeiro, em 1953. *Crédito: Revista "Única"/Biblioteca Nacional*

Em 1972, pela quarta vez, o Vitória foi campeão baiano de futebol e de remo no mesmo ano; Joel Meu Santo foi um dos principais remadores. *Crédito: Revista "Um Menino de 84 Anos"*

Osni entrega carro ao premiado no carnê Super Vitória 76. *Crédito: Acervo Paulo Leandro*

Em 2012, na sua melhor temporada pelo Vitória, Neto Baiano chegou a ser o maior artilheiro do Brasil. Da esquerda para a direita: Victor Ramos, Neto Baiano, Uelliton, Gabriel Paulista e Nino Paraíba. *Crédito: Acervo Vitória*

Torcida comemora os títulos baianos de 1953, no futebol e no remo.
Crédito: Fonte desconhecida

Batismo do barco que levou o nome do conselheiro Manoel Tanajura Filho.
Crédito: Acervo Paulo Leandro

Rivellino com a camisa do Leão no amistoso contra o Combinado Estrangeiro em 1976.
Crédito: Acervo Angelo Alves

Paulo Catharino Gordilho, Walter Seijo e Luiz Martins Catharino Gordilho oficializam a doação da sede náutica ao Vitória em 2001. *Crédito: Acervo Paulo Catharino Gordilho*

Luiz Martins Catharino Gordilho na posse como presidente do Vitória em 1953. *Crédito: Revista "Única"/Biblioteca Nacional*

Sob a gestão de Paulo Carneiro, o Vitória inaugurou o CT Manoel Pontes Tanajura no Complexo Benedito Dourado Luz. *Crédito: Acervo Walter Seijo*

Paulinho Boca de Cantor (centro) e Paulo Carneiro (direita) acompanhados de Walter Queiroz, autor do hino oficial do Vitória, no evento de lançamento do CD do centenário do clube.
Crédito: Acervo Vitória

Artêmio e Artur Valente, os irmãos cofundadores do Vitória.
Créditos: Acervo família Valente (enviada por Paulo Roberto Valente Gordilho)

O ex-presidente Manoel Barradas, década de 1950.
Crédito: Acervo família Barradas

Na reinauguração do Barradão, em 1991, o ídolo Mário Sérgio chegou de helicóptero, foi recebido pelo presidente Paulo Carneiro e fez sua última partida com a camisa do Vitória. *Crédito: Acervo Walter Seijo*

Pichetti em disputa com o lateral direito Cláudio no primeiro jogo da final do Brasileirão de 1993.
Crédito: Acervo Vitória

Joia da base rubro-negra, David Luiz entra em campo em torneio internacional.
Crédito: Acervo Renato Lavigne

Projeto da divisão de base do Vitória evoluiu com o trabalho de Newton Mota no início dos anos 1990.
Crédito: Acervo Vitória

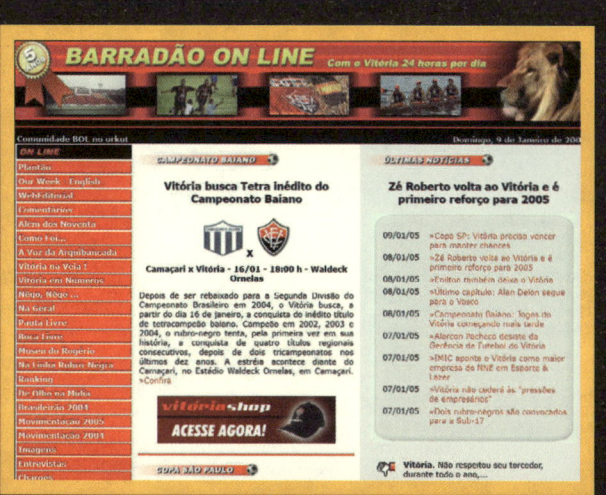

Fundado em 1999 por Luciano Santos, o Barradão On Line foi por muito tempo o grande canal de notícias, dados e opiniões da torcida do Vitória na internet.
Crédito: Acervo Luciano Santos

Projeto da nova
Toca do Leão
nos anos 1980.
Crédito:
Acervo Vitória

Time campeão baiano de 1964 ao vencer o Bahia por 2x1 na final, dois gols de Itamar.
Em pé, da esquerda para a direita: Kléber Carioca, Nelinho, Romenil, Ouri, Mundinho e Tinho;
agachados: Edmundo, Bartola, Didico, Fontoura e Itamar. Reginaldo ficou fora desse jogo.
Crédito: Acervo Albino Castro Filho

Com a parceria do banco Excel Econômico, o Vitória trouxe os astros Bebeto e Túlio em 1997.
Crédito: Acervo Walter Seijo

Alberto Moraes Martins Catharino foi o primeiro da família a ser presidente do clube, além de ter sido jogador, no início do século XX.
Crédito: Acervo Vitória

Jornal espanhol destaca jogo entre Vitória e Real Madrid em 1997, que marcou o primeiro encontro de Petkovic com o Leão. Crédito: Site Trivela

Torcida recepciona equipe da base após título em 1996, com agradecimento ao dirigente Newton Mota.
Crédito: Acervo Isaura Maria

"Melhor goleiro da Bahia", Gelson tinha expectativas positivas para a final do Baiano de 1979.
Crédito: Jornal "A Tarde"

Time campeão baiano de 1957; Mattos é o segundo em pé.
Crédito: Acervo Paulo Catharino Gordilho

Lázaro Ramos e Wagner Moura: parceria na arte e na paixão pelo Leão
Crédito: Acervo Vitória

O "maestro" Chapolin puxa o grito da Torcida Os Imbatíveis.
Crédito: Fabriciano Júnior/Acervo Vitória

Um rubro-negro com o poder do microfone; Renato Lavigne, em 1987, ano da estreia do programa de rádio "Grito Rubro-Negro".
Crédito: Acervo Renato Lavigne

Mesa da Assembleia Geral que elegeu o Conselho Deliberativo para 2014-2016; da esquerda para a direita: Rodrigo Portela, Carlos Falcão, Nilton Sampaio, Alexi Portela Jr., José Rocha (presidente do Conselho Deliberativo) e Nilton Almeida.
Crédito: Francisco Galvão/Acervo Vitória

Isaura Maria no Barradão ainda em construção.
Crédito: Acervo Isaura Maria

Em 1921, um dos primeiros clubes do país a ter atletas negros no time.
Crédito: Acervo Mário Gomes

Mattos, o "astro" do Vitória na década de 1950.
Crédito: "Revista do Esporte" / Biblioteca Nacional

Folheto informativo do amistoso entre Vitória e Rotation Leipzig, da Alemanha Oriental, na excursão do clube à Europa em 1960. Crédito: Acervo Caio Góes

Ivan Smarcevscki e Luiz Martins Catharino Gordilho Filho recebem a Comenda Artêmio Valente em 2016; ao centro, o presidente Raimundo Viana.
Crédito: Acervo Vitória

A VITÓRIA DE SENA

Vitória vence o Náutico no Brasileiro de 1980 e Sena é destaque. *Crédito: "Correio da Bahia"*

Rodrigo cumprimenta o governador Antônio Carlos Magalhães; equipe foi recebida após o vice-campeonato brasileiro de 1993. *Crédito: "A Tarde"*

O massagista Tuca e seu radinho em destaque. *Crédito: "A Tarde"*

Ramón: da Toca para a Europa

Ramon Menezes em 1995, artilheiro e melhor jogador do Campeonato Baiano. *Crédito: Acervo Vitória*

MEMÓRIAS DO ESPORTE CLUBE VITÓRIA

Time do Vitória em 1968, acompanhado do folclórico massagista Gaguinho (último em pé; destaque para o centroavante Coutinho (agachado no centro), campeão da Copa do Mundo de 962 ao lado de Pelé.
Crédito: Acervo Albino Castro Filho

Petkovic balançou as redes 14 vezes no Brasileiro de 1998 e ficou no top 10 da artilharia da competição.
Crédito: Acervo Vitória

Vitória vence a Catuense por 2x1 e se sagra campeão baiano antecipado em 1985; torcida rubro-negra invade o gramado da Fonte Nova para comemorar.
Crédito: Acervo José Rocha

JOSÉ ROCHA

José Alves Rocha nasceu em Coribe (BA) em 18/08/1948. Foi eleito deputado estadual da Bahia em 1979, cumprindo sucessivos mandatos até 1994. Desde 1995 é deputado federal. Foi presidente do Vitória de 1983 a 1986, quando inaugurou o Estádio Manoel Barradas. De 2010 a 2016, presidiu o Conselho Deliberativo do clube.

Artigo escrito em novembro de 2017.

VITÓRIA, ANTES E DEPOIS DO BARRADÃO

Venho do interior do estado. Nasci na aprazível Coribe, região oeste da Bahia. Foi lá que passei minha infância e adolescência. Sempre gostei de esporte e acompanhava os jogos pelo rádio. Àquela época só era possível ouvir as transmissões de emissoras do Rio e de São Paulo. Eu tinha simpatia pelo Botafogo.

Em 1965, aos 17 anos, mudei-me para Salvador. Morava em um pensionato onde a maioria torcia pelo Bahia. Comecei a acompanhar os jogos do Vitória e não tive dúvidas: o Vitória seria meu time do coração.

Depois de concluir o curso de medicina na UFBA, acabei ingressando na política. Disputei a primeira eleição em 1978 e fui eleito deputado estadual. Na Assembleia Legislativa da Bahia fiquei muito amigo do deputado Raimundo Rocha Pires, também conhecido como Pirinho, que presidia o Vitória. Convidado por Pirinho, associei-me ao clube e pouco tempo depois fui eleito conselheiro. Fui muito bem recebido e passei a frequentar o clube com assiduidade. O contato com torcedores, dirigentes e funcionários aumentava minha paixão pelo Vitória.

No ano de 1983, o Vitória passava por um momento difícil. Estava há três anos sem título e ainda ocorreu a renúncia do presidente Márcio Mont'Alegre. Fui incentivado por torcedores, conselheiros e pelo meu colega de Assembleia,

Pirinho, a disputar a presidência do clube. Para minha felicidade e com muita honra, fui eleito presidente do Vitória pela unanimidade dos conselheiros.

Eu tinha consciência de que estava diante de um grande desafio. Era preciso dar a resposta em campo com a formação de um plantel qualificado, conquista de títulos e adoção de medidas administrativas para fazer do Vitória um time à altura de sua apaixonada torcida. A situação exigia meu empenho pessoal, inclusive na Assembleia, onde via o deputado estadual Paulo Maracajá, que presidia o Bahia, encaminhar várias demandas que beneficiavam seu clube.

Assumi a presidência no fim de 1983 e encontrei um ambiente de relativo desânimo. Nosso treinador era Aymoré Moreira, profissional qualificado que comandou a Seleção Brasileira na conquista da Copa do Mundo de 1962, no Chile, e já havia treinado grandes equipes do país. Porém, nosso plantel era muito limitado. O trabalho com jogadores da base carecia de melhor estrutura e planejamento. O clube estava em débito com fornecedores e ainda sofria com diversas ações trabalhistas movidas por ex-jogadores e ex-funcionários.

Diante de tantas adversidades, principalmente limitações de ordem financeira para contratar bons jogadores, decidi concentrar esforços nas equipes de base. Eu considerava que um trabalho bem estruturado com nossos jovens atletas poderia suprir parte do plantel profissional num curto espaço de tempo. Já em 1984 levei a equipe para a disputa de um torneio nos Estados Unidos. Infelizmente, perdemos a final contra o Canadá no Giant Stadium, onde o New York Cosmos mandava seus jogos. Mesmo assim foi uma excursão proveitosa, pois serviu para mostrar que nosso clube tinha prestígio no exterior.

A solução das pendências administrativas e financeiras exigiu muitos esforços de nossa parte. Para se ter uma ideia, a equipe profissional não conseguia concentrar em hotéis em função das dívidas com hospedagem. Negociei com os fornecedores, alonguei prazos e honrei todas as pendências existentes. Também consegui solucionar as duas maiores dívidas do clube, com o banco Econômico e o Baneb. No caso do Econômico, procurei o banqueiro Ângelo Calmon de Sá. Conselheiro do Vitória, ele demonstrou muita sensibilidade com o seu clube do coração e foi decisivo para trocar a dívida por publicidade do banco na camisa do clube. O mesmo aconteceu com o Baneb.

Quanto às dívidas trabalhistas, a negociação foi mais demorada e exigiu muita paciência e determinação de nossa parte. O advogado que defendia os ex-jogadores era pouco flexível nas negociações e severo nas cobranças. Sabíamos que ele era torcedor do Bahia e, talvez movido pela paixão do futebol, investia com todas as forças contra o Vitória. Apesar disso, foi possível fechar acordo em todas as ações trabalhistas e honrei o pagamento integral durante meu mandato.

Como presidente, eu participava das reuniões da Associação de Clubes de Futebol do Brasil, entidade que existia à época. Nesses encontros construí bons relacionamentos com presidentes de grandes clubes. Graças a isso, consegui trazer atletas do Flamengo, do Atlético Mineiro, do Cruzeiro, entre outros. Foi assim que montamos um bom time e conquistamos o título baiano de 1985. Isso mudou o ambiente no clube. O otimismo, a alegria e a confiança para enfrentar novos desafios voltaram.

Eu sabia que a conquista do título era um passo muito importante, mas também alimentava um sonho que representaria um salto na história do Vitória. Era preciso ter o próprio estádio. Ninguém mais do que o apaixonado torcedor merecia ver seu time jogando na própria casa. Não tínhamos um lugar próprio para treinar e concentrar. Um clube com a grandeza do Vitória não podia continuar nessa situação, pois era proprietário de uma área junto à Estrada Velha do Aeroporto, mas faltavam os recursos para construir o seu estádio.

Quando decidi levar adiante a ideia havia enorme descrença, mas também encontrei apoios. Um deles foi do então governador João Durval Carneiro, quando firmamos um convênio com o estado para a construção. Nessa missão contei com o grande entusiasmo do arquiteto Lev Smarcevscki, então vice-presidente de patrimônio do clube. Reconhecido profissional e abnegado rubro-negro, Lev elaborou gratuitamente o projeto de arquitetura do estádio e o carregava embaixo do braço em busca de apoios. Também conseguiu com seus colegas os demais projetos, como o estrutural, o elétrico e o hidráulico, entre outros.

A campanha pela construção do estádio conquistou os torcedores do Vitória. Realizamos diversos eventos em busca de recursos com a venda dos carnês "O estádio é nosso", "Os desafios de um campeão", "Maratona milionária rubro-negra", títulos patrimoniais séries Ouro e Prata, cadeiras cativas e bingos, entre outras iniciativas. Além de responder positivamente às campanhas, os torcedores se envolveram de tal forma que era comum presenciar diariamente a chegada de pessoas com tijolos, sacos de cimento e outros materiais de construção. A cada etapa da obra, o entusiasmo crescia. Caravanas de torcedores visitavam o local diariamente. Várias vezes ficamos até a madrugada acompanhando os trabalhos, tomando as providências necessárias e buscando novas alternativas para financiar a construção.

Outra iniciativa foi o lançamento do hino do Vitória. Diretor do clube, Pedro Godinho era amigo da mãe de Waltinho Queiroz, rubro-negra, e conseguiu que o filho dela, torcedor do Bahia, fizesse a composição. Waltinho fez um hino muito bonito, que acabou sendo gravado por Luiz Caldas, e o entusiasmo da torcida foi imediato.

Decidimos batizar o estádio com o nome de Manoel Barradas, um dos rubro-negros mais ilustres e que presidiu o clube entre 1947 e 1949. Inclusive marcamos a inauguração para o dia 23 de outubro de 1986, data do seu aniversário. Infelizmente ocorreram atrasos e a inauguração acabou transferida para 11 de novembro. O adversário escolhido foi o Santos, que desfrutava de grande prestígio no Brasil e no exterior.

Lembro muito bem daquele dia. As arquibancadas coloridas de vermelho e preto. Emocionados, os torcedores se abraçavam, pulavam e cantavam o orgulho de inaugurar o estádio do seu clube do coração. O desempenho da equipe no empate em 1x1 também orgulhou o torcedor. Um dia inesquecível.

Foi a partir da inauguração do Estádio Manoel Barradas, o Barradão, que nossa história mudou. Passamos a acumular títulos estaduais e regionais e alcançamos a hegemonia em nosso estado durante anos seguidos. O clube conquistou projeção no país e no exterior e o número de torcedores cresceu de forma expressiva. O Vitória tem uma história antes e outra depois do Barradão.

No fim de 1986 deixei a presidência com o clube totalmente saneado, sem qualquer dívida trabalhista, finanças em dia e um estádio construído. Dei minha missão por cumprida por acreditar que a renovação é salutar. Mesmo assim continuei participando da vida do clube. Fui eleito conselheiro e, mais tarde, presidente do Conselho Deliberativo, quando reformamos o estatuto do Vitória.

Sinto muito orgulho por ter contribuído com minha gestão. Só quem torce pelo Vitória sabe a paixão que o clube desperta em nossos corações. Seu passado é de glórias e o futuro é promissor em conquistas que vão orgulhar ainda mais o apaixonado torcedor rubro-negro.

PETKOVIC

Dejan Petkovic nasceu em Majdanpek, na antiga Iugoslávia (atual Sérvia), em 10/09/1972. Foi "descoberto" pelo Vitória em uma excursão na Espanha em 1997, quando atuava pelo Real Madrid, e contratado logo depois. Defendeu o Leão até 1999, participando das conquistas do Campeonato Baiano e da Copa do Nordeste. Marcou 59 gols em 90 jogos com a camisa rubro-negra.

Entrevista realizada em agosto de 2018.

O que lembra do seu primeiro encontro com o Vitória, em 1997, pelo Real Madrid?
Teve o torneio Cidade Palma de Mallorca. Fiz dois gols, duas assistências, joguei muito. Contra o Vitória, jogou o time que não foi titular contra o Flamengo. O Flamengo ganhou de 3x0 do time titular na pré-temporada do Real Madrid. Eu estava no banco de reserva no primeiro jogo, no segundo fui titular. Roberto Carlos estava jogando contra o Vitória também, porque ele não atuou no primeiro jogo. A gente enfrentou um time brasileiro que perdeu de 1x0 pro Mallorca, mas que jogou de igual pra igual e poderia ter ganhado. Não sabíamos que seria um jogo fácil.[1] Se tornou fácil pela vontade dos reservas ser maior do que a dos titulares na pré-temporada, para buscar a vaga. Depois disso, passou, acabou. Aí vieram os convites do Brasil, mas não foi do Vitória o primeiro. Primeiro veio do Grêmio, eu neguei. Eu não queria. "Quem vai pro Brasil? Do Brasil, vão pra Europa". Aí depois o Vitória insistiu, insistiu...

O primeiro contato do Vitória foi quanto tempo depois?
Entre fim de agosto e setembro começaram os contatos com outros clubes e eu negava todos. Aí o Vitória foi mais persistente e era mais inteligente. Fez um desafio, dizendo: "Se arrebentar aqui, você vai voltar". Pensei, pô, é verdade. Ganhou

---

[1] 17/08/1997 - Troféu Cidade de Palma de Mallorca: Vitória 1x5 Real Madrid (Espanha). Gol: Evando.

na lábia também dizendo: "A gente é campeão", que Bebeto tinha jogado lá, e eu pensei que era campeão brasileiro. A gente não sabia dos campeonatos estaduais. Na Europa, não existe isso. Ele não falou que era campeão brasileiro, falou que era campeão, mas campeão estadual. Isso é verdade.

Bebeto foi um estímulo para você vir?
Claro. "Foi campeão e Bebeto joga". Caraca! Vou lá jogar bem e voltar depois, pensei. Eu fui emprestado, não fui comprado. Fizeram a oferta e me deram o fim de semana. No domingo eu respondi: "Topo". Waltércio Fonseca, o Téo, chegou em Madrid na terça de manhã, nos reunimos, tratamos dos detalhes do contrato. Aí fomos pro Bernabéu pro presidente assinar. Nós três estávamos na mesa, eu, Waltércio e Jorge Carretero, o empresário. O presidente do Real Madrid, Lorenzo Sanz, chegou com o diretor do Borussia Dortmund, que era o campeão da Liga dos Campeões da Europa daquele ano.
– O Borussia está te querendo.
– Mas eu já combinei com o cara.
– Sim, mas é o Borussia!

Na frente de Waltércio?
Isso, e Waltércio ficou vermelho. Ele não falava bem espanhol, mas dá pra entender, são línguas semelhantes.
– O campeão europeu tá te pagando a mesma coisa. Vai lá emprestado pra disputar o título mundial no Japão.
– Eu dei minha palavra pro Vitória.
– Você já assinou alguma coisa?
– Não, eu estava esperando o senhor.
– Você tá louco! Que Vitória...
– Por que o Borussia não veio antes? Dei minha palavra pra este senhor.
Olhei pra cara do senhor feio com bigode:
– Ele te chamou de maluco, mas se você desistir, eu entendo.
– Eu dei minha palavra e não vou voltar atrás. Minha palavra vale muito.
Quando fiz isso, ele ficou impressionado. Sacou já a passagem pra voar na mesma noite. Se ele tivesse feito isso antes, eu ia voltar atrás. Eu não quis viajar.
– Tá louco! Tenho filha pequena, coisas pra arrumar. Como vou viajar de imediato?
– É que o Papa está no Brasil e fechou o Brasil. Se não chegar amanhã pra assinar o contrato, perde o prazo na CBF.

Waltércio, inteligente e pescador, me enganou aí. Pediu ao meu empresário: "Pelo amor de Deus, faça ele entender". O empresário também deu bronca nele. Mas ele me convenceu, viajamos, fui assinar o contrato e ia voltar alguns dias depois. Logicamente que o Papa já tinha voltado faz tempo pro Vaticano *(risos)*. Estreei logo no fim de semana contra o União São João, 2x2.[2] Fiz assistência e gol. "Joga esse jogo e vai embora". E eu: "Cadê a passagem de volta?". "Não, tem um jogo importante...". Aí tá bom, joguei esse jogo. "Tem o próximo jogo e você viaja". Tá bom. Joguei de novo, ganhamos em casa, foi contra o Atlético Paranaense. Perguntei de novo da passagem "Tem o próximo jogo...". Eu então falei: "Sem passagem na mão, não jogo". Só aí eles compraram a passagem e fui. Voltei direto para o jogo contra o Paraná, fora de casa. Ganhamos do Paraná fora, entramos nos oito primeiros. Aí voltei de novo, fiquei uns quatro ou cinco dias arrumando as coisas com minha família. Retornei pra Bahia para a última rodada jogando contra o Atlético Mineiro fora de casa.

Foi o único jogo em que estavam você, Bebeto e Túlio juntos.[3]
Só que Túlio começou na reserva. Evaristo sacou Túlio e colocou Bebeto. Se o Bahia ganhasse do Juventude em casa, a gente ficava em oitavo lugar. A gente perdeu o jogo, o Bahia empatou e acabou rebaixado. Foi a primeira vez na minha história que eu vi dirigentes apaixonados, tanto Paulo Carneiro quanto Waltércio Fonseca, xingando e dizendo que o Bahia foi rebaixado de propósito só para o Vitória não se classificar. E é um absurdo, né? Não tem sentido nenhum achar que alguém vai ser rebaixado para a segunda divisão só pra ver o rival não ficar entre os oito primeiros. Aí que eu vi o nível de paixão envolvida. Mas foi assim, fui emprestado ao Vitória e o Vitória depois me comprou em março de 98.

Waltércio foi protelando esse tempo todo...
Fiquei chateado, não quis falar com ele. Na viagem, perguntei pra ele como era. Ele falou que tinha um jogo contra um time sul-americano.
– De onde é o time?
– Da Argentina.
– Que China, porra?
Ele falava "Argenchina", eu escutava "China", não entendia.

---

2 05/10/1997 - Série A: Vitória 2x2 União São João. Gols: Petkovic e Túlio Maravilha.
3 08/11/1997 - Série A: Atlético Mineiro 3x2 Vitória. Gols: Uéslei e Gil Baiano.

– A gente viaja num dia e volta no outro.
– Como vai num dia e volta, do Brasil pra China?
Pensei: "O cara é maluco". Hoje em dia, a gente é irmão. Ele viu como eu sou como pessoa, com palavra, com a firmeza que tenho. Eu neguei o Borussia. Só um cara com caráter muito forte pode fazer isso.

Como foi a recepção do povo baiano?
O presidente me esperou no aeroporto. O Téo pediu pra eu vestir a camisa do Vitória. "Não vou vestir porra nenhuma! Tá escrito no contrato?". Eu estava chateado com ele. Ele falou para o Paulo: "O gringo tá bravo". Aí desci do avião com a camisa, mas eu queria dar o troco nele, porque me botou pra embarcar no mesmo dia. O povo baiano me recebeu com os braços abertos. Logicamente, quando você joga bem, te ajuda. Mas eu tive um impacto muito grande ao chegar. Vim do Real Madrid, com a melhor infraestrutura do mundo, Madri era uma das cidades mais bonitas do mundo, e cheguei em Salvador, naquela infraestrutura precária da época. Me colocaram num hotel perto do aeroporto, eu ia do aeroporto pro Barradão. Infelizmente passava no meio de favela, via a pobreza, não via a cidade, não via prédio. No terceiro dia, perguntei ao motorista que o Vitória botou pra mim:
– Aqui existe cidade?
– Claro!
– Me leva a um restaurante.
– Ah, não sei. Nunca fui a um restaurante.
A gente então foi pela orla e eu fui olhando. O primeiro restaurante que eu visitei foi na Marina. Paramos lá, eu e meu empresário. Aí chamamos o motorista pra jantar com a gente. Ele entrou, sentou, olhou o cardápio e falou: "Não tô com fome". "Será que ele pensa que vai pagar, por isso não quer pedir nada?". Ele era humilde, acho que foi um dos seus primeiros empregos. Tenho contato com ele até hoje, se chama Bernardo. Falei: "Eu vou pagar". Ele estranhou jantar com a gente, isso não era comum. Depois, pedi que me mudassem para um hotel no Rio Vermelho, o Meridien.

O quadro social te impactou muito?
Muito! No vestiário não tinha água quente. Do lado dos campos do Barradão tinha um lixão. Cheguei em outubro, imagina o calor... Se não fosse realmente o caráter humano e hospitaleiro pra me acolher, eu tinha largado no fim do campeonato.

Sairia de férias e não voltaria. Mas me cativou. Vi uma semelhança muito grande entre o povo sérvio e o brasileiro. Quando eles quiseram me comprar, falei: "Quero!". Assinei contrato de três anos com o Vitória. Todo mundo me chamava de maluco, mas eu adorei aquele povo, aquela cidade, os amigos de lá.

Em 1999, você foi artilheiro do Baiano e da Copa do Brasil.[4] Foi o melhor time com quem jogou no Vitória?
Se eu não tivesse saído, imagina em junho, no Campeonato Brasileiro, com os reforços... Fui pro Venezia, mas Tuta veio, né? Com Tuta e mais um jogador, acho que o Vitória teria chances reais de buscar o título brasileiro em 1999.

Qual foi a sensação quando fez um gol olímpico contra o Palmeiras na Copa do Brasil?[5]
Tinha feito de falta antes. Empatamos com o grande Palmeiras, que inclusive foi campeão da Copa do Brasil de 98. Tinha Felipão como treinador e grandes jogadores. A gente jogou de igual pra igual. Isso é o Vitória. Enfrentar um grande clube e não se apequenar, jogar com a cabeça erguida buscando a vitória e a classificação, ameaçando, fazendo eles se preocuparem. No jogo de volta, saímos na frente, mas tivemos Tácio expulso. O juiz apitou como se apitava naquela época, para o time grande de casa.

Você chegou a falar que não recebia salário, mas era feliz. Por que era feliz?
Porque o tratamento pessoal era fantástico. Eles falavam, não cumpriam, mas humanamente estavam me tratando bem, se justificando, explicando abertamente. Falavam: "Enquanto a gente não vender jogador, não consigo te pagar". Eu acreditava, tinha palavra.

Naquele ano, você viu o bombardeio no seu país, na região do Kosovo...
Agressão. Chamo de agressão porque foi um bombardeio covarde, sem autorização da ONU. Houve um movimento de jogadores do mundo iugoslavo, sérvios principalmente, protestando. Foram obrigados a jogar. O Brasil era contra essa ação da Otan, o Brasil estava do lado da ONU, ao lado da proteção da integridade

---

4 Pelo Baiano, 19 gols em 16 jogos. Pela Copa do Brasil, sete gols em cinco jogos, dividindo a artilharia com Romário, do Flamengo.
5 09/04/1999 - Copa do Brasil: Vitória 2x2 Palmeiras. Gols: Petkovic (2).

do país. E o Vitória falou: "Se você não consegue, não joga". Mas isso me fez jogar ainda mais. Fiz 28 gols em cinco meses. Não tinha contato com meus pais e familiares, que estavam numa cidade pequena. Saía em jornais que bombardearam a cidade e eu não dormia, preocupado. Às vezes estava com sono no treinamento e não treinava, e eles me liberavam. Mas nas partidas jogava mais ainda. Botava toda minha raiva contra essa situação nos gramados.

Em 1999, você foi eleito por torcedores, na revista "Placar", como o maior jogador da história do Vitória. Na votação da crítica, ficou em segundo lugar. Por que acha que Paulo Carneiro votou em Bebeto?
PC estava chateado comigo na época porque, quando fui embora pra Veneza, cheguei lá para fazer exame médico e ele me ligou dizendo que recebeu uma oferta da Parmalat para me comprar. E eu a caminho do escritório do Maurizio Zamparini, presidente do Venezia, para assinar o contrato. Eu falei: "Paulo, já combinamos...". Ele mandou a oferta no escritório do presidente do Venezia, US$ 1 milhão a mais pro clube e pra mim um contrato maior. Eu estava tentando explicar pra ele: "Quando cheguei ao Vitória, falei 'não' pro Borussia Dortmund. Agora vou falar 'não'". Ele chorou no telefone. "Tá bom, Paulo, eu volto para o Vitória e vou buscar os meus direitos na Justiça". O Vitória estava me devendo dinheiro! Ele chorou e assinou o contrato. Eu voltei, ainda joguei dois meses pelo Vitória, ganhamos títulos, ganhamos do Bahia. Ele não falou comigo por três semanas. Mas eu fui coerente, mantive a palavra.

Lembra dos técnicos com quem trabalhou no Vitória?
Primeiro foi o Evaristo de Macedo. Depois veio Hélio dos Anjos, Celso Roth, Geninho e por último Ricardo Gomes. Cada um deles com uma história. Grande Evaristo. Eu cheguei e, na minha ignorância, não sabia quem era. Me apresentaram no primeiro dia. No dia seguinte, indo para o treino, peguei um exemplar do "Marca", jornal esportivo mais famoso da Espanha. Na última página tinha a história do Evaristo de Macedo e ele fazendo gol de peixinho com a camisa do Barcelona. Tinha jogado cinco anos no Barcelona e outros cinco no Real Madrid. "Esse é o meu treinador?". Téo confirmou. Botei o jornal embaixo do braço e malandro, cheguei no treino: "Professor, trouxe pra você". Ele pegou e disse: "O gringo não precisa treinar mais!". Ganhei o professor no segundo dia do trabalho. Quando eu não estava bem-humorado, ele dizia: "O gringo está mal-humorado, bota ele pra fazer 20 minutinhos de massagem".

Você se adaptou fácil ao clima do Brasil?
Em janeiro, quando começou o Campeonato Baiano, era muito calor, não estava acostumado. Tinha treinamento três vezes por dia. Na Europa, isso não existe, treina uma vez por dia. Duas vezes por dia é uma vez por semana. Aí falei com os caras: "Há anos eu treino de outro jeito e vocês querem mudar. Eu vou me acostumar, mas vai esperar seis meses para eu começar a render?". Eles acabaram entendendo quando viram que não tinha jeito, que realmente eu não estava conseguindo render fisicamente... É um absurdo, por exemplo, você jogar domingo e na sexta-feira fazer coletivo. Não faz sentido. Sentamos com o preparador físico Antônio Oliveira Camarão e ele preparou o trabalho do jeito que eu expliquei. Em duas semanas já estava voando de novo. Quem entendeu isso muito bem, porque veio da metodologia europeia, foi Ricardo Gomes em 99. Tinha o Carlinhos, preparador físico que trabalhava com ele na época da Seleção Brasileira. Ele tinha um treino físico por semana. E eu arrebentava, porque já não era maltratado fisicamente.

Em 2017, você voltou ao Vitória. Foi técnico, gerente e diretor de futebol, mas ficou menos de três meses. Como avalia essa passagem?
É de lamentar. Você entra como o salvador da pátria, vira culpado e depois se torna um mártir. Infelizmente os caras se dizem Vitória, mas não têm interesse nenhum a não ser o próprio. Existe em todos os lugares, mas quando se trata de um clube que você gosta dói mais, né? Eu mudaria o Vitória se quisessem fazer algo, só que não interessa às pessoas. Então infelizmente acontece isso. Depois falam em apoio político. O que significa apoio político? Eu cheguei lá pra defender os interesses da instituição. Se está sendo feita alguma coisa que a longo prazo não é boa pro clube, pra que é feita?

Contrataram você, que é ídolo, para dar uma satisfação à torcida?
Não foi isso. É o que todos os clubes fazem na teoria. Salvador da pátria, culpado e um mártir. Procuram só pra imagem, pra se defender. Isso não é só no Vitória. A gestão que estava no Vitória tinha conversado comigo antes de ser eleita. Mas o combinado não aconteceu porque já tinham dividido os cargos, falaram que não havia orçamento. A própria política interna colocou pessoas sem qualificação pra fazerem certas coisas. Teve muito cacique pra pouco índio. Então cheguei no clube e comecei a mudar, sempre com argumentação, aberto a conversas, a convencer as pessoas. Conheci muita gente no Conselho Deliberativo. Tem pessoas capacitadas nas suas áreas. Na primeira vez que fui como convidado,

fiquei impressionado. Depois da reunião, me apresentei. Eu era o ídolo deles. E o papo correu muito bem até falarmos de futebol. Quando se começa a falar de futebol, o conceito cai, porque muitos falam como torcedores num churrasco no bar. O diretor não pode ser assim. Eu trabalhava no Vitória, entrava 7h30 e ia para casa às 22h, às vezes 2h de madrugada. Há pessoas antes de mim e depois de mim que não tinham noção do que significa trabalhar no Vitória, o que é ser diretor do Vitória. Eu entrei no clube fisicamente e psicologicamente, botando a mão na massa, salvando o clube e orientando em todos os sentidos. Comigo tem que saber o que fazer, como fazer e por que fazer as coisas. Se você não tiver profissionais capacitados, não dá certo.

A política interferiu na gestão?
Eu sou treinador, com licença de treinador da Uefa. Sou diretor de futebol, formado pela Federação Espanhola, a melhor escola. Eu sou da área há 40 anos, 23 deles como atleta profissional, dez como atleta amador, e sete anos como treinador e diretor. Domino todas as áreas do futebol. Fui preparado pra isso, mais do que qualquer um no mercado brasileiro. E topei levar isso para o Vitória. O que fiz no Vitória foi mudar as coisas na base, na gestão, na aplicação de conceitos e filosofias, de mecanismo, de sistema, de futuro... Já os incompetentes políticos não têm responsabilidade nenhuma, mas têm influência. O presidente em exercício *(Agenor Gordilho Neto)* me mandou embora dizendo que era obrigado a fazer isso pra não perder apoio político. Quem manda no clube, os bastidores? Quantas correntes políticas têm lá que brigam entre si por poderes, mas quando acaba a eleição se juntam as frações da oposição para derrubar quem está na gestão? Não aconteceu isso em 2018, em 2017? Não aconteceu em anos passados? É lamentável.

Como avalia seu trabalho no Vitória?
Se tiver algo que eu tenha feito errado, vou responder: "Não tem nenhuma". Só fiz coisa muito boa para o Vitória. Em 55 dias de diretor, poupei R$ 10 milhões, trouxe jogadores que se destacaram, e pagando quanto? Criei elenco para dois anos de exercício. Tréllez? Eu comprei o Tréllez por US$ 30 mil. Podendo pagar luva, empréstimo ou qualquer coisa, comprei o passe dele. O empresário dele brigando comigo: "Como não vai pagar nada?". Não posso, eu trabalho para o Vitória. Quanto retorno Tréllez deu? Deu 6000% em cinco meses. Depois da minha saída, trouxeram jogadores respeitando o orçamento? Eu trouxe atletas abaixo do orçamento, que estavam sendo prejudicados, ganhando menos do que

outros que não jogavam. Ouvia do atleta: "Meu salário tá defasado". "Não, seu salário não está defasado, está dentro do patamar de um profissional do ramo". Era só olhar alguns atletas pagos fora da possibilidade do Vitória. Muitas vezes você paga aos atletas pelo que fizeram e não pelo que vão fazer. É possível não ter empresários no estádio e trabalhar em paz. Eu fazia isso. Dá para mudar a forma de ter jogadores na base. Na primeira leva que mandei embora, diminuí de sete categorias pra cinco. Tinha muito atleta. Na primeira leva que eu pedi, 53 nomes me foram apresentados pelo coordenador de base e as comissões técnicas, justificando o motivo. E 17 não eram 100% do Vitória. Isso é normal? Pra que eu quero atleta na divisão de base que não é meu 100%? Depois, 70% dos restantes eram de parceria. Por que não posso ter na base do Vitória 90% ou 100% do Vitória, se eu pago infraestrutura, funcionários, profissionais e tudo? Pra amanhã alguém colher o lucro? Há quantos anos o Vitória não produz nada e não colhe os frutos? Eu barrei a contratação de moleques que iam pagar R$ 500 mil por 80% dele. Eu trouxe Yago sem pagar nada e dei 50% pro Vitória. Trouxe jogadores ganhando menos no Vitória do que nos seus clubes. Alguns exemplos são Juninho, o próprio Yago, Fillipe Soutto, Carlos Eduardo, Danilinho, Tréllez. Não dá para pagar a um atleta mais de 10% do seu orçamento mensal. Isso é bom senso. Tenho que ter equilíbrio de salários no elenco, senão tem ciúmes. Eu posso trazer seis jogadores que foram fundamentais em 2017 com todo mundo junto pagando o salário de um atleta? Mesmo que esse atleta renda bem, o que infelizmente não era o caso. Pagando a todos os empresários a mesma comissão de 4%. E tinha gente lá pagando 8%, 15%, 18%.

Você foi contratado como gerente e logo se tornou técnico. Como foi essa transição?
Despreparo total. "Ou aceito ou vou embora". Preferi aceitar para tentar ajudar. Passei quatro dias falando que não era bom, brigando com presidente, com Sinval, com todo mundo. Alguns da gestão concordaram comigo, que não ia ser bom porque a mentalidade das pessoas não ia mudar. Depois virei diretor quando Sinval pediu demissão.

Circulou que sua relação com os atletas havia rachado por não aceitarem sua filosofia.
Mentira! Quando começaram, a primeira coisa que falaram foi: "Pet manda em tudo, até pizza tirou da concentração". O percentual de gordura dos atletas

era superior ao permitido. Tinha pizza, tinha bebida. Cada um viajando como quisesse. Todas as instituições têm suas normas de conduta. Se você quer que o Vitória seja um clube grande, tem que implementar isso. Tem que dizer qual o cardápio. É preciso colocar normas de profissionais de alta competência, de nível de forma física, senão parece a casa da Mãe Joana ou grupo de patota, fazendo cada um o que quer. Tinha bebida na concentração, isso me foi falado.

Essa mudança desagradou a algumas pessoas?
Ninguém! Lá dentro, ninguém. E se desagradou a alguém, é um mau caráter, porque esse não fala aberto. Mas não teve. Tinham contratos errados no Vitória, assinados erradamente. "Ah, não tem como fazer certas coisas, foi prometido...". E eu dizia: "Infelizmente, não posso fazer. É errado. Lamento. Vamos fazer as correções legais". Por exemplo, André Lima. Jogou comigo, meu amigo. Eu neguei pra ele tudo o que foi prometido e expliquei o porquê. Ele entendeu, mas logicamente que, como qualquer um, tentou ir ao presidente, tentou ir ao Amoedo[6]. E pra ficar bem na fita, eles prometeram. Mas já tinha falado comigo, não precisava falar com eles. O que posso fazer é corrigir os erros. Tenho que olhar as 50 famílias aqui, não só a dele, André Lima. Eu consegui rescindir contratos pra poupar 50% pro Vitória, algo que eles não conseguiram fazer desde o início do ano, e culpavam os empresários.

É verdade que você se tornou sócio do Vitória no dia em que foi demitido?
Não sei se no mesmo dia ou no dia anterior. Fui mandado embora de manhã, mas fiquei trabalhando o dia todo. Fui comunicado pelo presidente em exercício, que era o vice-presidente. Perguntei se podia ficar até o fim do dia porque tinha assuntos para despachar, não tínhamos treinador. Disse que podia ficar um ou dois dias enquanto não arrumassem outro para o meu cargo. Ele falou que podia ficar naquele dia, mas depois não precisava mais. Quando as pessoas descobriram que eu estava trabalhando já sabendo que estava demitido, ficaram impressionadas. Eu achei totalmente normal.

Afetou de alguma forma o seu sentimento pelo Vitória?
Pelo Vitória não, porque o Vitória é uma instituição, não é a pessoa que tem o poder da caneta naquele momento. O que afeta é o profissional. Te expõe ao

---

6 Leonardo Amoedo, diretor de planejamento e controle do Vitória de 19/12/2016 a 27/07/2017.

mercado baseado em quê? Agora, meu sentimento pelo Vitória não muda, inclusive vou torcer mais, por isso me associei ao Vitória. Quem sabe um dia quando eu deixar de ser profissional do mercado... Infelizmente, a mentalidade e a cultura lá dentro não mudaram, os interesses são outros e não são para o bem do Vitória.

O que o Vitória representa na sua trajetória?
Posso ver de várias formas, mas teoricamente foi um passo pra trás pra dar dois pra frente, e por isso o Vitória é importante. Porque sair do Real Madrid e vir para o Vitória foi um passo pra trás, mas depois foram dois pra frente. Conquistei o Brasil, fiz história, conquistei torcedores, amigos, tem muita coisa importante. Eu gostaria de ver o Vitória achando sua posição no mercado nacional permanentemente, firme, fazendo parte do Clube dos 13 verdadeiramente, não politicamente. Esse é o meu desejo.

ISAURA MARIA

Isaura Maria da Conceição Rocha nasceu em Salvador em 21/02/1949. Abnegadamente, ajudou o clube em várias funções, especialmente nos cuidados com garotos das divisões de base. Idealizou o livro "Vitória: uma história de amor e paixão". Radialista, foi a primeira mulher a trabalhar como repórter esportiva na Bahia.

Entrevista realizada de maio de 2018.

Como foram os momentos de cozinheira, merendeira e até mãe no Vitória?
Foi na divisão de base. Comecei a dar suporte a Newton Mota, que inclusive me chamava de Irmã Dulce. Era como uma mãe. Tem um, aliás, que até hoje me chama de mãe: Baiano. E fui realmente uma mãe para ele. Fazia comida pra ele quando saiu da divisão de base e foi para o profissional. Foi ajuda mesmo. Eu só saía da concentração em Pituaçu quando o último entrava. Normalmente, esse último era Kléber, de Capim Grosso (BA). A gente tentava dar o que eles não tinham no momento. Naquela época, o Vitória não tinha assistência social, nem nutricionista, e nós revelamos Alex Alves, Rodrigo, Dida, Nilson, Júnior Nagata, Paulo Isidoro, entre outros. Tinha uma pessoa que ajudava muito também: Ajurimar. Essa daí saía de carro para matricular os garotos nas escolas. Teve um atleta da divisão de base que apareceu com sarampo, Toto, e ele não podia ficar na Casa do Atleta, porque todos iam pegar. Eu o trouxe aqui pra casa. Eu saía de manhã para trabalhar e ele ficava, e eu orientava por telefone a pessoa que estava com ele para dar remédio. Isso era uma das coisas que eu fazia pelo Vitória. Quando Toto estava aqui, João Paulo disse: "Minha tia, ele não tem nada de doente. Ele é descarado, quer ficar na casa da senhora aproveitando do bom e do melhor, sendo paparicado". Uma vez, Mota levou a primeira turma para a Holanda. Essa viagem foi marcante. Mota me ligou:
– Eu tenho que comprar sapatos, sacolas e cintos para os meninos viajarem amanhã e Paulo Carneiro e Waltércio Fonseca sumiram com o dinheiro. Como eu faço?

– Você viu onde os sapatos?
– Na sapataria Santana, do Iguatemi.
– Vá pra lá que eu tô indo.
Quando cheguei lá, ligaram para Zé, o dono da sapataria Santana.
– Zé, tô com um problema. O cartão tem limite. E Mota tá com os meninos pra viajar.
– Não quero saber o que é. Você precisa? Chame o gerente.
Ele chamou o gerente.
– Fecha a loja e não veja o limite dela. Passe o cartão quantas vezes precisar.
Fizemos as compras, deu uns R$ 30 mil, dinheiro de hoje. No dia seguinte, Mota ligou:
– Os meninos têm que ir com pelo menos 20 dólares cada.
Quando cheguei lá, peguei os passaportes dos meninos e comprei, com meu dinheiro, 20 dólares para cada. Faltando poucos minutos para o avião partir, apareceram o presidente e o diretor financeiro, dando entrevista.
– Para quê entrevista agora? Tinham que aparecer para pagar e vocês não apareceram.
– Pode passar lá.
Aquela arrogância que sempre teve, né? O cheque que deram foi devolvido não sei quantas mil vezes. Ficou por isso mesmo. Mas os meninos voltaram com troféu, foi uma viagem ótima.

A sua relação com o Vitória vem de antes disso...
Desde 1960, começou com meu irmão. O pai de Alexi Portela Júnior era nosso amigo. Meu tio trabalhou na construtora A Portela, do pai dele. Naquela época, meu pai tinha uma empresa de ônibus chamada Dois de Julho. O presidente do Vitória era Albino Castro. Meu pai pegou um ônibus e foi para um jogo em Feira de Santana. Um ônibus de 40 e tantos lugares com cinco pessoas. Quando nós saímos de Amélia Rodrigues, num lugarejo chamado Bessa, tinha uma caminhonete quebrada na estrada. Eu tinha um namorado que fazia veterinária, mas não sabia que ele também jogava futebol. Naquela época, para você namorar um jogador de futebol, Ave Maria! O ônibus parou, eu desci e estava seu Palmeira, supervisor do Vitória. Eu era nova, 19 para 20 anos, bonitona. Um logo se engraçou, o França, que era problemático. Tinha Valença, Gato Preto, Ventilador. Eu disse a seu Palmeira:
– O ônibus está vazio, meu pai já autorizou e pode entrar todo mundo.

Subimos, eu fiquei na porta. Quando vejo, vem o dito cujo que era o meu namorado.

– O que você está fazendo aqui?

– Eu jogo no Vitória.

– Meu Deus do céu!

Fomos então para Feira de Santana. Seu Palmeira já colocou a gente como se fosse do clube. Aí eu disse a ele para ligar e avisar que a gente ia deixar todo mundo na concentração, que era no Acupe de Brotas. Na época não tinha nem saída pra Vasco da Gama. Voltamos, deixamos todo mundo. Mais tarde, meu pai foi convidado para ser diretor de futebol.

Ele tinha alguma experiência?

Naquela época não tinha negócio de experiência. Como meu pai era dono de uma empresa e estava dando o ônibus sem receber nada, foi uma maneira, né? Aí o Vitória foi jogar em Santo Amaro e eu e meu pai fomos assistir. Deixei meu pai no banco com Gaguinho, com seu Palmeira, o pessoal todo, e fui para a cabine de rádio. Estava eu, Silvio Mendes e a turma toda ali. O Vitória estava ganhando, de repente o outro time virou o jogo. A emoção foi grande... Silvio Mendes disse: "Isaura, seu pai tá enfartando!". Silvoney, que era o médico, disse: "Vamos botá-lo no carro". Foi o primeiro enfarte. Voltei para casa e na segunda-feira eu disse: "Vou assumir. Meu pai deu a palavra dele no Vitória e eu não vou deixar meu pai...". Albino consentiu na mesma hora e passamos a dar um auxílio ao Vitória. Daí pra cá, eu não deixei mais o clube. Eu fui para o Rio de Janeiro completar meus estudos e fiquei como um elo de comunicação por lá. Quando ia uma equipe jogar na cidade, costumavam me colocar no fosso *(entre a arquibancada e o gramado do estádio)*, eu ia na Suderj e conseguia um lugar melhor. Por exemplo, quando teve a venda de Bebeto, eu até negociei com Antônio Soares Calçada, que era presidente do Vasco. Eu disse: "Márcio *(Mont'Alegre)*, você vai ganhar 50 milhões de cruzeiros mais o passe de Silvinho", que era do Vasco na época. Aí ficava tudo certo. Naquela época, todo mundo mandava no Vitória. Mas desfizeram o negócio e ele foi vendido para o Flamengo.

Era uma época de muita abnegação.

Era mais uma coisa de amor. Ninguém obrigava também, né? Eu ia na loja A Portela pegar dinheiro, e Alexi pai falava:

– Lá vem você, sua enjoada! Não vai estudar, não? Você agora com esse negócio do Vitória...
– Mas eu tenho que levar comida para dar a dona Tidinha...
Dona Tidinha era pequenininha. Devia ter um metro e meio. Mas era retada. Ela era tudo! Lavava para os meninos, cozinhava, acariciava. Era como foi Gaguinho, massagista. Naquela época, não existia profissionalismo, a não ser com os jogadores. Silvoney trabalhou como médico muito tempo sem ganhar nada. O próprio Sinval Vieira fez muito pelo Vitória. Ele foi infeliz em 2017 com aquele episódio todo. Raimundo Viana era estudante de direito. Ele fazia as coisas para o Vitória gratuitamente. Sinval Vieira nunca cobrou. O velho *(Luiz Martins)* Catharino cansou de levar comida quando o jogador ia pra Graça. O Vitória foi criado não como um time profissional para ganhar dinheiro, mas como uma família. É difícil explicar o que é ser rubro-negro. Está no sangue.

Desde quando a senhora se reconhece torcedora do Vitória?
Desde quando tinha meus 8, 9 anos.

O que aconteceu nessa idade que te marcou tanto?
Foi a coroação de Martha Rocha como Miss Brasil. O Vitória montou seus remos no aeroporto, na saída do avião. Os atletas fizeram um túnel para ela passar, com maiô vermelho e preto. Foi aí que eu fiquei apaixonada. O Vitória é isso *(se emociona)*.

A senhora estava no aeroporto?
Com 9 anos. É por isso que sou até hoje rubro-negra, de ver aquela coisa ali... *(chora)* Eu fico muito doente quando vejo acabarem com meu clube. Eu vou fazer 70 anos. Se fosse mais nova, ia entrar na disputa pela presidência.[1] Não posso me conformar de ver o Vitória ser destruído por causa de vaidade. Se todo mundo é Vitória, por que não se reúne e cada um dá um pouco de si? É aquela vaidade: "Eu sou presidente!". A gente tinha que ouvir mais, dialogar mais, porque o mundo agora é outro. Talvez até digam: "A senhora é maluca". Mas quando falam de Paulo Carneiro, realmente ele fez muito pelo Vitória, mas ele também desgraçou o Vitória. Deixou nosso clube na terceira divisão! Foram muitos escândalos dentro do clube... Eu acho que para dirigir um clube tem que

---

1 Isaura chegou a se candidatar a presidente do Vitória em eleição extraordinária em abril de 2019.

ter não só sapiência do futebol. Jamais vou vestir a camisa do meu maior rival. Eu não me sinto bem. E Paulo Carneiro, se não fosse esse jeitão dele, seria uma pessoa fantástica. Mas a falta de educação, a prepotência, a arrogância... Paulo era presidente e teve uma briga com a CBF, chamando todo mundo de ladrão. Eu fui a única cronista baiana a ser convidada para os 80 anos de João Havelange. Eu estava lá no Copacabana Palace e recebi o aviso de que Edson Almeida, assessor de imprensa do Vitória, estava me chamando no telefone.

– Isaura, eu vou mandar um fax e você vai tentar convencer Ricardo Teixeira, porque Paulo Carneiro rompeu com a CBF. Ricardo Teixeira não quer ouvir falar do Vitória.

Quando vi o fax chegar, falei: "Ave Maria, Edson, isso é um livro?". Fui com tudo aquilo dobrado, cheguei junto de Ricardo Teixeira.

– O que é que você quer, Isaura Maria? De antemão, eu não vou receber nada!

– Oh, Dr. Ricardo, pelo amor de Deus, o Vitória não tem nada a ver com essa história. Foi coisa de um dirigente. A gente tira até o dirigente e bota outra pessoa para conversar com o senhor sobre a situação do Vitória. O Vitória está acima de tudo.

– Isaura, eu já disse não!

– Vamos fazer uma coisa. Eu vou colocar no seu bolso e depois você procura.

No dia seguinte, ele me falou:

– Pode ligar para Salvador e marque a reunião com o Vitória, que eu vou considerar.

O lado místico era muito presente no futebol?

Alvinho Barriga Mole entrava na Fonte Nova, na Graça, de joelho com o Padre Cícero... Dona Tidinha já deixava a macumba dela feita na concentração. Ela vinha com o galho de arruda e ia benzendo todo mundo. Engraçado é que quando perdiam, os meninos falavam: "Tá vendo, dona Tidinha?". E ela: "É porque vocês não acreditam!". Na década de 50 tinha um jogador chamado Aduce. Não era de meu tempo, mas era um artilheiro nato, apesar de preguiçoso. Os jogadores o pegaram e deram uma surra nele dentro do vestiário, para alertar que precisava jogar, pois era uma sonolência danada. Ele então fez três gols e o Vitória ganhou do Bahia por 4x3.[2]

---

2 01/01/1956 - Baiano: Vitória 4x3 Bahia. Gols: Aduce (3) e Alencar. Jogo do título baiano de 1955.

A senhora tinha proximidade com quais jogadores?
Eu tinha amizade com todos. Na época em que eu estava lá dentro, pelo fato de ser mulher, mais nova, precisava ter cuidado para não confundir e me tornar vulgar. Agora, o mais danado era França. França era terrível. Dizia sempre: "Não confunda alhos com bugalhos, aqui você tem que respeitar". Romenil era de uma educação primaz. Gato Preto era um baixinho, negro, parrudo, também muito educado. Um que eu dei uma consertada foi Uriel. Ele jogava uma partida e ficava cinco sem jogar. Dizia que estava contundido. Quando ele saía, já ia falando "Tanderil". Eu dizia: "Vou colocar o nome de seu filho de Tanderil, porque você é movido a Tanderil". Aí chamei Gaguinho e disse: "Tá na época de São João, compra aí aquelas bombinhas e um barbante". Emendei as bombas uma na outra e botei o cordão na janela. Era um sábado e eles jogavam domingo. Quando eles dormiram, começou a bomba... Uriel estava no beliche e foi o primeiro a descer. "Você não disse que não podia nem botar o pé no chão? Então tá pronto para jogar amanhã, não tá?". Daí pra frente, não teve mais Tanderil.

Onde a senhora ficava na Fonte Nova?
A torcida do Vitória era do lado da geral, onde o sol batia na cara. Mas ninguém ligava, por causa do chapéu. Eu era estudante, fazia ginásio ainda. A gente ia para a Fonte Nova, cada um com seu chapéu de palha pintado de vermelho e preto. Quando o Vitória ganhava, a gente botava tudo de vermelho e preto. Quando perdia, virava o chapéu e vinha pelo meio da rua. Mas não tinha aquelas agressões de hoje. Eu morava na São José de Baixo, no Barbalho. A gente ia passando e pegando o povo para ir pra Fonte Nova. Era o pessoal do Bahia, o pessoal do Vitória. A gente tinha aquelas alegorias, ia com mamãe-sacode, tinha os tamanquinhos que batiam. Na Fonte Nova, a maior alegria era rolete de cana e amendoim cozido. E sentava onde queria. O Vitória vinha pra Ladeira da Fonte, todo mundo vinha para cá. O Vitória ia para o Dique do Tororó, ia todo mundo pra lá. Hoje, não. É torcida única, com local específico para Vitória e para Bahia.

A senhora conheceu a ilustre torcedora Irmã Esperança?
Tenho o prazer de ter sido a primeira mulher repórter de futebol na Bahia. Depois de quase 30 dias, veio Heloísa Braga. E nos jogos do Vitória, eu ficava lá embaixo e via no alto, na direção da imprensa, um pedaço de pau branco com

a bandeira do Vitória. Um dia, resolvi subir. Cheguei lá, era Irmã Esperança.[3]
– Irmã, a senhora, uma freira!
– Cala a boca, menina! Você me descobriu. Eu fugi. Não fale meu nome na rádio, não!
– Eu vou levar a senhora lá embaixo, pra senhora vai conhecer.
Quando chegamos, fizeram uma festa. Depois, a levei para a madre superiora.
– Não tem jeito. O Vitória joga, a gente tranca, ela pula o muro, faz miséria, mas ela vai para o jogo. Olha, Isaura, já que você a trouxe, ela não vai mais...
– Não faça isso. Eu me comprometo a passar aqui toda vez que tiver jogo para pegar a Irmã Esperança e levá-la ao estádio.

A senhora recebeu alguma homenagem no Vitória?
Uma única vez. Eu estava no Barradão e Ramon[4] fez uma homenagem ao Dia das Mães. Ele tirou a camisa e me deu. Não me incomoda que me deem algo ou deixem de dar, que não me reconheçam. Eu faço questão de ter minha carteira de sócio remido. Eu gosto disso. Às vezes, estou aqui sozinha e pego as coisas antigas do Vitória, é como se estivesse vivendo aquele momento. Falar do Vitória é emocionante.

---

3 Irmã Esperança ficou conhecida no futebol baiano por frequentar os jogos do Vitória vestida do hábito religioso, com seu rádio e a almofada rubro-negra, nas décadas de 1980/90. Seu nome civil era Guilhermina Fonseca Gomes. Nasceu em 14/06/1924 em Ubaíra (BA). Sua morte foi em 23/06/1999, causada por cardiopatia isquêmica e aterosclerose coronariana. Foi sepultada no Cemitério do Campo Santo. Fazia parte da Congregação das Irmãs Mercedárias Missionárias do Brasil.
4 Zagueiro, jogou no Vitória de 2014 a 2019.

HUGO

Hugo Aparecido Matos de Oliveira nasceu em Mirandópolis (SP) em 28/05/1965. Teve duas passagens pelo Vitória entre 1987 e 1990, quando foi bicampeão baiano. Voltou em 1995 e soma mais de 120 jogos pelo Leão. Com a camisa rubro-negra, marcou três gols em um mesmo jogo: 3x0 no Bahia no Torneio da Morte em 1989.

Entrevista realizada em fevereiro de 2018.

Como você chegou ao Vitória?
Comecei a jogar na categoria de base no Fluminense de Feira em 83. Me tornei profissional em 86, porque pela lei a gente só assinava contrato quando completava 21 anos. Em 1987, vim para o Vitória emprestado. Quem me trouxe foi Eduardo Moraes. No fim de 87, Ademar Pinheiro foi eleito presidente, com Mauro Normando de vice. Nós fizemos uma grande campanha na Série B.[1] Estivemos para classificar para a semifinal. Disputamos a vaga direta com o Bangu, ganhamos em Salvador e perdemos no Rio. Precisou de um jogo extra, e perdemos nos pênaltis. Júnior foi o artilheiro do time e por isso o Vitória investiu nele, mas não tinha dinheiro para me comprar, nem o Zelito. Nós três éramos do Fluminense de Feira. Disputei mais um campeonato lá, o de 88, e quando estava acabando compraram meu passe e fui para o Vitória. No Vitória, me trataram como homem, apesar de eu ter chegado com 22 anos. A gente sentava e discutia o bicho na hora do almoço para o jogo à noite. Sei que muita gente não gosta do Paulo Carneiro, mas eu convivi com ele por dois anos, e todo mundo tem virtudes e defeitos. No Vitória, ele foi importante para mim, o maior presidente que o Vitória já teve, indiscutivelmente.

---

1 Módulo Amarelo.

O que o Vitória oferecia de estrutura?
Eu sei o que é não ter campo para treinar. No período de inverno, o campo da Toca ficava impraticável, o Barradão enchia de água, o Perônio ficava cheio de poça. A gente treinava ou no campo do Galícia ou no do Ypiranga. Hoje, se vai a São Paulo jogar contra o Corinthians, treina no campo do Palmeiras ou no do São Paulo. Nós treinamos num parque aberto. Os caras batendo baba lá, esperamos acabar para treinar. Pegamos uma fase difícil, de construção do CT do Vitória. Tem muito time na Série A sem a estrutura que o Vitória tem hoje. A gente concentrava no hotel Patamares dois fins de semana seguidos. No terceiro, tínhamos que ir pra outro hotel, porque o Vitória não pagava. Ia pra outro, ficava duas semanas, pagava o primeiro, ficava devendo o outro. Cobria os pés e descobria a cabeça. O Vitória contratava jogador na quinta-feira para jogar domingo. Não dava certo, mandava embora, trazia outro e gerava ônus para o clube. Em 87, Edu Lima saiu livre porque o Vitória perdeu o prazo de inscrição na CBF. Era o melhor jogador do Vitória. Naquela época era uma coisa amadora, mas foi se transformando.

Qual era a condição financeira do clube?
Quando Paulo Carneiro, Ademar Pinheiro Lemos e Mauro Normando foram me contratar de vez, Ademar falou: "Não temos dinheiro para pagar seus 15%". Eu falei: "Eu quero sair do Fluminense, para mim tá tudo certo". Pagaram ao Fluminense e eu vim para o Vitória. Mas o clube contratava um, contratava outro, e eu nunca cobrei o Vitória, eu via que a situação estava difícil. Um dia cobrei Paulo Carneiro. Aí ele: "Fica tranquilo. Você não me cobrava, por isso eu não lembrava". Pronto, no mês seguinte ele me pagou, um ano e meio depois. Outro exemplo: nós éramos 25, 26 no plantel. O Vitória fazia o cheque pra gente cobrar no banco. Nós chegávamos para trocar esses cheques, só tinha fundos para dez, os outros 16 sobravam. A gente ficava esperando alguém liberar o dinheiro no banco Econômico.

Como era a preparação dos atletas?
No Vitória, a situação era tão crítica que a gente não fazia nem exame laboratorial antes de começar o campeonato. Não tinha departamento médico. O cara machucava, ou era gelo ou o forno com parafina e uma água quente. Fisioterapia, ultrassom, o choquinho, os eletrodos, pode esquecer. Eu não me machucava, mas não era todo jogo que eu estava 100% na minha condição atlética. Em muitos jogos estava abaixo do peso. Às vezes, eram três jogos na semana. Ainda

não havia a lei de que precisava esperar 72 horas entre as partidas. Acredito que antes da gente foi pior. E antes daqueles, pior ainda.

Seus números na primeira passagem?
Fiz um gol contra o Guarani fora. Assistências, dei várias, Júnior acabou sendo artilheiro. A gente jogava num 4-3-3 ou num 4-4-2. Como o Vitória não era um time grande, tínhamos mais funções defensivas do que ofensivas. Era difícil para eu atacar, tinha que guardar mais a posição para defender. Como eu tinha um bom passe, chegava pouco na área. Depois fui chegando mais, o Vitória passou a fazer times melhores e dando condições para eu ser mais atacante do que meia.

Como foi a trajetória do título baiano de 1989?
Difícil demais, porque o Bahia estava voando. Só não tinha Bobô, Zé Carlos e o zagueiro Pereira. O Vitória era bom também e aí o pau comia. Nós perdemos uns BaVis nas fases classificatórias, mas quando chegou o quadrangular decisivo, a gente não perdeu. E o jogo final foi contra o Bahia em outubro, rolando ao mesmo tempo o Campeonato Brasileiro. Jogávamos pelo empate. João Francisco era o treinador. André Catimba levou até quase a final, mas quando chegou no dia da final se apresentou João Francisco e foi o professor que sentou no banco. João Francisco foi o campeão... E André também! Jogamos para empatar, empatamos em 0x0, aquele jogo morno[2]. Não fizemos muita coisa para ganhar, mas para não deixar o Bahia jogar. Saímos de trio elétrico da Fonte Nova até o Jardim de Alah, a sede do Vitória. Onde passava, o torcedor ficava dançando no meio da rua.

Como encararam o Torneio da Morte, contra o rebaixamento no Brasileiro de 1989?
Seria Coritiba, Atlético Paranaense, Bahia, Vitória, Sport e Guarani. O Coritiba desistiu e caiu direto. Nós perdemos o primeiro jogo para o Atlético e o segundo para o Bahia, em casa. O terceiro, contra o Guarani, fora, ganhamos por 1x0. O jogo seguinte foi contra o Sport, ganhamos por 2x0. Aí o Vitória ficou com quatro pontos *(na época, a vitória dava apenas dois pontos ao vencedor)*. No quinto jogo, empatamos em 1x1 com o Atlético Paranaense. O Vitória não estava em uma situação boa. Quando perdemos os dois primeiros jogos, falaram: "Já desceu". E nós fomos nos recuperando. O jogo seguinte foi o BaVi e

---

2 25/10/1989 - Baiano: Vitória 0x0 Bahia.

ganhamos de 3x0, o jogo em que fiz os três gols. Aí veio o Guarani, nós ganhamos de 2x1 e o Vitória ficou em uma posição excepcional. A gente descansou na penúltima rodada e no último jogo, contra o Sport, na Ilha do Retiro, empatamos em 0x0. O Vitória ficou em primeiro lugar nesse torneio. A gente não comenta isso porque foi chamado de Torneio da Morte, e não é para enaltecer. Mas o Bahia foi vice e o Vitória, campeão.

É verdade que você falou ao técnico André Catimba que faria três gols no BaVi?
Ele fez a preleção, estávamos preocupados com a situação do time. Quando acabou, eu bati nas costas dele e falei: "Professor, fica tranquilo que hoje eu vou guardar três". Ele falou: "Vai mesmo". Não foi que deu certo? Quem conhece a história costuma dizer que foi daí pra frente que começou a mudança, porque esse jogo e a administração de Paulo Carneiro e Ademar coincidiram com a mudança estrutural do Vitória, com as vitórias dentro do campo. Me sinto agradecido com Deus por ter participado disso. Quando ouço o hino do Vitória, "eu sou um nome na história", eu fico contente. Eu falo: "Pô, eu sou um nome na história". Quando chego ao Barradão, falo: "Meu filho, tem um grãozinho de areia meu aqui, me venderam pra comprar tijolo desse estádio". Fico chateado com gente que não conhece a história do clube. Às vezes, o cara se bate com André Catimba e não sabe quem é André. Como pode não saber quem é André, Osni, Mário Sérgio? Eles representaram muito para o clube naquela época, quando enfrentava o todo poderoso Bahia, que armava tudo fora do campo.

Como vocês recebiam o incentivo da torcida nos jogos?
Na hora que a gente ouvia as palmas dos rubro-negros e o "Negô! Negô!", rapaz, aí a gente arrepiava. Tinha a torcida organizada Leões da Fiel. Quando ouvíamos o grito da torcida, o pulmão parecia encher mais de ar, as pernas ganhavam forças, o cérebro funcionava melhor e a adrenalina corria. É como flutuar, é como viajar no ar. Já não é você que está ali, você está sendo guiado, está mais poderoso, mais forte do que você é.

E em 1990 veio o bicampeonato.
Joguei, só fui embora na metade do ano. Mas não tinha mais o goleiro *(Robinson)*, ficou Borges. Ficou Jairo, lateral-direito. Os dois centrais ficaram, Beto e Sérgio Odilon. Luciano, que era de 88, também ficou e saiu na metade. Nós tínhamos Toby e André Carpes. Tínhamos a base, fomos pra cima do Bahia.

Quando começou o grito "ei ei ei... Hugo é nosso rei!"?
Já tinha acontecido aquele BaVi em que eu fiz os três gols. No Baiano de 90, o Bahia venceu os turnos. Fomos pro quadrangular final. Eu já tinha feito um gol no Bahia na fase classificatória e no quadrangular fiz o gol e nós vencemos por 1x0. Daí a torcida começou a cantar isso, porque eu já era motivo de alegria para o torcedor, que sofria tanto. O torcedor do Vitória teve motivo para fazer gozação com o torcedor do Bahia. "Hugo é nosso rei" era como dizer "com Hugo no campo, o Bahia tá ferrado". Não era bem assim, porque o Bahia tinha um grande time e um treinador espetacular, Evaristo de Macedo. Mas nós tivemos o nosso momento de glória, com pessoas com quem aprendi a jogar futebol. No Fluminense de Feira, eu saía limpinho do campo, não sujava o short porque não dava um carrinho. Jogava do meio pra frente. No Vitória, tive que aprender a ser competitivo, porque os desafios eram maiores. Pegávamos o Flamengo, o Vasco, o Palmeiras, o São Paulo... No Vitória, tive que me tornar um jogador que dava carrinho, que voltava para marcar o lateral. Aprendi com Bigu que nunca se deve baixar a cabeça. E aprendi com o treinador André Catimba a simplicidade de fazer o que você precisa fazer. Passei a ter postura profissional, porque a gente defendia uma grande expectativa no time.

Por que você saiu do Vitória em 1990?
Paulo Carneiro sempre tinha oferta do Peru, do Palmeiras, do Botafogo, do Bragantino... Uma vez teve uma de um time do Catar e eu disse: "Paulo, preciso sair pra ganhar dinheiro". Aí ele falou: "Eu não vou te vender agora, porque se eu vender e o Vitória cair, vão dizer que foi porque te vendi". Graças a Deus, nós não caímos. Essa tristeza eu não dei pro torcedor. Mais pra frente, meu contrato estava para terminar, já em 90, aí Paulo disse: "Não se preocupe, eu não vou renovar seu contrato porque o Vitória não tem como pagar o que você merece". O Vitória estava tentando me vender para o Sporting, de Lisboa. Nesse meio tempo, apareceu o Flamengo. Não deu certo, aí me venderam para o Cruzeiro. Eu estava esperando a passagem para ir pra Minas, quando ele me disse que eu tinha sido vendido para o México. Perguntei se ele ia dar meus 15%. A lei, na época, dizia que o jogador só tinha direito a 15% depois de completar 24 meses no clube, e eu não tinha esses dois anos. Mas Paulo disse que ia me dar e eu fui pro México.

Como aconteceu seu retorno em 1995?
Eu estava no México jogando em um time da primeira divisão. Nas férias,

encontrei com Paulo Carneiro num shopping de Salvador e ele me perguntou se eu queria voltar. Eu disse que sim. Mas eu esperava uma transação que estava para acontecer no México, que acabou não dando certo, e voltei ao Vitória. Cheguei no aeroporto de manhã, me apresentei no campo de treino, fiz os testes. Naquele dia, Paulo e os juniores do Vitória estavam viajando para a Alemanha. Não tinha esse negócio de celular e internet ainda. Um dia depois, o empresário que me levou pro México ligou: "Hugo, já acertei com a Portuguesa". Eu disse que já tinha dado minha palavra ao Paulo. Expliquei que Paulo não estava na Bahia porque, se ele estivesse, eu conversaria com ele e sairia, mas sair assim sem avisar seria sair como traidor. Fiquei no Vitória.

Quais diferenças do clube dos anos 1980 para 1995?
Eu conto para os meus filhos: "Eu joguei contra Zico e não tenho a camisa do Zico, eu joguei contra Bebeto e não tenho a camisa do Bebeto, joguei contra Roberto Dinamite e não tenho a camisa do Roberto Dinamite". Porque se a gente trocasse a camisa no domingo não tinha para jogar na quarta-feira. Uma vez, jogamos no Maracanã contra o Flamengo de Zico, ganhamos de 1x0, gol de Hélio Caipira. Acho que foi a primeira vez que o Vitória venceu o Flamengo no Maracanã.[3] Nós precisávamos jogar com a camisa branca. O uniforme do Vitória era idêntico ao do Flamengo. Só tínhamos 14 camisas, o Flamengo precisou emprestar duas camisas brancas para a gente, que ficaram com jogadores do banco. Já em 95, a gente viajava padronizado, com camisa gola polo, já tinha agasalho, bolsa do Vitória. Eu me sentia realmente representante do Vitória. Antes, para a gente ir para o treino, o Vitória comprou uma Kombi. Nós ganhávamos tão pouco que a maioria não tinha carro. Só quem tinha era Bigu, Dema, acho que Borges também tinha. Julinho tinha um bugre. Em 95, cada jogador já tinha seu carro, porque o Vitória já pagava melhor. O Vitória já não precisava treinar em praça pública, tinha dinheiro até para alugar um campo para treinar. O Vitória foi vice-campeão brasileiro em 93, então os olhos de quem gostava de futebol se voltavam para o clube. Quem é o novo valor que vai sair do Vitória? Aí vieram Flávio Tanajura, Emerson Melo, Bebeto Campos, Renato Nascimento... Já não contratava tantos jogadores, olhava para dentro da casa. Uma coisa que não mudou muito foi o pagamento, que continuava atrasando. Paulo era meio complicado. Em 89, nós tínhamos o centroavante Ronaldo, e Paulo tirou o jogador da concentração no

---

3 27/11/1988 - Série A: Flamengo 0x1 Vitória. Gol: Hélio Caipira.

dia de um BaVi. Vendeu para o Bahia à noite, de manhã o tirou da concentração e o cara não jogou. Vendeu pra pagar salário. Era assim que o Vitória vivia, e ele não escondia. Em 95, não precisava mais fazer isso. Não tinha uma sala de musculação adequada, mas já podia pagar uma academia, já tinha um ônibus só pra base. Outra diferença: o mando de campo em 90 era na Fonte Nova, em 95 já jogávamos no Barradão. O Barradão era num lixão. O pessoal fala "lixão" hoje em dia e eu dou risada, porque a gente vai lá e não tem nada de lixo. Acredito que seja motivo de orgulho saber que ali era um lixão e foi transformado no que é hoje, porque Vitória não transformou só o terreno do estádio, o Vitória transformou a região de Canabrava.

Como avalia sua última passagem?
No primeiro jogo, não pude jogar por causa da transferência. No segundo, eu entrei contra o Paysandu em Belém e terminou 1x1. Depois jogamos contra o Grêmio e ganhamos de 2x0, só joguei meio tempo. O terceiro jogo foi contra o Cruzeiro no Mineirão e nós perdemos de 3x0. Estava jogando bem nesse jogo, aí Péricles Chamusca me tirou na metade do segundo tempo. E eu não entrei mais. Não estava bem na parte física, não falei nada com ninguém. Pensei: "Vou treinar". Quando eu estava melhor, perto de entrar no time, Péricles saiu do comando e entrou Joãozinho com a ideia de jogar no 3-5-1. Eu disse a ele que no México eu jogava de primeiro volante. Ele me botou, mas não fomos felizes, perdemos para o Guarani em Campinas. Joãozinho ficou dois ou três jogos só.[4] Aí chegou Geninho. Mas a intenção do Paulo quando me trouxe não foi fazer o Vitória forte no campo. Ele tinha vendido Rodrigo e Ramon para o Bayer Leverkusen. Então, comigo, ele estava dando uma satisfação para a torcida, porque eu tinha saído no auge. A finalidade de Paulo nesse ano era botar os jogadores da base para jogar e vender, como ele vendeu Júnior Nagata para o Palmeiras no fim do campeonato. Quando começou o ano de 96, recebi oferta do Botafogo, que tinha sido campeão brasileiro. Pedi a rescisão a Paulo Carneiro e fui para o Botafogo.

Qual seu sentimento sobre sua história no Vitória?
Outro dia eu fui em um programa de TV. Iam jogar Vitória e Fluminense de Feira e me perguntaram: "Como é que fica o coração?". Eu explique que o Fluminense

---

[4] O técnico Joãozinho ficou no Vitória menos de 20 dias em outubro de 1995. Comandou a equipe em três jogos: as derrotas para Guarani (3x1), Internacional (3x1) e Sport (2x0).

de Feira é a primeira namorada, e a primeira namorada você não esquece. Já o Vitória é a esposa, aquela com quem você se junta, faz planos para crescer como ser humano e como atleta. Eu não estive muito tempo no Vitória, joguei esses dois anos e saí para o México, depois voltei para uma passagem rápida, de seis meses. Mas esses dois anos marcaram demais. Não sei dizer quantos jogadores têm essa identificação com a torcida do Vitória, tendo jogado tão pouco. Talvez Marinho naquele ano de 2016, que foi fenomenal. Meu ano de 89 e começo de 90 foi mais ou menos o espelho do Marinho. Tive a oportunidade de fazer gols e assistências em jogos decisivos, por isso fiquei tão marcado com a torcida.

FERNANDO BAÍA

Fernando José Guimarães Rocha Junior nasceu em Salvador em 01/03/1972. Com o apelido de Fernando Baía, ficou conhecido nacionalmente como percussionista da banda Tihuana. É filho de Fernando José, radialista esportivo e prefeito de Salvador entre 1989 e 1992.

Artigo escrito em outubro de 2020.

O começo de tudo

Minha história como apaixonado por futebol nasceu com certeza através do meu pai, Fernando José, tido por todos como um dos maiores nomes da história da imprensa esportiva da Bahia. Meu pai foi narrador de futebol, comentarista, apresentador de rádio e TV, chefe de esportes, colunista de jornal, passando por praticamente todas as funções no jornalismo e no radialismo baiano. Sempre foi o meu grande ídolo, mas como todo pai também pode ter defeitos, e pra mim ele tinha um: era torcedor do Bahia. Mas ele não era apenas torcedor do Bahia, era torcedor do futebol baiano. Várias vezes o vi torcendo pelo VITÓRIA (só escrevo o nome em letras maiúsculas, seja onde for) quando jogávamos contra clubes de outros estados. Era um eterno inconformado com a discriminação que o nosso futebol sofria em relação ao eixo Rio-São Paulo.

Foi em uma das centenas de tardes de domingo que meu pai me levou para a Fonte Nova que a magia aconteceu. No dia 23 de novembro de 1980, quando o VITÓRIA enfrentou o Galícia na final do Campeonato Baiano daquele ano, me tornei, aos 8 anos de idade, torcedor do clube. Engana-se quem pensa que virei torcedor porque fomos campeões naquela tarde. Assim que entrei na tribuna de imprensa da Fonte Nova e olhei para o lado esquerdo, onde ficava a torcida rubro-negra, a imagem da faixa da torcida Falange Rubro-Negra (cujo líder era o grande amigo e benemérito rubro-negro Luciano Santos) colada no alambrado grudou na minha mente. Passei o jogo inteiro sem conseguir desgrudar os olhos daquela torcida, da faixa, da energia que vinha daquele lado e me contagiava de uma maneira absolutamente inexplicável. Nascia ali mais um fanático pelo Leão da Barra. E já nascia campeão. VITÓRIA 1x0 Galícia, gol do lateral-direito Paulo Maurício em cobrança de pênalti.

O título de 1985

Um título inesquecível para qualquer torcedor na década de 80 com certeza foi o brilhante estadual de 1985, ganho de forma antecipada, ainda nas semifinais. O rival já vinha de quatro títulos consecutivos e não podíamos mais esperar para quebrar essa sequência.

Uma grande equipe foi montada naquele ano, com notável participação do nosso querido e saudoso Nilton Sampaio, vice-presidente do clube na época. Dois jogadores se tornaram ídolos eternos: o cabeça-de-área Bigu, que nas minhas lembranças não perdeu uma dividida sequer naquele ano, e o nigeriano Ricky, pra mim o maior centroavante da história do clube.

Jamais esquecerei a emoção que senti naquela noite de sexta-feira, 20 de dezembro de 1985, quando vencemos a Catuense por 2x1, gols de Bigu e Ivan Formiga. Há alguns anos, ao reencontrar o hoje grande amigo Bigu em São Paulo, ele me presenteou com a camisa que usou no baVI da final daquele ano, quando já entramos em campo campeões. Guardo essa relíquia com muito carinho.

O time de 1993, o "Brinquedo Assassino"

Nesse ano aconteceu o que eu considero o jogo mais emocionante da minha vida como torcedor. Eu ainda residia em Salvador, mas, empolgado com a campanha arrasadora, fui para São Paulo ver o jogo Corinthians 2x2 VITÓRIA no Morumbi. No estádio, obviamente, só tinha corintiano. Todos sabemos o cuidado que devemos ter quando sai gol do nosso time e estamos no meio da torcida adversária. Imagine então a minha situação e a de quem estava comigo e o VITÓRIA já fazendo 2x0 com apenas 13 minutos de partida. Eu sinceramente não sei como não "entreguei" todos nós ali nas comemorações. Comecei a socar o chão e a soltar um monte de palavrões para desabafar e parecer que estava puto da vida, mas dentro do peito era comemoração das mais vibrantes que já tinha tido!

Aquele resultado nos deixava praticamente garantidos na nossa primeira final de Brasileirão da história. O Corinthians conseguiu chegar ao empate e mais um gol complicaria nossa situação. Meu corpo tremia de medo a cada ataque corintiano! Fim de jogo, lembro que eu parecia flutuar de tanta alegria e ao mesmo tempo ainda tinha que segurar a emoção, pois saímos juntos com a torcida corintiana, frustrada com aquele empate em casa.

Obviamente, eu estava na final do Brasileirão 93, na Fonte Nova, quando infelizmente perdemos o jogo por 1x0. O VITÓRIA só não foi campeão brasileiro naquele ano porque enfrentamos um time que marcou uma era no futebol brasileiro, o Palmeiras Parmalat. Ninguém tem dúvidas de que somente aquela seleção travestida de clube poderia parar a nossa máquina mortífera. Se tivéssemos enfrentado qualquer outra equipe, teríamos sido campeões e eu não sei se estaria vivo hoje pra contar essa história.

O manto sagrado nos programas de TV em rede nacional

A partir de 1996, passei a usar o manto sagrado nos grandes programas de TV. A minha primeira banda a gravar um disco e entrar no mercado da música foi Ostheobaldo. Fizemos alguns programas muito importantes na época, como "Planeta Xuxa", "Programa livre", do Serginho Groismman, e o do Jô Soares. Em todos eles apareci vestindo uma camisa do VITÓRIA, coisa que na época nenhum outro artista fazia. No primeiro clipe do Ostheobaldo, da música "Arrasa quarteirão", com participação da Mulata Globeleza Valéria Valenssa, eu também estou com o manto rubro-negro.

Essa banda acabou no início de 1999. Em 2000, eu já estava lançando o álbum de estreia do Tihuana, banda da qual fiz parte durante 13 anos. Mais uma vez eu aparecia nos programas em rede nacional com a camisa rubro-negra, com destaque para a nossa primeira ida ao "Domingão do Faustão", quando usei a de mangas compridas da extinta torcida organizada Leões da Fiel.

Tudo isso criou uma identificação muito forte da torcida do VITÓRIA comigo, afinal de contas, nunca um artista tinha aparecido com tanta frequência na grande mídia com o manto do clube. Essa identificação gerou duas homenagens que jamais esquecerei. A primeira delas foi quando a Leões da Fiel confeccionou um bandeirão gigante com o meu rosto grafitado. Foi uma emoção muito grande ver a bandeira, mais ainda depois quando a vi no Barradão em dia de jogo.

A outra homenagem foi da torcida Os Imbatíveis em um jogo na Fonte Nova. Quando cheguei à arquibancada, a TUI se virou para onde eu estava e entoou o canto: "Uh! É de fudê, Tihuana e TUI aê oi!". Rapaz... Meu corpo inteiro se arrepiou e confesso que "caiu um cisco no meu olho".

"Se o VITÓRIA fizer gol, eu tiro a roupa..."

O Tihuana nasceu em 2000 e já no álbum de estreia, "Ilegal", nós estouramos com cinco músicas tocando nas rádios em todo o país. Em uma das músicas desse disco, o VITÓRIA está presente. Em "É Guaraná", um trecho da letra diz "se o VITÓRIA fizer gol eu tiro a roupa, se o VITÓRIA fizer gol eu fico nu". Muita gente pode achar que essa frase é uma bobagem qualquer que inventei pra colocar na letra, mas foi fruto de um episódio real em um baVI na Fonte Nova em 1998, inclusive no dia que marcou a estreia da torcida Os Imbatíveis nos estádios.

Antes da partida começar, um torcedor nitidamente embriagado gritava sem parar na arquibancada: "Se o VITÓRIA fizer gol eu tiro a roupa, se o VITÓRIA fizer gol eu fico nu". Ninguém imaginava que aquilo não se tratava apenas de papo de bêbado. Agnaldo Capacete fez 1x0, o bêbado me subiu na mureta da arquibancada e, sim, baixou totalmente a bermuda. A Polícia Militar entrou na arquibancada e nós, como normalmente acontecia naquela época, tentamos impedir a prisão do torcedor visionário.

Tihuana no Rock in Rio 3

Um dos grandes momentos da carreira do Tihuana e, consequentemente, da minha vida com certeza foi ter tocado no Rock in Rio 3 em 2001, no Rio de Janeiro. Tocamos no dia em que houve superlotação no festival, era um mar sem fim de pessoas e uma adrenalina absurda percorria meu corpo momentos antes de entrar no palco. A apresentação foi um sucesso e, mais uma vez, lá estava o manto rubro-negro. Há um vídeo no YouTube com o título "Banda Tihuana homenageia o VITÓRIA no Rock in Rio 2001", com trechos das músicas "Tropa de Elite" (seis anos antes do lançamento do filme homônimo, vale o registro) e ela, "É Guaraná", quando canto, com toda a energia que aquele momento me proporcionava, a letra com o nome do meu clube do coração. Que momento!

O maior show da terra no Parque Antártica

Um outro jogo que considero também dos mais emocionantes em que estive presente no estádio foi o inesquecível Palmeiras 2x7 VITÓRIA no Parque Antártica, a casa palmeirense, pela Copa do Brasil 2003, até hoje a maior derrota do Palmeiras no seu estádio. Foi realmente surreal ver aquela enxurrada de gols e o verdadeiro baile de Nadson, Zé Roberto, Dudu Cearense e cia. O inusitado é que naquele dia eu acabei convidando um amigo corintiano para ver o jogo comigo, convite esse que ele me agradece até hoje, pois talvez tenha sido o único corintiano presente naquela humilhação do rival deles. Nesse dia eu realmente não consegui dormir, fiquei bebendo em casa com um sorriso estampado no rosto. E quando eu percebi, o dia clareou...

A chegada de Vampeta e Edílson

O baVI da chegada de Vampeta e Edílson no Barradão foi um dia especial não apenas por esse fato, nem só pela vitória no clássico. Nesse dia fui convidado pela equipe do Barradão On Line, o primeiro site de torcedores do clube na internet, do qual tenho orgulho de ter feito parte da sua primeira equipe, para entregar o troféu do prêmio que dávamos ao melhor jogador do ano. Em 2003, o vencedor foi o "xerife" Marcelo Heleno, um dos maiores zagueiros que vi no clube. Acho que essa foi a primeira vez que vivi a emoção de pisar no gramado do templo sagrado e, melhor, ao lado de grandes beneméritos como Luciano Santos, fundador do Barradão On Line, Nilton Sampaio Filho e o pai dele, o grande "Niltão", Nilton Sampaio. Para completar a emoção, fui entrevistado logo após a entrega do prêmio por uma emissora de rádio na qual meu saudoso pai havia trabalhado e não consegui conter as lágrimas lembrando dele naquele momento. Não bastasse tudo isso, Vampeta e Edílson desceram de helicóptero no centro do gramado ovacionados pela torcida e ainda vencemos o nosso rival por 2x0, uma vitória tranquila e soberana.

A Copa do Brasil 2010

Um momento de emoção naquele ano foi justamente o primeiro jogo da final contra o Santos, na Vila Belmiro. Fui convidado pela diretoria para ir com eles acompanhando o ônibus da delegação. O nervosismo e a ansiedade de todos era muito grande. Ainda um pouco distante da Vila famosa, nosso ônibus parou. A princípio, achei que era um bloqueio da polícia. Algum conselheiro falou: "Não é polícia, paramos porque existe uma fila enorme de ônibus de torcedores vindos de Salvador". Coloquei a cabeça para fora da janela e aquela visão me arrepiou. Eram muitos e muitos ônibus, uma coisa impressionante. Dentro do estádio, a torcida do VITÓRIA ocupava todo o espaço destinado a ela e, de tanta gente que tinha ali, tivemos que ficar num espaço originalmente reservado para torcedores santistas. Mais uma vez, só perdemos o título nacional porque pegamos outro clube que marcou a história do futebol brasileiro, o "Santos das goleadas" de Neymar, Robinho, Ganso, Renato, Léo e cia.

"Um torcedor fanático do VITÓRIA chamado... Baía???"

Eu preciso explicar de uma vez por todas essa "pergunta que não quer calar". Em 1994, eu me mudei de Salvador para o Rio de Janeiro para tentar realizar meu sonho de viver da música, pois não queria tocar axé music, que dominava completamente a cena musical baiana na época. Eu queria era ter uma banda de rock (nunca desista dos seus sonhos!). No ano seguinte, consegui um estágio na Rádio Cidade do Rio de Janeiro, a rádio rock da época. Eu tinha uma mania, de muitos baianos também, de chamar as pessoas de "Bahia". "E aí, Bahia?". "Como é que tá, Bahia?". Até que uma colega da rádio me falou: "Ué, você nasceu na Bahia e chama os outros de Bahia? Pois agora eu que vou te chamar de Bahia!". Rapidamente o apelido se espalhou. Quando vi que não ia ter jeito, a primeira coisa que fiz foi tirar a letra "h". Jamais aceitaria ter um apelido com a mesma grafia daquele outro time.

Sempre ouvi essa pergunta em todos os lugares, inclusive no saudoso programa Rock&Gol MTV, sucesso absoluto entre o fim dos anos 90 e meados dos anos 2000, no qual os apresentadores Paulo Bonfá e Marco Bianchi sempre me zoavam com isso. Todas as vezes que tocavam no tema, eu explicava e eles não deixavam barato, emendavam com "o Baía é o único cara que eu conheço que o apelido tem que vir com legenda".

"Amor assim nunca se viu..."

O meu amor pelo VITÓRIA é algo que não consigo explicar. É como o amor que sinto pela minha família, realmente muito forte. Inclusive, minha família sempre foi predominantemente Bahia, então eu sou, digamos, a própria "ovelha rubro-negra". Eu sou basicamente um cara feliz o tempo todo, mas essa felicidade não é completa quando o VITÓRIA perde um jogo.

Agora, o que mais me dói é quando vejo os próprios torcedores diminuindo o clube. Isso não aceito. As gerações mais novas nasceram mal acostumadas, com o VITÓRIA dominando regionalmente nas décadas de 1990 e 2000 e chegando inclusive em final nacional em 2010. Essas gerações não sabem o que era o clube antes disso, não sabem como era o nosso sofrimento. Eu vejo muitos desses torcedores diminuindo o clube nas redes sociais, nas fases ruins, como se quisessem se vingar por ele não estar trazendo felicidade. Ora, o clube não lhe deve felicidade! O clube não lhe deve nada! O que esse tipo de torcedor precisa entender é que o clube é simplesmente... ele!

Somos nós, torcedores, que fazemos o clube forte. Eu vivo essa luta constantemente, vivo pedindo que os torcedores não espalhem ideias negativas sobre o clube. Para isso já temos as torcidas adversárias! Esse tipo de comportamento não ajuda em nada. Torcedor é torcedor, torcedor não é cliente. Esse papo de cliente, eu não engulo. Torcedor é paixão, é amor, é entrega. Cliente é outra coisa.

Vamos nos unir e defender o nosso amado ESPORTE CLUBE VITÓRIA mesmo nas fases ruins, PRINCIPALMENTE nas fases ruins. Pense no que você pode fazer para ajudar. Se você não gosta do dirigente que está no comando, pense em como fazer para mudar a gestão, o gestor, mas entenda que o clube está acima disso, o VITÓRIA está acima de todos! O meu VITÓRIA, o nosso VITÓRIA! Amor assim? Nunca se viu!

ARTURZINHO

Artur dos Santos Lima nasceu no Rio de Janeiro (RJ) em 13/05/1956. No Leão, atuou como jogador em 1992 e 1993, foi campeão baiano e ajudou o time a ascender à Série A do Brasileiro. Teve quatro passagens como técnico: 1997, 2000, 2002 e 2006. No cargo, ganhou dois Baianos e uma Copa do Nordeste. A torcida rubro-negra acolheu o apelido de "Rei Artur".

Entrevista realizada em junho de 2020.

Na sua chegada ao Vitória em 1992, houve desconfiança por causa da idade?
Sofri preconceito muito grande, principalmente por parte da imprensa. Já cheguei com 35 anos e isso gera insegurança das pessoas que contrataram. Com um repórter eu tive que falar firme: "Fazer o julgamento antecipadamente não é justo e eu espero que vocês me deem tempo para mostrar o meu valor". As pessoas achavam que estava indo apenas pela parte financeira e não em relação a produtividade.

O que você conhecia do Vitória?
Pouco. O técnico era o João Francisco, que trabalhou comigo no Bangu. Isso aí deve ter facilitado um pouco as coisas. Eu fui para o Vitória porque o Bangu já estava em fase de decréscimo em relação a conquistas. Eu saía emprestado quase todos os anos. Achei que valeria o investimento no Vitória, que poderia almejar conquistas jogando no Nordeste. Fui com as mesmas condições que tinha no Bangu e com o salário praticamente defasado, sem possibilidade nenhuma de fazer algo mais do que sobreviver com aquele dinheiro.

Lembra do seu primeiro jogo?
Acho que nós jogamos em Itaperuna (RJ), empatamos.[1] Depois foi contra o Ameri-

---

1 18/03/1992 - Série B: Itaperuna (RJ) 1x1 Vitória. Gol: Sidnei.

cano (RJ) e eu fiz dois gols.[2] A partir desse jogo criei o respeito da equipe, começaram a acreditar que não cheguei apenas com meu passado. Eu me senti mais à vontade de comandar o grupo, de mostrar que tínhamos possibilidade de ascensão. Certa vez, acho que em Brasília, empatamos um jogo e o Paulo Carneiro entrou no vestiário meio cabisbaixo, reclamando que o time não estava bem. Falei para ele não se preocupar, porque íamos subir. Eu tenho umas atitudes que parecem que são premonições. Disse até que tínhamos possibilidades de ser campeões. Se visse nosso time no início, a probabilidade disso era mínima, porque estávamos muito desentrosados, havia muita deficiência no elenco. Não tínhamos um elenco grande e boa parte era inexperiente. Estavam chegando Vampeta, Alex Alves, Dida, Rodrigo... Tudo garoto. Coube aos mais velhos, como eu, Agnaldo e Borjão, induzi-los a acreditar na possibilidade de ascensão.

O elenco era unido?
Elenco unido é um negócio complicado. Eu estava vendo, por exemplo, a Seleção Brasileira de 1970. Como ganhou, todo mundo disse que o elenco era unido. Aí eu soube através de um amigo que estava nessa seleção, o Marco Antônio, que teve divergência entre Pelé, Fontana e outros. O elenco tem que ser unido na hora do trabalho. Às vezes, nem todos se dão bem e nem todos são amigos, mas tem que se respeitar para fazer o melhor para a equipe. A gente lembra de confusões, porque alguns jogadores eram mais esquentados, mas superávamos isso. Teve uma briga do Ronaldo Passos com o Vampeta, não lembro o motivo. O Ronaldo era muito forte, e o apelido era Gorila. Ele partiu pra cima do Vampeta. Só que o Vampeta não correu, e o encarou. Foi uma confusão danada, a gente separando e eles querendo brigar. Sendo um dos líderes, eu entrei no vestiário e o Ronaldo falou: "Eu vou pegar ele". Falei: "Não vai pegar, não. Queria que ele tivesse corrido de você? Ele só te enfrentou. Acabou, não vai ter mais briga nenhuma". Hoje o Ronaldo é amicíssimo do Vampeta. Impossível não gostar do Vampeta, uma figuraça. Só que ele era garoto, era atrevido. Em 92, eu discuti muito com o zagueiro Evandro, que gostava de dar umas pancadas no treino. Aí botei uma chuteira de tarraxa pra pegar ele também. Mas passava aquilo ali, nós conversávamos e resolvíamos. São coisas que acontecem dentro do futebol, cabe a você não levar para o campo e não ficar com mágoa, porque num grupo de 30 atletas sempre tem divergências.

---

2 01/04/1992 - Série B: Vitória 5x1 Americano (RJ). Gols: Arturzinho (2), Dão (2) e Edson Pezinho.

Como era a convivência dos experientes com os da base?
Eu sempre tive uma boa convivência com todo o grupo. Dida, Vampeta, Paulo Isidoro, Rodrigo, Giuliano, Alex Alves, Gil Baiano, esses garotos me têm como referência. O Vampeta, nas entrevistas, costuma dizer que sou o ídolo dele. Ele me considera ídolo porque eu era referência e tratava bem esses garotos. Virei capitão logo no início. Eu sempre tive uma palavra de incentivo, tratava todo mundo de igual para igual. Eu sempre gostei, quando terminava o treinamento, de ficar treinando finalização. Teve uma época que o Dida voltou da seleção, campeão do mundo nos juniores. Para estimular o Dida, eu ficava perturbando ele. Enquanto ele treinava, eu finalizava e fazia os gols. Aí eu brincava: "Ele é de juniores, bola de profissional não pega". Dida ficava invocado e dificultava meu trabalho. Isso funcionava, porque eu me estimulava e estimulava ele a não levar gol. Eu também ficava treinando o Vampeta a chutar de longe, ele não batia muito bem na bola, mas foi aprendendo. O Rodrigo ficava cruzando pra eu finalizar. Esses atletas precisam de muito carinho e de exemplo para que possam virar profissionais. A maioria deles me ultrapassou, inclusive jogou Copa do Mundo e tudo.

Qual o sentimento da equipe ao consolidar o acesso a Série A?
Foi marcante porque – vou ser bem sincero – a possibilidade era mínima. Nosso time ainda não era tão entrosado, nem qualificado como devia para pretender ascender. O time estava em formação, tanto que mudaram algumas peças no campeonato estadual, no segundo semestre. Pra se ter uma ideia, se não me engano fiz uns dez gols na competição, fui vice-artilheiro da Série B mesmo chegando sete ou oito rodadas depois de iniciada a competição. A ascensão foi através do trabalho e da dedicação de todo mundo, mas foi mais na vontade do que na qualidade.

Você ficou de fora do primeiro jogo da final da Série B. Como foi para você?
Fiquei de fora porque tomei o terceiro cartão amarelo numa bobeira no jogo do Criciúma *(na semifinal)*, uma coisa assim de reclamar do árbitro desnecessariamente. Não joguei lá contra o Paraná e nós perdemos de 2x1. Tínhamos que ganhar para reverter. E em Salvador nós não jogamos bem e perdemos para um time que não era melhor do que o nosso, mas tinha um diferencial: era um time muito justo taticamente e, em termos defensivos, quase intransponível, marcava muito bem.

Como estava a expectativa de ser campeão da Série B?
Foi triste aquele dia, porque a cidade estava preparada para o título do Vitória. Nós fomos de ônibus para o estádio, uma confusão danada. Na subida do vestiário para o gramado, na hora da reza, eu falei para o grupo: "Eles estão aí com 20 e poucas pessoas e nós estamos com 60 mil no estádio. Nós não podemos decepcionar esses torcedores, temos que ganhar o título". E infelizmente não aconteceu. Dos males, o menor, houve a ascensão.

O que faltou para o título?
Título é questão de detalhe. Se você ver o gol do Paraná, a bola estava dividida, eu acho que o Candeia não foi com o pé muito forte na bola. Se ele dá um bico, a bola bate no pé do rapaz *(Saulo)* e vai embora. Mas o cara ganhou a dividida com o Candeia, ficou diante do Borges e fez o gol. Uma bola fácil de ser retirada e por uma fatalidade ou um momento inadequado culminou em gol. Ali nós perdemos um pouco o nosso norte, porque já tínhamos que fazer dois gols. E quando estava 0x0, a gente só tinha que fazer um gol e resolvia o problema, tínhamos a vantagem de resultados iguais.

Em um BaVi pelo Baiano de 1992, o Vitória teve dois jogadores expulsos e a torcida gritou que era armação. Você acha que houve armação?
Acho que não. Há uma história curiosa desse jogo, de quando teve a segunda expulsão. O Paulo Carneiro entrou em campo e foi direto ao árbitro, o José Aparecido. Eu peguei o Paulo Carneiro e falei: "Não se preocupa, que nós não vamos perder". Deve ter sido alguma premonição. E ele se retirou. Nós jogamos com dois jogadores a menos desde os 30 minutos do primeiro tempo. Foi um jogo que parecia treinamento tático. Nós ficávamos na frente da nossa área, eles tentando avançar. Por incrível que pareça, tivemos mais oportunidades do que antes. E numa jogada individual do Zé Roberto, consegui fazer o gol de cabeça, talvez o maior feito futebolístico meu em relação a resultados improváveis, porque o Vitória tinha mínima possibilidade de sair dali com a vitória.

Você era um jogador de baixa estatura e decidiu o jogo com um gol de cabeça. Lembra da jogada?
A jogada foi individual do Zé Roberto. Ele pegou a bola do lado esquerdo, conseguiu driblar uns dois, se desvencilhar, e jogou na área. Quando ele estava lá no canto, eu comecei a me aproximar da área, sem entrar. Quando vi que ia cruzar,

corri para me posicionar melhor para a finalização. A jogada dele foi fundamental para que a gente fizesse o gol. A melhor característica do Zé Roberto era a garra, a disposição. Era um jogador de boa técnica, bom finalizador, mas o que me deixava mais feliz em trabalhar com ele era essa vontade imensa que tinha de ganhar. Isso passava pra gente dentro de campo.

Existia confiança na conquista do Baiano de 1992?
Sim. Eu tinha certeza que seríamos campeões. Nós ganhamos os quatro turnos. E só não fomos campeões invictos porque perdemos pro Camaçari de 1x0, se não me engano, na Fonte Nova.[3] Nós fizemos muito mais pontos do que qualquer outro adversário.

Lembra da música adaptada pela torcida: "É o bicho, é o bicho, vou te devorar, rubro-negro eu sou!"?[4]
Eu acho que o axé estava se consolidando ali, um novo ritmo que pega até hoje. Quando acabou o campeonato, o Zé Eduardo, repórter da TV Bahia, me chamou para o trio elétrico na Barra – coisa que eu não conhecia ainda – para cantar a música que virou o símbolo da vitória do nosso clube. Quem cantava essa música era o Ricardo Chaves, Bahia doente. Eu comecei a cantar e a torcida do Vitória que estava em baixo foi junto comigo, um momento muito legal.

Antes das finais do Baiano de 1992, vocês jogaram o Torneio Senegal-Brasil no país africano. Como foi essa excursão?
Nós ganhamos da Seleção de Senegal[5] e das outras equipes. Na volta, fizemos uma conexão em Paris. Foi em dezembro, inverno lá. Vento pra caramba, um frio... Nós tínhamos que ficar no aeroporto, por exemplo, de 7h até 23h para esperar o voo para o Brasil e resolvemos ir ver a Torre Eiffel, os museus, o Arco do Triunfo. Pegamos chuva e frio. Chegamos aqui uns dez dias antes da final do Baiano. Eu estava gripado, com muita febre, muita dor no corpo, e joguei essa final me sentindo mal, mas mesmo assim nós conquistamos esse título. Então, além de ser vice-campeão brasileiro e campeão estadual, esse torneio também foi importante para solidificar nossa equipe como vencedora.

---

3 07/10/1992 - Baiano: Vitória 0x1 Camaçari.
4 Versão da música "O bicho", do cantor Ricardo Chaves.
5 25/11/1992 - Torneio Senegal-Brasil (amistoso): Seleção de Senegal 0x2 Vitória. Gols: Dão (2).

Por que você não ficou para o Brasileiro de 1993?
No primeiro semestre foi o estadual e fiquei na vice-artilharia com 16 gols. O Bahia ganhou. Começamos a dar chance aos garotos. A equipe titular modificou uns seis ou sete atletas. Zé Roberto saiu, eu saí. O goleiro já era o Dida, não mais o Borges. O lateral era o Rodrigo, o zagueiro, o João Marcelo. João Marcelo já era do primeiro semestre, mas tinha chegado havia pouco tempo. Veio Roberto Cavalo, o Alex Alves já jogou, na frente tinha Claudinho de atacante e Pichetti do lado esquerdo. Ficou uma equipe bem melhor e mais homogênea em termos de jogadores experientes. No segundo semestre de 93 eu não renovei com o Vitória e fui para o Bahia mesmo a contragosto, porque não tinha vontade nenhuma de sair do Vitória. Eu estava indo bem, tinha conquistado coisas importantes, me sentia à vontade no clube, mas é daquelas coisas que acontecem de vez em quando com Paulo Carneiro. Para ter uma ideia, ele falou simplesmente assim: "Eu não vou renovar com você". Ele não fez proposta nenhuma, não me ofereceu nada, só disse que não queria renovar comigo porque ia tocar o clube de outra forma, dar oportunidade a outros jogadores. Achei até uma injustiça e uma ingratidão muito grande por tudo o que eu tinha feito.

Você ainda jogou a Copa do Brasil e venceu o Palmeiras.[6] Como foi esse jogo?
Essa é engraçada. Nós jogamos o primeiro tempo muito mal e acabou 0x0. Eu entrei no vestiário indignado. O treinador nosso[7] não estava muito convicto de que poderíamos ganhar. Eu discuti com ele fervorosamente:
– Estamos jogando com medo. Se a gente ficar com medo, vai perder feio.
– Não, a gente está jogando contra o melhor clube do Brasil na atualidade.
– Que nada, a gente joga melhor que eles, não devo nada aos jogadores de lá.
Deu uma confusão danada no vestiário. Fomos para o segundo tempo, eles fizeram um gol com Edílson. Perdemos um jogador expulso, acho que foi o Racinha, e mesmo assim viramos pra 2x1. Quando fizemos o segundo gol, que eu tomei a bola e dei o passe para o Zé Roberto, fui até o banco e gritei para o treinador: "Eu não falei? Tem que ter coragem, tem que ter disposição! Não tenho medo desses caras, eu jogo mais que eles todos!". Na euforia. No dia seguinte, ele disse: "Eu só falei pra mexer com seu brio, porque sabia que você não queria perder". Ganhamos de 2x1 aqui, mas infelizmente perdemos de 1x0 lá, e como eles fizeram

---

6 13/04/1993 - Copa do Brasil: Vitória 2x1 Palmeiras. Gols: Dourado e Zé Roberto.

7 Cidinho.

gol na nossa casa, perdemos a classificação para o Palmeiras, o melhor time do Brasil por duas temporadas.

Como foi o retorno ao Vitória como técnico em 1997?
Eu ia jogar até os 41 anos. Só que o Paulo Carneiro ligou me chamando pra ser o técnico. Eu perguntei qual categoria, achei que ele estava me chamando pra os juniores, do infantil. "Vou te botar no profissional". Nós acertamos o salário na mesma hora. Pra sorte minha, quando fechei com o Vitória, o Vitória fechou com o banco Excel Econômico e começou a formar aquele time de primeira grandeza, que tinha Russo, Chiquinho, Preto, Agnaldo, Bebeto. Eu não era experiente ainda, então levei duas pessoas fundamentais pra mim: Mário Marques e Júlio Marinho, que já tinham sido técnicos. E eu, com meu conhecimento teórico de futebol, fui pondo as ideias em prática. No início, tive algumas dificuldades, depois peguei o jeito e fui embora. Para nossa felicidade, no primeiro semestre de 97 fomos campeões do Nordeste e campeões baianos. O problema que aconteceu mais uma vez foi que o Paulo Carneiro não renovou contrato comigo, me mandou embora. Eu não tive a sequência que queria para me consolidar como técnico de um time de primeira grandeza. O principal problema da minha carreira foi esse, eu não pude ser técnico do Vitória na competição nacional.

Como recebeu a notícia do interesse do Vitória em Bebeto?
Eu falei com Paulo que tínhamos duas posições vulneráveis. Ele já estava contratando o Russo, lateral-direito, e a gente precisava de um quarto-zagueiro e de um atacante, havia a necessidade de um jogador referência. Tentei contratar o quarto-zagueiro Luizinho, que jogou na Seleção Brasileira de 1982. Eu joguei com ele no Villa Nova de Minas Gerais. Achei que ele, com experiência, ia dar bagagem aos mais novos: Chiquinho, Russo, Preto. E precisava de um fazedor de gols. Aí ele falou e eu achei que estava brincando:
– Serve o Bebeto?
– Bebeto? Como você vai trazer o Bebeto?
– Vamos ver se eu não vou conseguir trazer o Bebeto...
Passou uma semana, ele me liga: "Você tem terno? Nós estamos indo amanhã a São Paulo buscar o Bebeto e eu quero te ver lá". Eu saí pra comprar o terno o mais rápido possível. Tinha que ir todo "becado" pra pegar o Bebeto em São Paulo. Foi o maior jogador com quem trabalhei. Tenho o maior carinho e o maior respeito. Bebeto é um gênio do futebol. Parecia que tinha retrovisor. Antes da bola chegar,

ele já sabia o que fazer. Só que às vezes ele se sentia desprestigiado. A gente precisava fazer a cabeça dele o tempo todo dizendo "você é um privilegiado, já foi campeão do mundo, tem uma família boa, está num clube de excelência", pra não se achar aquém dos jogadores do Flamengo e do Botafogo.

Você achava possível chegar ao título da Copa do Brasil?
Eliminamos Botafogo e São Paulo. Contra o Grêmio lá, perdemos de 2x0.[8] Perdemos uns três gols impossíveis de perder, Bebeto perdeu um. Era para a gente ter saído de lá até empatando. O técnico do Grêmio era o Evaristo. Quando acabou o jogo, ele veio me abraçar e falou: "Vocês não mereciam perder esse jogo, você está de parabéns". Eu fiquei meio emocionado, o Paulo Carneiro me parabenizou também no vestiário.

Ganhar o Baiano e o Nordeste em cima do Bahia teve um peso maior?
Com certeza. Eu já ganhei uns 20 títulos, entre jogador e técnico, mas título é sempre único. Tem uma frase que se diz pros seus atletas: "Final não se joga, se ganha". E esses jogadores já tinham o perfil de ganhadores. Em 97, o Vitória foi tricampeão estadual, a maioria dos jogadores já estava acostumada a decidir, já sabia que era quase uma obrigação ser campeão estadual. Sempre que se joga contra seu maior rival, o título representa mais. Nós tínhamos uma vantagem grande nos dois títulos, porque fizemos 3x0 no primeiro jogo da final das duas competições. O Bahia no segundo jogo tinha que ganhar de três, quatro gols, e isso era praticamente impossível dentro do Barradão. Eu sempre falava pra eles: "Não vamos esperar o segundo jogo, vamos decidir na primeira partida". Então, se estiver 1x0, vamos pra cima. Se estiver 2x0, vamos pra cima. Se deixar para decidir no último jogo, futebol tem a imprevisibilidade e essa imprevisibilidade pode fazer com que se perca o campeonato já nas mãos.

Após dois títulos, como foi a demissão?
Nós fomos campeões, teve a Taça Maria Quitéria, que disputamos com o Flamengo, e depois marcamos uma reunião para resolver o meu contrato. Ele me ofereceu um valor bem aquém do que eu pretendia e falei que não compensava ficar. Ele simplesmente disse: "Se você não quiser ficar com esse valor, não

---

8 18/04/1997 - Copa do Brasil: Grêmio 2x0 Vitória. No jogo de volta, o placar 3x3 desclassificou o Leão.

vai ficar com valor nenhum". Como era a primeira vez que estávamos conversando sobre contrato, eu falei: "Então eu vou treinar e depois a gente conversa". Quando saí dali, fui para um banco, tocou meu celular. Era um repórter dizendo que Paulo Carneiro tinha me demitido. Quer dizer, em vez de conversar comigo diretamente, dizer "fica com essa proposta aqui, depois que melhorar...", já sentenciou a situação, e contratou outro treinador ganhando três vezes o que eu recebia. Abriu mão de um profissional com uma história bonita como jogador e que já estava fazendo uma história igualmente bonita como treinador. Coisas de Paulo Carneiro. Intempestivo, toma atitudes sem pensar e, na minha concepção, nem sempre corretas.

Você retornou em 2000 e fomos campeões baianos. O que lembra desse título?
Uma coisa que não acontecia havia uns 30 anos. O Vitória era sempre campeão sem ganhar do Bahia.[9] Estava no Barradão comemorando, um torcedor virou pra mim e falou: "Quero te agradecer, porque já vi o Vitória ser campeão, mas nunca ser campeão ganhando do Bahia e você está me dando essa alegria". Eu nem sabia. Eu lembro do jogo em si *(a final)*.[10] O Jean se machucou seriamente no jogo anterior, teve um estiramento nas costas. Eu tinha quase certeza que o Jean não ia jogar. Quando começaram os treinamentos, chamei o Paulo Musse e falei: "Se prepara que você vai jogar a final, mas não conta para ninguém, para não desestimular o Jean nem os outros jogadores". Treinamos a semana inteira. Na sexta-feira, o Jean tentou treinar o coletivo, só que se protegendo. Ele jogava com uma só mão, não ia na bola quando tinha que forçar. E para uma final, isso é muito difícil. No dia da decisão, eu perguntei ao treinador de goleiro, o Chiquinho, o que ele achava.
– Ele tá dizendo que dá.
– Não pode ser ele a dizer. Quem tem que determinar somos nós, você e o médico. O médico na época era o Rodrigo Vasco da Gama e ele disse que ia dar. Aí eu falei: "Ele não vai jogar". Eu sei que isso deu uma confusão no vestiário, porque o Jean começou a chorar. Jogou todos os jogos, coitado, mas não ia jogar a final. E eu, na hora da reza:
– Faz parte do futebol. Infelizmente não vou começar com o Jean, vou com o Paulo Musse.

---

9 O Vitória havia sido campeão baiano ganhando do Bahia na final pela última vez em 1972.
10 02/07/2000 - Baiano: Vitória 3x1 Bahia. Gols: Juninho Petrolina, Fernando e Cláudio.

Todo mundo ficou parado.
– O Jean não está em condição de jogar...
– Não, eu tô sim!
– Vai jogar Paulo Musse e vamos orar que vai dar tudo certo.
E foi Deus que me deu essa direção, porque, na primeira bola do jogo, Uéslei chutou no ângulo e o Paulo Musse foi pegar. Depois do título, o Jean foi fazer um exame de imagem e apareceu o rompimento de um músculo no ombro, ele não tinha a mínima condição de jogar. Então, é aquele negócio, não adianta você ser técnico de futebol se não tem capacidade de definir as coisas e as pessoas te respeitarem e entenderem. O Vitória poderia ter perdido o título que estava praticamente consolidado.

O que motivou a sua demissão depois desse título?
Eu estava no Rio e recebi uma ligação dizendo que não era mais treinador, que eu podia ir com calma para Salvador, que era só pra rescindir o contrato. Atitude intempestiva do Paulo. Ele fica de cabeça quente e toma decisões às vezes precipitadas. Às vezes por alguma divergência que tinha em termos táticos ou em relação a colocar esse ou aquele jogador, isso faz parte do futebol. A minha história no Vitória, como jogador e técnico, era pra ser mais respeitada. Eu devo estar entre os melhores treinadores de todos os tempos do Vitória em termos de resultados.[11]

Em 2002, mais uma vez, você ficou só no primeiro semestre. Como foi a demissão?
Chegamos à final da Copa do Nordeste e perdemos o primeiro jogo de 3x1 pro Bahia. Tinha o jogo no Barradão pra decidir e se ganhássemos de 2x0 seríamos campeões. Fui demitido no domingo depois do 3x1, novamente pelo Paulo Carneiro, e acabei não disputando o segundo jogo. E o Bahia foi campeão dentro do Barradão. O Paulo poderia ter esperado acabar a competição pra me mandar embora. Me dispensou mesmo com possibilidade de sermos campeões, porque eu já conhecia os jogadores, já tinha uma forma de jogar. O técnico contratado[12] chegou na semana sem saber o nome de todos os atletas, de que forma aquela equipe estava jogando, quais eram as mudanças a serem feitas, e acabou não dando certo. Essas coisas vão deixando a gente triste.

---

11 Como técnico, Arturzinho teve 69,3% de aproveitamento em 128 jogos.
12 Joel Santana.

Quem era o jogador referência em 2002?
Tinham muitos jogadores que eu gostava. Aristizábal era diferenciado. Não era um atacante de choque, de ficar centralizado, saía muito pra jogar, mas com um poder de finalização e uma inteligência em termos táticos, de posicionamento, de coletividade muito interessantes. Um jogador frio dentro da área. Eu gostava também do Fernando, volante canhoto, batia bem na bola. Tinha o Allan Dellon, que estava surgindo, também qualificado. E o Robson Luís. Lembro que uma época joguei com o Robson Luís de um lado, o Allan Dellon do outro, o André Neles e o Aristizábal. Quatro atacantes. E a gente saía ganhando de todo mundo. Sempre joguei com equipe muito ofensiva. Por exemplo, em todas as competições que disputei com o Vitória, meu ataque era o maior da competição. A defesa, às vezes não. Não admito time retrancado. Futebol é para fazer gol.

Como foi a receptividade da torcida no seu retorno em 2006, com o time na Série C?
Eu me sinto em casa sempre que volto para o Vitória. Pra vocês verem como é o futebol, se o Campeonato Baiano fosse de pontos corridos, nós teríamos sido campeões com cinco rodadas de antecedência. Mas como era decidido nas finais... Acabou que não ganhamos o primeiro jogo em Ilhéus contra o Colo-Colo e no Barradão começamos vencendo de 2x0 e levamos uma virada de 4x2. Se tivéssemos um pouco mais de capricho, teríamos vencido o primeiro jogo em Ilhéus. Estava 2x2, perdemos quatro gols feitos. Foi a maior frustração que eu tive como profissional, porque foi um campeonato em que somamos 15 pontos a mais que o Bahia, 15 pontos a mais que o segundo colocado, melhor ataque, melhor defesa... E não ganhamos.[13]

Quais jogadores da base você lançou?
Lancei o David Luiz. Acho ele um cracaço, diferenciado, era ambidestro desde o início, tinha personalidade, gostava de atacar e algumas vezes a gente fazia uma proteção pra ele ir, porque não gostava de perder e consequentemente queria ajudar lá na frente. Lancei o Marcelo Moreno. Já via potencial nele, um jogador de poder de finalização muito grande, bom cabeceio, de movimentação. Devo

---

13 No geral, o Bahia fez 46 pontos, o Colo-Colo, 64, e o Vitória, 71, além de ter o melhor ataque (83 gols). Só nas fases classificatórias, o Bahia fez 34 pontos, o Colo-Colo fez 42 e o Vitória fez 54, com a melhor defesa (17 gols sofridos). Com as fases finais dos turnos, foram 37, contra Bahia e Camaçari com 30.

ter botado uns 12 jogadores da base pra equipe profissional, porque era uma maneira de darmos experiência a esses garotos. E a competição estava fácil pra gente. Como nossos números eram muito à frente das outras equipes, eu comecei a dar chance pra base. E a gente ganhava. O Anderson Martins foi colocado nessa época, era até mais promissor que o David Luiz, mas depois ele se machucou, operou o joelho e ficou um pouco fora.

O que o Vitória representa na sua vida?
No Vitória consegui ser feliz como atleta e como treinador em todas as minhas passagens. Eu sou eternamente agradecido por tudo que aconteceu comigo no Vitória. O clube vai estar sempre no meu coração. Eu costumo dizer que as coisas deram tão certo no Vitória que até minha data de nascimento é a mesma do clube, 13 de maio. Tinha tudo para dar certo e acabou que isso aconteceu.

Paulo Roberto Figueiredo de Oliveira nasceu em Santa Inês (BA) em 28/06/1946. Cantor e compositor, fez parte do grupo Novos Baianos de 1969 a 1979. Em 1999, idealizou e produziu o CD em homenagem ao centenário do Vitória, que reuniu diversos músicos baianos. Também cantou a música "Cem anos de glória" com Daniela Mercury.

Entrevista realizada em fevereiro de 2018.

Como surgiu o Vitória na sua vida e o futebol para os Novos Baianos?
A gente é do interior da Bahia. No interior só pegava rádio de São Paulo e do Rio de Janeiro. Meus primeiros times foram Vasco e Palmeiras. Esse é o motivo de eu não ser Vitória desde criança, mas me sinto Vitória desde pequenininho. Seguindo a minha filosofia de que nunca gostei de unanimidade – acho a unanimidade burra –, quando eu vim morar em Salvador em 1959 me apaixonei logo pelo Vitória. Da janela da casa de uma tia, eu vi o Bahia ganhar do Santos na Fonte Nova. Ninguém explica a paixão pelo futebol. Nos Novos Baianos, a gente sempre teve essa ideia de música e futebol. Tínhamos um time de futebol, o Novos Baianos Futebol Clube, e nosso segundo disco se chama assim também. Havia uma ligação nossa com todos os grandes craques do futebol. Éramos amigos de Afonsinho, Nei Conceição, Jairzinho, Paulo Cézar Caju... Essa amizade começou de um jeito muito incrível. Nos anos 70, os Novos Baianos estavam hospedados no hotel Danúbio, em São Paulo, onde a seleção de João Saldanha ficou. Por incrível que pareça, era um desses hotéis em que a porta de um apartamento dá para o outro. Quando o Paulo Cézar Caju e o Edu, os dois pontas-esquerdas, hospedados no apartamento do lado, souberam que nós estávamos no hotel, deram um toque na porta pra abrir. Estavam escutando a gente fazendo música e foram pra lá. Quando a gente morava num sítio em Jacarepaguá, tinha um baba toda quinta-feira, regado a moqueca baiana. Passaram por lá de Zico a Roberto Dinamite.

Lembra de partidas que assistiu no estádio?
Lembro de BaVi desse tempo, a gente era ainda muito sacrificado. Em vez de ficar constrangido porque o Vitória perdia, muito pelo contrário, essa paixão ia sempre crescendo. Eu não tenho memória pra placar, mas lembro de quando os caras entortavam o Bahia. André Catimba e Beijoca tinham aquela disputa. André Catimba sempre foi muito mais craque. Teve um jogo contra o Palmeiras em que eu estava no meio da galera e a televisão me filmou. O Vitória foi vice-campeão brasileiro. Fui também em outro em que o Vitória subiu pra Série A e me convidaram a ir ao camarote na Fonte Nova. Foi um jogo inesquecível, ganhamos de 3x0, tranquilo pra nós, com a torcida vibrando muito.[1]

Como era a rivalidade entre Vitória e Bahia nos Novos Baianos?
Pepeu dizia que era Bahia, mas ele aparece num clipe dos Novos Baianos com a camisa do Vitória.[2] Pepeu e Moraes eram Bahia e Baby foi na onda. Aí, no trio elétrico, Baby começava a cantar "Campeão dos campeões", que é a música do Zé Pretinho para o Bahia. Eu fazia a minha versão: "Quem é o campeão dos campeões? É o Vitória? Quem é que comanda a multidão? É o Vitória". E o pessoal do Bahia ficava "p" da vida.

Como foi a produção do CD comemorativo do centenário do Vitória?
Eu fiz o disco, fiz músicas. Tinha também um porteiro de um prédio que havia feito uma música e eu coloquei no disco, ele ficou feliz da vida.[3] Fiz a música dos 100 anos pra Daniela cantar, ela dividiu comigo o vocal. A homenagem que pude prestar ao Vitória pelos 100 anos foi deixar esse acervo musical, que o Vitória não tinha. E fiquei com essa ligação mais forte ainda. A gente sente que quando mudou a gestão teve um pouco de cisma, parece que o que foi feito na gestão passada não era muito recomendado. O disco podia ter sido mais divulgado para as novas gerações poderem conhecer. Tem uma gravação muito boa do hino, da Ivete Sangalo, que é diferente. A gente fez um disco moderno, pra sair daquela coisa do hino arrastado. Até hoje as pessoas me cobram um outro hino do Vitória, porque por incrível que pareça o hino oficial foi feito por um torcedor do

---

1 21/11/2015 - Série B: Vitória 3x0 Luverdense. Gols: Escudero, Kanu e Élton.
2 Da música "Samba da minha terra".
3 João Carlos S. de Brito, coautor de "Xodó de Salvador" com Paulinho Boca e Chagas Nobre. A música é cantada por Emanuelle Araújo.

Bahia, o Waltinho Queiroz. Precisa de uma intuição muito forte pra apresentar uma coisa que suplante o que já existe. Quem sabe um dia a gente consiga com um torcedor do Vitória compondo...

Como surgiu o convite para produzir o CD?
O grande entusiasta do disco foi Walter Seijo, diretor do Vitória na gestão de Paulo Carneiro. Ele me pediu que fizesse essa pesquisa, me deram algumas setas para achar hinos que estavam perdidos, tinha alguns que a gente não conseguiu usar mais, algumas músicas antigas demais, que não tinham mais nada a ver. Eu fui o responsável pela execução do projeto. Então começamos a criar músicas e pedir a artistas mais novos que tinham composições. E aí fui para o estúdio do Durval Lelys, que é Vitória também, e chamamos mais algumas pessoas para fazer a produção. A gente foi convidando os artistas, marcando estúdio. Disco já dá trabalho com uma pessoa só. Com 12 ou 15 artistas é muito mais complicado. Mas, graças a Deus, conseguimos entregar em tempo hábil. Na comemoração dos 100 anos, fizemos até um pocket show no Rock in Rio Café[4] e na sede de praia do Vitória.

Como foi o contato com os artistas?
Graças a Deus que as duas grandes musas da música baiana, Daniela e Ivete, são Vitória. E tem uma leva de outros artistas também Vitória. Nesse ponto, eu acho que a gente ganha, a nossa torcida artística é bem maior que a do Bahia. É mais contundente, artisticamente mais forte. E eu fui vendo quem era Vitória. Quando falava do disco era a maior alegria, todo mundo queria participar. A Ivete já foi se escalando pra cantar o hino. A gente mandou fazer um arranjo diferente. Inclusive tivemos um problema, porque o Waltinho Queiroz é muito tradicionalista e tinha uma mudança de uma nota maior para uma menor. Ele veio dizer que não estava legal, mas já tínhamos gravado. Tatau chegou com uma música pronta, Gerônimo também. Eu fiz a música da Gilmelândia, fiz a música que o Compadre Washington cantou e mais umas três. Xangai foi muito legal. Se não me engano, ele gravou música dele, que também falava um negócio de conquista.[5] Vitória da Conquista, porque ele viveu lá e fez essa analogia. Daniela dividiu uma música comigo e cantou uma solo. Ela também foi entusiasta. Agenda lotadíssima, foi a

---

4 Casa de shows no extinto shopping Aeroclube, na Boca do Rio.
5 Em "É show de bola", Xangai canta "eu nasci foi na vitória, por isso é que sou Vitória... e conquista".

que deu mais trabalho para chegar no estúdio, mas quando apareceu foi de um profissionalismo incrível. Inclusive foi quem me deu a ideia de dividir com ela a música dos 100 anos. O tom estava um pouco alto para mim, mas o maestro deu um jeito. Onde estava mais alto, eu consegui dar uma nota relativa. Ficou muito interessante a nossa gravação, ela gostou. Foi uma grande festa.

Quanto tempo levou a produção?
Quase um ano. O convite foi em 98 e ficou pronto na metade de 99. Usamos um pouco do estúdio do Carlinhos Brown também para mixar. Carlinhos é Bahia, mas o irmão dele é Vitória, o Gilson, que coordenava o estúdio e era da Timbalada. Vitória mesmo! Ele foi muito condescendente com a gente, liberou o estúdio, como Durval Lelys também. Outra pessoa que nos ajudou foi um diretor da loja Insinuante, torcedor do Vitória. Esqueci o nome dele. A gente conseguiu colocar o disco no Fazcultura.[6] Foi um processo demorado. É um disco que deveria estar nas lojas do Vitória, sempre tem que estar presente na vida de quem torce pelo Vitória.

O que representa o Vitória para você?
O Vitória hoje é o meu primeiro time. O Vasco foi o meu primeiro time enquanto eu morava no interior e depois que me mudei para o Sudeste também. Mas quando vim morar em Salvador, nos anos 90, eu já tinha essa paixão grande pelo Vitória. O Vitória representa hoje para mim o time do meu coração. Primeiro, é ele. E se jogar Vitória e Vasco, infelizmente o Vasco vai ter que tomar cacete, porque eu sou Vitória!

---

6 Lei de Incentivo Estadual à Cultura da Bahia.

GELSON FOGAZZI

Gelson Fogazzi Rocha nasceu em Porto Alegre (RS) em 21/05/1952. Chegou ao Vitória em 1977 e ficou até 1981. Fez mais de 170 jogos pelo clube e foi um dos goleiros que mais vestiram a camisa do Leão. Apesar de uma história de quatro anos, Gelson ficou marcado pelo gol que tomou no BaVi da final do Campeonato Baiano de 1979, quando não conseguiu segurar a bola chutada de longe por Fito.

Entrevista realizada em junho de 2020.

O que conhecia do Vitória antes de chegar ao clube?
Os jogadores. Eu fui da Seleção Brasileira *(pré-olímpica)* em 71 com Fito, que era do Santos. Osni jogava no Vitória e Fito no Bahia, eu já os conhecia do Santos. O Vitória sempre foi uma equipe conhecida. Quando pintou a oportunidade de vir para a Bahia, a princípio era o Vitória, mas não deu certo e acabei indo pro Galícia em 75. Voltei ainda ao Internacional, fui campeão brasileiro em 75. Gostei tanto da Bahia que repeti no Galícia em 76. Tinha arrumado a namorada, né? *(risos)* Estamos fazendo 45 anos de casados. Nos dois anos, fui o melhor goleiro da Bahia, ganhei o troféu Berimbau de Ouro. Em 77 o Vitória foi ao Internacional e me comprou. Um prazer muito grande, hoje eu sou mais baiano do que gaúcho.

Como soube do interesse do Vitória?
O Internacional me emprestou para o Remo em 74. Fui campeão lá com Paulinho de Almeida, treinador campeão com o Vitória em 72. Nós fizemos uma campanha muito boa e ficamos amigos. Ele me chamou pra jogar no Vitória em 75. Eu tinha acabado de ser campeão brasileiro no Internacional e fiz uma pedida razoável ao Vitória. Não aceitaram. E logo em seguida veio o Galícia, um time com dinheiro, tinham uns espanhóis ricos na Bahia. Quando chegou em 77, eu estava na praia

em Tramandaí de férias, e ligaram para o hotel de um amigo nosso dizendo que os dirigentes do Vitória estavam no Beira-Rio pra comprar meu passe. Cheguei lá, estavam Divalmiro Salles, supervisor, e o Alexi Portela, pai. Fechamos o negócio, eu estava doido pra voltar mesmo. Fiz uma proposta, queria ganhar igual ao Andrada, que era o outro goleiro. No Vitória, sempre fiz bons contratos. Consegui comprar um apartamento de dois quartos no Costa Azul juntando o dinheiro de um ano, dando uma entrada e pagando o financiamento de 15 anos.

Qual estrutura o clube oferecia para os atletas?
Se resumia a um campo, o Perônio, lá em cima na Toca. Um campo metade areia, metade grama, que você saía todo dia com os joelhos cheios de sangue e os cotovelos lascados. Mas a gente trabalhava dia e noite, se fosse preciso, e trabalhava com amor, não pelo dinheiro.

No Vitória, você teve como grande amigo o atacante Sivaldo, que morreu em 2018.
(emocionado) Sivaldo foi um grande amigo, um irmão. Meu compadre, meu parceiro. Tudo que você disser de bom aí era Sivaldo. Sivaldo veio do Rio e foi jogar no Atlético de Alagoinhas. A gente sempre jogava, tinha a Seleção Bahiana que era formada aqui. O Sivaldo era uma figura diferente. Trabalhou num circo no Rio de Janeiro, era uma alegria. Então conseguimos fazer o pessoal contratá-lo para o Vitória. Ele ficou também bastante tempo no clube. Foi pro Flamengo junto comigo. Deu azar lá, quebrou a perna duas vezes no mesmo lugar, senão ele seria titular. Nós fomos juntos e depois voltamos para o Vitória, em 81 mesmo.

Sivaldo chegou ao Vitória por indicação sua?
Fui capitão, tinha moral com dirigente, com treinador, e a gente o indicou. Como indiquei Bebeto para o Flamengo quando fui pra lá. Cheguei pra Cláudio Coutinho e falei: "Tem um menino lá na Bahia, magrinho, fininho...". Aí eles foram olhar o Bebeto, mas quando chegou aqui, ele estava com labirintite. "Pô, Gelson, o menino tá lá todo raquítico, todo lenhado...". No outro ano levaram Bebeto e deu no que deu.

O primeiro Baiano que você disputou foi em 1977. Por que faltou regularidade naquele campeonato?
O Vitória tinha um grande time, melhor que o do Bahia. Em 77, 79. O Vitória foi

campeão em dois turnos em 79 e não foi campeão baiano. Só na Bahia acontece isso. Em 77, o Vitória tinha um time muito bom. Era melhor ainda em 76, antes de eu chegar. Tinha Andrada, Osni, Fischer... Time maravilhoso. E nessa época só deu Bahia, uma sorte danada. A bola não entrava. Em 1978, fizemos uma excursão pra Grécia e pra Arábia Saudita. Ficamos um mês por lá. A gente conseguiu com essa viagem uma união muito boa. Sivaldo estava nessa viagem.

Como foi a viagem?
Quando fomos, a Arábia Saudita não era o que é hoje. Fomos em Dammam, Riade, Jeddah e Al Khobar. O Didi estava lá, era treinador. O Geraldão, centroavante nosso, tinha jogado com Rivellino no Fluminense. Disse que Rivellino esteve no hotel e falou que lhe pagaram com um saco cheio de dinheiro. E depois o empresário conseguiu arrumar mais dois amistosos, contra o Panathinaikos e o Olympiacos, da Grécia. Deu briga, foi porrada pra tudo que é lado. Os caras batiam demais. O nosso treinador era o Aymoré Moreira, campeão do mundo. Poucos treinadores sabiam tanto de futebol quanto ele. Até o pênalti que eu defendi, ele disse: "Cai pro lado direito, que ele vai dar uma porrada naquele canto". Se o velho mandou, eu vou pular, né? Defendi o pênalti e ganhamos de 1x0 do Panathinaikos. O empresário que levou a gente foi o Boris Lantz, um dos diretores daquele Malmö, da Suécia.

Como foi trabalhar com Aymoré Moreira, campeão mundial com o Brasil em 1962?
Ele foi contratado em 1978, um impacto muito grande. E no Bahia treinava o irmão dele, Zezé Moreira. Eles foram treinadores da Seleção Bahiana, de que eu fazia parte. No dia de um jogo, foram os dois no hotel dar a preleção. Os jogadores ficaram sentados olhando um pro outro e o quadro negro com os bonecos dos jogadores. Aí eles:
– Fala você, que é mais velho.
– Mas a diferença é pouca.
– Não, fala você, vamos falar a mesma coisa!
Aí desenharam lá. Bahiana x Seleção Brasileira, foi 1x1. A Fonte Nova tinha mais de cem mil pessoas e o velho desenhou o jogo todo. O velho era esperto, viu? Seu Aymoré era uma figura. Ele foi goleiro também, né? Foi uma satisfação enorme ter trabalhado com ele. Eu quero ver um treinador hoje desenhar um jogo como ele desenhava.

Você também trabalhou no Vitória com Nilton Santos?
Fui jogador dele. No dia em que ele chegou, chamou eu, Sena, Sivaldo e Wilton para uma reunião. Falou assim: "Chamei vocês quatro aqui pra saber se querem que eu seja o treinador de vocês. Se disserem que sim, tudo bem. Se disserem que não, que acham que eu não vou alcançar as expectativas de vocês, eu vou embora numa boa". Aí nós dissemos: "Pô, que é isso? Claro, claro". Não me lembro o tempo que ele ficou no Vitória, mas não foi muito. Na realidade, ele nunca foi treinador. Ele andava de bermuda, tênis, bem devagar. Era um ícone do futebol, sabia tudo, mas era muito lento, fala mansa. Não era aquele tipo de treinador de chegar junto do pessoal. Todo mundo gostava dele. Não reclamava nem xingava ninguém.

Você acha que 1979 foi um ano que te marcou muito?
Você está pra fazer essa pergunta desde o início, né? Você enrolou desde o início pra fazer a pergunta do gol que eu tomei.[1] A minha mulher falou assim: "Se for falar do gol, não dê entrevista, não. Pergunte logo" *(risos)*. Futebol tem felicidade e infelicidade. O problema não é o ano que me marcou. Pra mim, todos os anos me marcaram sempre bem. Nesse ano, inventaram uma regra que tinha que fazer uma quantidade de pontos. O Vitória foi campeão dos dois turnos, tinha quatro pontos. O Bahia foi vice, tinha dois. Como o Bahia ganhou dois jogos nas finais, foi o campeão. E no último jogo, o cara chutou, fui pegar pra sair jogando rápido, a bola escapou. Simples assim. Na época, eu fui para o Flamengo emprestado. Eu seria vendido ao Flamengo por 15 milhões de cruzeiros. Dava pra comprar 12 apartamentos daquele que falei no Costa Azul. E mais o dinheiro que ia ganhar de luva, de salário... Eu ia ganhar perto do que Zico ganhava lá, que era 800 mil, 900 mil cruzeiros. Mas aí aconteceu esse gol. Algumas pessoas dentro do Vitória mesmo pagaram e influenciaram jornalistas para acabar com a minha carreira. Foi um ano bastante sofrido. Eu voltei, a torcida me pediu de volta, e fui o melhor goleiro do Brasil. Foi uma coisa que realmente me marcou, marca até hoje, senão eu não estaria aqui falando do gol. Todo goleiro bom toma frango. O ruim toma todo dia.

Quantas chances reais de gol o Bahia teve nesse jogo?
O Bahia teve umas seis chances reais de gol. Eu devo ter feito umas três ou quatro defesas. Defesa mesmo. Essa bola nem foi chance de gol, de nada. Não tinha nem

---

1 28/09/1979 - Baiano: Vitória 0x1 Bahia.

efeito. Disseram que estava chovendo, que a luva não sei o quê... Não teve nada disso. Foi uma bola fácil. Ele chutou e foi pretensão minha de sair jogando rápido pela ponta esquerda, porque o velho Aymoré tinha dado o recado de sair jogando rápido pelo lado. Aí escapou, me virei e a bola entrou, já era.

O Vitória tinha vencido os dois turnos, tinha o artilheiro[2], a defesa menos vazada. Jogava por dois empates nas finais. Era uma vantagem grande e não aproveitou...
Aí tem muita história que falam, né? É muita coisa que você não fica sabendo. O Vitória não era campeão desde 70 e não sei quanto. Era uma ânsia de querer jogar, aquela vontade de ser campeão... No fim, tiraram do jogo os dois melhores jogadores nossos, os pontas Wilton e Sivaldo, ninguém sabe o porquê. E botaram dois jovens em campo, o Zé Júlio e o Monteiro, que tinham vindo da base. Nunca entendi isso, ficou estranho. Falaram muita besteira, mas eu sou tranquilo até hoje.

Como foi a conversa no vestiário após o jogo?
Não tinha clima. Fiquei em estado de choque. Falam que eu briguei com Sena no vestiário, tudo mentira. Não aconteceu nada. Sena é meu amigo irmão, a gente se fala direto. O Cláudio Coutinho tinha me relacionado como um dos cinco melhores goleiros do Brasil. Talvez, se eu tivesse me transferido para o Rio de Janeiro antes ou para algum clube do Sul, teria ido pra Seleção Brasileira. Teria jogado a Copa de 82. Eu não gosto de falar de goleiro porque é antiético pra caramba, mas eu jogava muito mais do que Waldir Peres. Não era pouco, não. Waldir Peres era uma piada e foi goleiro de Seleção. Mas eu jogava no Nordeste, é fogo...

O gol foi de Fito, que em 1993 era o técnico do Vitória no vice-campeonato brasileiro.
Fito é meu amigo desde a Seleção Brasileira de 71, a pré-olímpica. Ele não suporta, não quer nem que alguém fale nesse gol. Amizade de verdade. Quando eu vou a São Paulo, sempre nos encontramos. Quando ele vem a Bahia, também nos vemos. A gente se dá bem pra caramba. Diz que Deus castiga, né? O Fito tinha feito uma cirurgia no joelho. Quando eu ia treinar, passava de carro na orla, ele estava correndo na praia e eu gritava para ele: "Vai, aleijado!". E ele: "Tá vendo aí vocês? Foi castigo, ficou me chamando de aleijado".

---

2 Sena, com 25 gols.

Quem foram as pessoas que tentaram prejudicar sua carreira?
Duas pessoas e dois radialistas. Mas eu não gostaria de citar nomes, estão vivos. Tinha um cara da rádio que ficava todo dia falando. Até que um dia, uma pessoa, sem eu saber – jamais faria uma coisa assim –, entrou armado no estúdio desse radialista e disse: "A partir de agora, se você tocar no nome desse goleiro, eu vou entrar como entrei aqui agora e você não vai sair daqui vivo". Eu fiquei sabendo disso muito tempo depois. Uma vez eu estava na fila do banco e o cara atrás de mim olhando. De repente ele disse: "A bolada foi boa, hein?". Eu aí nem contei conversa. O cara voou em cima dos vidros, quebrou vidro... E fui embora. Hoje, evito sair. Um tempo atrás, eu ia direto aos jogos do Vitória. Mas sempre tinha um cara que começava a encher o saco. Porra, pelo amor de Deus... Passaram 40 anos já. Só que os caras não esquecem. Não adianta. E se eu não esqueço, a torcida não vai esquecer.

Como foi para você ser acusado de estar vendido no jogo?
O importante é você estar com a consciência tranquila. Eu tive uma churrascaria aqui, que foi uma das melhores da Bahia. Falaram que o Maracajá, diretor do Bahia, me deu a churrascaria. O povo fala o que quer. Se eu fosse brigar a cada insinuação, talvez não estivesse mais vivo. Durmo com minha consciência tranquila. Sei o que eu fiz pelo Vitória, o que ajudei ao Vitória e o que o Vitória me ajudou.

Como ficou a relação com a diretoria depois disso?
Depois do fatídico gol, eu voltei para o Vitória. O técnico queria me colocar pra jogar e o presidente na época falou: "Esse aí só entra em campo se ficar no banco". E eu tinha dito que no banco eu não ficava, que era titular. O treinador disse: "Você fica no banco, mas deixe comigo". Num jogo contra a Desportiva (ES), eu no banco e o Pavão jogando. Os caras meteram um, meteram dois. Aí a galera atrás começou a gritar meu nome e eu: "Porra, o time perdendo de 2x0 e vai botar um goleiro?". "Gelson! Gelson! Gelson!". O que aconteceu? O treinador mandou eu entrar. O time virou pra 4x2.[3] Será que eu tinha boa influência?

Você voltou em 1981 e o Vitória chegou às oitavas de final do Brasileiro. Como foi a campanha?
Foi o ano em que jogamos com o Grêmio. Ganhamos aqui e perdemos lá. O Grêmio acabou classificando. Senão, chegaríamos na final. O problema era que

---

3 16/03/1980 - Série A: Vitória 4x2 Desportiva (ES). Gols: Pita (2), Sivaldo e Sena.

você viajava demais, cansava muito. O pessoal do Nordeste quando ia viajar ficava cinco horas no aeroporto. Não dormia. Aí acordava quatro da manhã pra ir ao aeroporto. Isso tudo somava com as condições de trabalho, mas, mesmo assim, a gente sempre lutou muito. O Vitória fez boas campanhas no Campeonato Brasileiro.

Como foi sua saída definitiva do Vitória em 1982?
Fui observado em três jogos pelo pessoal do Joinville. Depois de um jogo, eles desceram no vestiário, falando meio enrolado: "Quer jogar no Joinville?". "Pô, quero. Já tá na hora de eu sair do Vitória, tem seis anos aqui". Acabaram me vendendo para o Joinville, onde fui campeão, sofri acidente, fiquei aleijado dos dedos e não pude mais jogar. Para encerrar a carreira, Antônio Pena, meu padrinho de casamento, me chamou para jogar na Catuense, para disputar o Brasileiro de 1984. Acho que foi o Vitória que ficou fora. E depois eu encerrei. Eu vi cada coisa no futebol que não vale a pena citar. Vi jogador ter que trocar uma garrafa de vodca por uma galinha para poder comer. Eu não me sentia bem com isso.

Você trabalhou como técnico em times baianos. Houve oportunidade no Vitória?
A oportunidade sempre apareceu, mas nunca aconteceu. No Vitória seria muito difícil de trabalhar. Quase sempre foi impossível. Não pelo negócio do gol, talvez não tenha sido nada por isso. É que, quando saí, o Vitória estava me devendo. Aí coloquei na Justiça, porque tinha muito tempo de clube e muito dinheiro pra receber. Fui fazer um acerto antes de ir para o Joinville, eles mandaram que eu fosse embora, que não iam fazer acerto. O presidente da época se não me engano, era Márcio Mont'Alegre. Esse negócio rolou, até que estourou e tiveram que me pagar. Fizeram um acerto na gestão de José Rocha.

O que o Vitória representa para você?
Eu queria ajudar mais. Acho que mesmo nessa idade, 68 anos, teria muita coisa a oferecer ao Vitória. Eu estudo muito, viajo muito. Fui ver pré-temporada dos clubes do Leste Europeu. Fiquei 45 dias em Antália, na Turquia, vendo pré-temporada de 5h até 23h. E o Vitória para mim está no coração.

LUCIANO SANTOS

Luciano Souza Santos nasceu em Salvador em 26/09/1966. Na década de 1980, integrou a torcida Império Rubro-Negro e foi um dos fundadores da Falange Rubro-Negra. Em 1999, lançou o site Barradão On Line, um dos primeiros voltados para o Vitória. Em 2006, publicou com Alexandro Ribeiro o livro "Barradão – Alegria, emoção e Vitória". Em 2016, lançou com Francisco Soza a revista "Uma história de amor pelo Vitória". Herdou a paixão pelo Leão dos pais, Stela e Ayrton.

Artigo escrito em outubro de 2020.

UMA VIDA PARA O VITÓRIA

Década de 50. Um jovem casal costumava, aos sábados, ir ao Cacique, bar/restaurante então localizado na Praça Castro Alves, centrão de Salvador. Lá, conversavam sobre a semana, os preparativos para o casamento, bebiam e comiam à vontade, muito vinho e lagosta, que na época era consumida também pelos pouco abastados, já que sua pesca no litoral baiano era farta.

Da Castro Alves, o destino era certo. Fonte Nova, jogo do Vitória. Foram tempos bons, coincidentemente quando o Leão da Barra iniciava o seu profissionalismo. Três títulos estaduais em 1953, 1955 e 1957, quebrando um jejum de décadas, este plenamente justificável, já que o clube dava a mesma importância a todos os esportes que praticava, além do futebol.

Voltando ao casal de jovens rubro-negros, que viria a se casar em 1959, os conheço muito bem, são os meus pais. A minha história de torcedor do Vitória começa por aí, no ventre da minha mãe, acompanhando as aventuras dos dois nas tardes de jogos do Leão. Demorei a chegar, é verdade. Em 1966. Meu primeiro título só veio seis anos mais tarde, na conquista do estadual com o famoso ataque Osni, André e Mário Sérgio. Lembro pouco, mas estava lá.

Das idas à Fonte Nova nos anos que se seguiram ao título de 1972, lembro bem. Ainda guri, sentava nas cadeiras cativas ao lado do meu pai. Estávamos nas partidas do Vitória pelo Torneio José Américo, nosso primeiro dos cinco títulos nordestinos, que nos dá o status de Maior Campeão do Nordeste. Também com os times de 1974 e 1976, que fizeram grandes campanhas nacionais. Participamos das promoções do clube, como o Super Vitória 76, que estabeleceu o início do marketing no Rubro-Negro. Meu pai, no entanto, perdeu a grande final de 1980, contra o Galícia, quando nos sagramos campeões estaduais. Fui com a minha mãe e a minha irmã, numa tarde de triunfo com gol de Paulo Maurício, cobrando pênalti sofrido por Wilton.

No início dos anos 80, empolgado com a disseminação das torcidas organizadas pelo Brasil, me juntei a Ari, amigo das cadeiras cativas, fundando a Super Nêgo, menor torcida do Vitória de todos os tempos. Éramos somente eu e ele, nossas bandeiras e uma faixa com o nome da "organizada", alusão ao grito que começava a se popularizar entre os torcedores do Leão. Foi por pouco tempo, queria sair daquele ambiente misto com torcedores de outros clubes e ir para a massa, ficar junto com a galera mesmo, se possível no meio da Vitoraça. Tanto que em 1982 entrava pelas cativas com meu pai e, antes do jogo, passava para as arquibancadas.

Nas arquibancadas da Fonte Nova, conheci uma turma do bairro da Pituba que tinha uma torcida, a Império Rubro-Negro, liderada por Maneca Reis. Fiz amizade e me integrei à torcida e à charanga, sendo responsável por tocar caixa. Na Império, fiquei por um ano, quando montei a Falange Rubro-Negra com colegas do colégio Antônio Vieira. Com Guga e Niltinho, este último filho do ex-presidente do clube Nilton Sampaio, fizemos da Falange uma torcida referência, que ganhou, inclusive, o prêmio de melhor organizada da Federação Bahiana de Futebol. Era 1985, ano de título baiano, do inesquecível atacante Ricky, de início de faculdade e muito tempo de sobra para acompanhar o clube em todos os jogos, inclusive no interior do estado.

A Falange saiu de cena em definitivo em 1988. Marcou presença, portanto, numa das etapas mais importantes da história do Vitória: a inauguração do Estádio Manoel Barradas, em 1986.

Transferi para as minhas filhas essa paixão pelo Vitória. Laís nasceu em 1989, ano do primeiro título do bicampeonato baiano que aconteceria em 1990. Taís, em 1991, um ano antes do título estadual que teve em Arturzinho o grande protagonista, dois anos antes da excepcional conquista nacional, o vice-campeonato brasileiro de 1993. Luciana Vitória nasceu em 2000, ano de mais um título estadual, após conquistas do tri baiano de 1995, 1996, 1997, e dos nordestinos de 1997 e de 1999.

A década de 1990 foi um divisor de águas na história do clube e do próprio torcedor rubro-negro. Do sofrimento pelos escassos títulos, passamos a deter a hegemonia do futebol da Bahia e do Nordeste com a contratação de grandes atletas como Bebeto e Petkovic, com a modernização do Barradão e com uma divisão de base reconhecida como das melhores do país.

A campanha de 1999 no Brasileiro me motivou a entrar na onda dos sites não oficiais. Em setembro daquele ano, construí o Barradão On Line, que em pouco tempo se tornou uma referência para o torcedor, agregando uma grande equipe de torcedores colaboradores. Foram mais de duas dezenas, de todas as profissões, mas com algo em comum: o amor pelo Leão. A grande maioria criou vínculo de amizade e até hoje se comunica, mesmo após o encerramento do portal.

O novo século chegou, mantivemos a boa performance em campo nos níveis estadual e regional por muitos anos, caindo de divisão nacional algumas vezes, mas conseguindo o acesso pouco depois. O retorno aos estudos em 2006, após mais de 15 anos formado em economia, possibilitou o meu investimento de tempo de torcedor em outra vertente, a dos trabalhos acadêmicos. Assim foi no curso de especialização em comunicação-cibercultura, quando escrevi sobre a importância dos sites não oficiais na vida dos clubes, principalmente pela sua maior capacidade de interatividade entre os torcedores. Em seguida, no curso de arquivologia, quando versei sobre os arquivos pessoais dos torcedores do Vitória e sua supremacia em relação ao que se tem armazenado pelo próprio clube. E, finalmente, o mestrado em ciência da informação, quando pude estudar os repositórios digitais como alternativa para a preservação da memória em clubes de futebol, notadamente o Esporte Clube Vitória.

De 1972 para cá, foram muitos casos a serem lembrados nas mesas de bar com a turma rubro-negra. De viagem de ônibus a Vitória (ES) para assistir a um estranho 0x0 com a Desportiva, a um conflito generalizado provocado com um torcedor do Flu de Feira no Joia da Princesa. De uma ida a Alagoinhas perto da hora do jogo começar, encontrando um cadáver no meio da rodovia, à presença no evento na Câmara Municipal de Salvador que instituiu o Dia do Vitória. Do dia que quase tive a bandeira levada por torcedores rivais, não fosse um "herói" rubro-negro anônimo a salvá-la, ao primeiro de muitos dias que entrei no campo do Barradão para cobrir o jogo para o nosso site.

Uma vida de dedicação ao Vitória, como muitos outros torcedores que conheci ao longo desses 54 anos de vida, 48 de arquibancada. A Irmã Esperança, que sentou ao meu lado por muito tempo nas superiores da Fonte Nova. O gigante Lázaro Babau, de vida dedicada quase que exclusivamente ao clube. O Sr. Nilton Sampaio, que me aproximou do Vitória, quer nas idas para jogos do interior, quer no convite para o Conselho Deliberativo. Os meus amigos da Falange Rubro-Negra, especialmente os irmãos Neto e Luís, que chegavam cedo ao estádio para prender faixa, afinar instrumentos e ajustar bandeiras. Dos amigos do site Barradão On Line, especialmente Francisco Ribeiro, que teve a missão de tocar adiante a edição por muitos anos após meu afastamento.

A minha vida se confunde com a trajetória do Vitória. Aprendemos a amar e a respeitar esse clube centenário em todos os seus momentos. Das conquistas e alegrias aos momentos de tristeza, nunca o abandonamos. Muito pelo contrário. Gerações como a minha mantiveram acesa a chama da paixão pelo Vitória, que nunca se apagará. Ser Vitória é enfrentar adversidades, mas nunca deixar de lutar, de forma desportiva, em qualquer embate em que as cores vermelha e preta com o nosso escudo estejam presentes. Somos torcedores de grande valor, não temos temor, pois sabemos que no campo da luta, tu és o melhor, Vitória!

NETO BAIANO

Euvaldo José de Aguiar Neto nasceu em Ituaçu (BA) em 17/09/1982. Iniciou sua trajetória no Vitória em 2009, já sendo campeão estadual e artilheiro com 18 gols. Em 2012, igualou o recorde de Cláudio Adão como maior artilheiro numa edição de Campeonato Baiano, com 27 tentos. Teve quatro passagens pelo clube, somando 88 gols. É o maior goleador do Barradão, com 53 gols, e fez o gol número 1.000 no estádio, em 2009. Suas passagens foram marcadas por polêmicas, provocações e bolas na rede.

Entrevista realizada em agosto de 2020.

Você é do interior da Bahia. Já existia relação sua com o Vitória?
Não. Naquele tempo, no interior da Bahia, a gente não tinha Globo pra passar jogo do Vitória ou do nosso adversário. Tinha a Globo Rio. Quando eu era mais novo, torcia para o Vasco. Minha família toda era Vasco. Nem conhecia o futebol do Vitória e dos nossos adversários. Eu comecei a pegar amor pelo Vitória quando fui fazer o primeiro teste no clube, em 97, com 15 anos. Não fui aprovado. Era Newton Mota, Gilmey Aimberê e outro treinador lá. Jogava de meia e atacante. Até que conheci na minha cidade um cara com uma ligação grande com o Vitória. Era André Cury, empresário. Ele falou: "Neto, vou te levar pra outro lugar". Eu queria ter jogado na base do Vitória, porque era um sonho de todos os garotos.

Quando surgiu a oportunidade de jogar no Vitória como profissional?
Em 2008 tive uma conversa muito boa pra ir para o Vitória, com Alexi e Jorginho. Vagner Mancini foi contratado como técnico e tinha sido meu treinador no Paulista de Jundiaí. Mas preferi ir para o Ipatinga por questão financeira. Em 2009 tive a honra, o prazer de vestir a camisa do Vitória. Cheguei com bastante desconfiança da torcida, por eu ser baiano também. Queira ou não queira, prata da casa, quem é baiano, é complicado. No meu primeiro jogo fui vaiado, mas

entrei e fiz o gol. Quem estava jogando era Washington. Mancini sempre falava: "Continue treinando, que você vai ter sua hora". E Washington era aquele cara que fazia muito gol, jogou no Palmeiras, na Portuguesa. Estava bem. Aí Mancini me colocou num jogo. Entrava em quase todos os jogos e fazia gol. Fui artilheiro do Campeonato Baiano de 2009. Mancini foi para o Santos e tive a oportunidade de ir também, mas preferi ir para o Japão por questão financeira. Preferi manter meu contrato com o Vitória, ser emprestado e voltar.

Você fez 22 gols em cinco meses. Por que deu liga?
O grupo era a essência, a gente era muito unido e tinha metas. A cobrança era grande e começava nos treinos. Ramon não gostava que jogador ficasse trotando, Jackson também não, Vanderson pior ainda. Nós, os mais novos, seguíamos o exemplo dos caras. Jackson puxava a fila do físico. Ramon era o último a sair do campo, batendo falta. E víamos o Vanderson dando carrinho em treino. O grupo em si me ajudou muito.

Nesta época, circulou a informação de que o técnico Mancini tinha "panelinha" no grupo. Você viu isso?
Conheço Mancini como pessoa e como treinador. Não acredito que Mancini seja de fazer panela. Pelo caráter dele. É um cara muito correto, fala tudo na cara. Tem até um episódio meu com Mancini que aconteceu num Paulista x Ceará. Eu não joguei tão bem e ele me tirou. Fui na rádio pra dar um "migué": "Saí do jogo porque machuquei". Ele chegou na minha cara e disse: "Não, você saiu do jogo porque estava mal mesmo".

Lembra da tensão na final do Baiano de 2009?
Lembro de tudo. Nesse jogo, a gente saiu perdendo de 2x0.[1] Eu dei uma entrevista no intervalo dizendo: "Pode ficar tranquilo que a gente vai ser campeão". Estávamos mais confiantes na vitória do que no jogo que vencemos em Pituaçu. "Estamos bem, foram duas falhas, mas vamos pra cima". Numa bola, Apodi cruzou, briguei com o cara em cima e fiz o gol. Na outra, Bida sofreu o pênalti. Ramon bateu. O batedor era eu. Com respeito ao Ramon, tinha que deixar ele bater. Nosso grupo era muito unido. Em 2009, a gente merecia coisa maior por causa do grupo, mas acabou desmontando depois.

---

1 03/05/2009 - Baiano: Vitória 2x2 Bahia. Gols: Neto Baiano e Ramon Menezes.

Além dos atletas, você tinha proximidade com funcionários do clube?
Da rouparia tinha Luiz, Titio, Edmilson, entre outros. Todos são meus irmãos. Eu era um dos poucos jogadores com proximidade e o respeito de Mário, de conversar, ele me dar conselho. Ele falava assim: "Ô, maluco, calma aí". Mário tem 50 e poucos anos de Vitória. Eu tinha jogado no Palmeiras, outros times, mas não tinha visibilidade como no Vitória, de ser artilheiro, de ser o cara do momento. Tudo isso sobe pra sua cabeça. E eu já tinha um pouquinho de juízo fraco. Mas sempre havia o Mário Silva pra dar um toque. Pra mim, ele é o símbolo do Vitória. Não tem nenhum ali que ama mais o Vitória do que Mário Silva. Ah, Paulo Carneiro, Alexi Portela... Não tem nenhum. Pra mim, o presidente do Vitória, pelo amor, pelo respeito que tem, é Mário Silva. Pela honestidade, hombridade. Tuca, massagista, também. Devo muito a esses caras, foram os que mais me seguraram pra não fazer besteira no Vitória.

Como foi a parceria com Nadson em campo?
Nadgol é meu irmão. É uma figura. Nesse ano, ele não jogou muito. Carpegiani não deu muita oportunidade pra ele. Tinha Nadson, Washington e Roger. E teve um jogo que Carpegiani virou pra mim:
– Neto, com quem você quer jogar?
– Pô, professor, quero jogar com Nadson.
– Vou botar Washington *(risos)*.
Eu e Washington temos a mesma característica. Nadgol não, vem buscar a bola pra dar o passe. Carpegiani me escutava muito, mas desta vez não me escutou.

O que fez Nadson ir para o Bahia em 2009?
Nadson foi muito desrespeitado pela diretoria naquele ano. Não sei o motivo. Também tive proposta do adversário, mas não quis. Tenho certeza de que Nadgol se arrepende muito de ter jogado no nosso adversário. Converso com ele de vez em quando e ele diz: "A vida nos leva a tomar decisão e a gente não pensa". Financeiramente, não acho que justificava ele ter saído, porque o Bahia na época nem pagava. Pelo histórico dele no Vitória, jamais poderia ter vestido a camisa do adversário. Cada um faz suas escolhas e acho que ele escolheu errado. Mas Nadgol sempre tem que ter o respeito do torcedor, porque ele é torcedor do Vitória.

Você jogaria no Bahia?
Jamais. Eu tive uma proposta. Ganhava R$ 80 mil no Vitória. Os caras do Bahia

me deram o maior contrato que tinha no clube. Souza ganhava R$ 180 mil. Foi quando eu voltei do Kashiwa Reysol, em 2013. Estava pra ir para o Vitória, pedi um salário e tanto tempo de contrato. Alexi não queria, me ofereceu um salário que não existia. O Goiás me deu o que eu queria e fui pra lá. A torcida do Bahia também não queria *(risos)*. Na vida, você tem que escolher. Eu escolhi não jogar nos meus adversários, porque é uma carga muito alta. Eu não sei se conseguiria carregar, depois de tudo o que falei, de tudo o que eu fiz contra o meu adversário. Eu sou torcedor do Vitória.

Você era provocador, fez até foto pescando "sardinha". Isso influenciava em campo?
Me incentivava muito, porque eu me cobrava. Se falei, tenho que cumprir. Eu corria mais. Provocava e não queria ser gozado depois. Perdemos do Vasco de 4x0 em São Januário na Copa do Brasil. Eu falei: "Vou virar o jogo". E deu repercussão no Rio. Aquilo mexeu comigo. Eu estava tão pilhado pra ganhar o jogo que acabei perdendo a cabeça, cuspi em Ramon, lateral-esquerdo. Ele chegou pra mim e falou: "Beleza, Pelé". Quando ele falou isso, cuspi, não vi o bandeira. Gesto totalmente errado. Fui expulso.[2]

Essas provocações já deram em briga?
Depois do BaVi, sempre dava briga. Eu saía sempre com segurança, amigos, nunca saía sozinho. Já riscaram meu carro, quebraram vidro. Mas vir pra cima de mim, não.

Você pensou em parar quando essas coisas aconteceram?
Não. Aí é que eu perturbava mais ainda. Eu ia sempre no Caranguejo de Sergipe, da Pituba. Quando tinha jogo do Bahia, eu ia assistir pra perturbar os caras *(risos)*. Depois chegava Victor Ramos. O Bahia perdia, a gente começava a fazer zoada, os caras vaiavam a gente. Maior resenha.

Do Japão, em 2010, você acompanhou o Vitória indo a final da Copa do Brasil?
Tudo. Estávamos no Japão, eu, Leandro Domingues e Jorge Wagner. Nessa final da Copa do Brasil, eu estava com Guga, meu empresário. Ele é Vitória doente. A gente foi assistir ao primeiro jogo na casa de Leandro Domingues, torcendo

---

2 20/05/2009 - Copa do Brasil: Vitória 1x1 Vasco da Gama. Gol: Neto Baiano. Jogo de volta.

muito para o Vitória. Lee pegou pênalti de Neymar na Vila Belmiro, ele foi cavar. Na volta, o Vitória ficou em cima. Mas a gente acabou pecando na finalização. Por pouco a gente não conseguiu o título.

No retorno em 2011, a perda do Baiano para o Bahia de Feira. O que aconteceu?
Foi um ano pra gente esquecer, por tanta coisa que deu errado, dentro e fora de campo... O Vitória começou a contratar jogadores que não tinham mais perseverança, vontade de chegar a lugar nenhum. Em 2009, que era mais a base, você sentia que os caras tinham amor pela camisa. Em 2011, tinha os caras que faziam a mesa deles e tinha o grupo da gente, que era eu, Geovanni, Nino, Gabriel Paulista, Elkeson, Victor Ramos. O outro grupo era Zé Luís, Fernandinho, Gilberto, Alison, Maurício. O grupo era rachado. Quando o grupo é rachado, não conquista nada.

Como foi encarar o Vitória na Série B naquele ano?
Eu botei o Vitória na Justiça. Como são as coisas... Eu tinha proposta pra ir para o Jubilo Iawata. No Vitória, eu ganhava R$ 80 mil e queriam reduzir meu salário pra R$ 45 mil. "Como vocês vão reduzir pra R$ 45 mil? Eu vou pro Japão, vocês me liberam, só tenho mais seis meses de contrato". Alexi bateu o pé que não iria me liberar. Eu comecei a jogar e a fazer gol. Sempre amei o Vitória, de coração mesmo, sem querer fazer média com ninguém. Tanto que baixaram o meu salário. Não foi questão de não ter time pra eu jogar, porque tinha proposta. Resolvi ficar e dar minha cara a tapa, ser cobrado pelo que fiz, de ter pedido pra sair da maneira incorreta. O pessoal do Japão não queria pagar a multa rescisória e Alexi Portela exigia uma compensação. Quando tudo aconteceu, eu vi que não ia *(para o Japão)* e tinha que dar a vida pelo Vitória. A gente perdeu pro Bahia de Feira.[3] Eu estava no banco, entrei no jogo. O treinador era o Antônio Lopes. Eu sofri um pênalti, mas o juiz acabou voltando. O bandeira deu impedimento porque eu abri o braço. Aquilo caiu com uma ducha fria em mim. Vi tudo o que fiz em 2009 indo por água abaixo. Foi um 2011 péssimo. E não conseguimos o acesso à Série A. Eu até fiz bastante gols[4], mas não brilhei, o Vitória não brilhou.

---

3   15/05/2011 - Baiano: Vitória 1x2 Bahia de Feira. Gol: Geovanni. O Bahia de Feira foi campeão.
4   Neto Baiano fez 19 gols em 2011 pelo Vitória.

Na penúltima rodada, houve uma grande falha de Zé Luís. O Vitória perdeu o jogo e dificultou o acesso à Série A.[5] Como ele ficou depois daquilo?
Zé ficou mal. Falaram que ele se vendeu, mas jamais. Zé é um homem de um caráter tão diferente que ele jamais faria isso. Ali foi erro mesmo, como todo mundo poderia ter errado. Acho que ali foi a desunião de antes, as coisas erradas que aconteceram antes.

Em 2012, em um jogo contra o ABC na Copa do Brasil, você fez três gols em 15 minutos e garantiu a classificação rubro-negra[6]. Como aconteceu aquela virada?
Naquele ano, era um pelo outro. Quando Washington fez o gol e botou a chupeta *(no jogo de ida, em Natal)*, fiquei doente. Ele foi dispensado do Vitória *(em 2009)*. Me doeu por Mário Silva, por Alexi. Todo mundo em campo também sentiu a provocação. A gente não desistiu em momento algum da classificação. Léo sofreu pênalti, eu bati, foi na trave e entrou. Depois, o Tartá cruzou, fiz o gol de voleio. Ali veio aquele pensamento de "dá tempo ainda". Acho que faltavam dois minutos pra acabar o jogo. Aí Rodrigo, zagueiro, lançou e Flávio Boaventura fez o pênalti em Uelliton. Bateu o medo. Fiz dois gols. Se perdesse o pênalti, não valia nada. "Vou sair por cima, botar outro pra bater" *(risos)*. Aí os caras falaram: "Bate você". Bati, fiz o gol e foi só alegria. Foi um jogo que ficou marcado na minha vida. O grupo se determinou a ganhar o jogo. Não foi só Neto Baiano.

Você lembra quantas vezes fez três gols numa partida pelo Vitória?
Um bocado. Fiz quatro também.[7] Contra o Bahia, quase eu faço três.[8] Foi no que a gente perdeu a final. Fiz dois e uma bola na trave. Ali eu me culpo. Fiz os gols, estávamos ganhando o jogo, "vou sair pra ser aplaudido". Saí. E o Bahia empatou o jogo. Não era para eu ter saído. Era final, estava bem no jogo. Cabeça de jogador é meio maluca. Eu saí de um jogo que poderia ser campeão se ficasse. Foi meu ego.

Você jogou com Arthur Maia, uma das vítimas da queda do avião da Chapecoense em 2016. Quais as lembranças dele?
Era um irmão. A gente chamava Arthur de "Messi". Morreu muito cedo. Um cara

---

5 19/11/2011 - Série B: Vitória 1x2 São Caetano. Gol: Jean.

6 18/04/2012 - Copa do Brasil: Vitória 3x2 ABC. Gols: Neto Baiano (3).

7 21/03/2012 - Baiano: Vitória 4x1 Juazeirense. Gols: Neto Baiano (4).

8 13/05/2012 - Baiano: Bahia 3x3 Vitória. Gols: Neto Baiano (2) e Dinei.

muito divertido, pessoa positiva. Era Vitória. Maia chegou no Vitória, se não me engano, com 12 ou 13 anos. Era dedicado, não se acomodava. Por ser da base, era muito cobrado, porque na base ele fez coisas que poucas fizeram. Tenho só lembranças boas dele.

Em 2012, você fez 27 gols no Baiano, igualou a marca de Cláudio Adão em 1986. Lembra da música que fizeram para você?
Do Black Style. "Olha a sequência do Neto". Todo lugar que eu ia, tinha uns caras que botavam o som na porta do hotel. Eu acho que deveria ter o prêmio de melhor. Cláudio Adão jogou 150 jogos *(risos)*. Em média de gols, tenho mais do que ele. Aquele ano de 2012 foi um erro da minha parte também. Se eu ficasse no Vitória, acho que teria conquistado coisas maiores do que dinheiro. Talvez tivesse chegado na seleção, pela minha fase. Mas, por querer que as coisas aconteçam mais rápido, a gente acaba errando.

A saída foi amigável desta vez?
Tive proposta do Santos, do Vasco, e Alexi não me liberou. Eu ganhava pouco nessa época, R$ 45 mil. Alexi falou que me daria aumento. Falei o valor e ele disse que não podia. Aí me liberou. Era minha vontade ficar no Vitória, mas eu não era reconhecido nem remunerado como merecia. Chegava jogador ganhando três vezes mais. Isso pesava. Por tudo o que fiz no Vitória, nunca fui reconhecido como merecia.

Você lembra das homenagens que torcedores fizeram para você?
Foram várias. No meu último jogo, contra o CRB, uma tiazinha levou uma faixa pra mim. Tenho guardada em casa, em Ituaçu. Minhas coisas do Vitória estão todas lá, meu pai guarda tudo, como a camisa de 150 jogos. Agradeço muito a Ricardo David, que me deu oportunidade de voltar para o Vitória *(em 2019)*, junto com Chico Salles, o vice-presidente. Eu nunca fui tão homenageado por ninguém como esses caras. Foram de uma hombridade imensa comigo. Em 2012, tinha uma padariazinha descendo a ladeira da Universidade Jorge Amado, em que eu ia, pedia meu suco de laranja e o pão com manteiga, o pessoal nem me cobrava. O dono era Vitória. Ele dizia: "Enquanto você estiver fazendo gol, você não paga". E eu: "Vou começar a fazer feira aqui, viu?" *(risos)*. Teve também uma menina que fez tatuagem do meu rosto. À torcida do Vitória, eu tenho só que agradecer.

Já fora, você acompanhou o acesso do Vitória a Série A?
Acompanhei. Fiquei torcendo para o Goiás ganhar do São Caetano. Eu estava no Japão. Jorge Wagner e Leandro Domingues me perturbando. "O Vitória não vai subir?". Foram três clubes com 71 pontos, entre eles o próprio São Caetano. A gente subiu em quarto. A sorte da gente foi que o Harlei pegou o pênalti que o Ailton bateu e empatou. Se o São Caetano tivesse ganhado o jogo, o Vitória não tinha subido.[9]

Em 2015, você voltou ao Vitória e não rendeu como nos anos anteriores. O que pesou?
Fui muito bem no começo. Saí do Vitória em 2015 como artilheiro.[10] Só que eu cheguei e encontrei muita dificuldade. Primeiro, meu peso, cheguei gordo. O pessoal cobrava muito do peso e eu já estava estressado com isso. E acabei achando que eu era mais do que o Vitória. Quando você chega a esse patamar, as coisas não dão certo. Joguei o Campeonato Baiano. Fiz dois gols contra o Colo-Colo lá, ganhamos de 2x1 nas quartas de final.[11] Chegou no Barradão, sofri o pênalti, em que ia fazer o gol de bicicleta e o cara me puxou. Bati o pênalti e perdi. Saímos nas quartas de final.[12] E dali as coisas começaram a dar errado pra mim. Fui pedir desculpa aos meus companheiros no vestiário. Aí o diretor Anderson Barros falou: "Você não vai falar nada aqui". Fui pra cima dele, pra brigar mesmo. Não era nem para ele estar no vestiário. Vestiário é dos atletas e da comissão técnica. Falcão, que é muito amigo meu, me segurou e falou: "Calma, Neto". Eu tinha moral com a torcida, eu falava, discutia, pedia aumento de salário pra roupeiro. E Anderson se sentia atravessado comigo. Aí fomos jogar contra o Anapolina.[13] Perdi um pênalti de novo. Voltei para o Barradão, treinei de titular. Aí mandaram me chamar, o Anderson disse que eu estava afastado. Beleza. Falcão saiu, assumiu Raimundo Viana. "Preciso conversar com você, presidente". Eu já ia pedir pra rescindir o contrato. Raimundo deu entrevista pro Bocão dizendo que não partiu dele a minha dispensa, partiu do Alexi. Na época, até falei com Alexi. "Neto, acho que tem que sair". Falaram que eu só ficaria se Anderson saísse. Nessa confusão

---

9 Na penúltima rodada da Série B, o São Caetano empatou com o Goiás, resultado que ajudou o Vitória.

10 Em abril, Neto Baiano deixou o Vitória com seis gols em 17 jogos, sendo o artilheiro até então.

11 15/03/2015 - Baiano: Colo-Colo 1x2 Vitória. Gols Neto Baiano (2).

12 21/03/2015 - Baiano: Vitória 0x2 Colo-Colo.

13 01/04/2015 - Copa do Brasil: Anapolina 1x2 Vitória. Gols: Rogério e Luiz Gustavo.

toda, antes de falar com Raimundo, dei entrevista pro Zé Eduardo *(Bocão)* e falei um bocado de coisa que eu pensava, esculhambei tudo. Foi um erro porque o Raimundo queria contar comigo. Depois de tudo isso, foi esquentando as coisas e preferi sair do Vitória. Mas não era pra sair. Depois chegou Mancini, aí tive certeza de que jogaria. Tanto que ele me ligou quando eu já tinha assinado com o Criciúma: "Não vai, não". Mas não tinha mais volta.

Sua última passagem foi em 2019, numa fase muito ruim do clube. Qual era a deficiência daquele time?
Toda. Aquele grupo brigou pra não cair. Eu voltei para o Vitória por amor, queria ser o maior artilheiro do clube. Só que nem Romário conseguiria fazer gol naquele time. A gente não recebia salário. Fiquei quatro meses sem receber. Saiu Ricardo, e veio o Paulo Carneiro. Tinha dias que não havia comida. Isso não é culpa do Paulo, não é culpa do Ricardo. É culpa das coisas que vinham acumulando de antigamente. É culpa de todos que administraram o Vitória. No Vitória, o maior salário antigamente era R$ 120 mil. Aí começou a botar R$ 300 mil, R$ 400 mil em 2017, 2018. Começaram a fazer maluquices, que eu não entendia. O Vitória trocar promessa da base por um cara de 27, 28 anos... Trocar por Kieza.[14] Eu não entendi nada daquela troca. Eram coisas que o Vitória nunca havia feito. O Vitória não tinha essa estrutura pra pagar R$ 400 mil a um jogador.

Por que você não teve sequência de jogos como titular?
Comecei a melhorar meu peso. Joguei contra o Guarani, fiz gol. Aí tiraram Claudio Tencati *(do comando técnico)*, uma injustiça. Trouxeram *(Osmar)* Loss. E Loss trabalhou com Anselmo Ramon. Com todo respeito ao Anselmo Ramon. Eu fui muito bem contra o Atlético Goianiense, ele me elogiou. Chegou no outro jogo, ele me chamou. "Neto, eu vou começar com Anselmo". "Tranquilo, professor". A torcida vaiando Anselmo e ele não me colocava. Depois disso, ele não me colocou mais no jogo. Pensei: "Tem alguma coisa errada". Eu pedi minha rescisão, porque tinha proposta do Remo. Em momento algum ele disse: "Neto, fique aí". Uma hora ou outra as coisas iam acontecer comigo. Eu estava bem fisicamente. Saí mais pelo Loss, pra não ter uma divergência com ele, pra não estragar o grupo. E também saí porque não estava recebendo salário. Via meus companheiros dentro

---

14 Em 2016, o Vitória cedeu Ruan Café e Geovane mais uma quantia pelo atacante Kieza, do São Paulo.

da concentração não podendo ir pra casa porque não tinham dinheiro para o aluguel. Tudo isso fez com que minha passagem não fosse brilhante. Eu tenho certeza, com a idade que eu tenho hoje, do jeito que estou hoje, eu jogo no Vitória de olhos fechados, com 38 anos. Não devo a nenhum dos atacantes do Vitória.

O que o Vitória representa para você?
Tudo o que eu tenho hoje, que consegui no futebol, sou grato ao Vitória. O Vitória representa tudo na minha vida. Comecei sendo torcedor do Vasco. Me arrependo tanto de não ter ido mais novo pra Salvador, pra conhecer a história do Vitória e ter sido só torcedor do Vitória... Agradeço muito a Deus por ter vestido a camisa do clube. Só jogando no Vitória para saber o amor que o clube provoca. O dia a dia do Barradão... Os caras falam de lixão. Aquilo ali é uma coisa tão humana. Quando fui embora em 2009, eu cheguei em casa e chorei. Em 2012, foi a mesma coisa: "Vai ser meu último jogo". Em 2015, foi triste sair do jeito que eu saí, olhando pra trás, pegando meu material: "Caraca, não tô sendo valorizado". Eu não choro perto de ninguém, mas sozinho choro pra caramba. Do Vitória, eu só tenho agradecimento.

JOEL MEU SANTO

Joel Alves Ribeiro nasceu em Salvador em 19/11/1940. Iniciou sua trajetória no Vitória ainda criança como nadador e logo se tornou remador do clube. Defendendo o Rubro-Negro nas regatas, conquistou 22 vezes o título de campeão baiano. Em 2002 voltou a remar na categoria master e a partir de 2006 ocupou cargos de diretor de remo e diretor de esportes olímpicos do Vitória até 2018.

Entrevista realizada em março de 2018 e complementada em novembro de 2020.

Como começou sua história no remo?
Meu pai era Vitória e a gente morava próximo a sede de remo lá na Ribeira. Eu comecei a nadar pelo Vitória e com 9 anos fui campeão baiano de natação. Antigamente, a Ribeira era considerada celeiro de atletas. Era uma característica da Península. Dos atletas de Salvador, 90% moravam em Itapagipe. Basquete, remo, natação, tudo era lá. Eu comecei a nadar por influência de vários outros nadadores. O clube não tinha piscina, a natação era praticada num colégio no Barbalho, no Instituto Isaías Alves, mais conhecido como Instituto Normal. O Vitória bancava o transporte e nós saíamos da Ribeira para nadar. Quando cheguei aos 14 anos, comecei a remar e participei da primeira competição. Com 15 anos, atravessei de Mar Grande a Barra, mas a maré me tirou da posição e eu não entrei na Barra. Meu irmão Juju entrou, ficou em terceiro lugar. E eu, que nadava até mais do que ele, não entrei porque me perdi do meu guia, porque o mar estava muito revolto. Com 17 anos, deixei de nadar porque optei pelo remo. Remei 22 anos consecutivos, nunca perdi uma regata. Remava e era técnico. Depois passei a ser diretor. Então era remador, técnico e diretor. Foi uma história muito bacana. E assim fui até os 36 anos. Depois dos 36, resolvi parar e passei quase 20 anos sem remar. Só indo assistir.

Qual era a relação do seu pai com o Vitória?
Meu pai era fanático pelo Rubro-Negro. Antônio Ferreira Ribeiro, conhecido por Ribeirinho. Naquela época, no futebol, o Vitória perdia mais do que ganhava. Ele ia aos jogos com um paletó de casimira todo vermelho e preto. Sempre com um guarda-chuva na mão, aquele grandão, que se usava antigamente. Quando o Vitória perdia, vaiavam ele, e não voltava com o guarda-chuva, quebrava na cabeça dos caras *(risos)*. Na minha família, todo mundo torce pelo Vitória.

O que lembra do primeiro título de natação pelo Vitória, aos 9 anos?
Foi uma alegria muito grande, fica marcado. O Vitória sempre foi um clube, não um time de futebol. Sempre praticou todos os esportes. Era muito bom no vôlei. Nos aniversários do Vitória faziam desfile de crianças na Fonte Nova. Era programado no dia de um jogo importante, e acontecia o desfile, a coisa mais espetacular do mundo. Vinha o grupo do remo, todo mundo com o remo na mão, bem vestido. Depois vinha o da natação, do vôlei. Desfilava com todos os esportes olímpicos que praticava. Hoje já não existe mais isso. O Vitória já foi mais do que é hoje. Cresceu em termos de patrimônio, temos o Barradão, mas já foi melhor do que hoje em esportes olímpicos. Espero que a gente cresça mais nos outros esportes, não só no futebol.

Você lembra de quando falou "hoje eu sou atleta do Vitória"?
Como morava próximo, desde criança eu frequentava o clube. Via aqueles remadores grandões. O remador pedia pra ir comprar alguma coisa, eu ia. Era totalmente proibido competir aos 14 anos. Competi aos 14, tive que burlar todas as coisas e competi. Por que eu competi? Tinha um diretor de remo, famoso aqui, chamava-se Mário Brito, e não permitia que um menino como eu remasse. Como meu irmão era remador do clube, eu saía patroando, como timoneiro, e meu irmão permitia que eu desse uma remada sem Mário Brito ver. Quando chegou a semana da regata, meu irmão fez uma brincadeira com o clube do São Salvador, o adversário. Disse que ganharia aquele páreo de yole a 4 *(modalidade do remo)* comigo remando. Fez uma aposta e eles toparam. Era à tarde e meu irmão pegou a guarnição. Seu Mário Brito não ia à tarde lá. Ele marcou com o pessoal e fui dando a voga desse yole a 4. Eu era tão magrinho que não conseguia pegar o barco, alguém tinha que pegar pra mim. Mas dei a voga na guarnição e ganhei a guarnição que ia competir naquela regata de domingo. Quando nós chegamos lá, seu Mário Brito estava na rampa esperando a gente. Meu irmão ficou apavorado

e eu também. Chegamos na rampa, seu Mário Brito me perguntou se eu queria ir treinar no dia seguinte, pra competir. Foi uma emoção. Fiquei numa alegria que nem dormi direito. Aí fui no outro dia, competi e ganhei. E ele me inscreveu.

Como era a rivalidade entre Vitória e São Salvador?
Muito grande. Eram quatro clubes: Itapagipe, Santa Cruz, São Salvador e Vitória. O remo, naquela época, era o primeiro esporte do mundo. Eu tenho reportagem de jornal antigo com a primeira página toda falando sobre regata e, lá embaixo, o homem indo à lua, uma notinha pequena. Pra você ver a importância do remo. E como era grande, havia muito aposta, corria dinheiro. Pra você ter uma ideia, os ônibus nos dias de regata só iam até o Largo do Papagaio *(na Ribeira)*. Fica a uns dois quilômetros. Não podiam passar porque era muita gente, não dava para os carros circularem. Teve época que o remo começava às 8h e terminava às 17h, pois eram 15 provas. Hoje só são sete, porque vários barcos saíram de linha. Uma mudança grande. E havia muita rivalidade. Eu assisti a uma briga entre torcedores do Itapagipe e do Vitória. Foram mais de 200 pessoas brigando, um grupo de lá contra um grupo de cá. Da polícia, geralmente, iam 10 ou 15 soldados, que tiveram que sair correndo, pois era muita gente brigando. Era um negócio muito fanático.

Torneios tradicionais, como a Taça Olga e a Taça Maria Luiza, eram especiais?
A Taça Olga foi um suíço que doou para a federação. Ele era Vitória e se chamava Hernesto Holzmann. Ele doou também um barco da Suíça, de quatro com patrão. E a taça não ficava em definitiva com o vencedor. Tinha essa prova todo ano. Eram quatro regatas por ano, dentre elas a Taça Olga. O clube que ganhava, ficava com a taça durante um ano. Essa era a Taça Olga, equivalente a esse barco chamado quatro com patrão, quatro remadores e um timoneiro. A Taça Maria Luiza era o double, homenagem a uma professora, muito querida, que morreu em um acidente com uma canoa na Ribeira. O barco era um double skiff liso. Dois remadores, cada um com dois remos. Existe ainda essa prova. O nosso Vitória ganhou muitas vezes, inclusive eu já ganhei as duas taças. Todas as duas tinham a mesma fama e era uma honra para remador ser campeão ganhando a Taça Olga ou a Taça Maria Luiza.

Havia atletas que remavam e jogavam futebol?
O mais famoso foi Tinho, irmão do meu parceiro Chocolate, que remava comigo no double. Tinho remava e depois jogou bola. Depois ele foi vendido para o

Flamengo. Os torcedores ficaram chateados com o clube e quebraram a sede no edifício Themis, na Praça da Sé. Ele foi morar no Rio e morreu por lá. Foi um atleta muito bom, que começou cedo no remo, mas ficou pouco tempo no esporte. O futebol tinha mais concentração, viagens e aí já não combinava muito. Mas o remo o ajudou muito na preparação física. Ele era famoso pela disposição. Tornou-se um dos melhores atletas do futebol também. A dupla de zaga era Romenil e Tinho.

Como o remo do Vitória era mantido?
Era uma luta. Precisava de muito treinamento, dedicação e despesas pra manter uma equipe dessas. Pra cada regata, você dependia de 30 a 40 remadores. Antigamente, o clube se mantinha por doação. Conselheiros que tinham condição financeira boa, traziam barcos, doavam. O remador não recebia salário, mas aqueles que se destacavam, como eu, ganhavam um dinheiro assim. Tinha também o patrocinador, da geladeira de marca tal, e o cara que vencia a prova recebia uma geladeira, um relógio de ouro ou outra coisa. E ainda tinham os presentes que os apostadores davam. Apostador chegava pra mim e dizia: "Fiz uma aposta, vou lhe dar tanto se você ganhar".

Quantos títulos você ganhou pelo Vitória?
Eu vou falar uma particularidade e não sei até que ponto é verdade. O ex-presidente Alexi Portela Júnior fez um mural no Barradão e disse que, como eu fui o atleta que dei mais títulos desde que o clube nasceu, ia me botar no número um. De fato, a primeira pessoa do mural, subindo, sou eu. Foram 22 anos, 22 títulos baianos de remo. Daquela época tem uns três ou quatro de campeão da Copa Norte, isso na primeira fase. Como master, eu tenho 11 títulos de campeão brasileiro e 11 de campeão sul-americano. Sem contar os de natação: são oito de campeão baiano.

Você já conhecia o ex-presidente Alexi Portela Júnior?
O pai dele tinha amizade comigo, era um fã meu da porra. Alexi *(filho)* não me conhecia. Quando ele foi presidente, ligou pedindo pra me conhecer: "Meu sonho era conhecer você, meu pai falava demais de você". E me pediu pra voltar. Aí voltei a tomar conta do clube *(no remo)*.

Como foi o retorno como master?
Em 2006, um colega me fez a cabeça pra voltar como master. Voltei e competi

a primeira vez um Brasileiro, no Rio Grande do Sul. Tirei terceiro lugar, defendendo o Vitória. Em 2007, já no Rio de Janeiro, fui campeão brasileiro. Comprei um barco pra mim, mandei buscar na Argentina, um skiff, a minha especialidade. Daí em diante, na América Latina, ganhei todas as competições. Nesse período, fui também para o Mundial na Croácia e ganhei bronze. No Mundial na Itália também fiquei com o bronze. No Mundial no Canadá, idem. E pra Alemanha, corri um four com um grupo de amigos e levei outra medalha de bronze.

Você teve algum ídolo no remo quando criança?
O maior foi meu irmão Juju. Era mais velho e me levou para o remo. Muito bom remador, me espelhava nele. Depois tive a honra de remar com ele durante muitos anos.

De onde surgiu o apelido Meu Santo?
Até meus 30 e poucos anos, se alguém fosse na Ribeira procurar Joel ninguém sabia quem era. O "Meu Santo" veio do seguinte: éramos dez irmãos e eu, um dos mais novos. Quando bebê, eu não chorava. E minha mãe começou a dizer: "Esqueci da hora de dar comida pra esse menino, esse menino é um santo". Começou essa gozação de "meu santo" e pegou. A família toda me chamava de Meu Santo. Chocolate por exemplo, poucas pessoas sabiam o nome dele, que era Nilson. Hoje, quando uma pessoa me liga e fala "Meu Santo", já sei que é amizade antiga. Se fala "Joel Meu Santo", é amizade média. E se fala "Joel", é amizade nova.

Você precisou alguma vez tirar do seu bolso para botar no clube?
Muitas vezes. Até hoje. Lá no Vitória eu vou remar todo dia, mas vou remar no meu barco. O remo é meu, tudo é meu. Tem vários outros barcos lá que são meus e o clube usa. Sempre fiz isso. Nunca precisei do clube pra nada. Inclusive, quero doar um skiff que fiz no tempo do pai de Alexi. Ele me deu o material e eu fiz esse barco, o primeiro que fiz de fibra no Brasil. Prometi a Alexi doar para o museu do Vitória.

BEBETO

José Roberto Gama de Oliveira nasceu em Salvador em 16/02/1964. Torcedor do Vitória, Bebeto começou na base do Leão no início dos anos 1980 e estreou nos profissionais em 1982. Logo foi vendido para o Flamengo e depois se tornou um dos melhores jogadores do mundo de sua época. Chegou a ser campeão mundial pela Seleção Brasileira em 1994. Retornou ao Vitória em 1997 com grande destaque e em 2000, já próximo de encerrar a carreira.

Entrevista realizada em junho de 2020.

Como era o Vitória que você conheceu no início da década de 1980?
A estrutura era fraca. A gente treinava na Toca, no campo de cima. E quando a gente ia pegar a roupa, todo mundo falava: "Aqui o Vitória vai construir um estádio". Era perto de um lixão, um buraco. Terminou sendo ali mesmo. O legal foi ter feito parte do clube. Era uma loucura. Pegava três ônibus para treinar. Eu passei realmente pelo dente-de-leite do Bahia, mas meu coração sempre foi rubro-negro. Eu tinha um tio conselheiro do Vitória, Valdir Garcia, e também o tio Coutinho, outro apaixonado pelo Vitória. A gente ia para os jogos e, geralmente, perto de terminar a partida, eles abriam o portão. Eu ficava esperando aquele momento para ver o xaréu. Quando eu entrava, era uma alegria muito grande. Isso quando eu não ia com meu tio e com meus primos, Didico e Cacau. Vocês não têm noção do quanto eu amo esse clube. Eu tenho um carinho especial, de criança mesmo, de chorar quando o Vitória perdia aos 45 minutos do segundo tempo. E o melhor disso tudo: eu amaciava chuteira de Osni pra ele jogar, era a única que dava no meu pé. Quando eu ia na Toca, o roupeiro Carcaça me dava a bola e a chuteira de Osni. Eu ficava batendo pênalti, falta.

Quais foram seus ídolos?
Ah, eu gostava do Osni. Esse baixinho era danado. Ficava vendo o baixinho bater

na bola, tirando do goleiro. Tinha também Mário Sérgio, André Catimba, Sena... Pô, Sena jogava muito!

É verdade que seu irmão Wilson era torcedor do Bahia e virou Vitória?
Ele era Bahia, velho, mas eu consegui tirar ele para ele torcer pro Vitória. Depois ele jogou no Vitória. Fomos campeões no Vitória *(categoria júnior)*. E a gente passava junto no ônibus – eu era magrinho – pra não pagar. Os cobradores também ajudavam a gente pra caramba. Ou então eu ficava na parte de trás. O cara abria a porta, isso o ônibus em movimento. Uma vez caí, cheguei todo ralado na Toca. O dinheiro estava apertado. A gente morava em Nazaré. Pra Toca do Leão, era longe demais. Entrava naquela curva do Sete de Abril, parecia que o ônibus ia virar. Naquela época, o transporte público não era tão bom como hoje, mas valia a pena pela alegria de poder treinar no meu time que sempre amei.

Seu amigo Eddie foi quem te levou para o Vitória?
Sim, junto com Roberto Leite. O treinador era o João Paulo Pinguela. Ele não queria deixar eu treinar e o Eddie fez tudo: "Pô, deixa ele treinar aqui, bota ele no meu lugar". João falou: "O menino é muito magrinho, vai treinar na sub-20?". Só que eu já estava acostumado. Eu jogava no *(colégio)* Central. A gente fazia aquele campo todo. Eu só jogava com os caras bem maiores que eu. O único da minha turma que jogava era eu. O Leite falou com João Paulo Pinguela: "Você tem que ver o menino jogando". Aí ele levou o João Paulo Pinguela para ver o baba e falou: "Então leva ele lá". Na hora foi difícil, a camisa era muito grande e o short imenso. E o João demorando muito de me botar. Mas teve uma hora que ele disse: "Vou botar ele contigo, Eddie, porque já estão entrosados". Quando eu entrei, eu destruí o coletivo. Fiz gol, dei assistência, várias jogadas. Aí os caras ficaram doidos. Eu ainda estava no Bahia, fui fazer o teste escondido. Logo no primeiro dia, João Paulo disse: "Esse menino é um fenômeno, Eddie! Pelo amor de Deus! E eu não queria deixar ele treinar". Me deu o contrato para que meu pai assinasse a inscrição. Já queria que eu assinasse logo. Foi a realização de um sonho. Fui campeão sul-americano *(pela Seleção sub-20)* e depois campeão de júnior *(pelo Vitória)*. Na época, ia ter um BaVi de profissionais, para poder o treinador da Seleção Brasileira, Jair Pereira, me convocar. Ele foi para Salvador e infelizmente aconteceu o acidente em que morreu o Clériston Andrade, que seria governador da Bahia. E o Jair Pereira não pôde me ver, mas, mesmo assim, ele confiou. E eu agradeço muito a Marco Aurélio, da rádio Excelsior. Ele deu a maior força: "Você tem que levar o Bebeto!".

Quando foi sua estreia no profissional?
Contra o Galícia. O treinador do Galícia era Aymoré Moreira. Quando ele me viu jogando, ficou encantado. Magrinho, no meio daqueles caras fortes e grandes. Ele disse assim: "Esse menino não vai demorar aqui, tem um talento diferente". Não deu outra. Fui campeão sul-americano e quando voltei estava vendido para o Flamengo. Eu joguei umas cinco partidas no profissional só. Estava como artilheiro do time e aí começaram a me dar oportunidade no profissional. Eu tinha 16 ou 17 anos.

A primeira proposta do Vitória foi um salário de 2 mil cruzeiros.
É. Já era uma ajuda de custo. Quando fui para o Vitória e passei no teste, falei para o pessoal do Bahia. O Bahia não me dava nada. Depois que eu fui para o Vitória, o Paulo Maracajá quis me dar tudo. Escola, Kombi para me pegar e me levar para escola, musculação. Aí eu não voltei mais. "Aonde que eu vou sair do meu time de coração?!".

É verdade que você quebrou os dentes e o Vitória pagou o tratamento?
Foi no primeiro contrato. Era muito caro, meu pai não tinha condições de pagar para eu botar um aparelho. A bicicleta pegou nos meus dentes da frente e ficou tudo torto mesmo. Fiquei um pouco dentuço e tive que usar aparelho durante quase quatro anos e meio.

Como você recebeu a notícia de que ia sair do Vitória?
A primeira proposta foi do Vasco que daria dois jogadores, acho que Zanata e Guina. Mas o Vitória estava precisando de dinheiro. Aí o Flamengo veio e depositou. O Vitória preferiu o Flamengo porque deu em dinheiro, 56 milhões de cruzeiros. Era como se estivesse comprando um profissional. Eu não queria sair da minha terra. Sempre fui agarrado com minha família, sabe? Muito apegado. Minha mãe, meus irmãos, meu pai... A sorte foi que meu irmão, quando a gente decidiu ir para o Rio de Janeiro, largou tudo e veio morar comigo. Por isso que eu fui. Fiquei feliz, né? Afinal, Flamengo e Vasco queriam me contratar. Mas meu coração estava falando para eu não ir e continuar no Vitória. Aí meu irmão falou assim: "Você vai jogar na seleção, vai ter uma oportunidade muito maior". E era um sonho que eu tinha de poder ajudar a "velha".

Quem fez o primeiro contato com você para voltar ao Vitória em 1997?
Paulo Carneiro. Eu falo muito do Paulo Carneiro, porque foi ele que me levou.

Foi quem acreditou. Quando ele veio falar comigo, eu não acreditei. "Será que o Vitória vai ter condições?". Paulo: "O banco tá com a gente, eu vou dar todas as garantias para você". E aí eu não pensei duas vezes. "Se for isso mesmo, eu volto para o Vitória! Quero dar essa alegria pra torcida". E não deu outra, né? Ainda mais pegando o Bahia.

Outros clubes estavam interessados em você?
O Valência ficou em cima de mim o tempo todo. O Luis Aragonés *(técnico do Valencia)* me adorava. Ficou enchendo o saco. Eu cheguei para ele e disse assim:
– Se me der 2 milhões, eu vou para o Valência.
– Tá fechado.
Pensei: "Meu Deus amado, por que eu fui falar isso?". Os caras me deram 2 milhões e queriam que eu assinasse logo o contrato. "Eu não vou, não. Eu tô querendo voltar. Eu tô com minha avó com 93 anos, tá muito velhinha, quero estar próximo dela". Aí pintou esse projeto, fazer um time forte do Vitória para disputar várias competições. As primeiras eram o Campeonato Baiano e a Copa do Nordeste. Eu me sentia como se estivesse em falta com a torcida do Vitória. Eu saí muito novo. Fui campeão de júnior, não é a mesma coisa que ganhar no profissional.

Na sua biografia, você diz que tinha 4 mil pessoas te esperando no aeroporto.
Quatro mil só no aeroporto. Na saída tinha mais de 30 mil pessoas! Virou carnaval na Bahia. Vi os jogadores do Vitória me esperando. A família, meus amigos de infância. Quando passei por Itapuã, tio Luiz Carlos saiu da casa dele junto com todo mundo. Foi uma loucura. Já saí com o trio elétrico. Essa emoção, vou guardar pro resto da vida.

Na Copa do Brasil, o Vitória tirou grandes times.
Rapaz, o primeiro jogo contra o São Paulo no Barradão,[1] o que o Vitória jogou não foi brincadeira. Demos um totó, botamos os caras para correr. Os caras não achavam a gente. Fizemos uma partida fantástica! O time com todas as linhas bem definidas, defesa, meio de campo e ataque. Meu irmão, os caras não viram a cor da bola! "Pô, Bebeto, que time é esse! A gente não tá tendo condições de marcar". A gente tocava muito a bola e saía em velocidade. Fizemos partidas memoráveis no Barradão.

---

1 03/04/1997 - Copa do Brasil: Vitória 2x1 São Paulo. Gols: Chiquinho (2).

Já tinha eliminado o Botafogo na primeira fase.
Foi 3x0 no Caio Martins.[2] Que totó a gente deu! Os caras todos do Rio de Janeiro ficaram impressionados com o time da gente. O azar foi que eu me machuquei. Sofri uma contusão na coxa e não pude jogar as outras partidas. Meu time tinha condições de ser campeão.

Havia um acerto com o banco Excel Econômico de você jogar o Campeonato Brasileiro pelo Corinthians. Por que você não foi?
Porque naquele momento o banco iria perder muito. O presidente falou comigo. E aí eu fiquei. Fiquei feliz mesmo. Estava no meu Vitória. Agora só tive que sair depois para o Botafogo. Eu tive que sair da Bahia, do Vitória, para ser convocado para a Seleção Brasileira em 1998. Eu queria disputar outra Copa do Mundo, eu me sentia em condições, tinha feito uma grande Copa. E aí o professor Mário Lobo Zagallo me ajudou muito também: "Eu preciso que você venha para o Rio de Janeiro, pro Botafogo, para ser convocado". Eu saí do Vitória triste, a torcida ficou chateada comigo, meu coração estava apertado. E eu jogando muito no Vitória. Se fosse por jogar... Porque o jogador é convocado quando está bem no seu clube, não é isso? Eu estava voando no Vitória. Mas aí Zagallo falou que eu tinha que sair do Vitória para poder ser convocado, senão ele não teria força para me chamar.

Ele falou isso literalmente?
Do jeito que eu estou falando aqui contigo. Nunca contei isso para ninguém. Acho que, por não ter ido para o Corinthians e Zagallo ter falado isso para mim, o Excel estava entrando no Botafogo, fui para o Botafogo. Logo depois fui campeão do Rio-São Paulo pelo Botafogo e Zagallo me convocou. É até difícil falar isso, porque a gente sempre teve essa discriminação. Se ele me convocasse jogando pelo Vitória, eu não ia sair. Mas o Zagallo falou isso. E Mário Lobo Zagallo, o único tetracampeão do mundo de todos os tempos, falar isso para você?! Eu tive que sair do Vitória para poder ser convocado e disputar mais um mundial.

Em julho de 1997, o Vitória contratou Túlio Maravilha. Ele te consultou?
Claro. Eu disse: "Pode vir de olhos fechados, que você verá um grande time e uma grande estrutura". O Vitória montou uma estrutura fantástica. Eu fiquei muito orgulhoso por isso. O Paulo Carneiro fez uma gestão de engrandecer qualquer

---

2 12/03/1997 - Copa do Brasil: Botafogo 0x3 Vitória. Gols: Agnaldo e Gil Baiano (2).

torcedor do Vitória. Eu dei uma força muito grande para Túlio. O pessoal do banco veio me perguntar, Paulo Carneiro... Na época o treinador era Arturzinho. Eu disse: "Contrata esse cara, que esse cara vai ajudar a gente pra caramba". Grande artilheiro.

Na estreia de Túlio, quem brilhou mesmo foi você.[3]
Eu já estava praticamente adaptado. Fiz três gol e meti Túlio na cara do gol. Para quê melhor que isso? Uma estreia dessa.

Em outubro, o Vitória contratou Petkovic. Como era o seu relacionamento com ele?
Maravilhoso! Jogamos uma partida juntos no Mineirão. Eu terminei me machucando naquele dia. Dominamos o jogo. Só faltou gol. Tivemos mais oportunidades de gol e não fizemos, eles foram lá e fizeram. Botamos os caras na roda, mas a bola não quis entrar. Petkovic é um grande amigo, um grande irmão que eu fiz no futebol. Já pensou eu e ele no Vitória, se a gente continua? A gente ia ser campeão brasileiro.

Como era sua relação com o técnico Evaristo de Macedo?
Minha primeira convocação para a Seleção Brasileira *(de profissionais)* foi com o professor Evaristo de Macedo. Ele foi nosso treinador no Vitória. Antes de começar, ele fazia uma roda e ficava sacaneando com todos: "Você é feinho hein, Cara de Kombi? Ah, se não fosse o futebol... Já casou, meu filho? Aproveita!". A gente se acabava de dar risadas.

Em setembro, saiu na imprensa que Paulo Carneiro suspendeu seu salário. Isso ocorreu?
Não teve nada disso. Eu me machuquei, né? Quis jogar contra o Grêmio mesmo sentindo um pouquinho de dor. Ainda falei com Paulinho:
– Eu tô sentindo que esse negócio vai abrir.
– Não vai abrir, não.
Aí o professor Evaristo:
– Não vai ter problema, não.
Primeira jogada que eu fiz, tabelei, quando dei a arrancada para fazer o gol, me deu

---

[3] 13/07/1997 - Série A: Vitória 4x4 Portuguesa. Gols: Bebeto (3) e Túlio Maravilha.

uma fisgada. Fiz uma ressonância no Rio e rompi 60% do tendão. Quase descola do osso, foi uma lesão séria, nos discos tibiais. Fiquei um tempinho parado.

Você se arrepende de algo na sua saída?
Não me arrependo, porque eu precisava disputar mais uma Copa do Mundo, eu queria dar essa alegria. Quando você fala de Seleção Brasileira, a Seleção é o Brasil todo. São 200 e poucos milhões de brasileiros. Era outro sonho de criança, de vestir a camisa amarelinha. Quando vestia aquela camisa, me transformava. Se tivesse que fazer tudo de novo pra defender o meus país, eu faria. Eu poderia ter sido bicampeão mundial. Conta aí nos dedos os brasileiros que foram bicampeões mundiais. Se não tem o problema do Ronaldo, a gente ia ganhar aquela Copa do Mundo, nosso time era melhor do que a Seleção da França. Todo mundo já de roupa trocada, o Ronaldo não ia jogar, daqui a pouco chega o Ronaldo no vestiário chorando, pedindo a Zagallo pra jogar. Olha a confusão que criou isso... O time não estava focado. Ficamos preocupados com a saúde do Ronaldo.

É verdade que você ia vestir a camisa do Vitória se o Brasil ganhasse a Copa de 98?
Já estava preparado! Para mostrar todo meu amor por esse clube, por minha terra. Eu não esqueço nunca desse time. Rapaz, eu andava sempre com a camisa do Vitória.

Como surgiu a ideia do retorno ao Vitória em 2000?
Eu disse: "Paulinho, estou querendo ir pro Vitória encerrar a carreira no clube que eu comecei a minha vida". Aí Paulinho de novo me deu essa oportunidade. O primeiro jogo foi contra o Grêmio, lá no Sul.[4] Chovia demais, o campo ficou impraticável! Nós fizemos uma grande partida também. Voltei também para ajudar os meninos. Eu queria passar um pouco da minha experiência. Foi aí que me machuquei e vi que estava chegando o momento de parar.

Você só fez três jogos naquele ano. Como foi para você ser vaiado pela torcida do Vitória em um BaVi?[5]
Rapaz, eu acho que a torcida ficou achando que eu tinha largado o Vitória e fui

---

[4] 23/09/2000 - Série A: Grêmio 1x0 Vitória.

[5] 04/10/2000 - Série A: Bahia 1x0 Vitória. Foi o último jogo de Bebeto pelo Vitória.

embora. E ser vaiado por uma torcida que eu sempre tive um carinho... Eu realmente fiquei triste. Já estava parando... Fui embora, né?

Em 1997, o Vitória foi campeão baiano e vaiado porque perdeu o último jogo.
Foi no Barradão. O Vitória meteu 3x0 no Bahia na Fonte Nova. Como é que vai meter três na gente? A gente estava em um jogo tranquilo, comandando. Futebol tem isso, a bola não entrava e os caras fizeram um gol. Jogaram fechado o tempo todo e a gente em cima deles. Ganharam a partida e a torcida vaiando. "Vocês estão vaiando o quê? Pelo amor de Deus!". Eu fiquei feliz pra caramba.

Você acompanha os jogos do time?
No BaVi eu fico torcendo. O 6x2 que a gente meteu no Bahia [6], caramba, eu vibrei muito aqui. Claro, eu acompanho. Eu fico acompanhado a segunda divisão agora por causa do Vitória.

Qual mensagem você deixa para torcida do Vitória?
Eu espero que o Vitória consiga retornar para a primeira divisão, de onde nunca deveria ter saído. Eu cobro muito do Paulo Carneiro isso. "Faça tudo para que o Vitória suba de novo". É meu amor. É meu time de coração. É o time que comecei a minha vida, que iniciei a minha carreira. O Vitória é tudo! É o começo de tudo.

---

6 20/02/2005 - Baiano: Vitória 6x2 Bahia. Gols: Alecsandro, Edílson, Gilmar (2), Claudiomiro e Leandro Domingues.

LARISSA DANTAS

Larissa Dominguez Dantas Caldas nasceu em Salvador em 21/01/1983. Participou da equipe do Canal ECVitória, um dos primeiros sites voltados para o clube, e foi vice-presidente da Associação Vitória Forte. Foi a primeira blogueira do Vitória no GloboEsporte.com quando o site abriu espaço para torcedores escreverem suas opiniões.

Artigo escrito em julho de 2020.

SER VITÓRIA ME BASTA!

Meu nome é Larissa Dantas. A geração anterior da minha família não possui rubro-negros. A geração posterior à minha já tem sua maioria de vitorianos. Muito por causa de mim. Muito por causa de minha vida dedicada ao Vitória.

A internet mudou minha vida e me fez, de certa forma, reconhecida por uma boa parte da nação leonina. Não planejei, não sonhei, não tenho curso de jornalismo, não me especializei em escrever, mas me sinto satisfeita por estar perto de amigos, convidada por amigos, escrevendo para amigos (e quem sabe para alguns "inimigos"), narrando algo que pra mim faz muito sentido e, espero, faça sentido para mais alguém nesse mundo.

Antes de tudo quero dizer que eu sou uma desportista. Sou uma amante de quase todos os esportes, viciada em alguns, simpatizante de outros, mas acima de tudo gosto de acompanhar as disputas, as emoções, as surpresas e o clima mágico de uma partida, de um embate, de um jogo. Olimpíadas, Pan-Americanos, Copas do Mundo e campeonatos de todos os níveis são imperdíveis.

Desde muito nova, apesar de gordinha, gostava de praticar esportes e de apreciá-los. Inclusive, por conta dos quilinhos a mais na infância, comecei minha "carreira" desportista. Primeiro, por ter recebido orientação médica de praticar de fato um esporte: o judô, depois o futsal colegial, o vôlei, o basquete, o boxe e, até a primeira gravidez, a corrida de rua (que não pretendo abandonar).

Sempre fui livre pra fazer minhas escolhas. Meu pai não queria o judô, mas eu fiz mesmo assim. Meu pai, apesar de ex-boxeador e amante das lutas, talvez nem saiba que competi no boxe. Mesmo a contragosto, meus pais nunca interferiram nas minhas escolhas.

Narrando essa historinha, servirá para você, caro leitor, rubro-negro ou não, entender por que o Vitória faz e sempre fará parte da minha vida.

Primeiro, minha ligação com os esportes muito provavelmente foi o passo inicial para que eu me aproximasse do Vitória. Como pioneiro na Bahia em diversos esportes amadores, o Leão da Barra se consolidou como clube tradicional da cidade, do estado e do Nordeste, e se notabilizou por preencher os espaços nos campos de futebol, mas também em arenas, quadras, mares, etc.

Segundo que o respeito dos meus pais, em especial do meu pai, às minhas livres escolhas, deu-me a possibilidade de ser e viver o Vitória.

Como já se deve imaginar, meu pai não torce pro Vitória e gostaria que eu torcesse pro mesmo time que ele. E ele tentou me fazer diferente do que sou. Aliás, tentou converter a mim e a minha irmã, mas existem coisas que são realmente complicadas de explicar.

O primeiro jogo que fui na minha vida foi um clássico na antiga Fonte Nova. Meu pai nos levou para, até então, a principal praça do futebol baiano. Fiquei nas cadeiras, perto das cabines de rádio, deslocada, sem entender a magia de um jogo de futebol e das divisões de torcida dentro de um estádio. Olhava para a torcida do Vitória de longe. Via um lado jovem, vermelho e preto, cantando, jogando confetes brancos para o alto à medida que o time de camisa rubro-negra, short preto e meiões brancos adentrava o gramado. Ao mesmo tempo olhava com desgosto ao meu redor umas figuras estranhas. Não me encaixava ali e não conseguiria dar uma explicação lógica dos porquês. Coisa de pele, de sentimento, vai saber. Só sei que foi assim. Não me sentia confortável.

O Vitória perdeu aquele jogo de virada. Depois de muito tempo é que fui entender como a falha de um juiz, que marcara uma falta inexistente dentro da grande área, poderia decretar um resultado de um jogo. Injusto ou não, assim é o futebol.

Meu pai, então, achara que sua missão estava concretizada. Tinha nos levado para um jogo que o time dele saíra vencedor. Entupira-nos de refrigerante, algodão doce, tudo que uma criança poderia pedir e querer.

Sorte minha que, mesmo não tendo certo discernimento sobre as coisas do esporte, algo foi muito mais forte que eu. E não fui eu que escolhi o Vitória.

Acredito que foi o Vitória que me escolheu. Eu estava lá, no lugar errado, num momento ruim pro clube, mas meus olhos brilhavam ao ver aquela torcida fazendo festa, achando a combinação do vermelho e preto linda. E aquela sensação de desconforto pelo lugar onde estava continuava presente. Não tinha jeito. Não me encaixava. Nem eu, nem minha irmã Manu.

Ser Vitória, antes de tudo, é ser um forte. É ser guerreiro e ser resistente.

Eu não quis seguir os passos de meu pai. Quis ser diferente, quis ser guerreira, quis ser resistente.

Acima de tudo, ser Vitória me trouxe amigos, muitos amigos, trouxe compreensão de que para superar obstáculos tem que querer e fazer por onde. Títulos muito bem-vindos, ganhar jogos e levantar taças é a meta de qualquer clube de futebol. Porém, ao menos para mim, ser Vitória é algo maior do que simplesmente torcer por um time de futebol.

O Vitória é um clube. Grande. Gigante. Um oceano de emoções. Uma fantástica fábrica de emoções dia após dia, sempre. Dos seus fundadores aos futuros torcedores (dos quais, nesse momento que escrevo, reina um leãozinho dentro de mim), o Vitória faz parte da cidade, do estado, do país, do mundo. Não é por acaso que quase duas milhões de pessoas seguem seus passos, acompanham seu rumo, se dizem Vitória.

Eu escolhi ser Vitória. Muito e além disso. Escolhi e fui escolhida para ter alma rubro-negra. Escolhi amar algo de forma incondicional e intangível. Escolhi o caminho difícil. Ao mesmo tempo escolhi sorrir mais do que chorar de tristeza. Ganhei muito mais do que perdi. E sempre que baixei a cabeça foi por um breve momento. Curto. Porque amor não se explica, mas se alimenta. O Vitória não para. Não parará nunca simplesmente porque, assim como fui escolhida por ele, ele escolheu outros tantos rubro-negros leoninos vitorianos pelo mundo para ser seu sangue, sua alma e seu coração.

Falem o que quiserem, mas ser Vitória é diferente. É especial. E isso porque não sou Vitória pelo substantivo, ou seja, triunfo. Vou sempre amá-lo e amá-lo-ei exatamente se e quando ele menos merecer, porque é nessa hora que ele mais precisará de mim.

Ser Vitória simplesmente me basta.

Saudações leoninas.

IVAN SMARCEVSCKI

Ivan Smarcevscki nasceu em Salvador em 28/12/1947. Arquiteto, está diretamente envolvido na construção do Barradão. Através do seu escritório e do seu pai, Lev Smarcevscki, o projeto do estádio tomou forma e culminou na sua inauguração em 11/11/1986. Lev foi conselheiro, vice-presidente de patrimônio e torcedor do Vitória. Nasceu em Mogilev-Podolskiy, na então União Soviética, em 19/01/1924, e era, segundo o escritor Jorge Amado, "o baiano que nasceu mais longe do mar".

Entrevista realizada em março de 2018 e complementada em outubro de 2020.

Como seu pai, Lev Smarcevscki, ucraniano, chegou ao Brasil e ao Vitória?
Meu pai veio para o Brasil fugido da guerra, com meus avós. Minha avó era romena e meu avô era russo. Ele veio com 3 anos. Moraram no Rio de Janeiro um tempão. Fez a Escola de Belas Artes, que era a escola de arquitetura. Numa dessas férias, veio à Bahia. Conheceu o pessoal jogando bola na Barra, Zezé Catharino, Jorge Catharino, aquela turma que era Vitória. Meu pai era goleiro, foi amador no Fluminense (RJ). Chamaram pra jogar um baba, os caras gostaram muito e acabaram achando que tinham que levá-lo ao Vitória. Jogou no amador, mas como estava iniciando a vida na arquitetura, não chegou a jogar oficialmente. Veio passar uns dias em Salvador e ficou. Minha avó veio do Rio de Janeiro morar em Salvador. Meu avô já tinha sido preso e deportado pra Rússia, porque era comunista.

Além da família Catharino, com quem ele teve proximidade no Vitória?
Com Ruy Carneiro, eu presenciei, era menino. Eu o chamava de tio Ruy, muito amigo de meu pai. Começaram a jogar juntos, tornaram-se amigos. Mais tarde,

eu vim a ser amigo de Paulo Carneiro. E de Manoel Barradas. Yeda, a filha, era arquiteta, gostava dos projetos que meu pai fazia. Ficaram amigos e ele acabou conhecendo Dr. Manoel Barradas.

Como seu pai virou torcedor do Vitória?
Ele era fanático pelo Vitória, mas nunca quis se envolver com futebol. Achava que as coisas no Vitória eram mal pensadas. Modéstia à parte, meu pai era inteligente e visionário. Ele dizia: "Se eu entrar no Vitória, será na área de patrimônio". Ele ia aos jogos do Vitória na Fonte Nova, não perdia um. No Rio era torcedor do Fluminense e na Bahia elegeu o Vitória.

Como surgiu o projeto da construção do Barradão?
Meu pai tinha assumido a vice-presidência de patrimônio do Vitória. Insistia muito com Pedro Godinho, com o presidente José Rocha, que o Vitória só seria grande se tivesse seu próprio estádio. Sempre defendeu isso. Ele já tinha pensado em estádios para o Vitória, na Barra, isso bem mais atrás. Meu pai achava que aquele bairro de Canabrava ia crescer absurdamente e seria um local maravilhoso para o Vitória fazer seu estádio. Tinha o problema do lixão, mas com o tempo seria desativado e seria o lugar ideal, porque a topografia favorecia aquela obra da maneira que foi feita: uma construção barata por conta de ser colocada toda numa encosta. Foi feito um projeto inicial pra 85 mil pessoas. Hoje os estádios são com menos capacidade porque tem TV paga. Ele me pediu ajuda com meu escritório, para desenhar o projeto, desenvolver as coisas, e trabalhamos juntos. Como ele não tinha mais registro de arquiteto, eu assinei o projeto. Ele não admitia que o Vitória gastasse dinheiro com jogador, tinha que ter um percentual para o patrimônio.

Como começaram as obras?
Contando com ajuda de amigos rubro-negros, como Manoel Tanajura, Dalmo Valente, que tinham empresas de maquinário e terraplanagem. Foi pedindo ajuda a um e a outro, pagava diesel, emprestava máquina. Até que veio a ideia de conversar com o Dr. Manoel Barradas, genro do governador João Durval, que também deu uma ajuda substancial. Foi assim que se passou a chamar o futuro estádio de "Manoel Barradas". Só que isso foi feito usando a topografia existente para as arquibancadas inferiores. E tinha um outro anel de arquibancadas superiores. Foi feita maquete e lançamento com a presença do governador.

Por que não foram construídas as arquibancadas superiores?
Porque nunca houve dinheiro para isso. O dinheiro foi aos trancos e barrancos, com muito esforço, muito romantismo, muita dedicação pra chegar no que chegou hoje. Foi feita a parte de baixo, e no decorrer dos anos se viu que atendia ao que o Vitória precisava e foram fazendo os remendos. Infelizmente, os dirigentes nunca se preocuparam muito com o patrimônio do clube, se preocuparam mais com futebol a vida inteira, o que sou contra.

Você estava na inauguração do Barradão em 1986?
Não. Meu pai esteve presente, falou muito, eu li na imprensa. Ele ficou muito satisfeito e realizado com tudo o que foi feito até então, apesar de o estádio não estar pronto. Não tinha iluminação, as instalações eram precárias. Resolveram fazer aquele jogo com o Santos talvez para conseguir mais recursos.

Como você vê a evolução estrutural do Barradão?
A gestão de Paulo Carneiro botou iluminação e complementos. Algumas vezes eu fui chamado para algumas intervenções. Poucas. Na época da Copa do Mundo no Brasil *(de 2014)*, fiz uma visita e achei que os sanitários tristes pra receber seleções que iam treinar no Barradão. Incentivei que fizessem alguma coisa para melhorar aquilo. E foi feito.

Houve também a proposta de transformar o estádio em uma arena.
Isso foi na época da presidência de Raimundo Viana, junto com Manoel Matos e Hildebrando Maia. Tinha possibilidade de recursos via fundos e investidores estrangeiros. Eu apresentei os estudos inicialmente. Foi o último momento em que vi a diretoria pensar no Vitória grande, no futuro. Se tivessem dado continuidade, o clube teria outra cara hoje. Precisava dar uma repaginada violenta no Barradão. Eu fico triste de ver o Barradão com instalações de estádio de interior. Aquele prédio, mesmo, é horroroso. Tudo que se faz é puxadinho pra lá, puxadinho pra cá. O Vitória tem uma estrutura fantástica, mas precisa se adequar à atualidade. E aí começamos a elaborar esse estudo, que passou a se chamar Arena Barradão, mas nunca com a intenção de erguer uma arena como as outras que fizeram para a Copa. Minha preocupação foi adequar tudo o que está lá à legislação existente. E que o frequentador do estádio tivesse conforto, segurança e orgulho de dispor de um estádio decente, que na minha opinião, do jeito que está, não é. Então foi feito aquele projeto com a mesma capacidade de 35 mil

pessoas e fechando o anel, adequando-se às normas vigentes e botando cadeira em 90% do estádio.

No retorno de Paulo Carneiro à presidência, em 2019, houve alguma conversa?
Paulo está querendo retomar. A gente tem conversado a respeito, trocado ideias, mas isso está ainda numa caixa-preta que ele não quer abrir pra ninguém. O Vitória tem hoje uma oportunidade extraordinária de ter um dos maiores complexos esportivos do país. O Vitória tem dentro de Salvador uma área de aproximadamente 500 mil m². Eram 300 mil, mas houve uma doação do prefeito de mais 200 mil. Ou seja, o que era um lixão tornou-se um terreno factível de fazer obras. Eu fiz o *masterplan* completo do Esporte Clube Vitória, com mudanças emergenciais. A concentração sai daquele local. Contempla o museu do Vitória, o estádio, o ginásio poliesportivo pra 15 mil pessoas. A obrigatoriedade de que os presidentes que venham a ser eleitos deem continuidade a esse *masterplan* é fundamental para o crescimento do Vitória.

Lev Smarcevscki faleceu em 04/02/2004. Neste dia, o Vitória venceu seu jogo.[1] Ele estaria vibrando se pudesse estar presente?
Fizeram uma homenagem, um minuto de silêncio. No enterro dele, Paulo Carneiro levou uma bandeira do Vitória. Com certeza, estaria vibrando

---

1 04/02/2004 - Baiano: Vitória 2x0 Camaçari. Gols: Dejair e Gilmar.

RAMON MENEZES

Ramon Menezes Hubner nasceu em Contagem (MG) em 30/06/1972. Chegou ao Vitória em 1994. Foi campeão baiano em 1995 e artilheiro, com 25 gols. Saiu naquele ano e retornou em 2008. Ganhou mais três vezes o estadual até deixar o clube em definitivo em 2010. Fez 88 gols em 189 jogos; é o sexto maior goleador da história do clube. Em 2021, foi técnico do Vitória, permanecendo por menos de dois meses no cargo.

Entrevista realizada em maio de 2020.

Você é um dos poucos jogadores que passaram pelo Bahia, e a torcida do Vitória não lembra disso.
O Paulo Carneiro, que foi o responsável pela minha ida para o Vitória, já me acompanhava desde o Cruzeiro. E eu no Bahia pude ter evidência no estado, mesmo por pouco tempo, se tratando de um jovem jogador, fiz um quarto turno *(do Baiano de 92)* razoavelmente bem. Acho que o interesse do Vitória foi despertado naquela oportunidade. Com a ida de Dida para o Cruzeiro no fim de 93 pra 94, fui colocado na negociação. O Cruzeiro pagou X mais o meu passe para o Vitória. Foi bom também para o Vitória, eu era uma aposta, um jovem jogador.

Como foi a chegada ao Vitória?
Logo na estreia eu já disse pra quê estava ali. Foi um amistoso, se não me engano, contra o Jacobina[1] em que fiz três gols. Ali já começou a marcar a minha trajetória. Lógico que era um amistoso e o torcedor não se empolgou tanto. Em 94, eu cheguei já jogando com uma geração vice-campeã brasileira, jogadores remanescentes, vários jovens promissores que tiveram muito sucesso no cenário nacional

---

1 05/02/1994 - Amistoso: Vitória 3x1 Jacobina. Gols: Ramon Menezes (3).

e internacional: Rodrigo, Vampeta, Alex Alves, Paulo Isidoro. E jogadores experientes: João Marcelo, Pichetti, Gil Baiano. O Claudinho saiu logo. Tinha o Dão também. O Vitória conseguiu em 94 montar um bom time. Fizemos um bom Campeonato Baiano, eu fui um dos artilheiros do time, mas perdemos a final marcada pelo gol de Raudinei. A torcida do Vitória já comemorando, a torcida do Bahia já saindo do estádio, o título na mão. A gente voltou para o vestiário naquele dia com uma tristeza tremenda.

Como foi a sequência de 1994, após o Baiano?
O Brasileiro pra mim não começou muito legal: tive um problema na clavícula. Paulo Carneiro contratou vários jogadores experientes, o Ricky, centroavante, Lima, centroavante também, teve o retorno do Roberto Cavalo, muito identificado com a torcida do Vitória. E a volta também do Barradão, onde eu tive a felicidade de fazer gol já com os refletores, 2x0 contra o Náutico.[2] E aí começou de fato essa história de ídolo no Vitória, porque marquei sete gols em sete jogos da repescagem. Foram sete gols decisivos. Terminei 94 de uma maneira espetacular, mas trabalhei muito pra que isso acontecesse.

Já em 1995, você foi um dos grandes artilheiros do Brasil.
Em 95 já se esperava muito na minha reapresentação. Um time mais jovem, Paulo Carneiro apostou mais na base. Trouxe Ney Santos e Adoilson, jogadores referência em termos de experiência. Teve a permanência do Pichetti, juntando com um Rodrigo, um dos remanescentes. O Flávio Tanajura começou a jogar de titular. O time contava ainda com Renato Nascimento, Bebeto Campos, Giuliano, enfim, uma série de jovens jogadores. Já tinham vendido Paulo Isidoro e Alex Alves em 94. Mas ainda assim foi um time muito forte. Consegui fazer 25 gols. Talvez se tivesse jogado mais teria ultrapassado o Claudio Adão, que fez 27 gols *(em 1986)*. Eu chamava muita atenção aos domingos, nos gols do "Fantástico". Minha família ficava empolgada. Chamei a atenção do Brasil todo naquela oportunidade, disputando com jogadores já consagrados.[3]

---

2 02/10/1994 - Série A: Vitória 2x0 Náutico. Gols: Everaldo e Ramon Menezes. O jogo marcou a inauguração dos refletores do Barradão.

3 Numa disputa simbólica da artilharia nos campeonatos estaduais, Ramon fez 25 gols, superou Romário (Flamengo) por dois gols e ficou a dois de Túlio Maravilha (Botafogo).

Você se deslumbrou?
Não. Sempre fui um cara muito cabeça no lugar. Quanto mais rápido você assumir a responsabilidade, mais rápido você para de transferir a responsabilidade. Sempre trabalhei muito pra melhorar finalização, pra bater falta, e com frequência um dos primeiros a chegar no clube e um dos últimos a sair. Fiz isso ao longo da minha carreira e me ajudou bastante. Essa responsabilidade contou muito no Vitória, porque o torcedor me via dentro de campo sendo o seu representante, principalmente nos jogos mais difíceis, nos clássicos contra o Bahia. Aprendi muito e foi importante pra minha carreira ser conhecido num clube como o Vitória, clube de massa e de expressão.

Você chegou a fazer cinco gols em um jogo...
Contra o Poções.[4] Até então, eu nunca tinha feito. O meu recorde numa partida era de quatro gols. Fazer cinco no profissional é uma marca que vou levar pra sempre, um feito importante pra um jogador, principalmente pra um meia, que chegava na área, infiltrando, e gostava de fazer gols.

Como foi a sua saída, junto com Rodrigo, para o Bayer Leverkusen em 1995?
Depois do vice-campeonato de 93, o Vitória ficou em evidência no cenário nacional e no cenário internacional, e teve a negociação do Dida para o Cruzeiro, Paulo Isidoro e Alex Alves pro Palmeiras e o Vampeta pra Holanda. Até que em 95 eu e o Rodrigo fomos pra Alemanha. O Vitória já estava com esse processo, pelo fato de trabalhar muito a base. Se conseguisse manter Ramon e Rodrigo para o Campeonato Brasileiro de 95, talvez o time ficasse muito forte, mas aí seria outra situação. O clube também não teve condições de segurar os atletas que se destacaram.

Em 2008, você ia para o Criciúma. Por que desistiu e retornou ao Vitória?
Em 2007, eu estava no Atlético Paranaense, tinha quebrado uma costela e fiquei sem jogar. O Vitória ia enfrentar o Coritiba e foi treinar no CT do Atlético. Aí, conversando com algumas pessoas do Vitória, parece que despertou alguma coisa. O Vitória estava muito bem na Série B daquele ano, tinha tudo pra subir. Em 2008,

---

4 05/03/1995 - Baiano: Vitória 5x1 Poções. Gols: Ramon Menezes (5). Ramon igualou a marca de Gringo em 1947 e de Artur Lima em 1964. O maior goleador do Vitória em um jogo é Siri, com sete, em 1944.

eu fiquei esperando um convite do Vitória, coisa que não aconteceu. E aí pintou o Criciúma. Eu ia jogar o campeonato estadual lá. Quando cheguei no Criciúma, ia assinar contrato e ser apresentado pra torcida, mas o presidente mudou de ideia. Tinha um jogo muito importante contra o Avaí. Ele falou: "Vamos fazer sua apresentação na segunda-feira e aí você assina o contrato". Neste mesmo dia, o Vitória jogou contra o Bahia e perdeu.[5] À noite, recebi uma ligação do Jorginho Sampaio. Perguntou se eu tinha interesse em voltar para o Vitória. Fiquei muito feliz com o convite e voltei.

Nesse retorno, o que você percebeu de diferença no clube?
Em termos de estrutura, o Vitória tinha crescido. Já estava com os campos de treinamento anexos ao Barradão. A concentração havia melhorado também. Só que tinha um plantel com muitos jogadores. O time passou alguns anos contratando jogadores para o estadual, não dando tanta importância, como dava antes, à divisão de base. E aí, quando terminava o estadual, colocavam jogadores para treino separado e contratavam mais jogadores. Isso atrapalhava muito, até mesmo para um treinador administrar um grupo com mais de 40 jogadores, mais de três times.

Neste ano, o Vitória teve que se superar após perder o BaVi por 4x1 no Barradão na fase final.[6]
Esse foi um jogo marcante na minha trajetória no Vitória. Nós tínhamos que devolver o placar, ganhar por uma diferença de três gols. O jogo foi pra Feira de Santana.[7] O time jogou muito futebol. O Mancini, naquela oportunidade, foi feliz na escalação. Conseguimos vencer um campeonato praticamente perdido.

E a trilha sonora foi o "Senta que é de menta".[8] Lembra disso?
Lembro *(risos)*. Eu já estava num outro momento da minha vida, mais experiente, bastante rodado, mas a juventude ali era muito grande: Marquinhos, Willians Santana... O pessoal gostava muito dessas músicas.

---

5 24/02/2008 - Baiano: Vitória 0x1 Bahia.

6 20/04/2008 - Baiano: Vitória 1x4 Bahia. Gol: Marco Antônio.

7 27/04/2008 - Baiano: Bahia 0x3 Vitória. Gols: Ramon Menezes, Marquinhos e Ricardinho.

8 A torcida do Vitória cantava a música da banda Cavaleiros do Forró, que originalmente era uma resposta à música "Chupa que é de uva" da banda Aviões do Forró, cantada pela torcida do Bahia.

O título do Baiano de 2008 veio com muita apreensão. Como estava o grupo naquela espera?[9]

Foi loucura, né? O nosso jogo terminou antes da partida do Bahia. A gente só esperava. Estávamos muito cansados, tínhamos que vencer bem. Todo mundo tenso, mas depois foi aquela euforia. Foi um título marcante. Pra mim, mais ainda pela minha volta.

O que você lembra da campanha no Campeonato Brasileiro de 2008?

O time tinha uma base, com Wallace, Anderson Martins, que formou a dupla de zaga com Leonardo Silva. Tinha também Marquinhos, Willians. Contratou ainda o Dinei, importantíssimo naquela campanha. O Vanderson estava no clube desde 2006. Marcelo Cordeiro, lateral-esquerdo, fez um campeonato belíssimo. O primeiro turno daquele Campeonato Brasileiro foi excepcional. Mas é difícil a manutenção num campeonato tão bom quanto esse. E nós perdemos um jogador que era um diferencial pra gente, o Dinei. No primeiro turno, ele fez oito gols. Tive a felicidade também de só no primeiro turno fazer sete. Nosso ataque estava fazendo muitos gols. Quando perdemos o Dinei para o segundo turno, sentimos muito a falta dele. Era um jogador que ajudava na marcação, principalmente fora de casa. Nosso ataque era muito rápido com Willians do lado direito e Marquinhos do lado esquerdo, e ele por dentro. O time estava jogando certinho. Só que no segundo turno a gente não conseguiu fazer o que fez no primeiro.

Falava-se em uma desavença sua com o técnico Vagner Mancini. O que aconteceu?

Quando as coisas não começam a acontecer, acho que é normal o treinador tentar algumas soluções, alterações até mesmo na maneira de jogar. O time estava acostumado a jogar de uma maneira, muito acostumado com o Dinei. Ele fez falta e a gente sabia disso. Acho que foi a falta de resultado mesmo e essa vontade louca de ajudar, de chamar a responsabilidade, de jogar. Foi muito mais nesse sentido. Depois, em 2009, tive a oportunidade de voltar a trabalhar com Mancini. Sugiram divergências, mas sempre pensando no Vitória, nunca no "eu". O Mancini foi um cara que também deixou o nome na história

---

9 Na última rodada do quadrangular, todos podiam ser campeões. O Vitória venceu o Itabuna por 5x1 e o Bahia fez 5x0 no Vitória da Conquista. O Leão foi campeão no critério de gols feitos.

do clube. Talvez seja o treinador que mais dirigiu o Vitória no Campeonato Brasileiro.[10]

Em 2009, você estava acertado com o Santa Cruz, porém mais uma vez recuou e assinou com o Vitória. Por que tomou esta decisão?
Parece obra do destino mesmo. Estava praticamente certo que eu iria jogar o campeonato estadual pelo Santa Cruz. Fiquei nesse período treinando, mas me sentia ainda jogador do Vitória. Eu lia e acompanhava tudo sobre o Vitória. E ter a oportunidade de voltar para um lugar em que você se sente muito bem, que você é da casa... Eu via ainda que poderia ajudar muito. Talvez não tivesse condições de ajudar tanto como em 95, mas eu sempre ajudei muito. Fui importante principalmente no processo de maturação desses jogadores com quem tive a oportunidade de jogar em 2008, como Marquinhos, Willians, Wallace, Anderson Martins, Bida, Uelliton, jovens oriundos da base. O Alexi Portela me ligou, fez o convite e eu voltei novamente para o Vitória.

No segundo jogo das finais do Baiano de 2009, no Barradão, o Bahia abriu 2x0 no primeiro tempo, placar que dava o título a eles. No segundo, o Vitória empatou e foi campeão. O que o técnico Paulo César Carpegiani falou no intervalo?
Na minha volta em 2009, já na primeira semana teve um BaVi em Pituaçu e já cheguei jogando. Mauro Fernandes era o treinador. Depois da saída do Mauro, veio o Carpegiani e tivemos essa sequência até chegar às finais do campeonato. Nós fizemos um grande jogo em Pituaçu. Criou-se uma expectativa grande de que no Barradão as coisas iam acontecer. A gente não esperava que o Bahia pudesse fazer um grande primeiro tempo como fez. Acho que o time entrou não tão concentrado como entrávamos em todos os jogos e como entramos em Pituaçu. A conversa do Carpegiani foi pra que nós voltássemos com mais atenção, para que acreditássemos que poderíamos ganhar o jogo. Nós estávamos com o nosso torcedor. A chuva prejudicou um pouco o time, porque nossa característica era de toque de bola. Fizemos um grande segundo tempo, empatamos e saímos campeões.

O BaVi terminou em briga generalizada. Você participou? Deu murro em quem?
Eu nunca dei murro em ninguém! *(risos)* Aquelas finais foram muito importantes

---

10 Até 2020, Vagner Mancini foi o técnico que mais comandou o Vitória na Série A do Brasileiro: 120 jogos em 2008, 2009, 2016, 2017 e 2018. Castilho é o segundo nesta lista: 47 jogos em 1973 e 1974.

pra mim, ainda mais no momento que eu vivia, já experiente, conseguindo deixar minha marca em dois BaVis. Dois jogos, três gols.

O ano de 2010 iniciou com o tetracampeonato baiano. Como foi aquele momento pra você?
O primeiro semestre foi excepcional. Nosso time era muito forte, com a juventude também, Wallace, Anderson Martins, tinha o Viáfara, remanescente de 2008, o Elkeson. O Elkeson subiu para o profissional em 2009, mas foi naquele ano que ele conseguiu jogar de uma maneira brilhante. O Junior ajudou muito também. Nós entramos pra ser campeões e foi merecido o título de 2010. O Ricardo Silva, que era o treinador, conversava muito comigo. Eu não iria jogar todos os jogos, principalmente jogos fora, para que pudesse estar 100% no Barradão.

Como estava o grupo após vencer o Atlético Goianiense e ir à final da Copa do Brasil?[11]
Antes, o Vitória passou pelo Vasco, que vinha muito bem. Contra o Náutico fizemos muitos gols no Barradão e contra o Goiás, também. A gente jogava muito bem no Barradão. Foi uma felicidade grande do Ricardo Silva a estratégia de fazer um bom jogo fora de casa, porque a confiança era enorme em vencer em casa. A gente estava embalado. Acho que aquela parada pra Copa do Mundo prejudicou o nosso time, até mesmo pela nossa intertemporada. Tivemos que jogar a Copa do Nordeste. O sonho de qualquer jogador é ficar marcado na história do clube. Se tem uma coisa que faltou na minha trajetória no Vitória foi ganhar um título de expressão. Foi sempre o meu desejo, falo isso do fundo do coração. Eu vi naquele momento essa chance, essa chama acesa. Aquele jogo contra o Atlético Goianiense no Barradão foi espetacular. Atmosfera fantástica. Nós também tivemos a chance no Barradão de fazer mais gols contra o Santos[12], mas o título ficou com um time excepcional.

O título não veio e o Vitória acabou rebaixado à Série B. Qual foi o sentimento?
Ninguém esperava o que aconteceu, até mesmo pelo primeiro semestre que tivemos. No Campeonato Brasileiro, as coisas viraram uma bola de neve no final, contra o Atlético Goianiense, que a gente já tinha tirado na semifinal da Copa do

---

11 19/05/2010 - Copa do Brasil: Vitória 4x0 Atlético (GO). Gols: Uelliton, Júnior Pipoca (2) e Viáfara.
12 04/08/2010 - Copa do Brasil: Vitória 2x1 Santos. Gols: Wallace e Júnior Pipoca.

Brasil. Jogamos com eles no Barradão, último jogo do campeonato, tínhamos a reponsabilidade e o dever de ganhar e não conseguimos. Foi muito ruim, principalmente pra mim que como profissional só tinha jogado até então em Série A. Não tinha acontecido isso na minha carreira ainda e logo com um clube pelo qual tenho uma admiração, um carinho e um respeito enorme. Meu sentimento foi de profunda tristeza. E não pude no outro ano fazer com que o Vitória voltasse a Série A. Gostaria de ter continuado, mas também entendo a diretoria do clube.

O título de "Reizinho da Toca" é justo?
Acho que sim. O reconhecimento é superimportante, por isso tenho esse carinho enorme pelo Vitória, por tudo que passei. Eu me sinto honrado pela torcida ter me coroado como "Reizinho da Toca". Tive a felicidade de representar muito bem o Vitória, representar o torcedor naquele estádio. O Barradão era a minha casa. Fiz grandes jogos lá e vários gols. Até pouco tempo eu tinha essa marca de maior artilheiro do Barradão, o Neto Baiano depois me passou.[13] A gente fica na torcida para que outros jogadores de talento surjam, que venham a fazer vários gols. Falar do Vitória é sempre uma satisfação muito grande. Foi o primeiro clube, como profissional, em que tive a sensação de ser ídolo. Só guardo coisas fantásticas do Vitória.

---

13 Em 2010, Ramon fez 44 gols no Barradão e passou Allan Dellon como maior goleador no estádio. A marca foi superada por Neto Baiano em 2012.

PAULO CARNEIRO

Paulo Roberto de Souza Carneiro nasceu em Salvador em 25/02/1951. É filho do português Ruy Carneiro, atacante do Vitória nos anos 1940. Foi eleito presidente do clube em 1991, permanecendo até o ano 2000, quando assumiu o comando da Vitória S/A. Sua gestão ficou marcada pelo investimento nas divisões de base, utilização do Barradão como mando de campo e a hegemonia no futebol nordestino, mas o ciclo se encerrou em 2005 após o rebaixamento à Série C. Foi também vereador de Salvador e deputado estadual entre os anos de 1993 a 2003. Em 2019, PC foi novamente eleito presidente do Vitória, mas acabou afastado em setembro de 2021.

Entrevista realizada em outubro de 2018.

Quando criança, como era a sua relação com os torcedores rivais?
Eu já alcancei a rivalidade de Bahia e Vitória. A década de 60 foi quando o futebol baiano foi mais forte, talvez a última década em que o futebol baiano foi forte, a década em que tivemos cinco times ganhando o Campeonato Baiano. Daí em diante só deu Bahia, durante uns 20 anos praticamente. E depois, na década de 90, só deu Vitória. Na década de 60, a torcida do Galícia era pequena, embora o time ainda fosse forte. Na época, tinha dinheiro. E foi campeão em 68. Mas a torcida já era envelhecida. Ainda ocupava um cantinho na Fonte Nova, enchia. Mas a torcida já era Bahia e Vitória. Na *(Rua)* Afonso Celso, onde nasci, na Barra, havia uma banca de revistas. Eu me lembro que o Vitória perdeu, eu entrei pra comprar revista pra passar o mês em casa. Eu não podia ver um torcedor do Bahia que ficava com vergonha, não saía *(risos)*. O Bahia dominava. O Vitória tinha 11% da torcida do estado quando eu entrei. Antes, era muito menos. O Ypiranga, até a década de 60, era o clube de maior torcida na Bahia. E o Bahia era assim, toda

vez que aparecia um grande time no estado, o Bahia contratava a maioria dos jogadores e ganhava do Vitória. O Bahia dominava com a capacidade incrível de Osório de comandar o futebol da Bahia. Ele era muito mais dirigente do que Maracajá, esses caras todos juntos. Inteligentíssimo, esperto. Conhecia futebol. Então, esse cara massacrou o Vitória na época. Na escola, todo mundo era Bahia. Nós éramos exceção. O próprio Seijo, meu diretor, um dos maiores Vitória que conheço, era Ypiranga. O pai era Ypiranga. Mas ele já era um Ypiranga "rubro-negrado". O pai ficava segurando e ele queria já ser Vitória. Porque esses clubes não passaram mais nada de importante pra juventude. E aí o Bahia tomava conta da região. No Vitória, os dirigentes eram amadores, apaixonados, gostavam do clube com um talão de cheque na mão. Eu chamava de "chá das cinco". Eles iam lá ver o treino e iam embora. Não queriam saber se o Vitória tinha remédio no armário, a cozinha, estavam nem aí pra nada disso. Era um negócio muito amador. O armário do Vitória não tinha um remédio. Eu lembro de Dr. Moisés Wolfovitch saltando do carro, no fim da década de 80, com um aparelhozinho de ultrassom. Aí eu encostei – eu não era nada do Vitória, só peru de treino – e disse a ele:
– Dr. Moisés, o senhor guarda isso tudo na mala do seu carro?
– Se eu deixar aqui, roubam tudo.
O departamento médico do Vitória era na mala do carro de Dr. Moisés Wolfovitch, dono da COT, que servia ao Vitória até eu entrar e botar Ivan Carillo Pinto no lugar dele, porque ele estava envelhecido. E se precisar, a COT serve ao Vitória até hoje, que ali é uma paixão de família. O Vitória é um clube engraçado. Eu criei a Comenda Artêmio Valente porque descobri que ninguém sabia o nome do fundador. A não ser a velha guarda, claro. Criei a Comenda pra poder valorizar os caras, o clube ganhar coesão.

Seu pai, Ruy Carneiro, era português. Como chegou ao Brasil e ao Vitória?
Ele morou em São Paulo até os 12 anos, foi embora de volta pra Portugal e depois retornou sozinho com 26, 27 anos, corrido da revolução de Salazar. Veio para o Rio, jogou no Botafogo e disputou um Campeonato Carioca. Jogou no Vasco, treinou no São Paulo, mas não jogou. Outro dia recebi de presente uma matéria do jornal "A Tarde" de 1940 anunciando a chegada do primeiro jogador estrangeiro ao futebol brasileiro, que era meu pai, na Bahia. Ele ficou amigo da família Catharino, muito amigo de Dr. Zezé, um grande jogador. Por conta dessa ligação com a família fundadora do clube, ele se aproximou do Vitória. Na década de 60, quando o Vitória teve um problema com Ney Ferreira, o presidente, a

Federação nomeou meu pai interventor pra fazer a devassa dos cofres do escritório do Vitória no edifício Themis, na Praça da Sé. Meu pai era muito inimigo de Ney Ferreira. Ney saiu envolto em uma série de denúncias e suspeitas. Como meu pai tinha horror a ele, por ter colocado no Vitória um diretor que torcia pelo Bahia, chamado Degrimaldo Miranda, meu pai o jurou. Viraram inimigos de morte. Moravam na mesma rua, na Afonso Celso. Eu me lembro de tiro na minha casa. Meu pai era aquele português filho da puta, sabe? Valente, disposto. Brigava muito. Eu entrei no Vitória brigando com Ney. Ele entrou com uma liminar para não me deixar ser presidente. Eu briguei, ganhei a liminar. Depois fizemos as pazes. Na primeira festa que eu fiz no Vitória – eu era muito festeiro –, na mansão de Maneca no Morro Ypiranga, convidei todos os presidentes, e convidei Ney. Meus amigos todos foram contra: "Vai convidar esse filho da puta?". "O Vitória não é meu, ele era presidente do clube e vai também". E nisso fiquei amigo dele. Nunca mais tivemos problema. A briga era com ele e Eduardo Moraes. Eduardo virou interventor do Vitória, no meu lugar. Até eu ganhar o mandado de segurança e tirá-lo.

Você costuma dizer que, embora o presidente José Rocha tenha inaugurado o Barradão, foi você quem o colocou para funcionar.
Se eu não entro no Vitória, não tinha sido reinaugurado nunca, porque o estádio era um entulho. Hoje, ele é meu inimigo pessoal, talvez o maior que eu tenha no Vitória. Ele é muito vaidoso, sempre reconheci seu esforço em fazer o Barradão, tanto que quando reinaugurei o estádio ele estava comigo nas fotos. Todas! Eu nunca fui vaidoso e nunca quis ter mais notoriedade do que eu deveria ter. Eu fiz o Barradão porque o Vitória precisava do Barradão. Fiz, não. Fizemos uma maquiagem lá, arrumamos arquibancada. E ele teve a iniciativa de buscar o recurso no Governo, com Dr. Manoel Barradas, sogro de João Durval. Mas fizeram um estádio inacabado. O Barradão não tinha portão. Não podia ter jogo se não tinha portão. Não era um estádio. Era um campo de futebol de grama batatais, grama vagabunda de jardim, e um pedaço de arquibancada, só. Não tinha estacionamento, não tinha bilheteria. Mas inauguraram contra o Santos. Político é político. Zé Rocha é político, tinha que capitalizar. Eu não tiro mérito dele. Bem ou mal, foi feito. Eu vim e terminei. Não fiz nada sozinho. Seijo foi um monstro nisso daí. Eu defini a coisas, mas quem fez a obra foi Seijo. Eu sou engenheiro, fazia minhas inspeções. Mas Seijo foi o comandante. Tudo o que o Vitória tem deve a Seijo. Isso sem dúvida. Ele foi o homem que mudou a história do Vitória. Eu mudei talvez no campo.

Que outras ações de Walter Seijo você destaca?
Seijo teve a visão de comprar a concentração Vidigal Guimarães, um abrigo do retiro dos padres junto da Toca, abandonado. Quando entrei na Toca em 88, chamei Benedito Luz, da Odebrecht, e disse: "A concentração do Vitória tem que ser aqui". E eu inaugurei a obra em 1990. O retiro tinha um pomar bonito, todas as frutas do Vitória saíam do próprio clube. Aí conheci um padre da Companhia Inácio de Loyola, ligada à Companhia de Jesus. Seijo sempre foi muito católico, começou a "namorar" o padre nesses anos todos. Um dia nós compramos uma chácara na antiga Estrada Velha. Seijo tinha um amigo que queria construir prédios pra baixa renda. E compramos essa chácara pra fazer o rolo, pra pegar o padre no caminho. O padre queria uma área em Feira. O construtor amigo nosso comprou a área para o padre e ficou com a chácara que a gente comprou. E nós ficamos com o terreno do retiro. Isso foi Seijo que fez. E ganhamos a concentração, gastamos ali *(o equivalente a)* R$ 20 mil. Seijo é acima da média como paixão e como capacidade. Seijo é o maior rubro-negro que conheço. Se um dia eu voltar ao Vitória, eu vou fazer uma grande homenagem a ele.

Ao longo da sua presidência, você prestou homenagem a abnegados rubro-negros.
A Comenda Artêmio Valente dei ao Dr. Jaime Fernandes. Jaime era quem renovava os contratos de André, Osni e Mário Sérgio. Um dos maiores fazendeiros de gado da Bahia, ele vinha de helicóptero renovar os contratos. Um homem que fazia aquilo por paixão pelo Vitória, não queria saber se seria lembrado. Milionário. Um dia fiz uma festa pra ele no Othon que ele nunca mais esqueceu. Era um reconhecimento às pessoas que anonimamente prestaram serviços ao Vitória. Por isso o Vitória andou comigo, porque eu era cuidadoso com os mais velhos. Quem foi o Dr. Vidigal Guimarães, que botei no nome da concentração? Durante 20 anos, ele sustentou o Vitória. Quando fui fazer o Centenário do Vitória, eu pesquisei, achei o livro-caixa. E o que eu fiz? Dei uma Comenda no centro do campo. Eu, Maneca, ele e a mulher dele. Quando Luiz Martins Catharino Gordilho foi fazer bodas de ouro na Igreja da Vitória, sem ele esperar, estudei a vida da família, fui pro púlpito e levei uma hora falando da família Catharino e a vida no Vitória, no banco Econômico. O velho quase teve um ataque. Por que eu fiz isso? Porque ele é o Vitória! Você só constrói alguma coisa, numa instituição de futebol, que mexe com tanta emoção, se respeitar a história. Um clube que até a década de 50 não ganhava porra nenhuma. Mas é a história da gente. Nós temos que preservar.

O quanto o cuidado com a história do clube é importante para você?
Tenho um cuidado enorme com a história do Vitória. Pesquisei para o Centenário do Vitória, fiz uma exposição de fotografias no shopping Barra. Você acredita que o Vitória perdeu as fotos todas? Eu achei a foto de meu pai. Um dia, Nelson Cadena, um colombiano que mora na Bahia, entrou em minha sala: "Achei o Dr. Zezé Catharino. Ele tem um baú de coisas do Vitória na mansão dele na Graça que você não acredita. Disse que nunca abriu nem pros filhos, só abre o baú porque é você, filho de Ruy Carneiro". Quando ele trouxe, era foto de Zezé com meu pai no time do Vitória. Eu botei num pôster. Quer dizer, são coisas assim que as pessoas respeitam porque sabem que eu cuidava daquilo como algo precioso. Uma foto do Vitória remando no Porto da Barra, aquilo pra mim tinha o valor de um Rolex. Por exemplo, eu achei o bisneto de Artêmio Valente. Ele levou as taças que brindaram na fundação do Vitória. A filha de Artêmio recebeu a Comenda na festa que fiz na Assembleia, eu era deputado, fiz uma sessão solene. Quando a gente ama esse negócio, a história é muito mais importante que um título.

Como era sua relação com Lev Smarcevscki, que projetou o Barradão?
Meu tio Lev. Meu pai fez Lev gostar de futebol. Lev era geômetra. Um gênio à frente do tempo dele. A casa dele já era de rampa na década de 60. E Lev não sabia nem que a bola era redonda. Meu pai o fez virar goleiro. Ele usava aqueles óculos de fundo de garrafa, meu pai dava bolada e quebrava os óculos *(risos)*. Meu pai o levou para o Vitória, mas acabou se afastando, morreu mais cedo e Lev ficou. Aquele projeto do Barradão era o projeto de um estádio russo, por isso que é retangular. Tinha um segundo andar, a maquete ficava na Toca, eu cansei de ver. Nunca foi construído por Zé Rocha. O projeto do Barradão não é aquele. E Lev era apaixonado por isso. Fizeram uma arrumação no que ele desenhou, um puta de um projeto com dois andares, gigantesco. Ele não era arquiteto, era um gênio. O arquiteto é Ivan, que está pronto pra fazer a Arena do Vitória. O projeto é de Ivan. Se a gente não deixa Ivã de Almeida entrar no Vitória, o Vitória já estaria construindo sua arena.

Por que você largou a carreira de engenheiro mecânico e seguiu no Vitória?
Só um louco, um aventureiro. Eu tinha uma vida já toda definida. Muita gente diz que eu tinha uma Brasília quando entrei no Vitória, né? Eu fiz um prédio na Cruz da Redenção, o segundo prédio na subida. Eu morava já em quatro quartos, isso em 1980. Entrei no Vitória em 88. Já tinha dois carros, tudo ganho com

a engenharia. Eu era pra ser um grande empresário na área de engenharia, mas tinha o sonho de ser presidente do Vitória, desde menino. Um dia foram na minha sala na Sulzer *(empresa de engenharia da qual foi gerente)* dizendo que Ademar não tinha mais condição de continuar como presidente do Vitória, perguntaram se eu queria ser presidente, que ele ia me apoiar. Eu só o conhecia um pouquinho. Larguei tudo e fui para o Vitória.

O que te credenciava a trabalhar no futebol?
Confio muito no meu taco. Tudo o que eu faço, faço bem feito. Eu estudo, me preocupo. E o futebol estava comigo. Meu pai foi jogador europeu, alguma coisa passou pra mim. Ficava assistindo aos jogos, vendo Rivellino, Pelé, Ademir da Guia. O fato de você ser engenheiro te dá *background* pra fazer qualquer coisa na vida, te dá uma visão muito pragmática de tudo. Eu peguei um clube que não tinha nada. Sentava num banco de Kombi. Em quase 90 anos, o Vitória não tinha nada. Desculpe os antepassados, porque se fez, desfez. Eu encontrei a Toca do Leão, comprada por Alexi, Benedito, aquela turma da década de 70, com aquele terreno de 100 mil m² doado por Clériston Andrade que eu salvei. Fui ser vereador pra salvar o terreno. A área onde hoje é o estacionamento do Vitória, o clube tinha perdido. Eu recuperei. Clériston foi prefeito de Salvador, era Vitória. O Vitória não tinha luz e energia em baixa tensão. A camisa era do Flamengo, botava o escudo do Vitória por cima. O Vitória não tinha nada, nada! Já teve antes. Na época de Alexi, quando os caras entravam com o dinheiro.

Qual foi o reflexo do rebaixamento em 1991, quando você já era presidente?
Nenhum rebaixamento foi tão bom para o Vitória. Primeiro, porque o Vitória não tinha nada. Segundo, porque ninguém me enchia mais o saco. Já estava na segunda divisão mesmo... Aí pudemos construir o Vitória com calma, sem pressão. Nós éramos um time de segunda mesmo. Aí fomos fazer a base. Subimos logo em 92. Estrategicamente, para o Vitória foi excepcional. Não sentimos. Como se fosse uma coisa projetada. Mas claro que não foi. Lutamos muito pra não cair.

A reinauguração do Barradão foi após o rebaixamento.
Eu chamei Edson Almeida, assessor de imprensa:
– Precisamos criar um fato novo. Estamos na segunda divisão, precisamos quebrar isso agora.
– O que você tá pensando?

– Bote a data aí, nessa data eu vou reinaugurar o Barradão.
E inaugurei na data. Mudou a história do clube a partir daí.

O que você precisou fazer para reinaugurar o Barradão?
Vendi Jairo para o Inter, vendi Junior para o Grêmio. Fui fazendo dinheiro com venda de jogador e botando no estádio. Não tinha outro caminho. A obra não foi cara. Vejo muita gente falar: "O Vitória gastou 100 milhões de cruzeiros". É mentira. Porque ali a arquibancada não é de concreto armado. Estrutura de bloquinho sergipano é muito barata. Agora, fizemos a Avenida Arthêmio Valente, as obras no entorno, não havia acesso. A balança para pesar o lixo ficava do lado do estádio. Só tinha um portão. Aquela fachada foi toda nós que fizemos. A ideia de Lev Smarcevscki era a entrada ser pela Toca. Por isso a Toca tem um portão grande. E tinha uma ladeira que eu tirei pra fazer um campo. Os portões *(de acesso às arquibancadas)* eram no vestiário. Não se usava aquela parte de cima. O estádio era todo pela Toca. Nós mudamos radicalmente.

Na reinauguração do Barradão, o Vitória jogou com o Olímpia, campeão da Libertadores em 1990.[1] Como realizou este jogo?
Costumo dizer que foi o primeiro grande evento de marketing esportivo da Bahia. Mário Sérgio foi meu ídolo, um dos maiores jogadores que vi jogar. Quando tive a ideia do jogo, resolvi homenageá-lo. Ele desceu de helicóptero, jogou uns dez minutos. Foi muito legal. Ali eu trouxe gente da Conmebol, que o Vitória nem sabia quem era. Fiz todo o receptivo no Othon. Contratei pessoas falando inglês pra receber. Fiz uma lista de convidados. Por exemplo, o cara de marketing no Clube dos 13, João Henrique Areias, veio. Fiz um jantar na Casa do Comércio pra mostrar ao mercado que o Vitória estava chegando. É difícil falar na primeira pessoa, mas não tinha no Vitória com quem eu dividisse, foi tudo pensado por mim. Trouxemos o campeão da Libertadores, fiz contatos, botei no hotel Marazul, com Pedro Irujo me ajudando. Eu tinha a visão de tornar o Vitória um clube nacional, nunca aceitei essa rivalidade Bahia e Vitória. Nunca dei importância a ela, porque sabia que não era boa para o Vitória. Boa era a rivalidade nacional.

Como você definiu os pilares da mudança do clube?
Sempre entendi que o estádio faria a diferença na vida do Vitória. Hoje não

---

1 15/08/1991 - Amistoso: Vitória 1x1 Olímpia (Paraguai). Gol: André Carpes.

está fazendo mais. Na vida, você tem que estar se atualizando sempre. O Vitória precisava de base, de estádio e de marketing. É uma marca. E foi isso que fizemos. O Vitória era pra ter assinado com a Parmalat na mesma época do Palmeiras. O primeiro projeto do Vitória foi com a Parmalat. Pouca gente sabe disso. Meu homem de marketing era Roberto Muniz, que foi prefeito de Lauro de Freitas. Fizemos o projeto pra Parmalat, mas não deu certo e o Palmeiras acabou pegando. Mas eu fiquei amigo de Brunoro[2], a ponto de a Parmalat fornecer todo o laticínio do Vitória durante quase dez anos. Toda semana entrava um caminhão da Parmalat no clube. Tudo na base da amizade, numa época que não tinha nada.

Como você tirou Newton Mota do Bahia para comandar a base do Vitória?
Eu não planejei derrubar a base do Bahia. Fomos eu e Roberto Watt. Éramos amigos de Mota desde menino. Já tínhamos Vampeta, Alex Alves e tal, mas tudo a facão. Um dia, Roberto me ligou e disse: "Paulo, vamos tirar Mota do Bahia?". Aí começamos a nos reunir no apartamento de Watt no Canela toda quinta-feira, eu, ele e Mota. Até acabar com a história do Bahia na base. Só agora estão recuperando. Eu fechei a base do Bahia.

Como aconteceu o chamado consórcio entre Vitória e Bahia?
Foi uma armação pra enganar o pessoal do Bahia. Pintaram alguns jogadores que eu acertei dar metade pro Bahia. Eu roubei 57 jogadores do Bahia: Fernando, Kléber... Os maiores jogadores do Vitória vieram do Bahia. Naquela Taça São Paulo de 93, que o Vitória chegou à semifinal e perdeu para o São Paulo de Rogério Ceni, Paulo Isidoro perdeu o pênalti, era pra gente ser campeão... Rodrigo jogou pelo Bahia, de lateral. Eu não tinha conseguido roubá-lo ainda. Quando Rodrigo chegou em Camaçari, na casa dele, por volta de meia-noite, adivinhe quem estava lá? Eu. Foi o tiro de misericórdia, ainda tirei Rodrigo. Ali não tiramos só jogador. Tiramos treinador, preparador físico, roupeiro, massagista... Pequinho, Marcelo Chamusca, essa turma toda era da base do Bahia. E ali mudou a história do Vitória. O Vitória é antes e depois do Barradão, é antes e depois de Paulo Carneiro e é antes e depois de Mota. Eu preciso dizer isso, com humildade. Mota foi fundamental nessa transformação do clube. E ganhamos tudo. O Vitória só não foi campeão brasileiro na década de 90 por falta de estrutura. Tinha que vender jogador. Não

---

2 José Carlos Brunoro, diretor da Parmalat durante a parceria com o Palmeiras na década de 1990.

tinha dinheiro de televisão. Sem dúvida, o Vitória teria sido campeão brasileiro na década de 90. E mais de uma vez.

Como o Vitória conseguiu superar os grandes adversários da segunda fase do Brasileiro de 93?
Quando eles armaram a tabela, botaram os dois primeiros jogos na Fonte Nova, pra foder logo a gente. Se foderam, porque a gente ganhou os dois. O Corinthians estava invicto. Eu me lembro de Mário Sérgio *(então técnico do Corinthians)* entrando em minha sala na manhã do jogo, todo sorridente, falando "a festa acaba hoje", me sacaneando. E eu só olhando pra ele. "Você vai ver, filho da puta". O time era bom. Tinha Rodrigo, João Marcelo, Dida, Roberto Cavalo, Alex Alves, Paulo Isidoro... O time era muito rápido, um contra-ataque filho da puta. Os moleques eram ousados. E com Roberto Cavalo, um gigante. Ele pegava Alex pra dar injeção, porque Alex não queria. Ele perguntava: "Presidente, posso pegar ele pra dar porrada?". "Você pode dar porrada a hora que quiser". Ele foi um grande comandante, um general. E na hora de bater faltas... saco!

Por que de 1993 para 1994 o Vitória vendeu tantos jogadores de destaque?
Eu tinha dois caminhos. Ou manter o Vitória na primeira divisão ou ficar brigando pra não cair. Eu já brigava pra não cair vendendo, imagine se não vendesse. Todo ano eu tinha um furo de R$ 4 milhões, R$ 5 milhões. Não tinha jeito. Se eu juntasse a geração de Rodrigo, Vampeta, Dida, Alex e Paulo Isidoro com a de Allan Dellon, Fernando e Kléber, teria o maior time do Brasil. Fácil! Mas não tinha como. Como um clube sem dinheiro de televisão fica na primeira divisão por 12 anos?

Qual a contribuição do então governador Antônio Carlos Magalhães para a instalação dos refletores em 1994?[3]
Quando o Vitória foi vice-campeão *(brasileiro)*, ele chamou a gente e deu um presentinho pra cada jogador. Eu aproveitei e disse: "Governador, nós precisamos de refletor, o Barradão está sem". Ele olhou pra Miguel Carneiro, diretor da Sudesb, e disse: "Providencie o refletor". Só que, na cabeça de Miguel, ele queria providenciar aquele refletor de boate, que Antônio Carlos botava nas prefeituras do interior, com 300 lux de luminosidade, e eu queria um negócio de 1000 lux. Só que eu era esperto, fiz o projeto antes. Aí Miguel disse que precisava fazer a

---

3 02/10/1994 - Série A: Vitória 2x0 Náutico. Gols: Everaldo e Ramon Menezes.

licitação do projeto, falei que não precisava, porque eu tinha. Quando mandei, era 1000 lux. Ele então voltou pra mim:
– Nós não temos orçamento pra fazer essa obra.
– Não tem problema, eu vou ao governador dizer que você disse que não ia fazer.
– Tá de brincadeira.
– Tá de brincadeira um caralho! O projeto tá na sua mão, se vire, arranje dinheiro. E nós tivemos a iluminação. Antônio Carlos, nesse aspecto, foi muito importante.

Na década de 1990, a base disputou e ganhou torneios como a Phillips Cup e o Dallas Cup.[4] Como foi o acesso a essas competições?
Nasceu na venda de Ramon e Rodrigo. Eu estava fodido de dinheiro no Vitória e precisava vender algum jogador. Aí Léo Rabello, empresário influente, meu amigo, pagava até folha do Vitória pra me ajudar, era alto dirigente do Flamengo e armou a venda de Rodrigo ao Flamengo por R$ 700 mil. Eu fechei a venda, só que Rodrigo não tinha assinado. O Vitória ia jogar com o Camaçari no domingo e na sexta-feira me ligou um alemão, representante do Bayer Leverkusen no Rio de Janeiro, que falava português, dizendo que Reiner Calmund, *manager* do Bayer, estava na Argentina vendo Zanetti jogar, mas soube que havia um grande lateral no Brasil chamado Rodrigo. Eles vieram. Nós ganhamos do Camaçari, Ramon arrebentou o jogo. Eles pagaram US$ 3 milhões em Ramon e Rodrigo. Naquela época, em 95, como é que não vende? E na hora de fechar me deu um estalo. Eu disse pra o alemão: "Avise a Reiner que pra bater o martelo, quero um torneio na Europa para o Vitória disputar". Ele ligou para o Frank Arnesen, *manager* do PSV, na minha frente, com raiva, queria Ramon e Rodrigo de qualquer jeito. Por isso, veio a Phillips Cup. Eindhoven fica perto de Leverkusen, só que uma na Holanda e a outra no norte da Alemanha. Ainda exigiram que eu liberasse antes da decisão do campeonato. O Vitória foi campeão sem Ramon e Rodrigo. Nessa história, tiraram o Flamengo do torneio e botaram o Vitória. E ainda arranjaram mais. Mota quase teve um orgasmo. Eu arranjei uma semana em Leverkusen na concentração da Seleção Alemã principal, o Vitória treinou lá. E domingo nós ganhamos o torneio do Bayer Leverkusen, com Fábio Costa pegando dois pênaltis. Assim nasceu o plano internacional do Vitória. Aí não parei mais. Cinco, seis torneios todo ano. Eu tenho uma matéria da "Gazzetta dello Sport", da Itália, que coloca o

---

4 O Vitória ganhou a Philips Cup Sub-20 (posteriormente chamada de Otten Cup) em 1995, 1996, 1997, 2004, 2005 e 2006; e a Dallas Cup Sub-20 em 1996 e 1997.

Vitória como uma das oito melhores escolas de futebol do mundo. Eu ia disputar com o Milan em Viareggio, perdi no centenário do Barcelona no Camp Nou com Louis van Gaal no estádio, tomamos 2x1 do Barcelona, ele batendo palmas, vendo Leandro Bonfim jogar. Foi o padrão que eu determinei para o Vitória.

Como o Vitória conseguiu o apoio de Paulo Maracajá, presidente do Bahia, para entrar no Clube dos 13?
Esse negócio só saiu por causa de Antônio Carlos Magalhães. Ele fez na TV Bahia, a meu pedido, um editorial dizendo que o Bahia estava apoiando a entrada do Vitória no Clube dos 13, sem Maracajá saber. Só que o pessoal do Clube dos 13 já me queria lá, porque quando o banco Excel entrou no Vitória em 97, entrou também no Corinthians. E eu ajudei o Corinthians, trabalhei com a montagem de time. Ezequiel Nasser, dono do banco, queria que eu largasse o Vitória pra ser executivo do banco. Tive uma proposta milionária e não fui, porque era presidente do Vitória. E indiquei Mário Sérgio. Aí eu fiquei amigo de Dualib do Corinthians por causa da relação com o Excel. Me aproximei do pessoal da cúpula do Clube dos 13 e eles ficaram simpáticos à ideia de levar o Vitória. Só que Maracajá botava o pé. Eu também botaria. E Antônio Carlos fodeu ele.

Como foi a criação do Campeonato do Nordeste?
O campeonato de pontos corridos foi criado em 2000 por nós. Fiz uma palestra no prédio antigo da "Gazeta Mercantil", em São Paulo, com o tema "A oportunidade de investir no futebol". Levei 60 empresários da área de entretenimento e de marketing. Levei meses pra organizar. Quando terminei, tinha três garotos na frente. Eram executivos do banco Patrimônio, ligado ao Salomon Brothers, dos Estados Unidos. Queriam que eu os recebesse em Salvador na semana seguinte. Vieram e fizeram a proposta de ser *adviser* do Vitória. Ou seja, buscar no mercado investidor para o Vitória. Eu fiz um protocolo com eles, assinei um contrato. Um desses caras era Edgar Diniz, que depois foi o CEO da Esporte Interativo. Ele era gerente de banco com visão de fusão e aquisição. O Vitória já tinha uma S/A, feita em 1998, e nós fomos juntos atrás de um investidor. Fui pra Nova York, apresentei o Vitória pra três, quatro fundos de investimento. Eu comecei a futucar o mundo atrás de um grande investidor, até achar o fundo Exxel, de capital norte-americano. Eles gostaram e daí surgiu a fusão do Vitória S/A. E o Campeonato do Nordeste... Esses meninos não tinham uma empresa de mídia, tinham uma empresa de marketing chamada Top Sport Venture, de capital de risco. A visão

deles era alavancar o negócio e vender, como a maioria dos fundos faz. Eu os chamei, eles eram meu marketing. "Eu tenho um projeto aqui pra vocês formatarem pra mim, que eu vou no Nordeste pegar as assinaturas dos presidentes de clubes pra criar a primeira liga do futebol brasileiro". Sentei com cada um dos presidentes de clubes do Nordeste. Levei um documento de adesão, que eu não sou bobo. Deixei o Bahia por último, porque Maracajá é muito vaidoso, ciumento. E fizemos a liga. Eles ficaram até o final com esses direitos de televisão que eu dei a eles. Foi isso que gerou o Campeonato do Nordeste, e eles viraram um grupo de multimídia, criaram a Esporte Interativo.

Por que não deu certo a S/A?
Porque nós ficamos sozinhos. A Globo entrou. A Globo não queria que outras empresas entrassem aqui. Ela tinha medo de perder o direito de televisão. Ela então mexeu na Lei Pelé em Brasília, inibindo a entrada de novos investidores. Ficaram Bahia e Vitória sozinhos nessa história. O Bahia estava com o banco Opportunity. O mercado que era pra abrir, pra expandir, pra todo mundo virar empresa, como é na Inglaterra, na Alemanha, ficou parado. Enquanto você é clube, paga uma carga fiscal muito menor. Como é empresa, paga uma carga fiscal altíssima. Inviabilizava o negócio. Era pra ter evoluído na legislação, mudar a carga.

As ações do Vitória foram vendidas por US$ 6 milhões. Foi um bom negócio?
Eu queria ter vendido por US$ 12 milhões. Na hora H, senti que não ia vender por esse valor, aí vendi por US$ 6 milhões e eles fizeram um empréstimo de mais US$ 12 milhões. Mas só pegamos US$ 7 milhões, porque os argentinos descumpriram e a gente os botou pra fora. E pagamos depois os US$ 7 milhões, porque tinham que ser pagos. Só que fizemos em condições especialíssimas, juros baixíssimos. Quem concluiu a negociação foi Alexi Portela. Eu comecei e Alexi terminou. Eu vendi por US$ 6 milhões, comprei por US$ 500 mil, mas o empréstimo era de US$ 7 milhões, o passivo que ficou.

O Vitória poderia ter sido campeão brasileiro nos anos 1990?
Em 97 com certeza eu tinha o melhor time do Brasil. Bebeto, Túlio e Petkovic, com Esquerdinha, Russo, Chiquinho, Uéslei... Perdemos para o Atlético Mineiro de 3x2 no último jogo e não classificamos. Ali o Vitória ia ser campeão brasileiro, sem dúvida. O futebol é assim. Tem que ter uma estrutura pra ficar beliscando e uma hora vai acabar ganhando. Em 99, não tínhamos time pra ser campeão

brasileiro. Mas chegamos na semifinal. O time do Corinthians era uma máquina. Se a gente vai pra final, perde. Em 2004 era pra a gente ser campeão *(da Copa do Brasil)*. Nosso time era muito mais time do que o Flamengo. Mas Adailton falhou e Edílson perdeu pênalti. No futebol, você tem que viver pra entender certas coisas. O importante é, quando você tem estrutura, chegar sempre próximo. Em 2002, eu também podia ter sido campeão brasileiro com Aristizábal, Allan Dellon, Zé Roberto... Eu empatei com a Ponte Preta em Campinas. Se ganho, acabo entre os oitos e o Santos não ia ser o campeão. O Santos classificou em oitavo. Foi o último ano antes dos pontos corridos. O Vitória era o melhor time do Brasil.

O time de 1999, com Toninho Cerezo de treinador, empolgou o torcedor.
A cara de Cerezo, né? Alegre. No início do Brasileiro de 1999, a gente jogou contra o Santos na Vila Belmiro. Foi 0x0.[5] E o Santos tinha chegado na véspera da Europa. Nós estávamos certos de que íamos ganhar, porque eles voltaram cansados. Empatamos. Eu cheguei puto no vestiário. Imagine, eu puto porque empatamos com o Santos na Vila Belmiro. Quando eu entro, está Cerezo nu, abraçado com os jogadores no chuveiro e gritando: "Que jogo da porra!". Eu queria matar ele. Eu puto e ele rindo. O astral que ele passava, sabe? Se eu entro no Vitória hoje, meu treinador amanhã é Cerezo.

Você acha que a implantação dos pontos corridos foi positiva para o Vitória?
Quem aprovou pontos corridos na sede do Flamengo fui eu! Eu! Eu que ganhei lá o bate-chapa na hora com os sócios-fundadores *(do Clube dos 13)* que faziam o jogo da Globo. A Globo não queria pontos corridos. A Globo tinha a visão da TV aberta. Atravessei a mesa, me agachei. Fiquei perto de Eduardo Maluf, diretor do Cruzeiro, e de Perrella e Dualib.
– Vocês não perceberam ainda que pontos corridos é pra vocês ganharem? Pontos corridos só serve pros grandes.
Aí Eduardo fez assim:
– E por que você tá brigando tanto?
– Porque eu preciso de orçamento. Nesse momento, eu não quero ganhar. Eu quero saber no fim do ano quanto eu vou arrecadar. A vida inteira no meu clube eu não sabia quanto tinha de dinheiro. Depois eu vou organizar o clube pra ganhar.
Aí Eduardo Maluf olhou pra Perrella e fez assim: "O que Paulo Carneiro tá falando

---

5 07/08/1999 - Série A: Santos 0x0 Vitória.

faz todo sentido, Zezé. Nós temos que votar nos pontos corridos". Olhe quantos campeonatos o Cruzeiro já ganhou. Eu não tinha chance, porque eu não me classificava e ficava dois meses parado pagando folha salarial naqueles campeonatos mata-mata. Como é que eu pagava o clube sem receita, sem jogo? Precisava ter os pontos corridos, com calendário, receita, tudo certinho. Eu trabalhei muito pra isso. Muito! Me orgulho demais. Me lembro de Eurico Miranda ligando pra Globo e dizendo: "Perdemos". E Mário Petraglia dizendo: "Viu, filho da puta?!". Eu fui decisivo. Eu não, o clube. Era o "V" de Vitória, o último voto. Mas já tinha conseguido o voto do Cruzeiro e do Corinthians, já tinha feito as contas. Quando eu levantei, já dei um grito de "campeão!" *(risos)*. Ali eu garanti a sobrevivência do clube. Por causa dos pontos corridos, o contrato de televisão triplicou.

Como foi a contratação de Bebeto e Petkovic em 1997?
Um dia, o diretor do banco *(Excel Econômico)* Ival Gama me ligou.
– Nós estamos entrando no Corinthians, mas como o banco Econômico é baiano, queremos que você escolha três jogadores pro Vitória.
– Eu não quero três. Amanhã acaba essa merda, fica em minha mão pra eu pagar salário.
Eu tinha um medo da porra.
– Eu só quero um jogador. Quero Bebeto."
Eu sabia que Bebeto era a história viva do clube, baiano, a criançada adorava. Estava em alta, em grande forma. Pagamos US$ 4 milhões pro Sevilla e fui pra Espanha buscar Bebeto. Petkovic foi no mesmo ano. Eu paguei US$ 3,5 milhões em Pet. Pet foi uma oportunidade, eu o vi jogando. O empréstimo foi o banco que pagou, mas depois quem pagou o passe fui eu, o Vitória. E eu vendi para o Venezia, da Itália, pra poder pagar. Pet foi talvez a maior contratação estrangeira do futebol brasileiro.

Como surgiu o projeto do estádio na Avenida Paralela? Por que não saiu do papel?
Eu levei o Vitória para uma feira de futebol mundial, Soccerex, em Cannes, na França. O estande do Vitória era junto ao do Manchester. Aí conheci lá um cara chamado Aníbal Coutinho, de uma empresa chamada Brasil Arenas. Fomos jantar com o presidente da Coca-Cola. Nessa conversa... "Vamos marcar no Rio?", "vamos fazer um protocolo?", "vamos arranjar um investidor pro estádio do Vitória?". Assinamos um protocolo de intenção pra descobrir um sócio pra alavancar o estádio. Descobrimos um sócio em Portugal. Primeiro era uma das maiores

construtoras portuguesas, chamada Edifer. A mulher chegou a vir aqui, botei ela pra falar com César Borges, porque o estado tinha que dar as instalações perto do estádio. Assinei esse protocolo com o Governo. Otto Alencar era até o governador em exercício na época. E nós encontramos o banco Espírito Santo pra ser o parceiro. Foram muitas viagens a Portugal. Ali eu tive o sonho de que o Vitória ia ser o maior clube da América. Eu fiquei amigo desse cara que era um dos herdeiros da família Espírito Santo. Ele era dono da Portugal Telecom, que por sua vez era dona da Vivo. Ele dizia assim: "Paulo, a Vivo vai estar em sua camisa". Eu pensava: "Meu Deus do céu". O Vitória ia ser uma potência. Aí fizemos esse projeto. Contratamos o maior arquiteto de arena do mundo, Ron Turner, em Los Angeles. Nós íamos ter dois restaurantes panorâmicos, ou seja, o estádio teria vida mesmo sem jogo. Teria centro de convenções, uma areninha para esportes olímpicos, pavilhão pra exposições e feiras com seis mil lugares, estacionamento fechado, anfiteatro pra 40 mil pessoas, pra show aberto. Já pensou? O estádio é esse do Corinthians, o Itaquerão. Quando não saiu aqui, Aníbal levou pro Corinthians. O Vitória caiu no ano que não podia cair. A Lusoarenas era sócia do Vitória no empreendimento. Ia começar a construção em setembro de 2005. A Copa do Mundo só chegaria aqui em 2007. Não ia existir Fonte Nova.[6] Eu estava pronto pra foder o Bahia. A Copa do Mundo ia ser feita no estádio do Vitória.

O estádio teria um investimento de US$ 70 milhões e revitalizaria a lagoa no entorno.
Sim. A gente só não fez esse projeto por causa de uma filha da puta do meio ambiente. Se você chegar no "cotovelo" do Alphaville II, ali era a arena do Vitória. Ali tem uma lagoa fétida, a mulher segurou três anos nosso projeto por causa daquela merda daquela lagoa. Eu só faltava matar aquela mulher. Aí tive que fazer uma estação de tratamento pra cuidar daquela porra, daquela lagoa fétida. Uma merda esses ambientalistas. Eu e Seijo feito loucos pra conseguir a licença ambiental. Quando conseguimos a licença, o Vitória caiu. No ano que não podia cair, que eu investi em Edílson, Vampeta, pra não cair, porque eu sabia que tinha coisa muito mais importante na frente. A vida é assim.

---

6 O Brasil foi anunciado como sede da Copa do Mundo de 2014 em 30/10/2007. Em 25/11/2007, parte da arquibancada da Fonte Nova desabou em um jogo do Bahia. Sete torcedores morreram na queda. O estádio foi fechado, demolido e reconstruído.

O Vitória foi rebaixado em 2004 após chegar à semifinal da Copa do Brasil. Onde você falhou naquele ano?
Um ano ótimo que acabou virando um desastre. Tínhamos um timão. É difícil. Eu não jogo, eu não bato escanteio. Onde falhou? Sei lá.

Você era o administrador...
Eu tinha um time que chegou à semifinal da Copa do Brasil. Ninguém podia discutir a qualidade do time. Mas que depois começou a não ganhar mais. Os jogadores passaram a se dividir, brigar. Ninguém suportava Edílson dentro do clube, os jogadores queriam dar porrada em Edílson. Cléber Santana queria matar ele. Aí fodeu. Edílson é um vaidoso, complexado. Foi o pior homem que eu conheci no futebol. Ele me trata bem, boa pessoa, mas é um merda. Ele tem complexo de cor, de cabelo, de tamanho, de tudo. Ele é o complexo em figura de gente.

É verdade que Edílson chegou na concentração dando tiro para cima?
Ah, tirinho! Com uma "Mauserzinha". Naquele dia, Evaristo deu um tapa na cara dele pra aprender. Levou um tapa de Evaristo com 70 anos.

Em 2005, a duas rodadas do fim da Série B, o Vitória disputava para ser um dos oito que passariam à segunda fase...
O Vitória ia classificar pra subir. Tinha time pra isso. Era time de Série A.

Por que acabou rebaixado à Série C?
Não sei. Se eu lhe disser qualquer coisa, eu vou ser leviano. É o jogo.

Dois anos de queda vertiginosa. Você era o presidente, a última palavra era sua.
Sempre foi.

Quais erros você reconhece que cometeu nessa época?
Não consigo nem lembrar se tive erro. Perdemos, futebol é assim. O importante do futebol é você ter um futebol competitivo. No futebol, se você não for pragmático nas avaliações vai buscar explicação onde? Não tem explicação. Eu nunca tive problema de relacionamento com meus jogadores. São meus amigos até hoje, loucos por mim, apaixonados por mim. Eu sou o único dirigente do futebol brasileiro reconhecido pelos seus atletas.

Você nunca foi de criticar jogador em público.
Nunca. Naquele dia que Vanderci ganhou aquele Baiano[7], ele tomou um murro meu no meio do peito na preleção. Ele foi rir pra mim de alguma coisa, eu soquei pra foder ele mesmo. Jogador não ri de mim na preleção, que eu pico a porra nele. Depois ficou meu amigo, tratei o joelho dele quando voltou do Cruzeiro. Mas no dia eu dei na titela dele. Ele me segurou, foi um negócio lá dentro. Era assim que eu fazia. Nego me respeitava. Sempre fui bom nisso.

Após o jogo do rebaixamento em 2005[8], o goleiro Felipe te denunciou por racismo. O que aconteceu? Você se arrepende?
Eu nunca me arrependo de nada. Chamei ele pra porrada, que nem homem chama o outro. Só foi isso. Hoje é meu irmão, meu amigo. Eu conheço Felipe desde os 12 anos. Desde quando Felipe roubava dinheiro dos colegas no vestiário. Só que na hora do jogo, achei que ele tinha se vendido. E eu não posso provar isso. Seria uma leviandade de minha parte. Ele falhou nas bolas cruzadas. Ele tinha raiva porque Renê Simões não o botava pra jogar, botava só Juninho, e na hora da merda tirou Juninho e botou ele. Na hora que eu o vi falhando no gol, fui pra cima dele. Ele vivia com uma vagabunda. Hoje não, hoje está bem casado. Aí cheguei perto dele assim: "Você e essa vagabunda... Eu não vou ser mais presidente. Vamos ali nós dois acertar nossa parada agora, seu filho da puta, preto, viado". Ele não teve coragem de me enfrentar. Mas ele ia me bater, porque eu não ia aguentar *(risos)*. E Marcelo Heleno ainda me dando a maior força: "Vá, presidente, qualquer coisa eu pico a porra nele". Marcelo Heleno era um Vitória da porra. E depois fizeram a cabeça de Felipe, ele me meteu na Justiça por racismo, mas perdeu. Eu não fui, porque na primeira audiência eu fiquei chamando ele de viado na frente do juiz.

Em que situação você deixou o clube?
Eu deixei o Vitória com R$ 7 milhões de dívida de curto prazo e R$ 15 milhões de débito fiscal. E eu deixei no Vitória R$ 40 milhões em atletas, no mínimo. Pouca gente lembra. Quando o Vitória caiu, eu deixei Hulk, Vinícius, Xavier, Felipe, Anderson Martins, David Luiz, Leandro Domingues, Wallace, Marcelo Moreno, Elkeson... Olhe o nível do time que deixei. E 100% do Vitória. Agora, deixei um

---

[7] 30/07/1995 - Baiano: Vitória 1x0 Galícia. Gol: Vanderci.
[8] 10/09/2005 - Série B: Vitória 3x3 Portuguesa (SP). Gols: Alecsandro (2) e Leonardo.

passivo. Qual é a organização que anda sem passivo? Deixei R$ 23 milhões só. Fluxo de caixa é diferente do fluxo econômico. O fluxo de caixa é o dinheiro pra pagar hoje. Quando Alexi chegou, o Vitória estava sem caixa, mas não estava sem fluxo econômico. Eu deixei a venda da sede de praia, R$ 8 milhões à vista. Deixei a venda de Obina, R$ 5 milhões. Poucos clubes foram rebaixados de forma tão traumática e ficaram numa situação tão privilegiada quanto o Vitória. Por isso que subiu logo. Agora, venderam mal.

O que você sentiu no momento da saída?
Sou um cara muito firme. Depois da confusão que tive com Felipe, meu carro estava na concentração lá em cima. Eu subi e briguei com seis torcedores. O pau fechou. E aí eu chamei Roque Mendes *(assessor de imprensa)*: "Roque, eu quero que você vá lá em casa amanhã, eu vou renunciar. Avise a Ademar". Foi assim. Meu negócio é rápido. Quando eu vi o Vitória rebaixado, disse: "Não fico mais". E eu podia ter ficado, porque de manhã os argentinos me ligaram e disseram: "Paulo, temos três votos aqui, com o seu são quatro. São sete, você só sai se quiser". Quando a gente comprou as ações, como ainda tinha que pagar o empréstimo a eles, continuaram sócios até o resgate da operação toda. Eu saí porque quis. Eu tive um problema com Ademar, porque ele me ligou às 9h: "Paulo, você não tem mais condições de ficar". Eu mandei ele tomar no cu.

Você entrou na Justiça contra o Vitória e pediu R$ 10 milhões por rescisão contratual e danos morais. A juíza Vivianne Tanure Mateus afirmou que você usou documentos falsos para atestar o vínculo empregatício com o Vitória. Você sente que o Vitória tem essa dívida com você?
Está errado. E eu sinto não, o Vitória me deve. Estou na Justiça contra o Vitória. Eu perdi na Justiça do Trabalho e entrei na Justiça comum. Eu vou buscar meu dinheiro, do meu trabalho. Só existe uma verdade. É que a interpretação dos fatos na Justiça deixa dúvidas. O Vitória me deve R$ 800 mil, base de setembro de 2005. Contrato! Eu resolvi entrar na Justiça do Trabalho. Podia não ter entrado? Podia, mas resolvi entrar. Estava com raiva, os caras me sacaneando, Zé Eduardo me chamando de ladrão todo dia. Cobrei R$ 800 mil, hoje dá R$ 4 milhões, que foi o salário meu de julho de 2003 a setembro de 2005, que o Vitória não me pagou. Só salário. E eu fui buscar uma repercussão trabalhista. Existem duas doutrinas na Justiça do Trabalho. Você só consegue provar vinculação trabalhista quando consegue provar a subordinação. Eu, como era presidente da S/A, só era subordinado

ao Conselho de Administração. Já Seijo, que era vice-presidente, estava subordinado a mim. Seijo está recebendo R$ 100 mil todo mês do Vitória. Seijo ficou sem receber R$ 400 mil, ganhava metade do que eu ganhava. A Vivianne, que é uma boa juíza, deu um despacho em que a doutrina que ela entende como majoritária não é da subordinação ao Conselho. Eu, como presidente do clube, não seria subordinado a ninguém. E ela não deu a subordinação trabalhista. Onde entram os R$ 10 milhões? Na época, eu fui enxovalhado na Bahia. Tentaram, né? Eu sou forte, mas tentaram. Um dia meu advogado disse: "Paulo, vamos dar uma sacaneada nesses caras, vamos botar uma indenização de dano moral de R$ 10 milhões". Aí eu disse: "Você sabe que isso não paga nem R$ 200 mil, né?". "Vamos botar pra chamar a atenção". Aí na mídia o que aparece? "Dez milhões". Eu não tinha R$ 10 milhões, eu tinha R$ 800 mil pra receber. Aí entra o negócio da falsidade ideológica. Falsidade ideológica é quando você pega um documento e coloca informações que não são fidedignas. Quando eu fui assinar com os argentinos, eles assinaram minha carteira. Eu era presidente contratado. Quando chegou no início de 2000 ou 2001, estava pagando muito com dinheiro e eles também. Aí Gerardo León, o chefão, veio da Argentina e disse: "Vamos pagar você agora por fora. Vamos botar um valor pequeno na carteira – eles botaram R$ 5 mil – e vamos pagar o resto em pessoa jurídica". Fiquei ganhando R$ 5 mil na carteira e R$ 41 mil por fora. Por fora quer dizer prestação de serviço. Só que em minha carteira estava lá assinada R$ 5 mil. Tanto não teve falsidade ideológica que não tenho nenhum processo contra mim. Por quê Vivianne não me processou? Teve boa fé.

Você ganhou ou perdeu trabalhando e vestindo a camisa do Bahia em 2008?
Eu só perdi. Por motivos óbvios. Até hoje me enchem o saco com isso. Agora, tem uma coisa. Entraram cinco Mercedes aqui na minha casa. Eu recebi, sou educado. Marcelo Guimarães Filho *(presidente do Bahia)* disse:
– Paulo, queremos você no Bahia.
– Impossível.
– Faça a proposta.
– Se eu fizer, vou dar uma porrada lá em cima, que você não vai pagar. Eu vou ter problema com a torcida do Bahia e com a torcida do Vitória.
Diziam que Marcelo Filho ia ser prefeito de Salvador e eu iria ficar à frente do Bahia.
– Isso não me encanta, não. Eu sou Vitória, bote isso na sua cabeça.
– Diga quanto você quer.

Quando eu falei o valor, eles disseram: "Tá fechado". Aí eu fui. Ganhei muito dinheiro. Trabalhei nove meses lá, ganhei mais de R$ 1 milhão. No Bahia, eu cheguei a ser ídolo da torcida. Eu descia pelo meio da torcida do Bahia. E eu arrumei o Bahia demais.

Qual foi a reação do torcedor do Vitória?
Ah, eu tive briga. Saí na mão. Teve uma vez aqui no posto de gasolina, em que fui comprar um cigarro, meia-noite. Eu nem saía de casa, com medo. Eu saía de noite. Me viram na loja de conveniência: "Ó o filho da puta ali!". Eu me arrependo muito de ter ido pro Bahia.

Com a ida ao Bahia, houve um movimento do Conselho Deliberativo do Vitória para tirar de você o status de conselheiro nato.
Não tirou. O estatuto do Vitória não prevê a expulsão de conselheiro, nem o comum, muito menos o nato. Pelo estatuto do Vitória de 2008, que me julgou, foi uma decisão política, eles me tiraram do Conselho sem poder tirar. Tanto que ganhei na Justiça.

Por que você e a torcida Os Imbatíveis tem uma relação tão hostil?
No dia da eleição em 2016, juntaram 20 caras querendo me agredir. Só que eu tinha 40 ali. Está pensando que eu sou menino amarelo? Eu ia quebrar eles todos. Eles estavam cercados e não sabiam. Já pensou a merda que ia dar? Fiquei doido pra ver eles chegarem. Um sinal de cabeça meu, ia virar praça de guerra. Agora, pra quê isso? Eu era um candidato a presidente do clube, fui o construtor do clube. Se eu entro no Vitória, eles não entram mais. Eu tenho culhão pra segurar eles lá fora. Não usa mais a camisa. Boto biometria no outro dia. Vagabundo vai assistir jogo na casa da puta que pariu. Famílias podem ir tranquilas. Em um mês acaba a festa d'Os Imbatíveis. Primeiro que eu não acredito em torcida organizada. Não serve pra nada. Torcida organizada hoje é um instrumento de poder à base do terror. As pessoas têm medo. E eles usam esse medo para os times darem ingressos pra eles venderem. Comigo não vai ter ingresso.

Quem foi o maior jogador da história do Vitória?
Eu acho que Petkovic foi o maior. Jogou um ano e meio e jogou pra caralho. Bebeto jogou pouco no Vitória. Foi embora com 18 anos. Voltou comigo alguns meses, depois voltou em 2000, já não tinha condições de jogar, mandei ele

embora. Ficou sem falar comigo. É meu amigão hoje. Mas esse time nosso do Vitória de 97, de 99... Ah, Fernando pra mim foi o maior de todos. Eu vi Fernando desde os 12 anos de idade. Fernando foi um monstro. Que jogador de alma vencedora do caralho. Uma patada no pé. Botava a bola onde queria, com as duas pernas.

Como surgiu a ideia de retornar à presidência do Vitória?
Na eleição de 2016 eu não queria. Eu estava completamente afastado do Vitória. Aí esse grupo Vitória do Torcedor estava fazendo uma puta sacanagem com Seijo. Eu resolvi sair candidato 25 dias antes da eleição. Isso aí de alguma forma deu pressão. Quase ganho, fiquei por 130 votos.[9] Depois me juntei com Alexi e Ademar, apoiamos Manoel Matos.[10] Eu acho que a campanha foi mal conduzida. Eu fui apoiador, não fui condutor. E agora tem um grupo monstro de gente que vive aqui em casa e na internet querendo que eu volte pro Vitória de qualquer jeito. Eu estou sempre aberto a ajudar o clube.

Acha que o Vitória pode ser o clube que você projetou na década de 1990?
O Vitória tem que dar um grande salto. O salto é fechar o Barradão. Tem que ter coragem pra fazer isso, e eu tenho. Não tenho paixão pelo Barradão, mas sim pelos jogadores. Meu negócio é a marca, o clube, a coisa da minha família. Eu tenho paixão pelo Vitória. O Bahia está botando no bolso R$ 11 milhões todo ano na Fonte Nova. Sabe quanto o Vitória bota no Barradão? Zero! Nunca botou. Eu conheço esse negócio pra caralho. Eu tenho mercado. Outro dia um cara do Rio Grande do Sul me disse: "Paulão, eu tô querendo mexer no futebol, só quero investir se for com você". Eu tenho gente assim. Se eu pedir R$ 2 milhões ao cara pra botar num jogador, ele me dá. Eu tenho projeto pronto com o Vitória pra implantar no dia seguinte. Agora, eu não sou viúvo desse negócio. Eu já tenho 67 anos. Se não puder, eu toco minha vida. O Vitória hoje está no meio de uma porção de meninos, que não sabem nada de futebol. Um Conselho completamente "desconstrutor" do clube.[11] O clube perdeu a identidade, perdeu a alma, perdeu o elã. Botou um cara que nem Vitória é.[12] Enganou todo mundo com papi-

---

9 A chapa Vitória do Torcedor, que elegeu Ivã de Almeida, obteve 528 votos. A chapa Vitória Gigante, de Paulo Carneiro, ficou em 3º lugar com 391 votos.

10 Com as renúncias de Ivã de Almeida e Agenor Gordilho Neto em 2017, nova eleição foi realizada e vencida por Ricardo David.

11 Ele se refere ao Conselho eleito para o triênio 2017-2019.

12 Ele se refere a Ricardo David.

nho furado. Não é má pessoa, não. Eu sei separar bem as coisas, o ser humano da função. Só que ele não nasceu pra aquilo ali. Aquilo não é pra todo mundo.

O que o Vitória representa na sua vida?
O Vitória representa tudo na minha vida. Eu larguei a engenharia ainda jovem, uma carreira de sucesso, modéstia à parte, e fui fazer engenharia dentro de um futebol que não tinha nada. Toda a construção do Vitória passa pela minha iniciativa, pelo meu poder de aglutinar pessoas, de interferir no mercado. Senão, o Vitória tinha ficado pelo caminho. O Vitória é muito importante pra mim. A grande paixão da vida de meu pai. Acho que meu pai gostava mais do Vitória do que dos filhos. Meu pai era louco pelo Vitória. Louco, apaixonado. Gostava muito mais do Vitória do que eu. Essa paixão ficou na família toda. Meus filhos são loucos pelo Vitória, minhas ex-mulheres são Vitória. Não tem Bahia aqui. Só minha mãe, que já faleceu. Se chegar ali na sala, tem uma camisa do Vitória pendurada. É muito forte. Mas eu sou uma pessoa muito pragmática, por ser engenheiro, ter uma visão cartesiana. Não tenho mais aquela dor de corno se não entrar no Vitória. Se eu não entrar, quem vai perder é o Vitória. Porque se eu entrar, vou trabalhar 20 horas por dia.

LÁZARO RAMOS

Luís Lázaro Sacramento de Araújo Ramos nasceu em Salvador em 01/11/1978. Além de ator destacado, é apresentador, cineasta, escritor, embaixador da Unicef no Brasil e torcedor do Vitória. Fez personagens como Roque em "Ó paí ó" e Deco em "Cidade Baixa", filmes que citam o Leão. Filho de Ivan e bisneto de Vitória, o amor de Lázaro Ramos pelo "Nego" tem fundamento histórico.

Artigo escrito em março de 2021.

EU, MEU PAI, O VITÓRIA, A NOSSA HISTÓRIA

Mais do que ser torcedor, falar do Vitória, pra mim, é homenagear meu pai. Meu pai é uma figura muito tranquila, não fala alto. É o cara que é o centro da família e que eu, inclusive, ficava observando muito para entender onde estava a paixão dele pelas coisas. Mesmo quando ele falava comigo sobre o Vitória, falava sempre de um lugar muito racional, sobre o time, as cores da camisa, os jogadores que ele acompanhou.

Até que um dia eu acompanhei o meu pai assistindo jogo e aí tudo mudou... Aquele cara que falava baixo, pacífico, de repente eu o vi com os olhos brilhando, apaixonado, torcendo, falando, vibrando! Quando ele sentava para assistir ao jogo do Vitória, era a hora que conversava comigo, e pra mim isso é muito importante porque meu pai sempre foi um homem de poucas palavras. Eu me sentia mais próximo dele.

Um dia perguntei por que ele torcia pelo Vitória e ele me deu uma resposta tão linda que você não vai acreditar. Minha bisavó, que nasceu um ano após a abolição da escravatura, se chamava Vitória – e eu já escrevi um conto sobre isso, falando como é muito simbólico uma mulher que nasceu um ano depois da abolição ter esse nome – e ele, por causa da avó materna dele, escolheu o Vitória. Ele morava no interior, não conhecia muito de futebol, mas esse nome lhe aproximou, deu mais autoestima, e aí ele escolheu o Vitória como time do coração.

Por isso que, para mim, falar do Vitória é falar dessa relação de pai e filho que a gente construiu e que se encontra fora de um lugar racional dele. Está num lugar mais da paixão, da empolgação, da afetividade.

Dida, Vampeta e Bebeto também tiveram uma função especial pra mim, principalmente com a projeção deles na seleção, além de minha fascinação pelo Obina. Lembro que quando Obina estava no Vitória era maravilhoso porque foi uma época em que estávamos filmando "Cidade Baixa". Eu, Wagner e Sérgio Machado, diretor e também torcedor do Vitória, gastávamos mais tempo nos ensaios pensando em como homenagear o clube do que ensaiando as cenas. Até que um dia tivemos a ideia de improvisar, e essa cena é clássica no filme. Wagner pergunta: "E aí, quanto é que tá o jogo?". E eu respondo: "1x0! Gol de Obina, pai!".

Eu e Wagner ficamos numa empolgação de ter conseguido isso, mais felizes do que ter feito o filme. Foi maravilhoso! Meu personagem, inclusive, ostenta no braço o escudo do Vitória!

Teve um período que foi muito ruim. Eu e Wagner tínhamos saído de Salvador, o Vitória caiu bastante e a gente não recebia notícias. Para saber o que estava acontecendo com o time, que não chegava ao noticiário nacional, ligávamos pra amigos, perguntando pra Sérgio. E a gente teve a oportunidade de retornar à nossa terra numa época em que o Vitória estava numa campanha maravilhosa. Isso foi um dos motivos que deixou o filme mais especial, pela oportunidade de acompanhar aquele momento mais de perto.

Por isso, Vitória pra mim significa história, raízes, afetividade. Torcer pelo Vitória me traz de volta à minha origem, à família que vem desde a minha bisavó, as lembranças boas de infância no Garcia, a aproximação com meu pai e a proximidade mesmo à distância... Vitória, pra mim, é sinônimo de amor.

RUBENS BEIRAMAR

Rubens Silva nasceu em Aurelino Leal (BA) em 26/11/1982. Ingressou na Torcida Uniformizada Os Imbatíveis (TUI) pouco depois da fundação em 1997. Ficou conhecido como puxador da torcida e integrou o Grupo de Ação Social. Posteriormente, se afastou da TUI.

Entrevista realizada em fevereiro de 2018.

Como você se tornou torcedor do Vitória?
Meu pai é torcedor do Vitória mesmo, velho. Eu digo "mesmo" porque gosta daquela onda, me ensinou a torcer dessa forma, não espera muitas coisas do clube. Viveu o clube. Meu pai é médico, foi para o interior, foi prefeito da cidade onde nasci, Aurelino Leal (BA). Ele gostava de futebol. Tinha um time, como todo interior tem, com o uniforme do Vitória, da mesma forma que as bandas que tocavam lá eram bandas afro. Meu pai levava o Ilê pra tocar lá, o Olodum. Acho isso muito legal, porque vejo que é um pouco de mim curtir o movimento afro e torcer pelo Vitória. Começou com aquele lance de pai levar o filho para o estádio. A gente foi crescendo vendo aquilo, 90, 91, 92, 93, viajamos para o Paraná. Meu pai me ensinou a viver o Vitória.

Como você entrou na torcida Os Imbatíveis?
Meu pai não queria que a gente fosse de torcida organizada, mas do lugar que ele ficava a gente via a concentração da Leões da Fiel. Via pegando os instrumentos, preparando a festa, as bandeiras... A Leões vinha com as bandeiras lá de cima: "Só dá Leões! (tundumdum) Só dá Leões! (tundumdum) Só dá Leõõõões da Fiel...". Aquilo enchia os meus olhos e os do meu irmão. E ali você constrói os seus heróis, os personagens. Tinha uns caras na Leões da Fiel incríveis. Ovelha puxava a Mancha e depois puxava a Leões da Fiel. Ovelha era uma emoção diferente. A gente foi crescendo vendo a Leões, até chegar numa certa idade que você já quer segurar a bandeira, ajudar a carregar, participar, quer comprar uma

camisa. Então a gente foi pra Leões da Fiel. Um bendito dia, uma torcida ficava na nossa frente sem parar de pular e cantar, num tamanho menor, mas o jogo todo. Meu irmão foi primeiro, colou na TUI e falou: "Lá é massa, olha as músicas dos caras". Ele aprendeu e ficava cantando dentro de casa. Falei: "Pô, essa é a torcida que o Vitória realmente precisava, pra frente mesmo". A gente começou a colar na TUI e eu vi um cara, João Paulo, que subia no ombro da galera puxando as músicas do Vitória. Então a TUI acelerou um processo que eu e meu irmão já tínhamos, fez a gente se apaixonar mais pelo Vitória. A TUI fez isso com muita gente da nossa geração.

Em que ano você entrou?
Uns dois anos depois da TUI ir pra arquibancada. A gente canta "Desde 97...", foi a fundação, mas ir pra arquibancada, acho que foi em 98[1]. A fundação da TUI veio muito de Mussurunga, da Jovem, eu não peguei. Meu ano acho que foi 2000, 2001.

Como você se tornou puxador da TUI?
Chapolin, que era o puxador, dizia: "Rapaz, eu quero esse menino aqui comigo". Aí comecei a puxar com ele, fui para o segundo tempo. Ele abria o jogo com aquela energia incrível. Ele é outra referência pra todo mundo. Às vezes, o Vitória chegava no segundo tempo tomando 1x0, mas tinha aquela onda de virar o jogo. A gente pegou vários segundos tempos em que viramos, e isso era muito bom pra TUI, porque a TUI fazia a diferença. A gente estava ali naquela hora, no tonel.

Qual era a estratégia para animar a torcida?
Tinha sempre aquelas pessoas que cantavam mais, o que é normal. Até na diretoria tinha uns caras que eram peças-chaves. Era como se acionasse as pessoas. "Se aquele ali cantar, ele vai contagiar uns dez do lado dele". Porque tinham vários "puxadores" na arquibancada. A música na hora certa conta muito. Você cria uma música como "dá-lhe, dá-lhe, dá-lhe, meu Leão" quando o time estava em cima, com escanteio pra gente. E aí o estádio levanta. Não adianta você xingar, o cara não está cantando porque está desanimado. Ele precisa de ânimo. Eu só vou conseguir isso brincando. Tinham dois irmãos, gêmeos, que ficavam na minha frente. Aquele sol, o Vitória jogando mal, e a gente precisando daquele jogo. "Ô, Cosme

---

[1] 15/02/1998 - Baiano: Bahia 0x1 Vitória. Gol: Agnaldo.

e Damião, me ajude, Cosme e Damião!". Todo mundo começou a rir. Chapolin também fazia muito isso. A gente brincava um pouquinho, a galera relaxava, a gente já vinha com a música. "É na mão e na palma! A garganta tem que sangrar mesmo". Botando pilha com sentimento, porque se não tiver a verdade com o sentimento, a galera não vai. Eu não podia esperar que viesse essa vibração da arquibancada pra mim, era de mim para a arquibancada. Então, às vezes eu ficava parte do primeiro tempo em um lugar meio quieto. Pode parecer até coisa de maluco, mas era uma preparação, que eu sei que Chapolin também tinha e os puxadores das torcidas têm. A Jovem tinha Metal, outra referência também.

Lembra de um jogo que você sentiu que a energia da torcida fez a diferença?
Teve um BaVi em Feira de Santana, acho que a Fonte Nova estava em construção e Pituaçu entrou em reforma. A gente começou a cantar o nome dos jogadores no intervalo. Voltando, no buzu, falaram: "Pô, velho, foi a torcida". Teve também os comentários de Marcos, goleiro do Palmeiras, que foi histórico: "Vá jogar com o Vitória no Barradão pra você ver...". Isso é bonito, velho. A torcida do Vitória é muito linda, mano. A torcida organizada tem que ser a esperança do torcedor. Por isso, às vezes a torcida cobra de um jeito, exige mais. Quando o time está perdendo, a gente não pode falar "ah, mas o estádio não cantou". Dane-se. A missão é nossa de não parar. Eu dizia: "Torcida canta, Vitória ganha". Lembro de um BaVi, em que a gente tomou o 2x0, e os caras cantando no intervalo "eu acredito!". Eu subi no intervalo, a gente começou a cantar. E aí, meu irmão... Não estou dizendo que sou eu, porque não existe isso, mas tinha a bateria ali com a energia de todo mundo. A torcida tem um poder muito grande.

Como era puxar os arrastões da TUI com tanta gente?
Muito forte. Acho que os arrastões da TUI mais conhecidos eram os que a gente fazia nos clássicos, no Centro da cidade. Saía da Mouraria, passava por aqueles prédios, com aquele eco. Os moradores já ficavam esperando a gente, a própria imprensa. Paravam pra ver. O que a TUI fez dentro do futebol da Bahia foi transformador em todos os sentidos. A forma do torcedor organizado pular e cantar na arquibancada foi a TUI que implantou aqui. As torcidas faziam frevo. A gente botou o funk.

Como era a relação com os jogadores?
Pra mim, como puxador, era foda quando os jogadores vinham e brincavam com

a torcida. Quando tinha reunião com a diretoria do clube antes de BaVi, a gente dizia: "Diga a eles que quando for bater o escanteio, chame a torcida! Quando fizer o gol, chame a torcida. Vai fazer uma entrevista antes do clássico? Diga que a torcida é importante. No outro dia, na entrevista, agradeça à torcida do Vitória e diga que ela deu show. Mesmo que não tenha dado. Acabou o jogo, agradeça à torcida, principalmente nos jogos fora". Quantas vezes já viajei, de estar gritando o nome do cara e o cara não olhar? Você viajou quantas horas de ônibus? Correndo o risco de tomar tiro. Ou até foi de avião e deixou de comprar algo e estar com a família para estar ali. E o cara vira as costas... Então, quando tinha jogador que incentivava a torcida, pra gente era foda. Por exemplo, quando o time estava atacando, era certo Neto Baiano fazer alguma onda. Lembra que falei que na arquibancada tem torcedores que são chaves? Tem também jogadores-chaves, que dentro do campo nos ajudam.

Como foi o trabalho no Grupo de Ação Social d'Os Imbatíveis?
Estudava publicidade e percebi que as ações sociais da torcida não tinham continuidade. Ia lá, por exemplo, e doava sangue. Um dia, a gente foi no Hemoba e trocou ideia. Criamos um grupo que, a cada seis meses, doava, ou seja, surgiu uma continuidade. Depois gerou até uma campanha, em que à medida que os torcedores doassem sangue, o vermelho voltava pra camisa. O Vitória ganhou até um prêmio de marketing.[2] Tinha também o projeto GrafiTUI. A gente botou na comunidade, no campo do Galícia inclusive, para ensinar crianças a desenhar. Íamos duas vezes por semana. Levamos a Band, que fez uma matéria lá. E é bom que divulga o local, né, rei? A ideia era que as crianças pintassem telas e a gente fizesse uma feira dentro do Barradão para que os jogadores pudessem comprar, e esse dinheiro seria revertido para essas crianças e para o projeto. Fica a dica para as torcidas, de criar um relacionamento com a comunidade.

Você acredita que essas ações captam novos torcedores para o Vitória?
Acredito. Acredito que primeiro a busca mesmo é aliviar um pouco a tensão que existe dentro das torcidas organizadas. É o sentimento que vejo não só na TUI, mas em outras. A gente só ia a locais que gostávamos. Já vi vários diretores se emocionarem, do olho brilhar. O legal também é que você faz

---

2 A campanha Meu Sangue é Rubro-Negro, de 2012, rendeu ao Vitória prêmios como do Cannes Lions International Festival of Creativity, na França, o mais importante da publicidade mundial.

o torcedor comum aceitar mais a entidade, participar com os nossos cantos, comprar uma camisa que nos ajuda. Quer ver uma coisa que é massa? Criança! A criança fala: "Pô, essa torcida tá sempre aqui! Vou cantar o hino do Vitória, vou vestir a camisa do Vitória!". Ganha um brinde quem é do Vitória. Você acaba puxando torcedor. Fora aquele que é meio dividido e fala: "Pô, esse clube sempre tem esse diálogo". Eu acho que as ações sociais não cabem só às organizadas, os clubes deveriam abraçar mais as comunidades. Fazendo isso, o clube atrai mais torcedores.

O gueto representado por comandos da torcida é um elo da periferia com o clube.
É uma forma para o torcedor que não tem oportunidade. Apesar do futebol ser do povo, os estádios, devido ao custo, acabam eliminando uma galera sem condições de ir. "Ah, tem vezes que o ingresso é 10, 15 conto". O cara tem que pegar o transporte, tem alimentação, tem hidratação. Às vezes, o cara tem um filho em casa e não dá. Ir ao estádio, que é o que o povão gosta, às vezes não dá. Através das torcidas organizadas, eles conseguem. As torcidas botam ingressos mais baratos, há as que fazem trabalho social e dão os ingressos. É uma forma de aproximar o clube dos bairros. Cada torcida movimenta o seu bairro. E quando movimenta o bairro, não é só a torcida que ela está movimentando, é o clube! O clube tem que entender que nesses bairros existem braços, por exemplo, para divulgar o programa de sócios.

Por que você decidiu se afastar da TUI?
Foram várias situações. Hoje, se eu for cantar no meu terreiro, por exemplo, eu fico rouco. A minha voz já está comprometida. Quem acompanhava mesmo sabia que com 30 minutos de jogo, se fosse um jogo que me exigisse muito, não era fácil... Tem que incentivar e tem que cantar junto, senão não faz sentido. Eu pulava e cantava. E depois eu comecei a usar o apito, porque foi uma forma estratégica. Pra eu não ter que cantar, eu apitava. A galera já sabia. Mas são ciclos. Meu ciclo na TUI foi até ali. Por isso eu digo que cada "caverna" tem a sua história. Além disso, quando meu filho Cauê nasceu, eu não conseguia viajar e saber que meu filho de meses estava em casa.

Quem foi Chapolin?
Eu vou falar uma coisa que eu escuto da rua até hoje. Eu estava na saída do Ilê, no carnaval. Um cara que não conheço bateu no meu ombro, mostrou a fantasia do

Ilê, com o símbolo do Vitória, o Caverna[3] e o nome Chapolin. Chapolin cativou uma geração que fomos nós na década de 90, uma torcida alegre e contagiante. Ele conseguia falar com todo mundo do Barradão, até com o cara que estava vendendo do lado de fora, do ônibus... Chapolin merece o máximo respeito. A gente entregava o jogo para o outro no olhar. A galera pensava: "Que maluquice é essa?". Chapolin olhava pra mim e dizia tudo: "Meu irmão, é agora, vamos!". Tinha jogo que quando eu via, Chapolin estava no meio da torcida, pulando, cantando. Então, se falar de arquibancada, tem que falar dele.

Como você recebeu a notícia da morte de Chapolin?
É um vazio que dá... A gente tinha várias lembranças dele. Fui ao velório, estava há muito tempo sem vê-lo, quase dois anos sem ir pra torcida. Botei a camisa da bateria que a gente tinha, que eu puxava, com o chapéu pescador que eu gostava de usar. A TUI fez uma homenagem linda pra ele. Foi muito forte, velho. E depois disso, o mundo de arquibancada pra mim foi como se tivesse perdido o sentido pela violência. Você sabe que toda a torcida organizada tem seu ícone, seu símbolo. Chapolin não era um símbolo de violência. Chapolin era símbolo de festa! Como é que você vai matar uma pessoa que é símbolo de festa? Foi uma coisa covarde. Não faz sentido.[4]

Como você vê a questão da violência nas torcidas organizadas?
Tudo que for produzido na nossa sociedade é violento: carnaval, nossa polícia, nossas escolas. Agora, dentro da torcida organizada, claro que a gente tem que fazer de tudo para controlar aquilo e não acelerar, nem incentivar. A gente sabe que existe a violência, as tretas, a "pista". O triste é que nesse episódio envolveu mortes. Aí eu acho que diretor nenhum pode aceitar morte, quem é de torcida organizada de verdade não gosta de violência. O cara não quer brigar e chegar em casa com a cara pocada. Ele quer entrar no ônibus, curtir com a galera do bairro dele, azarar uma gatinha, tomar um goró, ficar doidão, cantar a música do clube e voltar. Pode trocar uns "soquinhos" ali, mas ninguém quer perder um amigo com um tiro. Mortes com torcida organizada não combinam! É horrível enterrar uma pessoa com quem você passou dez anos, com quem cantou o jogo

---

3 Personagem de desenho animado, o Capitão Caverna virou mascote e referência d'Os Imbatíveis.
4 Lucas dos Santos Lima, o Chapolin, foi assassinado a tiros em 25/04/2014. Uma das motivações foi a rivalidade entre TUI e Bamor, torcida organizada do Bahia.

todo. Aí você acorda no outro dia, feliz que seu time ganhou, e sabe que "fulano morreu". Como assim, *brother*? Por causa do futebol, velho! A violência é chata, é feia, tem que ser combatida. Não só nas organizadas, mas em tudo.

Você sempre foi um estudioso da história do clube, não é?
Sim, tem que conhecer para preservar a história do clube. Um cara que conhece a história do Vitória ama. Por que é "Leão da Barra"? Porque os caras saíam do Porto da Barra até Itapagipe, no remo, numa velocidade rápida, falaram: "Pô, o Leão da Barra!". O Vitória tem uma história viva e tem de ser contada. É que nem a história do povo preto, uma história bonita, mas deixam as pessoas contarem a nossa história por nós. Quando começou, com os irmãos Artêmio e Arthur Valente, já nasceu de uma resistência. Resistência porque era um clube que luta contra tudo e todos na cidade. A imprensa sempre favorecia o rival. Cada estado tem um clube queridinho, ficam babando ovo, e aqui não somos nós. E isso é bom, velho. Pra ser torcedor do Vitória tem que gostar mesmo. O cara quando me vê com tatuagem do Vitória e o time perdeu, ele vem brincar: "Como é que pode?". Eu digo: "Você não vai entender. Você gosta de ligar a televisão e ver 'piruagem' do seu clube, oba oba, Bell cantando seu hino no carnaval. A gente é clube, é outra onda. Você não vai entender o que é ser Vitória. Se eu contar a história do Vitória, você vai ver. Qual é o esporte que você gosta? Tenho certeza que meu clube foi o precursor do seu esporte". Claro que a gente precisa de títulos, precisa se estruturar. Mas enquanto isso vamos dialogar com a nossa história. O Vitória é resistência pela própria história.

RENATO LAVIGNE

Renato Brito Lavigne nasceu em Salvador em 10/11/1954. Iniciou no rádio em 1969 e ficou conhecido como "Bola de Gude". Em 1987, na Cultura AM, estreou o primeiro programa de rádio voltado para o Vitória: o "Grito Rubro-Negro". Passou ainda pelas rádios Excelsior, Bandeirantes, Metrópole, Cristal e Tudo. Chama e é chamado pelo torcedor de brother.

Entrevista realizada em novembro de 2018.

Qual foi a primeira vez que você trabalhou com o Vitória no rádio?
Em 1969, eu dava pela primeira vez uma palavra no microfone de rádio, na Cultura, com França Teixeira. Foi um sonho de criança, né? Quando eu saía do colégio, passava na quadra do Exército no Forte de São Pedro, onde treinava o Vitória, com o coronel Alfredo da Mota. Eu era frequentador assíduo, às vezes até filava aula para ver os jogadores do Vitória: Kléber Carioca, Detinho, Romenil, Edmundo e por aí vai. Comecei ali a me aproximar. Quando eu entrei no rádio, fui o primeiro repórter mirim na Bahia, divulgando as notícias do dente-de-leite[1]. Falava de todos os clubes: Vitória, Ypiranga, Palestra, Redenção, Galícia e também do maior rival do Vitória. Viajei muito com todas as delegações pelo interior do estado. Participei da cobertura do primeiro Campeonato Brasileiro Dente-de-Leite, que contou com Vitória, Flamengo, Santos e Bahia. Fazia boletim para no dia seguinte divulgar na resenha. Tudo na base do amor, da contribuição. E era feita aquela tradicional vaquinha, para comprar material esportivo, pagar alimentação, transporte. E nessa aí o Vitória foi campeão no extinto Campo da Graça em cima do Santos, que tinha como treinador Pepe, o "Canhão da Vila Belmiro". O time tinha, inclusive, Zé Júlio no Vitória.

---

1 Denominação da categoria para jogadores de 10 a 11 anos de idade.

Você já estava próximo ao clube, dos jogadores?
Em 70, quando eu estava com França Teixeira na Rádio Cultura da Bahia, eu vi muitos jogadores. O jogador, naquela época, fazia questão de ir nas resenhas esportivas. E França Teixeira dominava a Bahia esportiva. Ao meio-dia, só dava França Teixeira. Ali eu vi Mário Sérgio muitas vezes ganhando prêmio, vi Osni, André Catimba. Eu acompanhava, mas não tinha a aproximação do dia-a-dia, porque não fazia a cobertura do profissional.

Qual era a estrutura do clube na década de 1970?
A estrutura do Vitória começou com a doação de um grande rubro-negro, abnegado, que o torcedor não pode esquecer nunca: Benedito Dourado da Luz. Hoje, se existe a Toca do Leão, o Barradão, primeiramente deve-se a ele. Onde é o Perônio, onde era a concentração dos profissionais e hoje é a base, aquele primeiro complexo ali foi doado por Benedito Dourado da Luz. Depois começou a implantar o estádio, na gestão de Zé Rocha. O Vitória treinou em vários campos, no da Vila Militar, no Bonfim; no campo do Exército, na Pituba; em Candeias. O Vitória treinou no Sesc, que tinha um grande abnegado: Manoel Ildefonso Lima, Manelito Lima, que também trabalhou muito pelo Vitória.

Você acompanhou aquele time histórico que ganhou o Campeonato Baiano de 1972?
Acompanhei tudo. Quando eu saí da fase do dente-de-leite, já entrando na fase da "aborrecência", eu era foca[2], levava jogador pra torcida. Naquele ano de 72, eu estava no estádio, já fazia parte da imprensa. Vi aquele time fantástico, de Aguinaldo, Luís Carlos Mota, Leléu, Válter e França, Luciano e Gibira, Osni, Almiro, André e Mário Sergio. É de arrepiar *(se emociona)*.

A lembrança daquele time ainda te emociona...
Muito! Tem um jogador, Osni, por quem eu tinha muito respeito quando vestiu a camisa do Vitória, mas depois ele passou, em suas declarações, a não reconhecer o Vitória. Fiquei chateado com a direção do clube recentemente, fiz uma crítica por prestarem homenagem a ele. Osni não é merecedor de homenagem do Vitória. Jogador não pode ter mágoa da torcida. Ele pode ter mágoa do dirigente, não pode ter mágoa da instituição. Quem abriu as portas pra Osni foi o

---

2 No jargão jornalístico, foca é o iniciante.

Vitória, com Jajá da Barra Mansa![3] Foi Jajá que montou esse time campeão baiano de 72. Osni despontou ali! Claro que também ele fez por merecer. Agora, jamais poderia esconder o que o Vitória fez por ele. Essa é minha mágoa em relação ao jogador Osni.

Como começou a cobrir o Vitória na década de 1980?
Para chegar à Toca do Leão era uma dificuldade. Tinha que andar muito. Em 83 pra 84, eu tinha uma moto que facilitava minha ida pra lá. Mas era trabalhoso. Dia de chuva então, era um problema, porque tinha que passar praticamente por dentro do lixão. Era só uma via pra chegar até o portão onde tem hoje a concentração Vidigal Guimarães. Era uma pista bem estreita, onde circulavam os caminhões da Limpurb pra depositar o lixo no aterro sanitário lá na frente, onde é hoje o Barradão. Naquela época, já tinha o projeto do Estádio Manoel Barradas, com Lev Smarcevscki. E ali vi jogador de futebol, tipo Ricky, Edilson "Mulambo", Bigu, dentre outros, pegar hepatite. Eu, graças a Deus, não peguei. Eu ia pro Vitória todos os dias e trazia minha reportagem com um jogador na resenha da Bandeirantes FM. Acho que o médico do Vitória na época era Dr. Moisés Wolfovitch. Eu sei que o Vitória levou alguns jogadores pra um infectologista.

Como surgiu a ideia de criar um programa de rádio exclusivo sobre o Vitória?
Já tinha em Salvador um programa do Bahia, com Oldemar Seixas. Um certo dia, eu entro na Rádio Cultura – tinha saído da Bandeirantes –, José Ataíde me chamou e falou assim:
– *Brother*, você tem uma boa relação com a torcida do Vitória. Você tem uma gama de clientes. Aqui tem um programa do Bahia, por que você não tenta botar um do Vitória?
– Se tiver o espaço, a gente negocia.
Aí eu comecei a fazer os contatos. Encontrei resistência do comércio. Ninguém acreditava no Vitória, não tinha espaço em rádio. Até colega minha de imprensa dizia: "Eu não dou três meses a você". Eu botei o programa no ar graças ao meu amigo e meu compadre Honorato Oliveira, meu primeiro cliente, Comércio e Representações Yolanda. Em 12 de março de 1987, às 18h, foi ao ar pela vez primeira vez na Rádio Cultura o "Grito Rubro-Negro". Depois passou para o meio-dia, horário nobre. Aí fui pra Rádio Excelsior, com Mário Freitas, levei o

---

3 Jair Rosa Pinto foi atleta e jogou a Copa do Mundo de 1950. Foi técnico do Vitória em 1971 e 1972.

programa para domingo, meio-dia. Lutei muito e continuo lutando para manter o programa no ar.

Por que o nome "Grito Rubro-Negro"?
Porque o Vitória não tinha espaço na mídia. Eram dois minutos do Vitória, três do Bahia. Ou quatro do Bahia, um do Vitória. Muitas vezes, era só a informação. Então eu senti a necessidade de fazer com que o Vitória fosse lembrado. Dizer "o Vitória existe, o Vitória é grande". Não tem o Grito do Ipiranga? Eu disse "vou botar o 'Grito Rubro-Negro'".

Quando a torcida abraçou o programa?
A partir do momento que botei o programa no ar e comecei a liberar o telefone. E o meu maior desafio foi quando saí da Excelsior, da equipe de Mário Freitas, isso em 2000. Mário tinha uma equipe fantástica e eu era peça importante. Fui pra Rádio Cristal fazer um programa sábado meio-dia. No dia em que anunciei o programa, falei: "Ligue e participe, o telefone é esse". Acredite, o telefone não parou de tocar. Dali eu senti a força do programa, a força do torcedor que é fiel comigo. Foi dali que eu batizei "tocou, plugou". Eu não falo "alô", o torcedor já está no ar. Rádio pequena na época, chegando no mercado, sem credibilidade, tinha lugar que não pegava, mas, mesmo assim, estourei no horário. O torcedor do Vitória fez com que o programa permanecesse aceso.

O que mais contribuiu para o "Grito Rubro-Negro" ter o reconhecimento do torcedor?
Primeiro, pelo meu sentimento em relação ao Vitória. O Vitória precisava disso aí. Eu fui o primeiro a dizer: "Eu sou vermelho e preto, eu bato no peito, eu sou Vitória!". Quando a gente faz a crítica, o próprio torcedor fica contra. Mas eu já o preparo, sabe por quê? Porque sou torcedor igual a ele. Só que tenho a oportunidade de dizer coisas que ele não tem. Eu sou torcedor de chorar na vitória e na derrota, movido pela emoção.

Nesta trajetória, quais momentos te emocionaram?
Ah, rapaz... Tantas emoções eu vivi. Eu estava fazendo um jogo no Maracanã, Flamengo x Vitória, em 93.[4] Aquele time fantástico do Vitória, pegador. De

---

4 08/12/1993 - Série A: Flamengo 1x1 Vitória. Gol: Roberto Cavalo. O resultado levou o Vitória à final.

repente, Roberto Cavalo... pá! Saco. Ali, compadre... Eu não sabia se descrevia o lance ou se chorava. Eu me lembro que quando acabou o jogo, eu já com o microfone falando com Maneca Tanajura, ele me dava entrevista chorando e abraçado comigo. Pra mim foi uma emoção muito grande. A outra foi em 99. Vasco da Gama x Vitória no Rio de Janeiro. Fábio Costa pegou até pensamento. Goleiro retado. Foi um jogo em que saí do São Januário com a alma lavada. "Meu time vai poder chegar". E não chegou por detalhe. Não chegou porque faltou cumprir o que prometeu ao jogador de futebol.

O que foi prometido?
O bicho.

A queda na semifinal para o Atlético Mineiro teve essa influência?
Também. A delegação do Vitória ia treinar em Niterói, ia ficar no Rio de Janeiro e depois, seguir para Belo Horizonte. Mas não sei que acerto houve, eles voltaram para Salvador. Baiano, que fez o gol lá, chegou aqui carregado pelo torcedor no aeroporto. Festa pra caramba. Muito excesso. Foram para Belo Horizonte sem muito interesse, parece. E aí foi aquela piada. Pra mim, ali o Vitória tinha chance de ser até campeão brasileiro.

Tinha uma pessoa que cuidava muito de você: Irmã Esperança.
Eu ainda não conheço uma freira frequentadora de estádio. E todo jogo do Vitória, ela estava lá. Ela ia realmente com a indumentária de freira. Já tinha o lugar dela reservado. "Ali é da Irmã Esperança", ninguém podia sentar. Ela participava sempre do programa. Me encontrava no estádio e dizia: "Tome aqui um remédio para você, tome aqui uma merendinha pra você", levava um chocolatezinho, uma banana. Isso é gratificante.

Como surgiu o "pega o bife na cozinha"?
Eu estava começando no rádio em 69 e andava muito com Renato Teófilo Bahia, saudoso Gaguinho Focinho de Porco. Gaguinho ia sempre lá em casa. Garoto de 14 anos naquela época não tinha chave de casa. O pai não deixava seu filho sair e voltar 22h. Mas minha mãe deixava eu sair com Gaguinho Focinho de Porco, ganhou confiança da família. E nisso aí, Gaguinho lá na resenha, um dia falou pra França Teixeira: "Mande um abraço pra dona Tidinha, a cozinheira do Vitória". Aí França: "Alô, dona Tidinha!". Do nada, eu falei assim: "Pega o bife na cozinha".

Isso pegou. Dona Tidinha ficava zangada. As festas de largo naquela época eram frequentadas e disputadas. Gaguinho fez a camisa no Rio Vermelho e na Pituba: "Lá vai bala, dona Tidinha". E vendeu pra caramba. No ano seguinte, ele fez a camisa "Devolva as balas, dona Tidinha".

Como você viu a transformação da divisão de base em um dos pilares do crescimento do clube nos anos 1990?
Um grande acerto de Paulo Carneiro. Ele teve a visão de fortalecer a divisão de base. O Vitória não tinha uma base. Só tinha júnior e juvenil. Aí começou a botar as categorias. Com a vinda de Newton Mota, sem dúvida, houve um crescimento grandioso no Vitória. Você está pensando que o Flamengo não respeitava o Vitória? Está pensando que o São Paulo não respeitava o Vitória? A campanha que o Vitória fez na Copa São Paulo, na semifinal, contra o São Paulo... Paulo Isidoro perdeu aquele pênalti. A Rádio Excelsior foi a única emissora a transmitir todos os jogos do Vitória e eu estava lá com Silvio Mendes. Ninguém esperava que o Vitória fosse passar de fase. O que a gente fazia? O Vitória passou de fase, a gente ia na empresa aérea, a Varig, e remarcava. Remarcamos várias vezes. Então, voltando a Paulo Carneiro, ele tem uma parcela muito grande com relação a isso. O Vitória começou a crescer em 92, 93, com a divisão de base. A primeira excursão, na Alemanha, ninguém esperava que o Vitória fizesse uma campanha daquelas: campeão na Alemanha e na Holanda. O Vitória ficou conhecido na Europa com a divisão de base.

Dessa geração, quem você destaca na primeira vez que falou ao "Grito Rubro-Negro"?
Dida praticamente não falava nada. Vou contar um que tremeu mais do que vara verde. Jogava uma bola redondinha, mas tremia. Elvis, aquele meia. Levei Elvis ao vivo na Rádio Excelsior. Elvis não conseguiu, de início, abrir a boca pra dar boa tarde. O menino ficou nervoso de uma maneira que chegou a ser gozação. Eu deixei pra entrevistá-lo por último. Entrevistei Dida, Flávio Tanajura era bom falante, Rodrigo, Júnior Nagata, que começou no Vitória como ponta-esquerda, estourou a hérnia, fez uma cirurgia e passou a ser lateral-esquerdo. Lembro um jogador que apareceu no Vitória, mas depois se descobriu que era "gato", do Pará, chamado Cara de Cobra. Menino pequenininho, jogava uma bola retada, mas era "gato". Assim que descobriu, o Vitória o dispensou. "Vou botar o pai ou a mãe dele *(no ar)*". Aí levei Cara de Cobra. A mãe de Cara de Cobra chorou de um lado,

Cara de Cobra chorou do outro. Foi uma choradeira tremenda. O menino sentia saudades da família. Naquele momento, eu procurei fazer com que ele sentisse a família mais perto. Eu também ganhava, né? Em audiência. Isso era comentado no dia seguinte ou até no mesmo dia.

Como foi a experiência na Dallas Cup de 1996, em que o Vitória foi campeão?
Me chamou a atenção o goleiro do Ajax, que chegou à Seleção Holandesa: Van der Sar. Essa competição só tinha craque. Do próprio Vitória, alguns jogadores chegaram até a Seleção Brasileira. Lembro do Vitória sendo campeão em cima do São Paulo e Evando, artilheiro. Tinha Kléber, fantástico jogador de bola. Arivélton, outro belo jogador. João Paulo era o capitão, volante moderno e líder. Fábio Costa, pra mim, foi um dos grandes goleiros do Vitória, tanto no profissional quanto nas divisões de base. Fábio Costa provocava, né? Tipo "bata no canto, que eu vou buscar, seu filho da...". E era corajoso, raçudo. E quando batia forte, aí é que ele ia mesmo. Certa vez prometeram a Fábio Costa que se o Vitória passasse de uma fase dariam um presente a ele. "Eu quero um *discman*". Era moda na época. Quando acabou o jogo, ele já estava no jantar cobrando Mota. Nós transmitimos a final, Vitória x São Paulo, sabe como? Pelo telefone público. Mário fala inglês fluentemente. Tinha uma fila tremenda e só um telefone no estádio. Os americanos querendo usar o telefone e Mário explicando que era jornada internacional. Eu ia lá e voltava. Não ia no campo, não. Ficava na arquibancada: "Gol do Vitória, Mário!". Era assim. Tenho que dar essa pausa e prestar minha homenagem a Mário Freitas. Mário tem uma parcela muito grande na divulgação do Vitória.

Como foi a história de que David Luiz quase foi dispensado pelo Vitória?
Aquele rebu todo. Aí Sinval Vieira disse: "Não, ele vai pra competição comigo". Ele foi pra essa competição, arrebentou e ficou no Vitória. Os olheiros do clube na época muitas vezes não tinham paciência de ver o jogador. Você já vê a mobilidade do atacante num lance, mas um volante, um zagueiro, você não pode avaliar no primeiro teste. Foi o que aconteceu com David Luiz.

Você acompanhou a excursão à Espanha em 1997?
Sim. Pela Rádio Excelsior, eu, Mário Freitas e Fernando Cabus. Transmitimos jogos do Vitória. Bebeto foi com a delegação, mas não jogou, estava contundido. Foi uma atração na Espanha. Chegou no aeroporto em Madri, começou a festa, todo mundo em cima de Bebeto. Alfândega, Polícia Federal, todo mundo pedindo autógrafo.

Como foi para você ver um ídolo do tamanho de Bebeto chegar ao Vitória?
Inicialmente, não acreditei. Bebeto bem pra caramba na Espanha, ídolo do La Coruña. Perdeu um campeonato porque não quis bater o pênalti. Me parece que ele deixou pro artilheiro. Eu não sei se ele ficou com medo ou quis ser humilde e dar pro artilheiro da competição. Eu nunca vi tanta gente no aeroporto de Salvador. Você não conseguia andar do aeroporto a São Cristóvão. Engarrafamento, gente a pé, gritando, atrás do Corpo de Bombeiros, e Bebeto em cima. Uma coisa bonita. Aquele foi o maior tento de Paulo Carneiro. Depois teve que sair pra ir pra seleção. Tem torcedor que diz "Bebeto chorão". Eu fico chateado, acho que tem que ter respeito. Quem chora é por sentimento. Bebeto tem sentimento.

Como é a história de que Edílson Capetinha foi dispensado sem nem ser avaliado?
Edílson jogava num time amador chamado Aconfip, de André Campos. E tinha o campeonato dos comerciários, um campeonato disputado. Tinha o Guarani, rival da Aconfip, que armava bons times e gratificava. Uéslei jogou no Guarani, na Aconfip, pra você ver o nível. André Campos, torcedor do Vitória ferrenho, falou: "Vou levar você no Vitória". Chegou lá, Joel Zanata pergunta a ele:
– Sim, André, ele joga de quê?
– Ele é meia.
– Ô, André, na posição dele eu tenho muitos.
Aí Edílson foi para um time do Espírito Santo. De lá, foi para o interior de São Paulo e estourou no Palmeiras.

Como era a relação com Joel Santana?
Papai Joel. Era papo aberto, não tinha frescura. Acabava o treino, conversava com os profissionais, dava a entrevista que tivesse que dar. Tirava dúvida com relação ao time, conversava sobre um jogador ou outro. Fazia questão, pelo menos uma vez no mês, de reunir os setoristas do clube pra tomar uma cerveja. Ele gostava de um uisquezinho, né? Joel não fazia isso somente aqui. No Brasil inteiro, por onde passou. Não comprou a imprensa, ele cativou a imprensa. É bem diferente.

Qual a lembrança de Arturzinho?
Rei Artur! Eu lembro da chegada de Arturzinho. O Vitória tinha jogado, se não me engano, com o Americano (RJ), em Campos. De lá, seguiu pra Aracaju. Foi aí que recebi a notícia de que Arturzinho estava chegando para o Vitória. Grande jogador! Craque de bola. Me aponte um jogador, um número 8, no futebol da

Bahia com a qualidade de Arturzinho. Não tem. Ave Maria, me dá saudade de Arturzinho com a camisa do Vitória! E como treinador eu também gostava. Jogava pra frente, não era um técnico medroso. O mau de Arturzinho é que ele não tem papas na língua. 2Essas pessoas, às vezes, não se dão bem na vida por isso. Eu me lembro que teve uma decisão do Campeonato Baiano, ele era o técnico e Paulo Carneiro, o presidente. Na preleção, ele falando como jogava o adversário, aí virou o presidente do Vitória e falou assim:
– E quem vai marcar fulano de tal?
– Se preocupe primeiro em pagar meus jogadores.
Aí o clima não ficou legal.

Quais técnicos mais te marcaram?
Toninho Cerezo, bom papo, não escondia o jogo pra imprensa, tratável com os jornalistas. Fazia mais ou menos o trabalho que Joel com os setoristas. Nas viagens, ia nos apartamentos da gente conversar. O "Titio" Fantoni, aquela figuraça, figura humana sensacional. E Evaristo de Macedo. Nunca tive nenhum problema com Evaristo. Sabe por quê? Eu nunca fiz pergunta idiota a ele. Detestava quando faziam pergunta idiota.
– Professor, como é que vem o Vitória hoje, vem pra ganhar?
– Não, meu filho, vem pra perder.

De quando você iniciou até hoje, o que mudou no Vitória em relação à imprensa?
Eu posso dizer que em 69, 70, o Vitória tinha bom relacionamento com a imprensa com Benedito Luz, a imprensa gostava dele. O saudoso presidente Raimundo Rocha Pires, Pirinho, não pode ser esquecido nunca pelo torcedor do Vitória. Faço questão de citar um episódio que me marcou muito. Ele dizia: "Meu sonho é ver esse estádio da Fonte Nova todo vermelho e preto". Outra coisa que me chamava a atenção nele: saía do vestiário, do túnel, dava a volta olímpica na Fonte Nova, pela pista, com aquele lenço vermelho e preto, pra torcida. Emocionante, *brother*.

Um BaVi inesquecível?
Com gol de Arturzinho de cabeça.[5] E negativamente, só por um fato, foi em 94.

---
5 11/09/1992 - Baiano: Vitória 1x0 Bahia. Gol: Arturzinho.

Vitória com um timaço, campeão baiano praticamente. Aquele gol estranho, que ninguém entende até hoje, de Raudinei. Fui o último a sair da Fonte Nova, totalmente cabisbaixo. Quando cheguei em casa, fui recebido por minha filha, ainda criança. Ela chegou pra mim e falou assim:
– Meu pai, o Vitória perdeu, não foi?
– Foi...
– Amanhã ele ganha!
(Se emociona)
Pra ela, tinha amanhã. Só que esse amanhã não tinha. O Vitória perdeu o campeonato ali. Pra mim, menos pela tristeza do Vitória ter perdido o campeonato e mais pela emoção com que minha filha me confortou na porta de casa.

Jogo inesquecível?
Vitória x Corinthians.[6] Alex Alves matou a pau. Foi o jogo! Já vi inúmeros, mas esse aí não posso esquecer. O começo daquela trajetória, aquela juventude cara pintada, com força, com garra e com amor à camisa. Eu estava atrás do gol. Ele saiu arrancando praticamente da defesa, pelo meio. Como não se lembrar daquele gol? O Brasil inteiro reverenciou Alex Alves naquele dia.

Uma vida dedicada diariamente ao Vitória. Esse amor é comparável a quê?
À minha família. À minha filha. Rapaz, é inexplicável esse amor pelo Vitória. E quanto mais você sofre, mais você gosta *(se emociona)*. Estou abrindo meu coração.

---

6 24/11/1993 - Série A: Vitória 2x1 Corinthians. Gols: Claudinho e Alex Alves.

TUCA

Edmilton Pedreira da Silva nasceu em Salvador em 04/10/1965. Chegou a jogar na base do Galícia e, após perder a visão, descobriu que poderia voltar ao esporte como massagista. Desde 1987, trabalha no seu clube do coração, o Vitória, onde é um dos funcionários mais queridos.

Entrevista realizada em janeiro de 2017.

Como surgiu seu amor pelo Vitória?
Primeiro, eu tenho que gradecer a Deus por tudo. Quando era menino, como me criei em Cosme de Farias, um bairro bem próximo da Fonte Nova, via aquele povo indo para o estádio. Passei a amar o Vitória por minha mãe ser rubro-negra, o meu pai ser ypiranguense, e vendo meu tio Luís, meu irmão Edilton e outros primos bem mais velhos do que eu também torcer pelo Vitória. Tenho amor pelo Vitória desde que me entendo por gente. Vi o time perder muito. Quando empatava, ficávamos bastante alegres. Diferente de hoje, eu já trabalhando no Vitória, quando empata um clássico contra o Bahia fico triste. Hoje, o meu prazer é ganhar do Bahia. O Bahia virou uma caixa de pancada do Vitória. Mudou a história.

Você tem um BaVi inesquecível dessa época?
Quando o Vitória venceu por 2x0 na Fonte Nova, com dois gols de Jorge Luís, ponta-esquerda.[1] Eu enxergava na época. Batalhava pra conseguir meu ingresso, tomava na mão de meu tio ou fazia alguma correria perto de casa mesmo, ganhava o dinheiro e ia para a Fonte Nova. Quando não conseguia o dinheiro, assim mesmo eu ia ver o Vitória jogar. Quando não conseguia passar por baixo do torniquete, eu esperava o xaréu para assistir aqueles últimos 15 minutos do Vitória jogando.

---

1 10/08/1980 - Baiano: Vitória 2x0 Bahia. Gols: Jorge Luís (2).

Antes de perder a visão, você jogou futebol no Galícia. Sonhava jogar no Vitória?
Eu ir pro Galícia foi uma coincidência. Nós disputávamos um campeonato pela Bonocô e, por incrível que pareça, o time que eu jogava se chamava Vitorinha. O dono gostava do Vitória e uma boa parte dos meninos torcia para o Vitória. E fomos tricampeões com o Vitorinha. Como tinham muitos bons de bola, pegaram os melhores, sem fazer teste, e levaram para o Galícia. Inclusive Dito Lopes, que é repórter, comentarista. Depois ele apareceu na base do Vitória. Eu já não tive essa felicidade de ir para o Vitória, porque quando estava para completar 16 anos, ainda na base do Galícia, tive um deslocamento de retina e daí veio a cegueira.

Como aconteceu o deslocamento de retina?
A única lembrança é de quando cabeceei uma bola, senti muita dor de cabeça. Foi num fim de semana. Na semana seguinte, logo no início, eu senti minha visão um pouco turva. Fui ao médico, ele olhou e disse que era cansaço de visão. Se eu fosse operado rapidamente, eu manteria minha visão, mas não poderia mais jogar futebol. Como tudo na vida tem um propósito, Deus não faz nada errado, veio a infelicidade ou a felicidade do médico não descobrir. Então veio a cegueira e provavelmente isso despertou no meu coração a vontade de atuar no futebol. Aí veio a profissão da massoterapia, em que não precisamos da visão, mas do tato.

Você fez o curso assim que perdeu a visão?
Quando perdi a visão, fui para a oficina pedagógica no Instituto de Cegos da Bahia, no Barbalho. Passei um ano para me readaptar, aprender a andar de bengala, com braile e AVD *(Atividade da Vida Diária)*. Em 86, a Associação Baiana de Cegos promoveu um curso. O melhor dos seis, todos com deficiência visual, iria trabalhar no Instituto Bahiano de Reabilitação. Como desejava muito a profissão, eu me apliquei. Quando a gente perde a visão, a gente fica muito amigo do rádio. Às vezes, a televisão passa a cena muda e o cego fica perdido *(risos)*. Já no rádio, não pode parar de falar, senão a gente pensa que está fora do ar. Eu acompanhava o Vitória pelo rádio e sonhava em voltar ao futebol, sonhava em ser útil ao esporte, minha paixão. Aí eu ouvi o locutor dizendo que o jogador tinha caído e estava entrando o massagista Gaguinho Focinho de Porco. E uma "luzinha" veio na minha mente dizendo: "Vou ser massagista". Logo veio uma voz: "Como, se você não vai ver onde o jogador cai?". Logo veio aquela "luzinha" de novo: "Mas você domina o espaço, você pode trabalhar no treino, você pode trabalhar nos jogos dentro do vestiário". Então disse: "Vou para esse curso". Me apliquei, fui o melhor

e me deram a vaga no IBR. Falei que não queria o IBR porque eu ia trabalhar no futebol. Em janeiro de 87, fui trabalhar com Dr. Josias Ribeiro no Instituto Bahiano de Medicina Desportiva. Fui para o Vitória em agosto de 87, porque Dr. Josias tinha conversado com Dr. Silvoney Salles, médico do Vitória. Ele me levou e comecei a minha carreira no clube como massagista. Depois, Ademar Pinheiro Lemos Júnior assumiu e mandou assinar minha carteira.

Lembra da chegada ao Vitória, a realização do sonho, as primeiras massagens?
Foram em Fernando, um zagueiro, em Julinho, que fez o nome no Peru, em Lula Mamão, um meia direita, e em Rosinaldo, atacante que também fez o nome no Peru. Já eram profissionais, mas vieram da base do Vitória. O Vitória sempre foi especialista em revelar na base. Quando eu cheguei, já encontrei Edu Lima, Edvaldo PT, Bigu. Bigu era um negão muito guerreiro, ídolo. Fora de campo também era querido, sabia respeitar a torcida. Poucos jogadores foram iguais a Bigu. Vestia a camisa parecendo até que foi formado no clube. Meu primeiro título foi em 89, sensação gostosa de ganhar trabalhando no clube. Em 90 fui bicampeão.

Como era seu trabalho no vestiário?
A massagem é tato e o nosso corpo transmite energia. Se a gente tiver o astral para cima, coração em paz, dá para levar o pessoal a um astral igual ao nosso, você conquista aquela pessoa, ela passa a ser sua amiga; tem o domínio sobre a pessoa e ela começa a escutar. E quando você mostra que aquela pessoa é vencedora, que Deus está dando uma oportunidade a ela, começa a trazer lembranças boas da consciência dela. Alex Alves a gente chamava de Zangão. "Alex, você é um guerreiro, você não está pensando em virar cimento com seu pai não, né?". O pai dele era pedreiro. Eu lembrava a ele que, quando pequeno, ele ganhou uma vez uma camisa muito bonita da Adidas, branca, com os punhos vermelhos e o emblema preto. Eu falei: "Alex, me dê essa camisa aí e eu vou arranjar uma do Vitória pra você". Ele tinha Hugo, meia esquerda, como ídolo. Não demorou muito, Alex subiu para o profissional e veio me cobrar:
– Cadê minha camisa?
– Quem tem que me dar camisa agora é você *(risos)*.
Aí quando ele estava jogando em 93, eu lembrava a ele na massagem:
– E a Adidas?
– Quero conversar com você não, você levou minha camisa.
Ele ria. Eu dizia: "Correria pra cima deles, Zangão". Uma queixa seríssima que

eu tenho hoje é em relação ao que chamo de "geração cabeça baixa". O cara senta na maca para tomar a massagem e não tem diálogo, fica com o celular no WhatsApp. O homem não se comunica mais. E já dizia Abelardo Barbosa: "Quem não se comunica se trumbica".

O que lembra da volta de Bebeto ao Vitória em 1997?
Uma pessoa show de bola. Quando ele jogou na base tinha um atleta com ele chamado de Come Grama. Se não me falha a memória, o nome era Carlos Alberto. Come Grama ficou maluco. Quando Bebeto voltou ao Vitória em 97, Come Grama tinha acesso a toda Toca do Leão, mas já estava maluco. O que me deixava encantado era Bebeto chegar com a esposa e falar: "Come Grama, vai lá no carro com Denise, que ela vai resolver uma coisa", e ele ia com ela. Bebeto dava importância a Come Grama. Uma pessoa que chegou ao estrelato como chegou, retornou com a fama mundial, ele deu a importância a um ex-colega da base. Isso mostra o carinho e a simplicidade do homem Bebeto. Ele sempre brincava assim comigo: "Tuquinha, eu já rodei em todos os clubes grandes, já rodei na Espanha, mas massagista igual a você não tem. Você é diferenciado". E não só ele. Petkovic, Mazinho do Tetra, Aristizábal também falavam isso.

Teve jogador que dedicou gol a você?
Já. Teve algo interessante com Willians Santana em 2008. A gente chamava ele de "Zói". A torcida pegava muito no pé. Eu sentia que Mancini ia botar ele num jogo no Barradão. Os caras da rádio não gostavam e a diretoria já estava com receio de Willians não corresponder. Quando estava próximo da bola rolar, coloquei a mão nos ombros dele e falei assim: "Tem muita gente que não quer você escalado. Você sabe por que está sendo escalado? Primeiro, porque Deus está permitindo, e segundo, porque você é bom. Bota dentro de você que você é bom. Se chegou, passou pela base e hoje está no profissional, é porque você tem qualidade. Meu amigo, essa é sua chance. Arrebente o jogo! Bote a torcida em pé gritando seu nome, te aplaudindo. Quando você sair de campo, olhe cá para cima para os caras te aplaudirem. E bote a imprensa para falar: 'Willians arrebentou'. Se não fizer isso, você vai voltar para Sergipe, jogar no Confiança e encerrar sua carreira no Sergipe ou no Itabaiana. É pegar ou largar. E a única coisa que eu posso fazer é sentar na minha cadeira, pegar o radinho e pedir a Deus que você corra, mas Deus não vai correr por você, quem vai correr é você!". Willians arrebentou e saiu aplaudido como melhor jogador em campo. No dia seguinte, Mancini reuniu os atletas:

– Willians, você tem alguma coisa a falar?
– Professor, eu gostaria que essa pessoa estivesse aqui, mas ele não está. Abaixo de Deus, eu tenho que agradecer a essa pessoa que foi essencial para o meu jogo de ontem, o Tuca. Hoje, eu tenho ele não só como massagista e como amigo. Hoje, Tuca entrou no meu conceito de verdadeiro pai.

Tem história com Ramon Menezes?
Nós tínhamos Ramon, Adoilson, Wilson, Ney Santos, Dão, Gil... Na época, o Bahia ficava doido porque eles marcavam Ramon, Adoilson fazia gol. Marcava Adoilson, Ramon fazia. Marcava Adoilson e Ramon, Wilson fazia. Marcava Wilson, Dão fazia. Os caras faziam gol por brincadeira, eram uma máquina de fazer gol. Engraçado que o Vitória vendeu Dida ao Cruzeiro em 94 e Ramon veio praticamente como contrapeso. Que contrapeso? Um cracaço de bola! Que pessoa, não só como jogador, mas como homem. Ramon era astral pra cima, profissional, tranquilo, um dos últimos a sair do vestiário. Fazia a massagem, a gente conversava, ele perguntava sobre as coisas da vida. Muitos atletas encostam na maca e eles vão se apegando porque a conversa vai fluindo.

Como era a relação com Vanderson?
Em 2006, estávamos na Série C. Vanderson era um grande jogador, mas tinha hora em que a cabeça dele dava um branco. Eu comecei a estudar a cabeça dele. Lembro de um jogo que precisávamos ganhar a Tuna Luso e ele foi tomar massagem comigo. "Vanderson, você é paraense, né? É daquela terra que chove muito. Nós vamos jogar agora com os seus conterrâneos. Você sabe o que refresca cu de pato? O que refresca cu de pato é lagoa. Você vai soltar a borracha nos seus conterrâneos! É tudo pato e você não é lagoa. Porrada neles, que eu quero esse time na Série B e depois na A!". Ele começou a rir. E nessa brincadeira, até hoje ele diz quando me liga: "E aí, Pai Lagoa?". Foi uma coisa que marcou na vida dele. A gente bateu forte na Tuna Luso.[2] Classificamos e caminhamos para a Série B.

E Anderson Martins?
Fui padrinho de casamento dele em 2009. A gente ia jogar com o Inter e a diretoria queria que ele fosse para o jogo, mas ia casar e sabia que eu ia para Fortaleza ser o padrinho. De lá, ele ia para a lua-de-mel em Gramado e o Vitória ia jogar

---

[2] 30/09/2006 - Série C: Vitória 3x0 Tuna Luso. Gols: Bida, Mendes e Preto Casagrande.

em Porto Alegre. Mandaram me chamar, Jorginho Sampaio, Alexi: "Pô, Tuca, fala com Anderson pra ele ir pro jogo". Aí fui conversar com ele:

– Deixa eu falar uma coisa a você. Vá para esse jogo.

– Não vou, não...

– Você vai para Gramado. Um dia antes do jogo, você volta. O Vitória vai botar você e sua esposa em um hotel próximo. Depois do jogo, você volta para ficar com ela.

Ele foi para o jogo. Se não me falha a memória, foi 0x0 e ele jogou muito. E foi o banho mais rápido na face da terra. Se mandou para completar a lua-de-mel dele. São essas pequenas histórias que a gente vai guardando e as pessoas vão nos respeitando. Muda diretoria, vem outras pessoas e elas tem um carinho por mim porque sabem do respeito e do meu amor pelo clube e o profissional que eu sou. Nesses 30 anos, ninguém nunca me viu reclamando da cegueira. Eu não reclamo, não fico maldizendo pelo canto. Pelo contrário, meu astral é pra cima, brincando. Às vezes, acontece de um não estar me vendo, vou e me bato: "Ô, rapaz, não tá me vendo? Você é cego?". Eles dão risada. Quando sinto que eles estão com alguma crise, eu transmito a pouca experiência que a vida me deu, para que possam saber que estão em um local onde muitos gostariam de estar. Como eu, que gostaria de estar jogando, ser um dia atleta, mas a trajetória da vida me fez por outra via.

Em um jogo de 2009, você foi levado pelo Samu. Como foi isso?

O Bahia precisava dar 2x0 no Barradão para ser campeão. Acabou o primeiro tempo, o Bahia estava dando 2x0. Tirei o *headphone* e fui sentar na antessala do vestiário porque não queria mais ouvir o jogo. De repente, eu ouvi um grito. Como eu estava em um lugar abafado, achei que tinha sido do Bahia porque parecia um número menor de torcedores. Aí falei: "Bahia filho de uma p... Ah, time miserável. 3x0". Botei o headphone pra saber quem fez o gol e ouvi: "VI VI VI VI VI VITÓRIA!". Gol de Neto Baiano. Eu estava sentado, a cabeça rodou. Levantei sem equilíbrio, abri a porta, estava Diogo, fisioterapeuta, e o Dr. José Olímpio. Me botaram sentado, aferiram minha pressão, estava lá na casa do chapéu. Me levaram para ambulância, deram uma injeção, botaram um remédio debaixo da minha língua. E 2x1. Toda hora, para me acalmar, Diogo entrava e saía falando.

– Calma, a bola está no nosso pé, fica tranquilo.

– Isso já tá me deixando mais estressado, porque eu não tô vendo nem ouvindo.

Aí Ramon fez de pênalti, 2x2. Acabou o jogo, eles correram para o vestiário para me pegar pra dar a volta olímpica, disseram a eles que eu estava na ambulância.

Aí foi todo mundo correndo atrás de mim, ficaram lá junto. A gente ia pra churrascaria Boi Preto comemorar. A doutora na ambulância virou para mim:
– Você vai, mas não pode comer carne.
– Ô, meu deus, eu vou para churrascaria fazer o quê?
Chegando lá, os caras encheram meu prato de capim. A carne passando, eu sentindo o cheiro, o cara falando em maminha, picanha, fraldinha, calabresa e nada chegava para mim. A turma não me deixou comer carne.

Você tem essa boa relação com todos os atletas?
Eu trato todos da mesma forma. Claudinho, atacante da base, que foi para o PSV, uma vez começou a treinar no profissional ainda todo matutão, cearense, do interior. Veio assim:
– Seu Tuca, dá pra você me dar uma massagem?
– Que isso, rapaz? Sobe aí.
Eu nem sabia quem era. Dei a massagem. De repente, esse menino sumiu. Quando retornou em 99, ele chegou no vestiário:
– Tuca, lembra de mim?
– Pô, velho, sinceramente não estou lembrado.
– Uma vez eu te pedi uma massagem todo sem jeito, minha boca chegou a tremer. Você me tratou com carinho. Eu ficava olhando você dando massagem nos profissionais e você massageava a mim da mesma forma, com a mesma alegria.
- Rapaz, eu sou pago pelo Vitória para tratar todos os atletas bem, não importa o que a pessoa é, o que foi e o que será.
Uma outra história: tinha um prêmio na Rádio Excelsior, que o artilheiro do Vitória ganharia uma televisão de 29 polegadas.
– Tuquinha, se eu for artilheiro do Vitória, vou te dar essa televisão.
Aí Artur, de Rio Branco (AC), eu o chamava de "tio Artur", também falou:
– Então a disputa vai ser boa, eu e Claudinho. Se for eu, eu vou te dar.
Na época, era Claudinho, Tuta e Artur. Claudinho fez a maior quantidade de gols. Fui a Excelsior com ele e recebi a televisão.

Qual outra lembrança você gostaria de contar?
Eu só fico um pouquinho sentido por uma pessoa hoje não se encontrar no meio da gente, que me ensinou muito, o massagista Gaguinho. Tinha muitos anos no Vitória. Tive o prazer de trabalhar com ele de 87, quando entrei no clube, até março de 93, quando ele teve um infarto e faleceu. Era muito folclórico na Bahia.

Se perguntar aos jogadores antigos do clube, vão falar de Gaguinho com amor. Dentro do clube, era um dos meus melhores amigos. Onde eu andava, pra cima e pra baixo, era com ele. Gaguinho é inesquecível. Renato Teófilo Bahia, conhecido como Gaguinho Focinho de Porco. A torcida do Vitória daquele tempo sabe a importância que Gaguinho teve.

Como a cegueira influencia as suas relações no Vitória?
Às vezes, as pessoas brincam porque sabem que eu não uso a cegueira para facilitar as coisas para mim, nem para ficar mal-humorado. Me considero uma pessoa com limitações como todo mundo. Não é bom ser cego, mas também não é a pior coisa do mundo. Quando o deficiente se aceita, ele passa a superar as dificuldades. Por isso que as pessoas se apegam a mim. E outra coisa interessante, como Mário Silva fala, é que quando eles encontram gente que passou por aqui há 20, 30 anos, o primeiro nome que perguntam é "Tuquinha". Não é porque eu sou o melhor massagista. Não sou, não. É que quem tem deficiência – uma das coisas mais preciosas é visualizar as cores, as imagens, o semblante do outro – supera com harmonia, alegria e amor, e isso marca as pessoas.

FONTES

Arquivos de Alexandro Ribeiro, Luciano Santos, Ubiratan Brito e da Congregação das Irmãs Mercedárias Missionárias do Brasil

Acervo Hemeroteca Digital / Biblioteca Nacional

Livro "Barradão – Alegria, emoção e Vitória"
Alexandro Ribeiro e Luciano Santos: Étera Design e Produção Editorial, 2006

Livro "Tradição – 1899-1939. Da fundação ao fim do amadorismo"
Ricardo Azevedo: ALPHA CO, 2008

Livro "Vitória - Uma história de amor de paixão"
Maria Cristina Pires Silva Ramos: 2013

Livro "Você também pode ser feliz: um plano de vida que deu certo"
Bebeto: Landscape, 2004

Revistas "Vitória!" e "Vitória Magazine"

Revista "Placar" (Editora Abril): n° 828 (abril/1986) e n° 1154 (agosto/1999)

Filme "Nêgo: Um nome na história"

ecvitoria.com.br / futebol80.com.br / rsssfbrasil.com / ogol.com.br / bolanaarea.com / camara.leg.br / al.ba.gov.br / familysearch.org

Ba-Vi: da assistência à torcida. a metamorfose nas páginas esportivas
repositorio.ufba.br/ri/bitstream/ri/8694/1/Paulo%20Roberto%20Leandro.pdf

O Estádio da Graça. Campo de grandes torneios e acontecimentos da cidade.
blogs.ibahia.com/a/blogs/memoriasdabahia/2012/11/12/o-estadio-da-graca-campo-
-de-grandes-torneios-e-palco-dos-grandes-acontecimentos-da-cidade/
Sambista morre de enfarte durante show em Salvador
folhadelondrina.com.br/geral/sambista-morre-de-enfarte-durante-show-em-salva-
dor-156588.html

Gritos no silêncio. Um site sobre a crise no futebol baiano em 1965 e 1966
repositorio.ufba.br/ri/bitstream/ri/31157/1/TCC%20Memorial%20Jos%C3%A9%20
Cairo%20-%20vers%C3%A3o%20final.pdf

Carta de um ex-dirigente do Vitória S.A
blogdojuca.uol.com.br/2007/04/carta-de-um-ex-dirigente-do-vitoria-s-a/

Vitória suspende pagamento de Bebeto
www1.folha.uol.com.br/fsp/esporte/fk230905.htm

AGRADECIMENTOS

Nosso muito obrigado a todos que participaram diretamente deste livro. Agradecemos também a Alan Alcantara, Alexandro Ribeiro, André Luís Oliveira, Ângelo Alves, Antônio Matos, Caio Fernandes, Carlos Molinari, Chiara Neiva, Congregação das Irmãs Mercedárias Missionárias do Brasil, Daniel Fagner, Fabinho, Fernando Almeida, Graziela Borges, Guilherme Portnoi, Henrique Silva, Irlan Simões, João Marcelo, José Araripe Jr., Leila Pondé, Loja do Leão (Márcio Xavier), Luciano Reis, Luiz Bartollo, Matheus Caldas, Newton Mota, Rejane Rocha, Rogério Silveira, Samuel de Assis, Solange Silva, Ubiratan Brito, Valdir Suzin, Victor Guedes, Walter Seijo e Wilson Oliveira.

E um agradecimento mais do que especial a todos os apoiadores listados abaixo. Graças a eles foi possível publicar este livro.

Adilson Machado Bellas Filho
Adilson Vasconselos Da Silva
Adler R
Afonso Augusto Rios
Afonso Bulhoes
Agenor Gordilho Neto
Alan Meneses De Almeida
Albert Mattos Albert
Alberto Brito
Alberto Jesus De Carvalho
Aldine Alves Figueiredo
Aldinéia Pinto Bittencourt
Aldo Dórea Mattos
Aldo Pinto Bittencourt
Alessandro Santos
Alex Dias
Alex Freitas
Alex Larry Vieira Nunes
Alex Oliveira
Alex Sandro Oliveira Marques
Alex Sandro Teles Da Cunha
Alexandre Alves Lima
Alexandre Gitirana
Alexandre Oliveira Maia

Alexandro Ramos Ribeiro
Alicio Cardoso Reis
Aline Alves Da Silva
Alisson Santos Barbosa
Allix Da Silva Barbosa
Álvaro Rodrigo De Oliveira Santos
Alyne Roberta
Amanda De Sousa Lacerda Gonçalves
Amauri Santos Teixeira
Americo Fernandes
Anailson Alves
Anderson Mateus Viriato
Anderson Nunes
Andre Luís Da Silva
Andre Andretaz
André Brito
Andre Chagas De Miranda Rebouças
André Guimarães
André Igor Bacelar Silva
André Leitão
André Luis Machado Galvão
André Luiz Sampaio
André Mario Silva Macêdo
André Maron

André Ribeiro Da Silva
Andre Rodrigues
André Tavares Cordeiro
Andrea Lemos O Xavier
Ângelo Santos Alves
Antônio Augusto Costa Mattos
Antonio Cafezeiro
Antonio Carlos Da Silva Viana
Antonio Faria Dos Santos
Antonio Gomes
Antônio Hercules Oliveira De Jesus
Antonio Lopes
Antonio Manoel Campos
Ariosvaldo Da Paixão Bispo Oliveira
Arthur Gibson
Arthur Guimarães
Arthur Machado Ribeiro
Arthur Navarro
Arthur Stock Mattos
Ary De Almeida Motta
Augusto Alberto Croesy Neto
Aureo Santos
Benedito Carlos Libório Caires Araújo
Benjamin José Da Silva
Bernardo Baía
Bruno Henrique Adan De Viveiros
Bruno Ribeiro Gonçalves Menezes
Caio Fabio
Caio Fernandes Barbosa
Caio Goes
Caio Ribeiro
Caio Ribeiro Santos
Caio Vinícius Natividade Da Silva
Caique Sobreira
Candido Junior
Carlos Alberto De Santana
Carlos Amaral
Carlos Costa Santana
Carlos Eduardo Brito De Albuquerque Mello
Carlos Eduardo Cordeiro Machado
Carlos Fauaze
Carlos Fernando
Carlos Humberto Santana Pitanga
Carlos Kleber Moura Da Silva
Carolina Zin
Cássio Motta
Catarina De Almeida Santos
Cecilia Silva
Cecília Simões
César Brandão
Cesar Chammas Dáu
Chiara Morais Neiva
Cintia Daniela Souza
Ciro Augusto
Claudia Andrea Dos Santos Reis
Claudio Capelao Ribeiro
Claudio Galvão
Cláudio Santana
Cláudio Santos Barbosa
Clenildes Reis Braga Da Silva
Cornélio Filho
Cristiano
Cristiano Lima Peres
Dagoberto Sobrinho De Carvalho Campos
Daniel De Souza Oliveira Neto
Daniel Diaz
Daniel Gallo
Daniel Gomes Cosmo
Daniel Soares De Oliveira Pessoa Santana
Danilo Castor Cerqueira E Silva
Danilo Farias Da Silva
Danilo Loiola
Danilo Vieira Dos Santos Saraceno
Danribé
Davi Esmeraldo
Davi Tenório Cavalcante Silva
David Abenhaim
David Campos
Décio Vinicius
Dedimar Souza Lima Coutinho
Dellano Carvalho Abreu
Demilson Barreto Costa
Deriva Dos Livros Errantes
Derival Santana
Desiree Sacramento
Diego Almeida
Diego Doria Aragão
Diego Luiz
Diego Moraes
Diego Santos De Menezes
Diego Viana
Dilson Pereira Junior
Dimitri Menezes
Diógenes Baleeiro Neto
Diogo Araújo Nunes
Diogo Carvalho

Diogo Fred
Diogo Lima
Diogo Rego
Diogo Rios Amaral
Domingos Nascimento Silva
Donato De Assis
Eder Rios
Edmilson Santos
Ednaldo Jose Conceicao De Souza
Cardoso Professor
Edney Araujo
Edson Palmeira
Eduardo Baptista Vieira
Eduardo Herbert Lordão Souza
Eduardo Jose Rebouças Santana
Eduardo Jose Suzart Filho
Eduardo Ribeiro
Elias Brito Alves Junior
Elisio De Jesus Neves
Eliton Rodrigues
Elmo Santana
Elton De Araujo Moura
Emanoel Rios
Emanoel Santos Do Espírito Santo
Emanuel Moreira Jr.
Emerson Douglas De Oliveira Arantes
Emerson Luis
Emilio José Suzart Vieira
Erik Victor De Deus De Oliveira
Ernane José De Brito Gomes
Etevaldo Vilaflor Dória
Eugênio De Alvarenga Moreira
Eva De Sousa Lacerda Silva
Everaldo Dutra Da Hora
Everaldo Ferreira Junior
Evon Borel Neto
Expinho Tiago
Fabio Chastinet
Fábio Diniz Gonçalves Moyses
Fábio Farias Botelho
Fabio Luciano Nascimento Souza
Fabio Mendonça
Fábio Reis
Fabio Souza
Fábio Souza Garrido
Fabíolo M Amaral
Felipe Campos
Felipe Corrêa Guaré
Felipe Duplat

Felipe Gramacho Viana
Felipe Ledoux Cavalcanti
Felipe Monteiro
Felipe Teixeira Andrade
Felippe
Fernando Almeida De Oliveira
Fernando Antonio Lima Da Silva
Fernando Baía
Fernando Barbosa
Fernando Barros Santos
Fernando Costa Lino
Fernando Domingos Santos Ferreira
Batalha Góes
Fernando Mena Barreto
Fernando Tolentino De Sousa Vieira
Filipe Almeida Paiva
Filipe Augusto De Jesus Santos
Filipe Barreto
Filipe Coelho
Filipe Garrido
Filipe Gondim
Filipe Melo Moutinho
Filipe Natã Ribeiro De Almeida
Filipe Penedo
Filipe Pereira
Filipe Sarpa De Castro Peixoto Sampaio
Filipe Sena
Flavia Tourinho
Flávio Henrique Costa Braga
Francisco Barbosa Da Silva Neto
Francisco Groba
Francisco José Novais
Francisco Sobreira Menezes Cruz
Franclin Barbosa Dos Santos
Franklin De Oliveira Brito
Gabriel Cássio Barbosa
Gabriel Cavalcante
Gabriel Dantas Dos Santos
Gabriel Gonzaga
Gabriel Oliveira
Gabriel Prazeres
Geraldo Serra Neto
Gilmar Silva Santos
Gilson Santos Fraga
Gilzenir Dorea
Ginaldo Farias
Giovanni Leonardo
Glauber Freitas
Glauber Oliveira

Gledson G Galindo
Guigacrux
Guilherme Henrique T. Ferreira
Guilherme Portnoi
Gumercindo Pereira Da Silva Neto
Gustavo Araújo
Gustavo Araujo Covolo
Gustavo Feitosa Galindo Ramos
Gustavo Sampaio Bohana
Gustavo Tenório Cavalcante Silva
Hamilton Sousa
Hélder Ricardo Alves Da Silva
Helio Roque Amaral Viana Junior
Helton Dantas De Souza Silva
Henrique
Henrique Dos Santos Neto
Henrique Pereira
Hugo Aparecido Matos De Oliveira
Hugo Carneiro
Hugo Victor
Humberto Sampaio
Humberto Silva Santos
Iago Aquino Barreto
Ícaro Crusoé Rocha Sales
Ícaro De Souza Veras Peixoto
Ícaro Dias Coelho
Icaro Simões
Igs Guima
Img R
Indio Mafra Vilasboas
Iolete Mendes
Iraci Galindo Ramos
Isaias Souza
Israel Isaac Pitanga Neto
Iuri Falcão Xavier Mota
Iuri Liborio
Ivana Liege Câncio Bittencourt
Ivanildo De Brito Ramos
Jaci Luis Pichetti
Jackson Alves De Oliveira
Jailton Laranjeira Da Cruz
Jaime Alves
Jaina Larissa Bastos Costa De Oliveira
Jandilson Gomes
Jefferson De Oliveira Teixeira
Jefferson Mascarenhas
Jerry Carvalho
Jibson Oliveira Filho
João Brasil

João Carlos
João Carlos Da Silva Brandão
João Felipe Fonseca Da Silva
João Filipe Sebadelhe
Joao Gabriel Galdea
João Luiz Santos De Souza
Joao Paulo Canario
João Paulo Oliveira
João Ricardo Vieira
Joao Roberto
Joel Alves Ribeiro
Joel Neto
Joel S. E Silva
Jônatas Fonseca
Jordan Ferraz
Jorge Dias Cavalcante Júnior
Jorge Luis Xavier Da Silva
José Amancio Dos Santos Neto
José Amoêdo Da Silva Neto
Jose Armando Fraga Diniz Guerra
Jose Arthur Reis Cirne
José Eduardo Lima Santos
José Honosi Araújo Silva
Jose Lessa Ribeiro Neto
José Luís Garrido Hermida Filho
José Maltez Leone Neto
José Matheus Vieira Fernandez Cardillo
José Maurício De Carvalho Monteiro
Jose Mildo Pereira Da Silva
José Milton Galindo Ramos Filho
José Raimundo B. Aguiar
José Raimundo De Oliveira Júnior
José Souza
Josenito De Lima Mota
Josevaldo Luiz Carneiro
Josman Ferreira Casaes
Jp Neves
Juarez Paranhos Guerreiro Filho
Júlio Brito
Júlio Sandes
Julliano Falcão
Kaique Dantas
Karla Pereira Dos Santos
Klauber Macedo
Kleberaferreira@Yahoo.Com.Br
Léia Mendes Cook
Leila Pondé
Léo Couto
Leonam Santos Matos

Leonardo Araújo
Leonardo De Carvalho Lemos
Leonardo Leodoro Da Silva Neto
Leonardo Machado
Leonardo Matos
Leonardo Pelegrino
Leonardo Sergio Pontes Gaudenzi
Leonardo Souza
Liana Leite
Lídia Maria Morais Lacerda
Lidio Adalberto Martins Ferreira
Lins Gonçalves
Luan De Jesus Oliveira
Lucas Aguiar
Lucas Andrade Maimone
Lucas Andrade Souza Serra
Lucas Cardoso Santos
Lucas Cerqueira
Lucas Correa Brandão
Lucas De Souza Ferreira
Lucas Gomes Bittencourt
Lucas Grisi
Lucas Pastori
Lucas Rebouças Britto Fernandes
Lucas Vitor Andrade Alves
Luciana Lage De Souza
Luciana Simas Ribeiro
Luciano Santos
Luciano Thomé Fernandes
Lue Barradas
Luis Alberto Gomes Pereira Junior
Luis Alberto Morais Da Conceicao
Luis Fernando Coutinho Fernandes
Luis Guerra
Luite Rêgo Oliveira
Luiz Alberto Medeiros
Luiz Carlos Dias Santos
Luiz Denis Graça Soares
Luiz Roberto Almeida De Santana
Luiz Walter De Oliveira Do Nascimento
Magno Tavares
Maitê Mendes Borges Alves
Mallu Vieira Dos Santos De Castro
Marcel Ribeiro
Marcello Góis
Marcelo Alves Dias
Marcelo Barbosa Da Silva
Marcelo Batista
Marcelo Marambaia Campos
Marcelo Marinho
Marcelo Reis
Marcelo Teixeira Amado
Márcio Bruno Bulhões De Andrade
Márcio Calmon De Siqueira Lopes
Marcio Garrido Gonçalves Braga
Marcio Matheus
Márcio Silva Vieira
Marcone Amaral Costa Junior
Marconi Silva De Andrade
Marcos Antonio Cavalcante Vieira
Marcos Caldas
Marcos Caribé
Marcos Correia Santana
Marcos Moreira
Marcus Lyrio
Marcus Vergne
Maria De Fatima Menezes
Mário Anísio Marques Souto Dos Santos
Mario Bernardo
Mário Félix
Mario Mattos
Mario Ribeiro
Mariva Santos
Matheus Caldas
Matheus Oliveira
Matheus Peixoto De Oliveira
Maurício Dos Santos Silva
Memórias Ecv
Mercia Cristinny Silva Alves
Mhercio Monteiro
Michel Da Bahia
Michell D. Pita
Miguel Barreto
Miguel Souza Correia
Milson Vianna
Milton Galindo
Moacyr Jeremias Silva Pacheco
Moisés De Jesus Barroso
Murilo Marins Da Silva
Nadson Souza
Nairo Elo G. C. Lima
Nando Andrade
Nelio Rosa
Nelson Souza
Nestor Sobrinho
Nillo Xavier
Nilton Almeida Filho
Nilton Teixeira Sampaio Filho

Onesino Elias Miranda Neto
Oswaldo Reis
Otávio Filho
Pablicio Cruz
Pablo Coutinho
Patrícia Soraya Resende Rodrigues
Paulinho Aragão
Paulo Assis
Paulo Bastos Boa Nova
Paulo Brasil
Paulo Cesar Manso
Paulo Cézar Gomes
Paulo Costa De Sá Barreto
Paulo Leandro
Paulo Lopes De Lacerda
Paulo Magalhães
Paulo Mota Filho
Paulo Roberto Pereira Coelho
Paulo Roosewelt Olinda
Paulo Sergio Bohana Ferreira
Paulo Victor Fernandes Oliveira
Paulo Victor Sena
Pedagogia Ao Vivo
Pedro Ernesto Andrade Cunha
Pedro Henrique Freitas Carvalho
Pedro Henrique Monte Valadares Da Silva
Pedro Icaro Dos Santos Ferreira
Pedro Luna Freire
Pedro Paulo Souza Santos
Pedro R.
Pedro Vinicius Lopes Dos Santos Vinicius
Pericles Lima Da Paixão Neto
Pg
Poliana Rebouças
Prof. Edson Geambastiani Barbosa
Rafa Laurentino
Rafael Bandeira
Rafael Bastos Costa De Oliveira
Rafael Bittencourt
Rafael Freire De Carvalho Matos
Rafael Lima
Rafael Maia
Rafael Nascimento De Jesus
Rafael Passos Castelo Branco Teixeira
Rafael Quadrado
Raimundo Cerqueira
Ramiro Lona
Ramon Cerqueira
Ramon Santos

Rangel Carvalho
Raquel Merces Oliveira Ribeiro
Raul Lisboa
Raulino Júnior
Rebeca Aquino Sá Barreto Sousa
Rebeca Aquino Sousa
Rei Regis
Renan Cardoso
Renan Queirós De Oliveira
Renata Bittencourt
Renata Esquivel
Renato Brandão Silva
Renato Ribeiro
Renê Floriano
Ricardo Alexsandro
Ricardo Freire
Ricardo Gandarela Moraes Dos Santos
Ricardo José Barros Valente
Ricardo Lorenzo
Ricardo Miranda Ferraz
Ricardo Quadros Menezes
Ricardo Valverde Dos Santos
Rivaldo Freitas De Carvalho
Roberto Lucas Da Cruz Guedes
Roberto Ney Pedroza
Rodrigo Dijó
Rodrigo Falcão
Rodrigo Gibaut
Rodrigo Guerra Pauletti
Rodrigo Ibraim
Rodrigo Novaes
Rodrigo Oliveira Macêdo
Rodrigo Pedra Argollo
Romulo Braga Ramos
Rosa Maria Fernandes Feitosa
Rosana Teixeira
Rosiele David Serpa
Ruan Felipe Da Silva De Assis
Rubem Romero
Ruy Carlos Souza Dos Anjos
Salvio Henrique
Samantha Lobo
Samuel Matos
Sandra Gomes
Sandro Robson Pontes
Saulo Azevedo
Sérgio Mariano Cerqueira
Sérgio Vidigal Guimarães Barreto
Sílvio Oliveira

Sr Rosa
Stephanie Miranda
Tamar Paixão Santana
Tania Bittencourt
Tarcísio Mota
Thaís Ramos
Thales Almeida
Tharcio Brito
Thiago Carneiro Santana
Thiago Leal De Souza
Tiago Araujo Melo
Tiago França Dos Santos
Tiago Jerran Ferreira Dos Santos
Tiago Lima
Tiago Mendes
Tito Araujo
Tom Machado
Ubiratan Brito De Lima Dos Santos
Ueslei Mota
Valdiney Dantas
Valdir Andrade
Valdir Da Costa Pinto Dias Junior
Valdir Suzin
Vanda Mendes Borges
Vanderlei Gomes De Melo
Vanter Coutinho
Vianei Bezerra Siqueira
Victor Andrade
Victor Chang Almeida Carvalho
Victor Emanoel Polito Brandao
Vinícius Estevam
Vinícius Magalhães
Vinicius Souza Bitttencourt
Vitor Daniel
Vitor Maia Queiroz
Vitor Nascimento
Vítor Tito
Vladimir Baleeiro
Vladimir Correia
Walderez Aparecida André Ferreira
Walter Leite
Wendel Barreto
Wesley Francisco Da Silva
Wilson Alves De
Ygor Correia
Yuri Figueiredo
Yuri Leandro
Yves West Behrens

CRÉDITOS DAS FOTOS DOS PERSONAGENS

Alexi Portela Júnior: *Tiago Caldas*
André Catimba: *Tiago Bittencourt*
Edilson Cardoso: *Tiago Bittencourt*
Hugo: *Tiago Bittencourt*
Isaura Maria: *Tiago Caldas*
Mattos: *Reprodução do filme "Nêgo: Um nome na história"*
Paulinho Boca de Cantor: *Paola Alfamor*
Paulo Carneiro: *Maurício da Matta*
Ramon Menezes: *Pietro Carpi*
Rodrigo: *Letícia Martins*
Sena: *Tiago Bittencourt*
Tatau: *Tiago Caldas*
Wagner Moura: *Moysés Suzart*

Fotos de arquivo pessoal:

Albino Castro Filho, Bigu, David Luiz, Fernando Baía, Franciel Cruz, Gelson Fogazzi, George Valente, Ivan Smarcevscki, Joel Meu Santo, José Rocha, Larissa Dantas, Lázaro Ramos, Luciano Santos, Lue Barradas, Paulo Catharino Gordilho, Paulo Leandro, Pichetti, Reginaldo, Renato Lavigne, Rosicleide, Rubens Beiramar e Tuca.

Fotos do Acervo Vitória:

Arturzinho, Bebeto, Joca Goes, Neto Baiano e Petkovic.

Este livro utilizou as fontes Baskerville e Bovine. A primeira edição foi impressa na gráfica Rotaplan, em papel Pólen Soft 80g, em maio de 2022, quando o Esporte Clube Vitória completou 123 anos.